冠元大帝學經歷

學歷:

國立台北大學研究所榜首

國立台南大學研究所榜首

國立台南大學MBA碩士

冠元大師擁有 IQ162

經歷:

1.冠元派紫微斗數創派宗師

2.兩岸熱門命理網站票選第一名師 (超過3千名網友指名請益)

3.中華職能教育學會講師

4.公開神準預測新冠疫情準度超越印度神童阿南德

《自序》

冠元大師

紫微斗數科學(一)撰寫發行後，收到如雪片般詢問第二集何時出版的訊息，第一集獲得熱烈的迴響與肯定，為回應廣大讀者期待，紫微斗數科學(二)將延續第一集曠世鉅作的氣勢，展現出令讀者嘆為觀止的經典內容。

本部系列作品，本人冠元大師計劃共撰寫9本，當初在構思這系列書籍的內容時，原本老師想取武俠小說「天龍八部」之名，共出版8本書，以對應其名，但國內經濟學權威張守鈞教授早在老師還在唸書的學生時代，就已出版一套名為「經濟學天龍八部」的8本系列教科書。所以如果紫微斗數科學系列仍以天龍八部為名，難免顯得拾人牙慧了無新意。而我冠元大師這系列紫微斗數科學鉅作，旨在以科學的方式破解並讓讀者融會貫通紫微斗數，性質更像是盡破天下武學的「九陰真經」，因此老師將本系列紫微斗數科學系列的9本叢書定調為紫微斗數界的『九陰真經』，讓華人命理界再創嶄新高峰。也讓後世的命理研究者能在閱讀老師的書之後，命理功力一日千里。

紫微斗數科學第一集，為了讓各位讀者對於紫微斗數有整體性的認識，內容架構著重於「全面性的廣度」，就像經濟學這門學問中的「經濟學原理」，第二集開始的內容則著重於紫微斗數的深入的分析解說，如同經濟學中的個體經濟學和總體經濟學一般，讓各位讀者不僅學得廣更學得『精』！

在紫微斗數中，四化與星性為最重要的兩大關鍵重點，四化就有如武學中的招式，星性則有如武學中的內力，因此星性為紫微斗數的基礎，只專精四化與飛星卻不懂星曜賦性，就猶如毫無內力的花拳繡腿一觸即潰，想學好斗數就有如天方夜譚，論命也不可能論斷精準、分析得精闢透徹。比如同樣是財帛宮自化忌，天同化忌和武曲化忌就有天壤之別，味道也截然不同。

因此本系列的第二集，重點將聚焦在紫微斗數的深入破解以及各種星曜的深入分析，讓各位讀者擁有充實渾厚的斗數功力與基礎，以達到「真會」的境界！並揭開更多命理界無解的內容，讓各位讀者豁然開朗。而金庸大師在新修版的小說中，以「九陽真經」陰陽調和來彌補九陰真經的不足，為求盡善盡美，紫微斗數科學(二)老師就取名為『星曜賦性九陽真經』，我期許各位讀者在閱讀完第二集後，對於星耀星性的分析功力都能達到九陽真經登峰造極的功力境界。同時，我也期許更多學術先進與各界研究人才，能將老師這一系列叢書的內容結合各種專業領域知識更加發揚光大，如果老師拋出的這塊磚，能夠引來紫微斗數在各項學問的創新之玉，啟發類似「紫微斗數醫學」、「紫微斗數經濟學」這種新創見問世，那才是老師這部書最寶貴的價值。

二〇二一辛丑年六月　書於寓所

#《目錄》

紫微斗數科學《二》（星性篇）

一、前言與2017至今所發生時事之驗證

☆前情提要

四年前老師出版第一集時，雖然獲得廣大的迴響及好評，卻同時也有少數讀者反映，詢問提議「希望老師書中先出的內容是能讓讀者可以初步解盤的內容，他們會比較想閱讀下去」。

老師可以理解部份斗數學習者希望能功力突飛猛進、甚至希望能早日出師的心情，然而，斗數乃至任何一門學問要真的學到爐火純青，有如萬丈高樓平地起，都必須從基礎由下至上穩扎穩打，才能達到真正的強者境界。事實上，老師也的確可以寫速成版，以讓讀者可以快速上手論命的教學內容，但這樣的內容就猶如速成版的九陰真經，讀者學會之後，實力也不過就是梅超風、周芷若之流，最多唬唬二流高手，但遇到真正的頂尖強者，就只能自取其辱，格局也只能劃地自限為二流高手的水平。如果讀者只想達到一般二線高手的境界，那麼其實坊間部份寫得不錯的書籍就能達到效果。

然而，我冠元大師的這系列作品，老師自我期許是一部讓讀者能達到「真會」境界之作，同時還能破解超越前人境界的突破性傳世之作，內容當然不可能為二線高手水平的速成版內容。而是真正能讓讀者實力境界、學理眼界都脫胎換骨的經典鉅作。

因此，老師的書，相信已讓很多讀者驚嘆，發現原來紫微斗數就在我們的生活中，更詫異紫微斗數可以有如此多的應用及變化。最重要的是，相信許多讀者在學習命理之初，都感覺命理的學問及內容非常有「距離感」，大部份坊間的書看完一本本換來的只有茫然茫然再茫然，但在看過老師的書之後便豁然開朗，並認為老師的書是命理界中真正寫給人看而沒有閱讀障礙的書。而為何會有如此大的天淵之別，關鍵就在於寫書作者學問的領悟境界、真才實學以及是否真的融會貫通。

所以，如果又希望能達到頂尖水準，又同時期待短時間內一蹴可及，懷抱這樣夢想期待的讀者，老師會建議找找看坊間有沒有那種，只需揮刀自宮就能在短時間內實力從福威標局小嘍囉提升到絕頂高手水準的命理秘笈，如果真有這樣的書籍老師也樂觀其成。

但如果你不想揮刀自宮，又希望自己能成為「有真才實學的命理師」，那麼老師這系列叢書就是你夢寐以求的經典。

☆２０１７至今所發生時事之驗證

在第一集時，老師對於紫微斗數不同主星的分析中，都有深入剖析每個主星在不同的流年時如何影響世界與時事。為進一步驗證老師所寫內容的精準度，在本書的開頭，先來驗證從第一集出版到現在世界所發生的時事，是否完全吻合老師第一集所寫的內容，同時也藉剛發生不久的時事，讓讀者對於斗數各主星的星性有更深入的感受與體會。

▲２０１７斗數時事驗證

二零一七年，時值丁酉年，丁年的四化為太陰化祿、天同化權、天機化科、巨門化忌，在第一集時老師提到每逢太陰化祿，由於太陰為田宅主，因此每逢丁年，容易出現有關於房地產的利多或政策,而在17年政府為了促進都更美化市容,同時淘汰老舊危樓,於該年六月，推出「危老條例」政策。

過去，老房屋要改建，經常要透過極度繁瑣的都更程序，還要取得一個又一個住戶的共識才能進行，不但曠日廢時，更增加都更的困難，而危老條例政策，則讓擁有較老舊屋齡房屋的屋主，得以用簡單快速的程序進行改建化繁為簡，使得許多老舊危樓得到更新改建的機會，更讓許多屋主從此身價非凡，而這個房地產利多政策，正是因為丁年太陰田宅主化祿，才有如此優渥的房地產利多政策。

但是不管哪一年，有化祿的加持就必然同時存在化忌的破壞，故而丁年雖然有太陰化祿的好處，卻也同時需承受巨門化忌的傷害。

在第一集時，老師提到每當巨門化忌之年就很容易發生口舌、是非、法律案件，小至吵架爭端，大至國家元首屢遭嗆聲，都非常容易在丁年發生，回過頭看一七年，相信讓讀者印象深刻無比，一七年由於受到巨門化忌影響，在演藝圈就發生資深藝人徐乃麟，在節目中發飆以五字經飆罵唐從聖的口舌事件。不但引發社會譁然，更讓許多資深藝人都感到錯愕意外。

此外，上一集也提到丁年是國家元首最容易被嗆聲的流年，而一七年時，執政黨提出軍公教年改方案，導致該年度蔡總統走到哪裡，就被反年改團體如影隨形嗆到哪裡，抗議聲浪更持續了一整個年頭，完全體現巨門忌的口舌是非能量。

（2017 徐乃麟、唐從聖節目飆罵事件）	（2017 年改嗆聲事件）

圖片擷取自網路	圖片引用自自由時報

▲2018斗數時事驗證

接著時間輾轉來到18年，二零一八時值戊戌年，如同老師第一集中的論證，戊年逢天機忌，世界的時局必然發生重大的負面轉變，而且新想法、新政策、新計劃要落實都容易受到阻礙，即便得以提出也容易變成「劃時代的餿主意」。

那麼二零一八在世界局勢方面，發生了什麼負面的重大轉變？答案就是「中美貿易大戰」，該年度美中兩國在進出口及關稅上相互角力大打關稅貿易戰，並引發一連串的骨牌效應，使得許多企業叫苦連天，甚至不得不轉移生產線以止損，幾乎造成了國際企業版圖的震撼性洗牌，也成為了許多企業至今仍心有餘悸的惡夢。

同時，由於受到天機化忌的影響，中華

（2018 非核家園政策）

圖片引用自風傳媒

民國政府，在該年度推出「非核家園」的理想政策，「非核家園」的政策本意在於以風電、再生能源打造綠能環境永續經營，以取代核能發電達到一個安全環保無廢料的優質供電系統。

然而實際上，這項政策不論成本面或是效益面，都是個「失能的能源政策」，首先在成本面，興建核四所耗費的總經費只需不到四千億，並且在這之前，台灣已投入兩千八百億的核四興建成本，核四不續建，這兩千八百億就等於石沉大海，毫無效益。在此同時，政府發展綠能風電的總預算則高達「兩兆」的天文數字。成本遠遠是核四廠的五倍，甚至後續每度電的發電成本更遠超核四好幾個檔次。

諷刺的是，在二〇二一年五月，全台灣竟然因區區一個火力發電廠發生故障就導致全台大停電，同時引發缺電危機，被迫必須分區限電以因應難關。政府最後逼不得已到頭來只好重新啟用核能電廠支援，才解決供電不足的危機。可見以結果面而言，當初的非核家園政策，不但多花至少五倍的預算，成效上卻仍不及核電，等於花超過五倍的預算，卻遠達不到核四的產能，徒然浪費納稅人的血汗錢，無疑又是一個「劃時代的餿主意」，不但暴露了台灣供電能力不足的弱點，更造成企業因供電疑慮而不敢投資擴廠。形成民生與經濟面的重大損失。而這一系列的政策面錯誤都是出自二〇一八年天機化忌的手筆，這也是為何老師之前強調每逢天機忌最好不要作新計劃、新革新的原因。

▲破解2018六都選舉致勝關鍵「韓流」

二〇一六年時，國民黨在總統大選遭遇了空前的大挫敗，一度有一蹶不振的危機。然而二〇一八年六都大選，卻發生讓國民黨豬羊變色的奇蹟——「韓流」。不但一舉扭轉國民黨的頹勢，更首度打破高雄市二三十年由民進黨執政的神話，使國民黨在六都選舉大獲全勝。

當時的韓流旋風更是席捲全台，盛況空前，聲勢大到只要韓國瑜走到哪，人潮就跟到哪，生意就爆棚到哪。使國民黨一度出現少康中興的氣勢。那麼，為何18年能造就所謂的「韓流」旋風？命理上的根據又是什麼？

關鍵就在於，二〇一八年時值戊戌年，戊年雖然天機化忌，但卻也有著「貪狼化祿」的優點，而貪狼的磁場主「理想、美感、願景」，因此，戊年是一個適合談理想、談願景、談美感的一個

（2018年六都選舉的韓流旋風）

圖片引用自端傳媒

流年。無巧不成書，韓國瑜當年的選舉策略正是以許下眾多美好市政願景、勾勒美好市政理想為主軸。例如先是喊出「改變高雄又老又窮的窘況」、「讓北漂青年回鄉」、「高雄發大財」等震撼人心的口號，許高雄市民一個美好的理想未來。緊接著又拋出蓋賽馬場、挖石油、蓋迪士尼等市政藍圖，一系列的美好願景，壯闊無比的市政理想，無不震撼衝擊著民眾的心，而這一系列選舉策略，在戊戌年貪狼化祿的化學作用下，自然引發了熱烈的迴響及排山倒海的人氣。正是因為貪狼主理想、主願景，又因為武貪主大，所以在戊戌年談理想、談願景將會收得無比強烈的成效。韓國瑜也才得以順勢在戊戌年贏得漂亮的高人氣。這一切其實都是拜貪狼化祿加持所賜。

然而風水輪流轉，沒有永遠的順風順水，也沒有永遠的窒礙難行，當你的一言一行恰巧搭上流年化祿的順風車時，當然如有神助。換言之，如果你的所作所為剛好符合當年度的化忌磁場，當然也就只有劫難重重，甚至跌落神壇的結局。18年韓國瑜創造了驚人的韓流，但令人始料未及的卻是，在後來短短一年多的時間，韓流如同雪崩一般瓦解，本來看似反敗為勝的國民黨，也在二〇二〇總統及立委大選輸得灰頭土臉。

那麼導致韓國瑜輸掉二〇二〇大選的關鍵又是什麼？韓國瑜在當年又犯了那些致命的命理錯誤？下一節老師就替各位讀者揭開這其中的關鍵奧秘。

▲導致２０１９韓流土崩瓦解的命理關鍵

在２０１９年初，由於韓流效應如滔天巨浪，相信當初沒有任何人會料想到韓國瑜最終會以敗選收場，甚至一開始多數人都以為韓國瑜定能延續火紅氣勢贏得總統大選，那麼究竟韓國瑜走錯了哪步棋？才導致本來的大好聲勢滿盤皆輸？

這個問題的關鍵就在於，２０１９是為「己亥年」，己年為「文曲化忌」，老師在紫微斗數科學(一)內就曾經寫到，文曲主口才、主說話，所以但凡逢到己年，只要說錯話、失言，或是言論未經深思熟慮就容易觸發文曲化忌的磁場導致相關惡運發生，也因此，19年時選舉雙方陣營，哪一方失言越嚴重，選情就越慘，政績在當年反而只是次要因素。那麼我們就事論事，客觀回顧韓國瑜當年究竟有那些言語上的失言和疏忽造成一手好牌打到飲恨敗北。

首先，韓在評論蔡政府的人才政策績效時脫口說出一句：「走了一群鳳凰來了一堆雞」，這句話在當時引發了歧視外籍移工等於是雞的爭議，乍聽之下大家可能認為這跟台灣人沒有直接關係應該不會有什麼大問題，但在老師看來，這句話殺傷力強大無比。要知道，台灣現在有相當多的家庭是外配家庭，很多小孩的母親也都是所謂的東南亞外配，那麼試問這句話聽在台灣廣大外配家庭成員的耳裡，他們作何感想？等於一句話就把全國的外配家庭得罪了。

韓國瑜的評論，本意是在指出台灣高端人才外流的弊端，出發點本身沒有問題，但很多時候一件事的成敗卻是取決於有沒有把話說好。如果同樣一件事換作是老師來講，老師會說：「現在國內產業在執政黨的經營下成效極差，完全留不住高端人才，請問高端人才如果都走了，台灣還剩下什麼？」。這樣的說法，既能達到點出問題核心的效果，也不會造成任何族群觀感不佳的負面效應，才能有正面加分作用，否則只會多說多錯。

而後，韓國瑜後續又爆出許多例如「武大郎潘金蓮睡同一條被子」、「得民調者得痔瘡」等不少令人驚訝的爭議金句，而在面臨許多對於自己選情不利的國際事件，例如港版國安法時，又未能在論述上講出能化險為夷的高明言論，才造成一連串嚴重扣分的負面效應，最終導致民調筆直下滑，最終痛失大好江山。

這一串的失言以及言論論述上的失誤，如果發生在其他流年也許殺傷力還不至於如此凶險，但偏偏韓國瑜言論上的失誤都發生在文曲化忌的己年，文曲主口才，故假如言論失當，造成的殺傷力定然遠遠超越其他流年，絕對令人刻骨銘心刀刀見骨，而事實證明，韓國瑜頻頻引動文曲化忌的磁場間接造就了蔡英文在政績乏善可陳的情況下，竟然還能以史上最高票連任當選。因此，但凡遇到己年，一定要處理好自己說話的應對進退，言論上也須特別謹慎應對，方能在己年避開禍端逢凶化吉。

▲2019斗數時事驗證

另外，文曲除了主口才、說話之外，同樣代表文書、票卷，所以19年時的文曲忌同樣會引發與文書或票卷相關的問題。

因此，在19年時綠營方面爆發蔡英文總統的博士論文風波，許多學者質疑蔡英文的論文造假，更有人質疑蔡英文的博士論文其實根本不存在，有違學術倫理。不但鬧得滿城風雨，更成為藍綠雙方選戰攻防上的一大焦點。而蔡英文的論文事件早已發生了二三十年，為何到了19年才引發軒然大波？正是由於19年文曲化忌所致。

但以上都是以時事大方向的角度分析切入，事實上，文曲所管的範圍小至個人，也可代表你我手上的小額現金，所以在文曲化忌的流年，也要留意因現金而引發的爭端。

（2019 蔡英文論文爭議）

蔡論文最大秘密？網赴LSE查證後大吃驚！

10:27 2019/09/22 | 中時新聞網 | 李俊毅

圖片引用自中時新聞網

▲２０２０斗數時事驗證

時序來到剛剛結束的２０２０年，２０２０是為「庚子」年，每逢庚年必然天同化忌，而天同除了主協調、娛樂之外也主免疫。因而在天同化忌的流年一旦世界遭遇疾病、流感，通常都是嚴重度極高的慘烈疫情。理由在於，主免疫的天同化忌，故而形成該年度容易發生人類免疫力難以對抗的疫情。所以20年才會發生新冠肺炎肆虐全球。各國封城的封城、管制的管制，搶物資的搶物資，卻仍然一籌莫展、死傷慘重。

此外，又因天同主協調，因此去年庚子年各國同樣發生非常多嚴重協調不良的狀況，例如美國方面，各州就為了是否要強制戴口罩吵得沸沸揚揚，最後因天同忌的威力，致使美國各州最後幾乎是各自為政，一個美國十幾種防疫制度，間接造成了美國疫情無法統一有效控制，無法有效

（2020 新冠肺炎疫情）

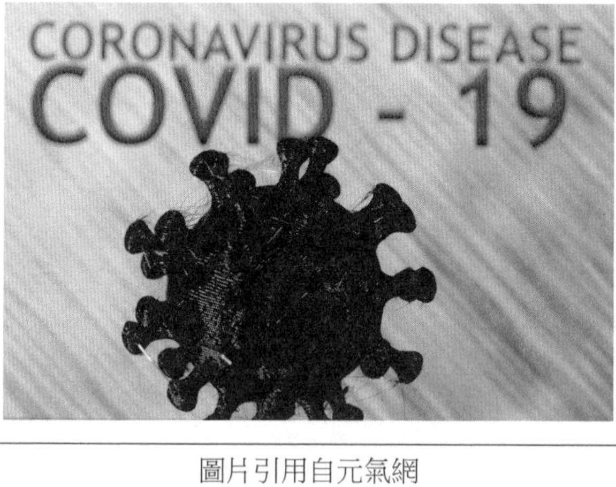

圖片引用自元氣網

率防堵防疫破口，進而使得美國成為全世界確診及死亡人數最多的國家。無獨有偶，在中國大陸一樣發生各省在防疫物資調度上協調不良的狀況，甚至一度演變成各省爭搶防疫物資與口罩的狀況。

而比較記性機敏的讀者一定記得，老師在上一本書中除了寫到天同主協調以外，更提到天同也代表「娛樂」，同時告誡每逢天同化忌的庚年通常都是對於娛樂業最不利的時候。而去年庚子年正是證明此事的活教材。

就事實面來看，去年因為新冠肺炎疫情影響，所有出國玩樂的娛樂活動可說幾乎完全停擺，全球所有娛樂場所更因為了避免群聚造成疫情擴散，幾乎是無限期停業，各國迪士尼、遊樂園猶如鬼城門可羅雀，甚至像ＫＴＶ等娛樂場所更是關的關、倒的倒，一片哀鴻遍野，全球民眾也因此幾乎所有娛樂全部停擺，只能宅在家躲疫情，成為全球娛樂業至今無法擺脫的惡夢。

最後，談到辛年就不得不提到文昌化忌所帶來的影響，每逢辛年必然文昌化忌，而文昌主文件、文書、契約、教育。故而每逢辛年受到文昌忌的影響，定會發生這四個方面的負面事件。

舉例來說，在今年民國一百一十年，就發生許多與文件和文書有關的糾紛，首先在五月的時候台灣由於3+11防疫政策的疏失，造成了嚴重的防疫破口，導致英國變種病毒肆虐台灣，當時各大民間團體如鴻海、佛光山、慈濟等都伸出了援手，自願捐贈疫苗以救人民於疫情之水火。然而，各大團體的援助卻因為政府官方設下層層的文件關卡，導致這些救援疫苗一直卡關，使得全國陷入一劑難求的窘況。在此同時，由於民怨沸騰，在野陣營要求執政黨公佈3+11防疫政策的會議紀錄，執政黨卻心虛不敢公開，間接導致了因會議記錄文件引發的種種爭吵與糾紛。

無獨有偶，今年台灣國產的高端疫苗，在臨床試驗上根本沒通過第三期以及相關的國際認證，然而民進黨政府卻便宜行事，直接特許這個沒有經過嚴謹試驗的疫苗過關，給予相關合法的特許文件。使得國民被迫成為高端疫苗的白老鼠。而今年這一系列以文件卡團體捐贈疫苗、會議記錄糾紛、給予爭議疫苗過關文件等與文書文件有關的負面事件之所以會發生，正是因為今年為辛丑年文昌化忌的緣故，才導致這一系列相關糾紛。

而今年在教育方面一樣受到了文昌忌的肆虐，致使今年全國的教育成效低迷不堪，今年辛丑年教育界受到疫情影響，各大校園被迫停班停課，全面改為線上教學，甚至連畢業典禮、期末考也一律改成線上舉行，如此一來造成了師生互動性大減，隔著螢幕老師也無法確實掌握每個孩子的上課狀況，正常的實體課程，如果學生上課在看漫畫、打瞌睡，老師完全可以進行糾正與指導，但如果隔著螢幕，學生究竟是否有在學習及聽課，就完全一無所知，甚至期中期末考改成線上考試實務上無法得知學生究竟是邊看書邊考試，還是憑實力考試，造成考試的公平性備受質疑，也因此許多大學為避免相關爭議乾脆直接取消期末考，少了考試的鞭策，純靠學生自我學習的自制力，顯然將大幅降低學生的學習效果。造成教育績效上的負面傷害。

當然，廣義的文昌不單只能引申為文書文件和教育，還可延伸解讀為「票卷」，那麼今年民國一一０年發生了什麼因票卷而起的爭議呢？答案就是執政黨心心念念堅定要發行的「五倍券」，五倍券這項政策還沒上路，才剛提出，就因去年三倍券行政成本過高、以及民眾須先自掏腰包才能換券等前車之鑑，遭到不分藍綠的一致反對，使得相關爭議不斷延燒。因此，每逢辛年受到文昌化忌的影響，老師認為不管是教育或者有關文書票券的政策都最好保守制定，甚至不要在辛年實行，否則即便最後政策得以順利提出，也容易帶來後續一連串負面效果，不可不慎。

《本章腦力激盪題》

為激發讀者深入思考、觸類旁通，活讀書而不死讀書，紫微斗數科學系列從本書開始，每章除了思考題之外，多增加腦力激盪題，讓讀者在思考與分析問題時更能達到舉一反三、聞一知十的境界。而這些腦力激盪題也都是老師過去曾漂亮破解的題目，幫助讀者在思考陷入瓶頸時能豁然開朗，思維境界更上一層樓。

那麼以下是本章的腦力激盪思考題:

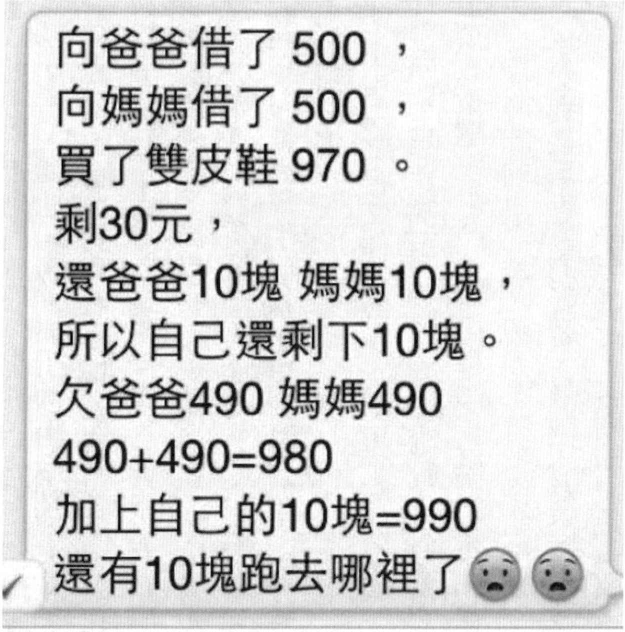
向爸爸借了 500 ，
向媽媽借了 500 ，
買了雙皮鞋 970 。
剩30元，
還爸爸10塊 媽媽10塊，
所以自己還剩下10塊。
欠爸爸490 媽媽490
490+490=980
加上自己的10塊=990
還有10塊跑去哪裡了

老師的正確破解法，會在後章結尾公佈，趕緊來挑戰吧!!

二、紫微斗數與命理未解之謎大破解

☆《讀者疑問之深入解答》

老師撰寫的紫微斗數科學(一)，重點放在對於紫微斗數整體性的說明與介紹，故有些深入且龐雜的理論難免只能去蕪存菁大略說明，也因此有些讀者來信對於上一集的內容提出疑問與困惑，為了讓讀者們能真正了解這些斗數問題的邏輯原理，本節老師將對於上一集的部份內容更深入講解以求讓讀者們完全豁然開朗。

▲**有關於寅月為正月邏輯的深入講解**

在上一集，老師曾講解寅月為正月的邏輯根據，是在於寅月是處於太極中陰陽剛好達到均衡的時候，所以以陰陽達到平衡的寅月，作為農曆一月。

然而有讀者來信詢問，提問說一般農曆一月也就是寅月，通常介於國曆一月底到二月十幾號，這時距離晝夜長短相同的春分還有一段距離，那為何將寅月稱作達到陰陽均衡的月份？

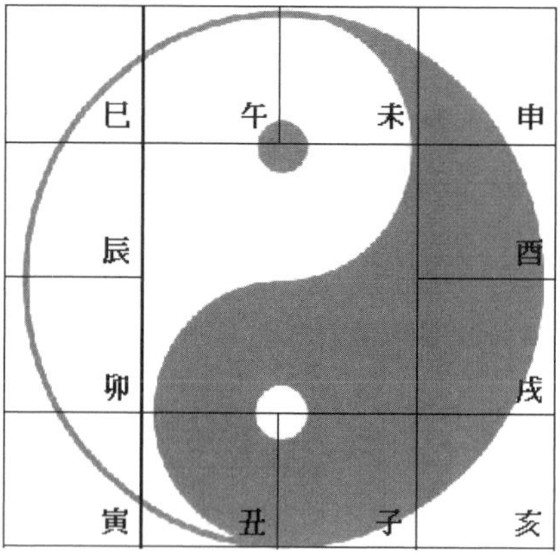

這問題老師認為問得非常好，這部份也是上集老師認為講的不夠清楚之處，所以這一節就將其邏輯深入講解清楚。首先，「寅月時陰陽達到均衡」，這句話應理解成——「寅月『結束』時陰陽達到均衡」，而非寅月開始時，這數學邏輯很簡單，地支有12個分別代表十二個月，表示以子月起算，對應太極圖，前六個月因為都屬於陽氣增長的月份所以屬陽，而後六個月屬陰。而由於寅月是從子月起算的第三個月，前六個陽月除以二，剛好就是三，故才可證明排在第三的寅月就是陰陽達到均衡的月份。

但雖然寅月是排在第三的月份，然而到寅月結束時才「滿」三個月，寅月剛開始時只是第三個月的開始，實際上由於才剛過完第二個丑月，所以陽氣大約只有二點一、二點二左右，直到第三個月也就是寅月結束，才算湊滿三個月份的陽氣，才算達到六陽的一半，也就是三陽，進而達到陰陽均衡。進一步放眼一天的作息也是如此，一般通常也都是到了早上5點寅時結束時，天空處於天色均衡的深藍色，並且黑暗迅速消失而邁向光明白晝。

所以，寅月為正月的依據就在於在寅月結束時剛好達到三陽，達到六陽的一半，陰陽正好均衡，所以才以寅月這個陰陽均衡的起點為一月。因此，寅月為正月為陰陽均衡的時間點，這句話要理解成寅月「結束」時天地陰陽達到均衡。

不過，更深入探究的讀者一定會進一步問我：「可是大師，在現實上即便是農曆一月結束，也不會晚到春分這個時間點，那這不就是個大盲點」？

如果你也發想到這問題，表示非常難得屬於活讀書的人才。沒有錯，原則上春分的時間點發生在國曆三月二十到二十二日之間。但農曆一月的最後一天，早可早到二月底，最晚也不過就是三月十幾日，就例如今年二０二一的春分是三月二十日，但農曆一月底卻在三月十二日，即便前一年有多一個閏五月，仍差了 8 天。所以實務上，農曆的陰陽確實會和實際國曆晝夜長短存在時間點上的誤差。所以如果要嚴謹來說，我們只能說農曆一月結束時，「大約」就是陰陽均衡的時候。

至於為什麼會存在這樣的誤差問題？答案就在於農曆和國曆的曆制本來就有誤差，因此兩者相對應，一定存在誤差區間。老師以數學證明相信各位讀者就一清二楚。

1.農曆大月為 30 天小月為 29 天，因此:

農曆 1 年為 354 天
國曆 1 年為 365.25 天

表示國曆每年會多出 11.25 天

2.由於人們為了讓國曆和農曆可以盡可能一致，所以設置了閏月而且 19 年就高達 7 個閏月，也就是平均 2.714 年就有一個閏月。因此，我們可大略得知農曆與國曆 4 年內的差距大約如下:

第 1 年: 國曆比農曆快約 11 天
第 2 年: 國曆比農曆快 22.5 天
第 3 年: 國曆比農曆快 4.75 天

(第 3 年因閏月的關係誤差一口氣減去 29 天)。

綜上所述，農曆與國曆的對應時間點存在四點七五到二十三天皆屬正常誤差範圍區間，所以才會發生現實上農曆一月結束的時候卻距離春分還有十幾二十天的狀況，但又因為農曆的閏月並不是平均每三年一定閏一次，所以十九年間定會有幾年閏月集中，有幾年分散，故而老師在實務上最高紀錄曾看過農曆一月結束將近一個月後才春分。造成這樣差異的核心問題就在於農曆的設計本就與國曆不同，一個是太陰曆也就是月亮曆，一個是太陽曆，本就不可能完全重合，最多只能作到盡可能將兩者誤差縮到最小罷了。但由於寅月結束的時間點確實是所有月份來說最接近春分的時節，所以在曆制上使用寅月為正月仍為最理想之選。

▲紫微斗數制定五行局為水二局到火六局的依據

上一集時老師在第三章的最後，列出一題有關五行局的思考題—「**本章中提到，五行局會從水一、火二，改成水二局、火六局，是因為河圖水火互換的原因。但為何斗數不按照原本的五行局順序，非要將水火的數字對調互換？改成水二局和火六局的理由與必要性為何**」？

這個問題，後來有讀者在ＰＴＴ紫微斗數版發問尋求解答，然而卻無人解答得出來，其實這非常正常，如果版上有人能解出來，那老師也不會是ＰＴＴ最強的大師了。

言歸正傳，要解答這問題第一個步驟，首先要能破解**「為何水二可以跟火六互換」**這個問題。而這個問題的破解邏輯在於「先後天八卦的變換」，由下圖可知，後天八卦的坎卦和離卦的位置剛好對應先天八卦的乾卦和坤卦，而坎卦代表的就是水，離卦代表的就是火。

第二步驟，因為乾卦的洛書數字為6、坤卦的代表數字為2，所以才可以得證取代乾卦位置的離卦也就是火，可以用6來代表。同理原來先天八卦坤卦的位置，到後天八卦時被坎卦也就是水取代，故而可繼承原先坤卦的代表數字2，這就是為何五行局在水和火的部份，可以將兩者改成水二局和火六局的邏輯。

但是，以上說法只能說明為什麼水可用2代替，以及火可用6代替，卻無法說明**為什麼必須要這樣設定？不這樣設定有何問題？**

（先天八卦）

（後天八卦）

△火必須設定為2以及水必須為6的科學原因（老師的個人新創見）

老師當初也曾為破解這問題苦思許久，最後老師終於破解這道難題，而在思考出問題的解答前，老師曾經請教過教過老師斗數功力最強的一位師父，而老師的師父當時給的答案僅止於上一頁水火可以用二和六代表之相關原理的階段，對於為何要設定成水二火六的必然性師父則認為古人這樣設定必然有其道理。而為了秉持老師一直以來自我要求必須青出於藍的原則，老師就提出自己破解這問題的新創見，同時也將這個千古未解之謎的答案作為華人紫微斗數界的一個新突破、新里程碑。

經老師深入分析，五行局不按照原始的五行數字由1到5，而必須要設定成由2到6，其背後關鍵的邏輯就在於中國命理的歲數計算採用「虛歲」，人只要出生就算一歲，而為什麼命理要以虛歲為標準？關鍵的原因就在於，中國的虛歲把嬰兒懷胎十個月也算入一個人的生命週期，所以人一出生就已經至少經歷了十個月的生命歷程，幾乎等於一年的時光，因而虛歲一歲的開始正確來說指的是受精卵剛結合的瞬間就算是虛歲一歲的第一天。

而問題的盲點也正在此，不管紫微斗數還是八字，所用的出生資料都是「剛出生離開母體」的時間，而所謂「預測」這兩個字的邏輯，指的當然是以現在時間點的資料預測還沒發生的未來，所以如果我們採用的是以出生那一瞬間的時間資料為推算基準，自然也就只能推算虛歲一歲以後亦即虛歲兩歲起的事。如果要推算「虛歲一歲」的命運，那麼命盤出生時間的取樣點就應該以受精卵剛結合的那一瞬間之時辰為出生資料方才合理。但實際上不可能知道受精卵在子宮結合的準確時間，所以當然命盤的行運最早的極限最多只能定為虛歲兩歲，而無法定成一歲。

當然，有些思考比較刁鑽的讀者可能會挑戰老師的論點說：「大師，那如果我偏要說以出生的時間為取機點，不只可以推算未來的命運，也可以推算出生這個時間點以前的命運，那你的說法不就被推翻了」？這句話的邏輯其實可以簡化成「命理所採用的時間點可當成了解過去命運的依據」。

要破解這個謬誤其實也很簡單，以事實舉例，如果前面的邏輯假設可以成立，那麼照理說我們採用同時死亡的人之死亡時間為推命標準，他們每個人過去活著時後的命運趨勢都應該一樣，因為死亡的時間點都相同，按此邏輯過去命運都應該相同，但事實證明同一時間死亡的人過去命運大不同，就像鐵達尼號船難的罹難者有富豪有一般人有老人有小孩一樣，而不是每個人死亡時的年齡跟身份都完全一樣。

由此證明，命理只能推算取機時間點以後發生的事，也就是出生的那個時辰以後的事，而無法推算命盤時間點以前的事。這就是為何，紫微斗數的大運必須設計成至少兩歲起大運的必然原因。

☆《紫微斗數與命理未解之謎大破解》

八卦及五行方位是學習命理的人幾乎都知道的基本常識，然而命理之所以長期以來被人視為迷信、旁門左道，其中最大的原因就在於許多內容無法解釋其原由，也沒有科學與邏輯證據足以支持。例如八卦創作的邏輯、河圖洛書怎麼來？依據是什麼？這些問題至今都是無解之謎，也沒有人提出具體的科學與邏輯證據，使得八卦、命理、五術被斥為無稽之談。因此，本章可說是我冠元大師的獨家新創見，老師將以科學、邏輯和人文的角度，破解並更深入講解論證五行方位、易經、八卦等命理架構，也希望老師個人的新創見今日公開，能帶給華人命理界和科學界嶄新的歷史里程碑。

△以科學破解八卦的創作邏輯　（老師的個人新創見）

八卦由陰爻和陽爻排列組合而成，其中乾卦和坤卦的邏輯都很好理解，乾卦為三橫陽爻為至陽的卦象，坤卦為三條陰爻組成，視為至陰的卦象，而在現實中乾為天，而世界上最火熱與最光亮的事物，莫過於烈日當空的晴天，所以乾卦的卦象為三橫全陽至陽基本沒什麼爭議，而坤卦主大地，大地由比熱低的岩石構成，在沒有陽光的情況下，陸地的溫度遠遠低於海洋，因此由一望無際生冷堅硬岩石構成的大地由三條陰爻組成來代表其至陰的特性也非常符合一般常識，但是八卦中的其他六卦的創作邏輯，至今卻是爭議紛紛，甚至從古到今都是未解之謎，而這些懸案老師以科學與人文的角度剖析，終於破解其中的關鍵。

△坎卦的科學根據與邏輯

坎卦的圖如下圖，是由上下兩個陰爻夾著一條陽爻而成，而坎卦所代表的事物就是「水」，那麼為何水要設計成用兩個陰爻中間夾著陽爻來表示？經老師的研究，其科學邏輯在於表現出水「外柔內剛」的物理特質，因為水表面上看起來很柔不堅硬，但實質上卻是堅硬無比的物質，經科學家研究，現實生活中許多物質都可壓縮，唯獨水無法壓縮，也因此，現在科技就運用水無法壓縮的特質，製造了以水切割物體的「水刀」，而水刀的切割力在工業運用上，強勁到連大理石甚至是金剛石都能切割的程度，這就是水這種物質，表面上看起來柔軟不堅硬，但實質上卻剛硬無比、外柔內剛的最佳物理證明。

坎卦

故坎卦設計成兩個陰爻在外面，一個陽爻在中間，就是顯示出「水這物質外表陰柔，但實質上卻是剛強無比」這樣的物理特性，也正是坎卦設計的科學依據。

△離卦的科學根據與邏輯

離卦在八卦的創作圖案中設計為，兩個陽爻在外，上下夾著一個陰爻，離卦所代表的事物為「火」，而其外陽內陰的象形圖樣，經老師研究分析，之所以如此設計，原因在於顯現「火外強中乾的物理性質」。

如下圖所見，火焰的溫度越外層則越高溫，越內層則越低溫，低溫的焰心由高溫的外焰層層包圍，就有如離卦的陰爻被陽剛的陽爻上下包圍一樣。因此足以證明，離卦的設計邏輯，其背後之科學依據符合火焰溫度外高內低的物理特質。這就是離卦之所以設計為兩陽爻夾一陰爻的科學根據。

△從人文角度看坎卦和離卦的科學特質

前述提及坎卦及離卦在物理上的推論依據，然終究易經是一部體現文化之經典，因而老師從坎卦和離卦的水火物理性質觸類旁通，進一步從歷史與人文中體悟出從坎卦與離卦物理性質所延伸的人文思維。

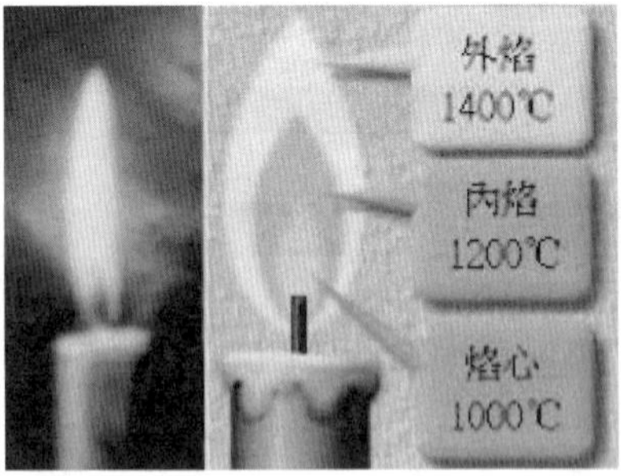

離卦

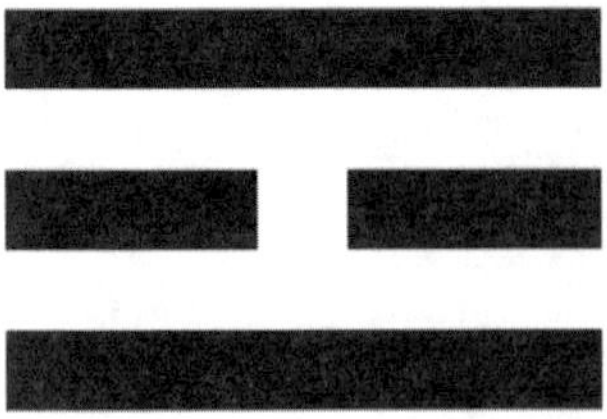

猶記得老師小學時，曾閱讀韓非子的法家理論，韓非子在其著作中提到一則有關制定法令的典故，這則典故提到古時有位名為子產的名士，在臨終前對游吉說到：「水看起溫和無比，但因溺水而喪命的人卻有如過江之鯽，而火看起來灼熱兇猛，卻因此很少人敢主動靠近，死於火的人明顯較少。故而法令之制定應該制定得像火焰一般嚴峻猛烈，才不至於有許多人抱持僥倖心態而觸法，造成社會法治之傷害」。

不過游吉後來因沒有聽取子產的建言，導致社會治安敗壞，事後方才想起子產的建言。因此從法家思想的人文角度來看，亦認為火為外強中乾表面猛烈，因此法治的執行唯有像火一樣從立法到執法都像火一樣外剛猛烈，才能收得犯罪率下降的實質內柔的效果，換言之，如果立法到執法都像水一樣看起來溫溫吞吞，那麼因法律溫吞及執法鬆散所引起的犯罪事件就將對社會造成剛硬的實質打擊。由此可見從法家思想的角度分析，亦足以證明坎水外剛內柔、離火外強中乾的意象及人文內涵。

△震卦的科學根據與邏輯

震卦在八卦中象徵「雷」，由兩個陰爻在上壓著一個陽爻所構成，自古以來許多人不解震卦為何如此設計，這個未解之謎一樣可以科學來佐證證明，

既然震為雷，那麼欲知震卦從何而來，就必先知道雷電如何形成。以科學的角度而言，雲的正電會集中在雲層的上部，而負電會集中在雲層的下部，而當雲層越積越多越來越厚時，雲的下端就會累積極大量的負電，此時大量的負電就會與地表的正電相互吸引，大量的負電就會形成雷擊閃電，打向地面。

所以將下面雷電形成原理的右圖，對應左圖震卦可得知八卦用陰爻代表負電、陽爻代表正電，震卦最上面的陰爻代表雲層中累積的大量負電，中間的陰爻則指的是雲與地表之間的負極閃電，而最下面的陽爻則代表充滿正電的大地。由此足以證明震卦的象形設計隱含並符合雷電形成的科學原理。

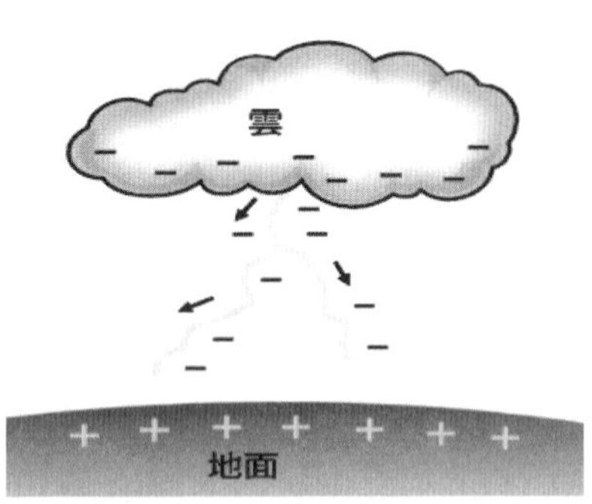

震卦

△巽卦的科學根據與邏輯

巽卦所代表的事物為「風」，由兩個陽爻在上一個陰爻在下所構成，那麼為何巽卦的意象如此表達？答案的關鍵一樣要從風的形成原理探究。

風的形成，主要是由於某個地方受到陽光強烈的照射，以致地表累積了極高的高溫，而高溫的形成，會將空氣加溫使得熱空氣上升，熱空氣一旦上升，原來在下方地面的地方就會變成沒有空氣的真空狀態，這個時候周圍的冷空氣就會移動，過來填補原本熱空氣的空間。而這一升一補的空氣流動就形成所謂的風，因此風的形成主要的原因正是來自於空氣溫度的高低差所造成。

由此可見代表風的巽卦，上面的兩個陽爻象徵的就是吸收大量的高溫及熱能的熱空氣，而由於熱空氣上升，就導致周圍的冷空氣來補位，所以巽卦最下面的陰爻指的就是從周圍流動過來補位的冷空氣，這就是巽卦的意象之所以設計成兩陽爻在上一陰爻在下的科學根據。

巽

☴

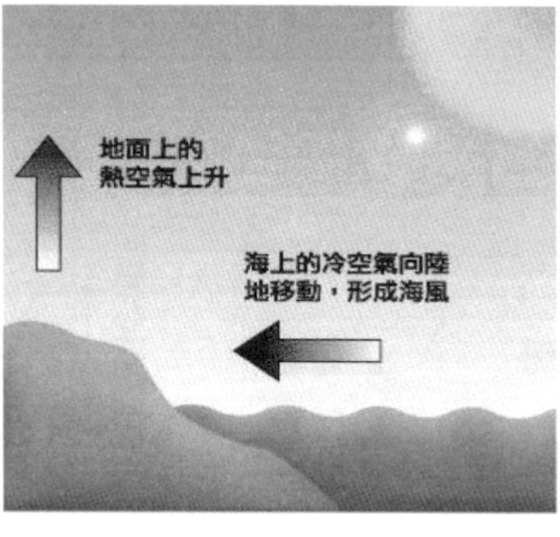
地面上的
熱空氣上升
海上的冷空氣向陸
地移動，形成海風

△艮卦的科學根據與邏輯

在八卦的創作中，「艮卦」代表「山」，由一個陽爻在上兩個陰爻在下構成，而為何艮卦如此設計，老師認為應以地球科學的角度破解。

欲知山脈的卦象來由，首先就必須探討地球上的各種山脈如何形成，山脈形成的原因主要來自於「造山運動」，所謂的造山運動指的是地殼中兩個板塊互相推擠，進而因板塊推擠而將推擠處的岩石擠高，而這些被推高的岩石就形成了所謂的山。

就例如下圖的喜馬拉雅山，就是印澳板塊和歐亞板塊相互推擠才擠出世界最高峰，另外就連我們寶島台灣整個島嶼也是由菲律賓板塊和歐亞板塊相互推擠才隆起形成有高聳中央山脈的島嶼。

然而，由於山體的底部是不穩定經常變動的板塊和岩漿，因此山其實是一種表面堅壯穩固但底部卻虛浮不穩的地理型態。所以總結來說「山」這個地形的特性為

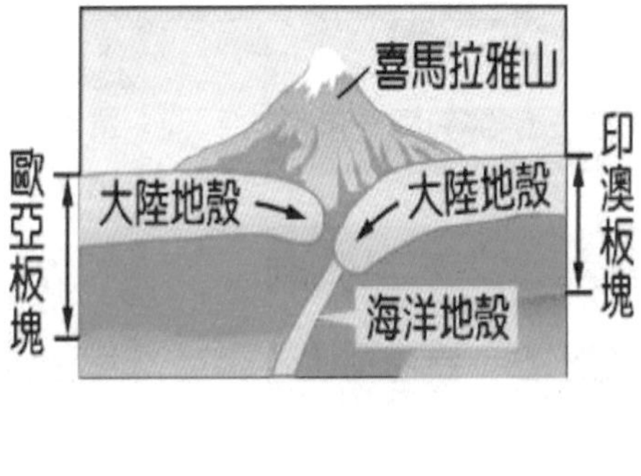

艮

「上實下虛」，這也正是為何山脈較多的地方通常發生地震的機率也最高，例如台灣、日本、青藏高原與南亞的交界帶(例如尼泊爾)都是經常發生重大地震的地區。正是因為山脈底部幾乎都是由經常變動不穩定的板塊所構成，才經常有地震發生。

所以，經老師推論，艮卦之所以設計為一個陽爻在上，正是為了表示山的地質特質上方為剛強堅硬的山體，而設計為兩個陰爻在下部，則是為了呼應山之地基底部是虛的、是不穩的，是極其不穩固且經常變動的板塊交界。

不過，有些思考敏捷追根究底的讀者可能會問我：「請問大師，如果艮卦設計陽爻在上陰爻在下的理由是因為山是種上實下虛的地理型態，那一樣是上實下虛，為什麼艮卦不設計成『兩條陽爻在上一條陰爻在下？』，這樣一樣叫做上實下虛，那為何非要設計成只有一條陽爻在上呢？」。

如果你也思考到這點相當難得，做學問就是要能追根究底方能探究真理，這問題老師當初也思考許久，後來發現問題破解的關鍵在於「地球結構」，別看喜馬拉雅山高達八千多公尺，如果將地球比作一顆蘋果，我們整個地表及地殼，不過相當於蘋果的皮而已，整個地表下的地質活動深度，有的深達幾十公里甚至是幾百公里，所以高山下活動的板塊其地質活動深度絕對遠超地表任何一座山的高度，故而艮卦的底部以較多陰爻來借帶地表下不穩定的地質活動才真正符合地球科學之現實。

△兌卦的科學根據與邏輯

在八卦的創作中，「兌卦」代表「澤」也就是沼澤、池塘、湖泊，由一個陰爻在上兩個陽爻在下構成，兌卦的創作原理較為直觀簡單，兌之所以兩個陽爻在下、一個陰爻在上，是因為湖泊本身就是一個上虛下實的地形，大多數的湖泊底部都是由堅實的山體或者廣大的岩脈基底所構成，同時四周更有重重大山所包圍，因此湖泊、沼澤的地基通常是堅實穩固的，而在堅實穩固的基底之上，承載的就是較為柔性的水，故而最上面的陰爻代表湖泊中的水。

就拿台北盆地為例，台北盆地最早以前曾是廣大的台北湖，湖水退去之後才變成現在的台北盆地，而台北盆地的底部就是厚實的地基，台北盆地的四周更是眾多靠山包圍，北有陽明山南有雪山山脈環拱，強大的地基、群山的護持使得台北盆地在台北湖的時期一度成為台灣最大的湖泊，同時也因堅實的地基，所以每當台灣發生規模強大的地震時，台北總是幾乎沒有什麼嚴重災情。也幾乎沒有發生過規模超過5以上的地震，就連台灣史上最可怕的九二一大地震，台北的震度也不過4級左右，正是因為湖泊盆地的地形為上虛下實的緣故。

兌卦

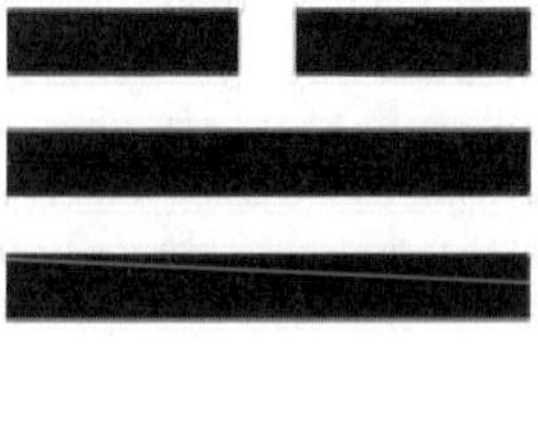

☆《先天八卦與後天八卦之謎大破解》

破解完八卦各卦的創作由來之後，更進一步老師將破解先天八卦與後天八卦究竟如何推演而來？同時剖析其背後的邏輯與科學依據，這部份也是老師苦思了兩三年才終於破解的精華。

老師認為先後天八卦創作原理的破解，正是中國命理能否正統學術化的最大關鍵，因為中國所有的數術之根源幾乎皆來自於易經八卦，然而一門學問要能接受正統學術的挑戰與考驗，首要條件就是理論基礎必須能有具體的推論邏輯與科學論證基礎，方能成為一門科學理論體系，而其中一個最重要的標準就是這門學術的理論基礎必須講得出「為什麼」！以及「學理根據是什麼」？

因此如果連命理五術的根源先天八卦和後天八卦如何形成、排列順序為什麼如此設定這個問題都提不出合理、合乎科學邏輯的解釋，那命理五術就永遠只有被正統學術界視為旁門左道的命運。

正因如此，老師才竭盡心力花費兩三年的時間苦思研究，終於破解了先後天八卦的由來及設定邏輯，這部份也是老師的獨家新創見，這項新創見今日公開希望能帶給華人命理界邁向正統學術道路上之嶄新重大突破性里程碑。

△先天八卦的邏輯設定原理（老師的個人新創見）

先天八卦的邏輯原理，經老師推論，先天八卦排列順序設計的核心邏輯架構就是**「以八卦卦體的陰陽相對應太極陰陽消長」**這關鍵重點。

如何證明老師的論點呢？首先各位讀者可觀察下面的先天八卦圖，從圖中可知順著白色箭頭的方向來看自震卦到乾卦都是屬於太極圖中陽氣上升的白色區塊。反之從巽卦到坤卦，順著黑色箭頭來看，皆屬於太極圖中陰氣增加陽氣減少的黑色區塊。

進一步，老師觀察到白色區塊的四個卦「震卦、離卦、兌卦、乾卦」都有個共通點－「都是陽爻在最底部，也就是第一爻都是陽爻」，反之太極圖黑色區域的四個卦「巽卦、坎卦、艮卦、坤卦」的共通點也都是「第一爻初爻為陰爻」。因此我們可得到第一個結論－**「凡是陽爻在第一爻的卦因為起始為陽氣，一律排在太極圖白色的區域，而凡是陰爻為起始的卦皆屬陰卦故一律排在黑色區域」**。

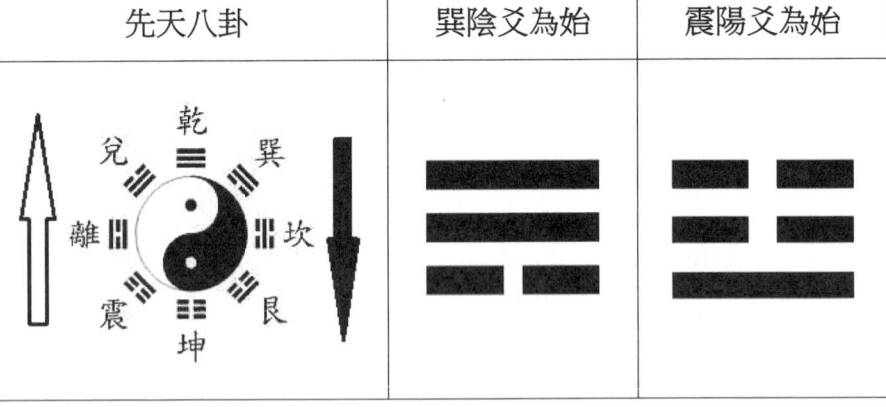

先天八卦	巽陰爻為始	震陽爻為始
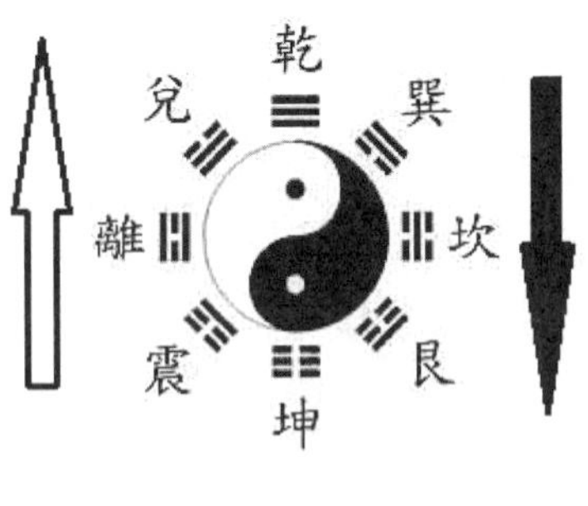		

破解先天八卦的陰陽分類邏輯後，老師更進一步來破解先天八卦的「排列順序」邏輯，因為許多讀這可能會問：「從初爻來分類八卦的陰陽這可以理解，那為什麼排列的順序必須設計成震卦到乾卦，以及巽卦到坤卦呢」？

這問題，經老師推論分析，破解關鍵在於**「八卦的陽氣程度及陰氣程度高低」**，因為太極圖不論是陽氣區域還是陰氣區域，都是由低變到高，所以由上頁圖的箭頭可知，順著白色箭頭的方向越往上的卦，對應的陽氣就越多，反之順著黑色箭頭的方向越往下，對應的陰氣就越多。

因此，從八卦的結構排序，震卦只有一個陽爻，陽氣最少，因此排在陽氣最低的少陽區域，這個區域在太極圖也是白色區塊最少的部份。反過來說，乾卦三條都是陽爻，陽氣最強，所以理應排列在太極圖中最上方，對應太極圖中陽氣最強最旺白色區塊也最多的老陽區塊。由此可知先天八卦是依據八卦本身陽爻的多寡將震卦排在陽卦第一而將乾卦排在陽爻第四。

同理可證，只有一條陰爻的巽卦對應的就是陰氣最少的少陰區域，也就是太極圖中黑色成份最低的地方，而擁有三條陰爻的坤卦自然也就對應太極圖中陰氣最旺的老陰區域。形成巽卦為陰卦第一卦、坤卦為陰爻第四卦的排列順序。

然而，思考敏捷的讀者一定發現到一個關鍵重點——「如果先天八卦的排序是依八卦本身陰爻和陽爻數目多寡決定，那為何離卦跟兌卦同樣都是兩條陽爻順序卻有先後之分？怎麼證明同樣都是兩個陽爻的情況下，兌卦的陽氣比較多順序應該排在後面」？

如果你能思考到這問題，表示邏輯清晰非常難得，而這問題也確實是破解先天八卦理論的最後一個關卡，破解完這個難題，先天八卦也才能算得上擁有一套完整的科學推論邏輯根據。

而這個問題的邏輯關鍵老師認為，關鍵在於「**中爻為卦的本體核心，上爻和下爻為卦體的表皮**」，因此卦的中心為實，外表為虛，故而核心本體的重要度勝過外表。所以拿同樣都是兩個陽爻的離卦和兌卦為例，離卦為火外強而中乾，上下兩爻為實奈何中心的爻為陰爻是虛的，故屬於表面強大但本體虛弱的卦，而兌卦的陽爻在卦體的中間，故兌卦的陽氣為實心的，為實質有力之強大陽氣。故老師由此可下結論，雖然同樣都是兩個陽爻，但離卦之陽氣屬於外強中乾虛有其表的陽氣，兌卦的陽氣屬於內裡充實，實實在在的陽氣，故可推論兌卦的陽氣程度強於離卦，進而得證兌卦的陽氣排序應排在離卦之後。同理可證，坎卦和艮卦同樣都是兩條陰爻，但由於坎卦的中心仍是陽爻，故坎卦陰氣虛有其表，艮卦陰氣堅而實在，故艮卦排於坎卦之後。這就是先天八卦的完整論證邏輯。

(離卦)

(兌卦)

△後天八卦的邏輯設定原理

破解完先天八卦之後，緊接著破解後天八卦的原理。而這部份也是老師獨一無二的個人新創見。

上一節提到先天八卦的推論邏輯在於卦體的陰陽高低排序，而後天八卦的推演邏輯，老師認為根據在於**「以八卦之意象對應季節的天氣變化」**，如左圖所示，農曆的十二個月份依據陽氣及陰氣的高低分別對應太極圖中的不同部份。由圖中可知，後天八卦的震卦對應卯月到辰月的部份，此時正值農曆二到三月，這時由於大地陽氣逐漸增加，氣溫逐步上升，故而形成較強的對流因而導致天空水氣增加促成雷雨的發生，這時的天氣屬於春雷旺盛的狀態，所以用代表雷的震卦展現這時的氣候特徵。同時伏羲當初在創造八卦時也曾發現春天時的雨幾乎都伴隨雷電，但冬天的雨通

（月份對應太極）

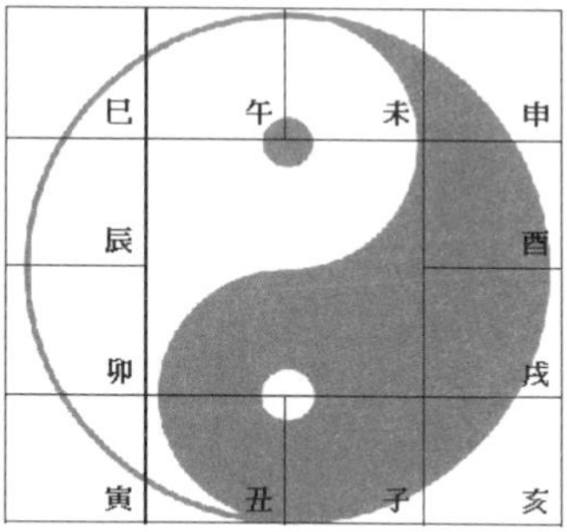

（後天八卦）

常沒有雷電，因而以震卦代表卯月辰月的天地之氣，最為適合。再來，到了巳月此時相當於國曆六月多早已進入夏天，這時氣溫更高對流更加旺盛，而老師前幾節破解巽卦時提到的重點時有提到，巽卦為風，風形成的科學原理就源自於熱空氣上升後，週圍冷空氣填補熱空氣原來的位置造成之空氣流動，故而形成風。所以一年中氣溫最高的夏季自然也就是熱空氣上升最旺盛的時候，因此這段時間自然是一年中空氣對流最旺盛、風最強的時節，因此用代表風的巽卦對應太極圖中巳月的部份自然非常能體現出巳月夏季的氣候特徵。

而離卦就更不用說了，離為火，用火來對應太極圖中最炎熱、陽氣最旺的月份和區域，不僅非常貼切，也更能貼近火熱氣溫帶給人們的實際感受，因此用離卦來代表一年裡最炎熱的農曆六月到七月非常合理。

接著，兌卦對應農曆八月九月的時節，此時已到秋末，這時除了長江以南較為炎熱的地區外，各地氣候逐漸偏涼湖面也開始結冰，而兌卦代表沼澤也就是湖泊，同時兌卦屬金，金的特性正為冷硬，正好對應秋末時冷而肅的天氣特性，因此以兌卦象徵氣候轉為冷硬、湖面開始結冰的晚秋時節也正好恰如其份。

再來，乾卦對應亥月的位置，對應的正好是十二地支的最後，而乾代表天，記得老師在上一集時提到，以夏朝曆法以子月為一月是為了法乎天道，因為十二地支以子為始，以亥為終，子月時陽氣生、亥月結束時陰氣最勝陽氣最衰，因而十二地支的最後一個月用代表天的乾卦來象徵十二地支天道之結束，方才符合天道氣候變化的邏輯。而坎卦為水，用來代表冷冰冰的冬季與離卦火相對應在為適合不過了。故坎卦對應至陰的子月。

△艮卦及坤卦的原理

比較細心的讀者一定會納悶老師後天八卦的推論原理，為何沒有交代艮卦和坤卦這兩個卦的推論依據。這其中的原因在於，艮卦及坤卦是後天八卦中唯一不直接與四季氣候相關，而直接與八卦之陰陽相關的卦。由月份來看，艮卦的位置對應在農曆一月到二月初，也就是寅月到卯月，而坤卦對應農曆七月到八月初，這時節剛好是春分與秋分，陰陽剛好相同、晝夜剛好等長的時候，此時剛好是天地間陽氣與陰氣最為中和的時候，因此對照下面左邊的圖，艮卦與坤卦其實就是對應太極中陰陽剛好各半的區域，也就是陰氣與陽氣最為中間的兩個地方，但由於陰陽剛好達到中和是標準的中間線，所以這時的氣候特質，並不屬

（中字的創作原理）

（坤與艮對應太極）

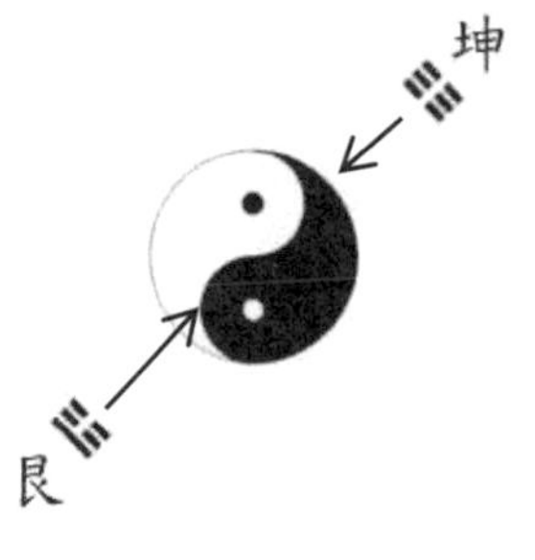

於少陽、老陽、少陰、老陰這春夏秋冬任何一個氣候特質，而四季的五行為春木、夏火、秋金、冬水，故最能代表中間線的五行當屬當屬「中央土」，由於不管是河圖、洛書還是方位，都將土放在中央，所以用土來代表陰氣與陽氣的中央線當然是最合乎邏輯的上上之選。而艮卦代表山、坤卦代表土，兩者的五行屬性皆為土。所以用艮卦及坤卦來搭配寅卯月和申酉月的區域，剛好符合春分和秋分為晝夜陰陽中間線的概念，故而我們可以將後天八卦的設計邏輯作個總結—「震卦表春季之天象、巽卦表春末夏初之天象、離卦表夏季之氣候、兌卦表秋季之天地之像、乾卦表秋末至冬之像、坎卦主冬季之氣候，而艮卦坤卦表春分秋分陰陽調和之氣」。

另外，從後天八卦的創作原理，還可引申字國字「中」的創作邏輯，中這個字當初造字的邏輯，就是對應太極圖，各位讀者可對照上一頁右邊的中字圖，中字中間的那一豎其實就是對應左邊太極圖中間的反S型中線，而中字的結構裡，被這一豎切開的左右兩個區域就是太極的白色區域和黑色區域，而老師用圓圈圈起來這一豎筆劃的最中間部分，就是後天八卦艮卦和坤卦對應的地方。因此「中」這個字背後的創作邏輯就是「執兩用中」，意即執太極之兩儀用陰陽之中道，而中字的這一豎恰好就是將陰陽分為相等兩半的界線，正是為了呼應艮卦與坤卦是陰陽的中間界線、是為春分秋分時節的這個後天八卦邏輯。

▲趣聞—從「六大門派圍攻光明頂」看先天八卦

談到倚天屠龍記，其中最讓人津津樂道的劇情莫過於六大門派圍攻光明頂的情節。而這一段更是主角張無忌的成名之戰，以一己之力勇挫六大門派名揚天下。

但在勇挫六大門派的過程中，張無忌一度遇到重大危機，崑崙派的何太沖夫婦聯合華山二老，以正兩儀劍法配合反兩儀刀法，殺得張無忌險象環生，差點送命。最後還是靠周芷若的指點，才領悟出破解之道，反敗為勝。

那麼周芷若所指點的內容說的是什麼呢？其實指的就是「先天八卦」，小說裡的原文提到：

周芷若自言自語：「陽分太陽、少陰，陰分少陽、太陰，是為四象。太陽為乾兌，少陰為離震，少陽為巽坎，太陰為艮坤。乾南、坤北、離東、坎西、

（正兩儀劍法&反兩儀刀法）

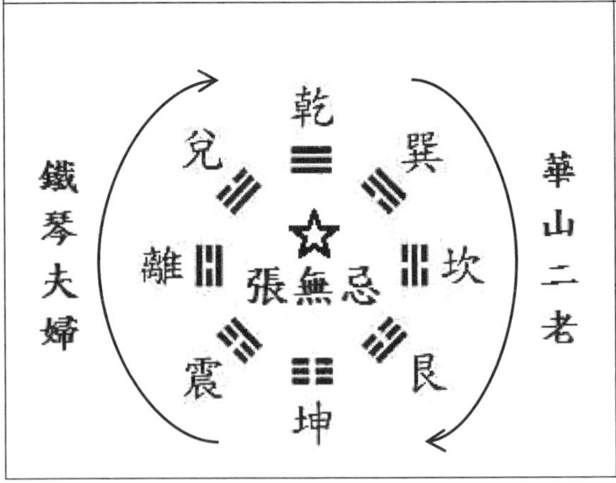

（先天八卦）

震東北、兌東南、巽西南、艮西北。自震至乾為順，自巽至坤為逆。」朗聲道：「師父，正如你所教：天地定位，山澤通氣，雷風相薄，水火不相射，八卦相錯。數往者順，知來者逆。崑崙派正兩儀劍法，是自震位至乾位的順；華山派的反兩儀刀法，則是自巽位至坤位的逆。師父，是不是啊？」。

因此，從周芷若的描述可知，崑崙派與華山派採用的正反兩儀是以先天八卦為基準，因為只有先天八卦是從震位排到乾位。所以，依據老師的歸納，如上頁圖所示，鐵琴夫婦的正兩儀劍法腳下的步法，主要以左邊箭頭從震卦到乾卦的範圍為主，然後右邊從巽卦到坤卦就是華山二老的活動範圍。只不過金庸大師在小說中的說法有幾個小錯誤，首先，周芷若那段話中提到「**少陰為離震，少陽為巽坎**」，但實際上，各位讀者對應上頁的太極圖就可得知，離卦和震卦對應的是太極圖中白色陽氣的初始區域，所以離震應該為少陽而不是少陰。同理，巽坎兩卦對應的是黑色陰氣之初始區域，所以應該是少陰而非少陽。

第二個盲點在於，當崑崙派和華山派使出正反兩儀刀劍時，滅絕師太曾說：

「這少年的武功十分怪異，但崑崙、華山的四人，招數上已鉗製得他縛手縛腳。中原武功

博大精深，豈是西域的旁門左道所及。兩儀化四象，四象化八卦，正變八八六十四招，正奇相合，六十四再以六十四倍之，共有四千零九十六種變化。天下武功變化之繁，可說無出其右了」。

滅絕師太的這段話，依據數學和易經的邏輯，原則上是對的。但在小說的情節上卻會產生很大的邏輯矛盾。那就是實際的刀劍陣法，不會存在四個人或兩三個人同時站在同的位置的狀況，想像一下四個拿刀劍的人同時站在乾卦的位置排成一條直線隊伍，試問意義何在？是要砍站在前面的隊友還是跟張無忌拔河？

因此，這部份老師認為合乎邏輯的算法應該是，鐵琴夫婦和華山二老共四人，兩派依據陰陽都有32個卦位可以選，如果崑崙派第一個武者選擇了其中一個卦位的位置，那麼第二位就只剩31個卦位可以選，同理華山派的部份也是一樣。因此正反兩儀刀劍的變化絕對不會是四千零九十六種變化，而是32 X 31 X 32 X 31種，同時還要考慮重複搭配的組合，也就是例如華山二老，「高老占坤位矮老占巽位」跟「矮老占坤位高老占巽位」基本可視為同一種組合，所以正反兩儀32 X 31的組合類型需各自再除以二，也就是最終答案應為二十四萬六千零一六種組合。

當然這部份只是老師基於趣味的發想，幫助各位讀者深入理解先天八卦，也期待有軍事專業的讀者從中研發出威力石破天驚的強力戰陣，老師拭目以待。

☆《先天河圖與後天洛書之謎大破解》

先天河圖與後天洛書是中國命理學問的核心架構，也可說是除易經之外，所有五術理論的根，然而歷史上有關於河圖與洛書的記載，僅僅交代河圖是在馬背上被發現，以及洛書在神龜的背上被人發現，至於河圖與洛書的邏輯，以及如何推演、圖案為何長那樣？至今都是無解之謎。

然而，河圖洛書的理論架構只要一日得不到證明、一日沒有破解，命理與五術就會永遠因為核心理論拿不出科學根據與邏輯論證，而被視為迷信與旁門左道。並且一門學問隨著時代的演進，一定要能越來越進步、突破舊有理論的瓶頸，這門學問方有未來可言。秉持這股精神，老師花了數年的時間終於破解河圖與洛書，並以數學論證之方法，完美論證河圖與洛書這個中國歷史五千年來一直無解的證明題。

這套破解理論，也是我『冠元大師』的獨家新創見，也是其中一個得意之作，今日公開希望帶給華人命理界一個嶄新的震撼性突破!!也讓所有讀者都能知其然更知其所以然。不過由於老師是在二零一六年先破解了洛書，接著才在二零一八年破解河圖，故順序上，老師會先講解洛書的理論邏輯，進而才講述河圖的理論架構。

△洛書的邏輯架構大破解（老師的獨家新創見）

有關於洛書，只要稍有程度的讀者相信都知道，洛書的數理架構，就是一個以五這個數為中央，然後不管直的相加還是橫的相加，或是斜的相加，總和都是十五的九宮格數字方陣，但洛書為何如此設計？背後隱含的邏輯又是什麼？與易經又有何關聯？至今仍是個謎。老師認為破解此題的關鍵在於，洛書的設計邏輯經老師推論，洛書之架構將奇數用白色來代表，也就是奇數為陽，然後偶數為陰為黑色。而洛書數字排列的邏輯主要的理論根據則依循兩大關鍵基本設定—

(1)洛書數字陰陽的排列對應的是太極與四季月份的陰陽消長。故而陽氣最少的1個白點，與陽氣最多的9個白點分別對應右邊太極圖的子丑之間和午未之間。

(2)洛書將陽氣與陰氣的總和定為10，而每個數字所代表的意義就是其對應月份的陰陽比例。

（太極對應月份）

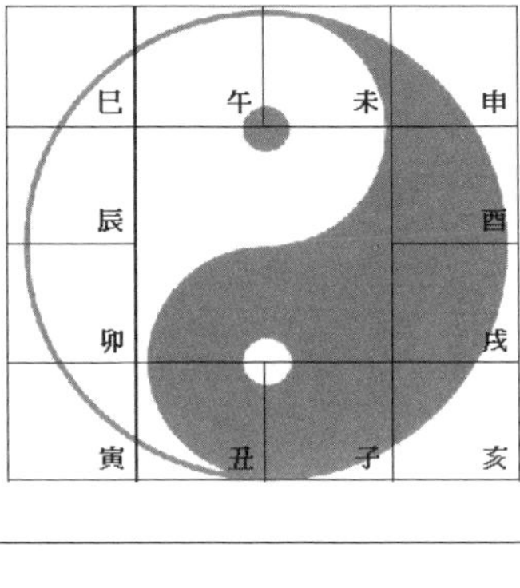

（後天洛書）

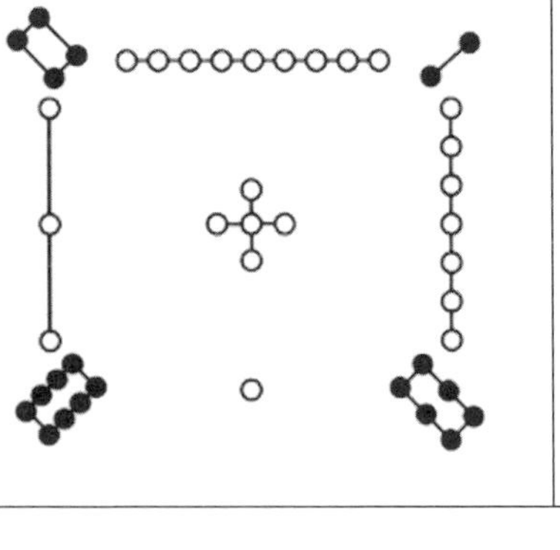

為了讓讀者能對於洛書的推論過程了解通透，老師以圖解的方式，將洛書的推演，一個步驟一個步驟仔細交代其邏輯，以讓各位讀者豁然開朗。

（洛書的推論邏輯步驟 1）

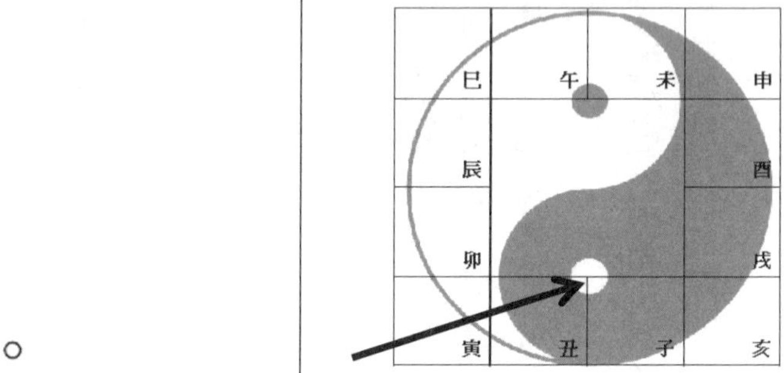

當子月結束時，這時天地間的陰陽之氣成份，剛好處於陰氣最盛、陽氣最少的時節，這時剛好也是冬至之時，這時天地間的陰陽氣比例為 1 分陽氣、9 分陰氣，相加共 10 分陰陽之氣。如同太極圖，萬黑叢中一點白，所以洛書一開始的那一個白點，描述的的就是 12 地支初始子月時的陰陽狀態，**這時 1 分陽 9 分陰，同時洛書的邏輯又是以白點表示奇數，故而洛書的初始以一個白點為開始，對應的就是太極圖中的老陰的那唯一的一點陽氣、一個白點。**

但同時也表示一個邏輯，這一個白點的背後隱含 9 個黑點，如此一來陰陽相加才會等於 10，同時，各位讀者也可從中理解另一個邏輯，就是太極圖之所以在陽氣最多的地方設計一個黑點，並在陰氣最多的地方設計一個白點，就是為了表達陰陽不可能(單獨存在)的這個邏輯，即便陰氣再盛也終究會有一分陽氣，同時太極圖隱含物極必反的邏輯，至陰之處的白點，表示陰極之時則一陽生，然後陽盛陰衰。至陽之處的黑點，也同樣在表達陽極之時則一陰生，然後陰盛陽衰的狀況以及四季的晝夜冷熱消長。

(洛書的推論邏輯步驟 2)

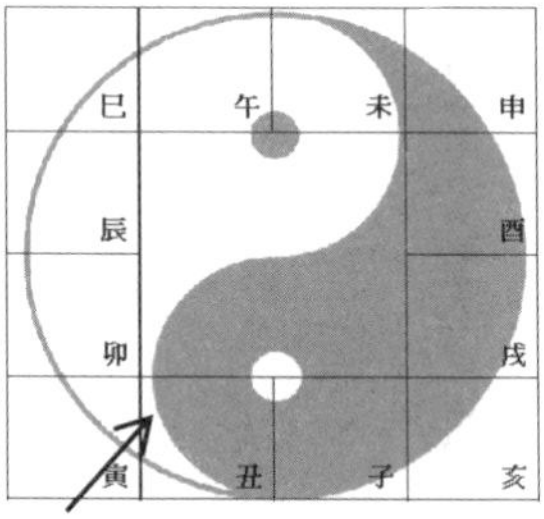

隨著月份與季節推移，子月結束接著來到丑月及寅月初，這時陽氣從子月的 1 分陽氣，成長到 2 分陽氣，此時天地的陰陽狀態就如右邊太極圖所示，2 分陽 8 分陰相加共 10 分，所以洛書的第二個數字理論上就是 2 個白點。但如老師前面所言，**洛書的一大邏輯重點在於奇數為陽偶數為陰**，所以偶數不能用白色代表，只能用黑色來代表，而此時天地之間的陰氣為 8 分陰氣，故洛書的第二數就由 8 個黑點構成 8。

(洛書的推論邏輯步驟 3)

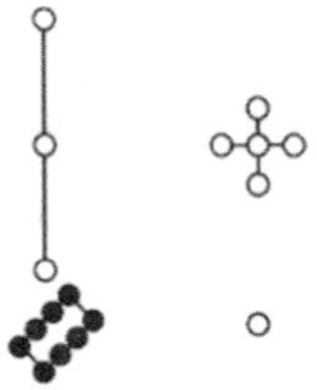

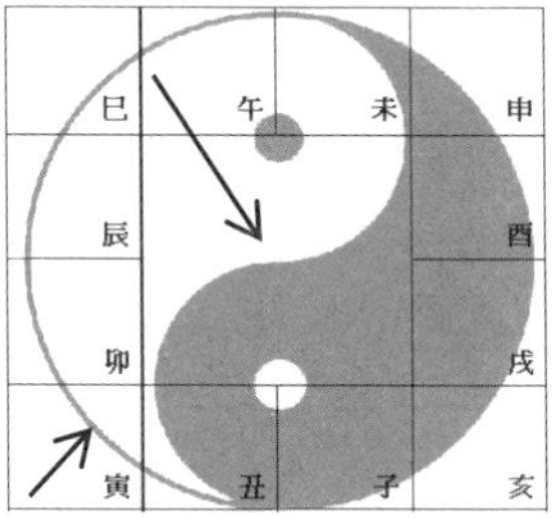

而到了寅月時 3 陽生，故洛書接下來以 3 個白點對應寅月初始，接著到了卯月時值春分，晝夜等長達到 5 分陰、5 分陽的均衡狀態，也正好走到太極圖的正中央，故而洛書的正中央就代表 5 分陽氣 5 分陰氣的中間點。但由於洛書奇數需以陽氣(白點)來代表，5 為奇數，故而洛書的中央當以 5 個白點表示。

（洛書的推論邏輯步驟 4）

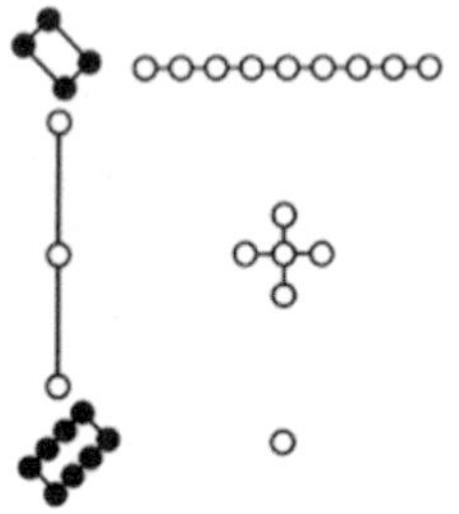

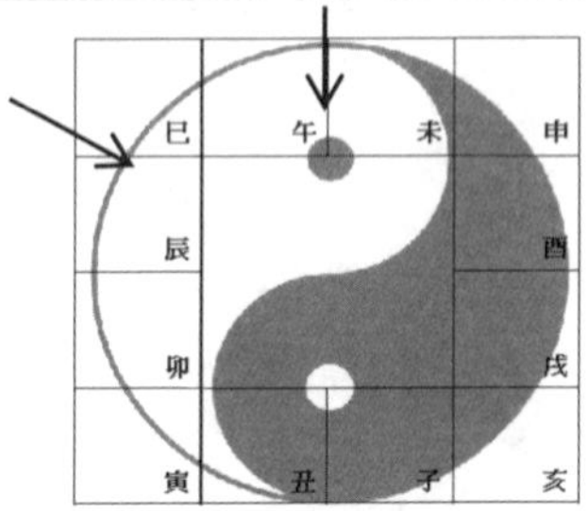

接著，到了農曆三月也就是辰月，這時陽氣已超越陰氣開始晝長夜短，天地的陰陽比為 6 分陽氣 4 分陰氣，但因偶數需以陰來表示(黑點)，所以洛書對應辰月位置的數就是 4 個黑點，以代表 4 分陰氣。同理，到了午月未月之間，陽氣最強也是夏至白晝最長之時，9 分陽 1 分陰，所以洛書便以 9 個白點對應太極陽氣最強的位置。

（洛書的推論邏輯步驟 5）

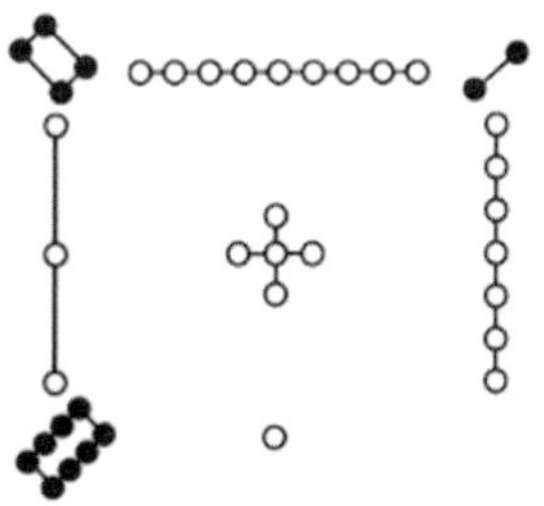

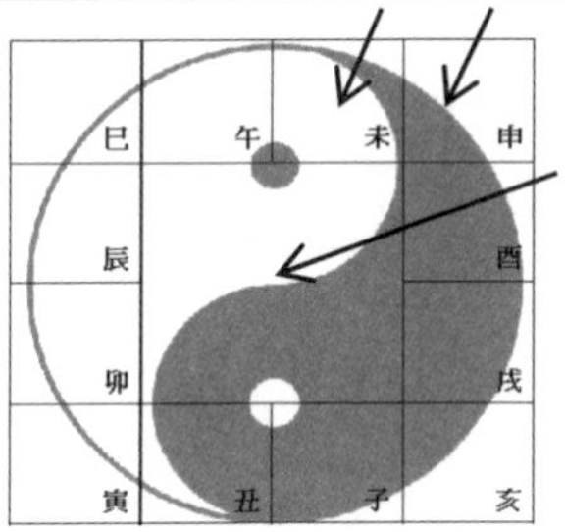

同理到了未月底，這時 8 分陽 2 分陰且偶數需以黑點表示，故洛書用 2 個黑點對應太極圖 2 分陰氣的未月。然後再用 7 個白點象徵 7 分陽氣 3 分陰氣的申月上旬。緊接著到了申月底酉月初，這時時值秋分，天地陰陽和晝夜再度回到相等各半的時候，因此這時洛書的位置又將走到中央，這時天地之氣為 5 分陽 5 分陰，但由於奇數為陽，只能用白點表達，因此中央的五個白點不需改成 5 個黑點。

△洛書推論的最終總結

最後，到了十二地支月份的最後一個月「亥月」，也是陽氣處於衰滅狀態的最後一個月，也是天道的最後一環節，這時正值農曆十月國曆十一月，這時的天地陰陽之氣與晝夜長短，剛好處於4分陽氣6分陰氣的狀態，晝夜長短也明顯變得晝短夜長。故而洛書在對應太極圖亥月的位置，用6個黑點來象徵6分陰氣4分陽氣的亥月。這就是老師對於洛書整套理論邏輯的推論。

而也因為洛書將天地陰陽之氣設定為十分，因此洛書才會每個數和其對面的數相加都等於十，故而洛書背後所隱藏的秘密，老師認為就是在反映一年四季的陰陽消長。同時也隱含洛書每個數字對應的月份和其對面的月份所擁有的陰陽之氣相加都是陰氣與陽氣各十，以闡述太極之陰陽中庸之道。例如子丑月的時候一陽九陰，其對面的午未月則是九陽一陰，兩兩相加正是十陽十陰。

(洛書的最終推論邏輯步驟6)

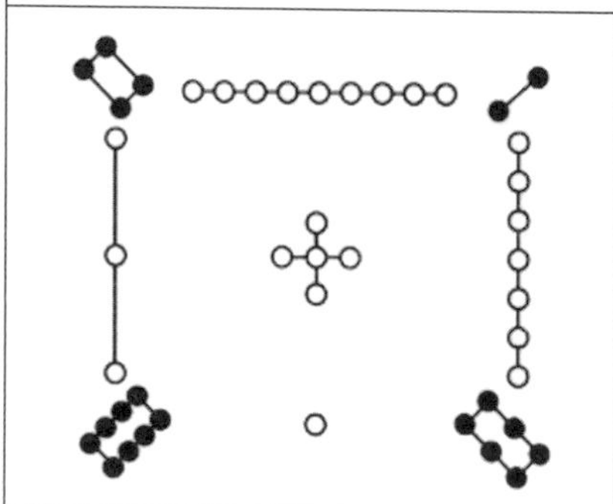

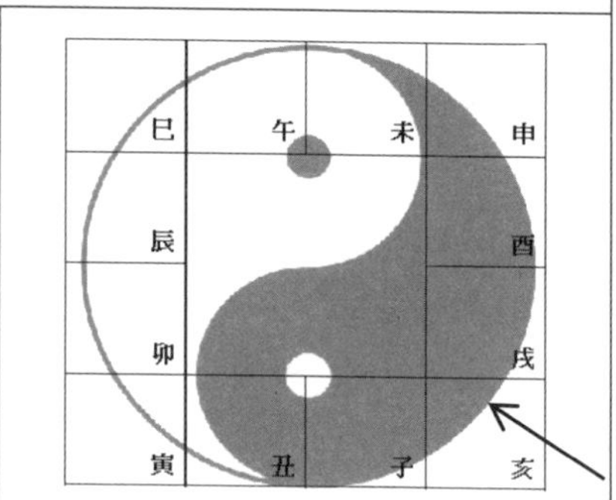

☆老師的獨家新發明『南半球洛書』與『冠元派反洛書』

任何一門學問乃至科技都需有所創新突破，方能替人類文明帶來進步，正如通訊科技，兩三百年前世界剛發明有線電話，而今日電話已進步為功能強大的智慧型手機。

命理最讓人惋惜之處在於，從過去一兩千年來，中國的命理學問始終都在原地踏步，即便到了最近幾十年，命理界的創新都僅止於一兩項論命及占卜小技巧的改良，始終不見一套突破前人命理學術的完整理論體系與突破性創新論點。如此一來，命理這門學問的天花板就永遠止於一兩千年前的水準，毫無進步突破。

有鑑於此，老師除破解洛書之外，更進一步提出命理界古往今來從未有人提出的新理論發明，同時藉著這幾個發明在命理史上寫下一個個重大歷史里程碑，讓未來從事命理研究的後進能以這些理論為基礎創造更偉大的發明。

而在上一集，老師忘了替自己的企管五行理論命名，因此老師效法丁肇中博士發現Ｊ粒子的命名故事，將老師這一

（冠元派南半球洛書）

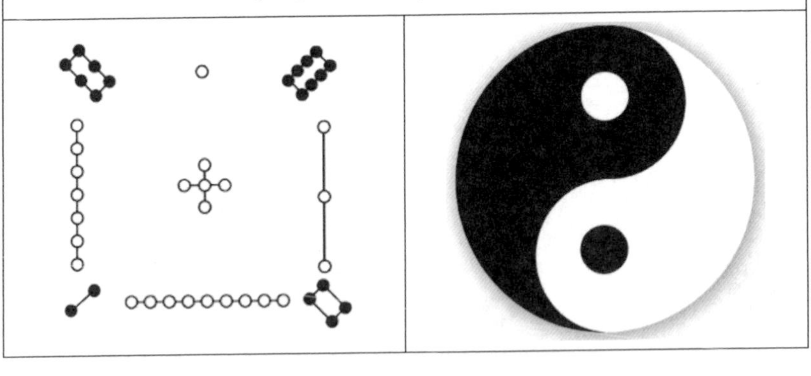

系列新發明取名為「冠元派南半球洛書」以及「冠元派反洛書理論」，上一集的企管五行理論則命名為『冠元派企管五行理論』!!

言歸正傳，老師發明「冠元派南半球洛書」主要的動機在於，因為中國及歐洲都位於北半球，故中國的所有命理數術及西洋命理術，反應的都是北半球的四季陰陽消長，故而在實務上都存在致命盲點，那就是南半球四季的陰陽消長都與北半球相反，節氣陰陽與曆法完全相反，故不論斗數、八字、占星、風水學在南半球形同自廢武功完全不會準。老師以此為思考出發點，進一步認為，如果要解決南半球出生之人的論命問題，首先就需從源頭為南半球的四季陰陽重新量身訂做創建一套理論基礎，方能解決南半球論命及陽宅風水的實務問題。而南半球與北半球最大的區別就是冷熱及陰陽相反，南半球夏季是最冷的，冬季反而才是最熱的，而老師前一節已證明洛書的數字對應的是四季的陰陽比例，而南半球因為和北半球冷熱陰陽皆為相反，所以南半球的太極圖理應如上頁右圖隨著月份陰升陽降，陽氣最少的一個白點出現在夏至的時候，陽氣最多的九個白點則出現在冬至的時節，一言以蔽之，南半球的洛書除了中央之外，所有的數都應相互對調與北半球相反，方才符合南半球的天地之氣。而將所有數字對調後所形成的圖，正是上頁左圖所展現的冠元派南半球洛書」。而老師今日公開更期許南半球五術研究者以此理論基礎替南半球的數術發展一套具體的風水九星與八字節氣之專屬理論體系。

△南半球先天八卦與後天八卦

由於南半球與北半球的四季冷熱及陰陽消長剛好相反，故舉一反三，結合老師前幾節對於先天八卦與後天八卦的原理推論，因為南北半球的陰陽相反，所以太極的黑白陰陽升降也會相反，進而可論證，如果以太極之陰陽來推論八卦順序，將可推得一組與北半球八卦順序剛好相反的先天八卦以及後天八卦。

故依據老師前面提出的論點加以延伸推論，南半球版本的太極圖以及先天八卦與後天八卦排列應如下圖所示，方能符合南半球的天地陰陽之轉變，同時老師這套發明還能進一步替八字研究者解決南半球八字論命之盲點，因八字論命採用節氣為基礎，然而南半球節氣與北半球相反無法論命，但每個節氣其實都有其太極圖上對應之位置，故只要南半球的太極圖和八卦圖體系得到確立，就能進一步編寫出南半球專屬的節氣與萬年曆系統，進而解決八字論命之盲點。

（南半球先天八卦）

（南半球後天八卦）

△冠元派反洛書

在確立南半球的洛書與八卦理論系統後，老師進一步發想，古人所發表的洛書是以奇數為陽、偶數為陰，以奇數為主體方才形成洛書的圖象，所以老師逆向思考，若將洛書反過來改為以偶數為主體為陽，那將可得到一個與洛書互補的『反洛書圖』，讓整個洛書理論趨於完整。

那麼究竟陰陽顛倒的這個新論點是否可行？答案是當然可以。因為老師發現自己的這套反洛書新理論發明，與數學ｌｏｇ(對數)的邏輯原理相通。事實上任何學問到高深境界很多道理都能相通，數學、科學、命理學也不例外，然而台灣的教育沒有教會學生要讀活書，以至於許多人的高中時代完全不知道對數的原理與邏輯，導致許多人的高中生涯都是只要看到ｌｏｇ就放棄、看到三角函數就放棄，有倒扣的狀況下甚至乾脆投降輸一半。更別說要能知其然更知其所以然。但其實數學只要理解其原理，其難度根本易如反掌。

那麼數學ｌｏｇ(對數)的核心邏輯為何呢？關鍵就在於闡述『反函數』的邏輯，而想理解反函數的邏輯之前，首先必須先明白函數的意義，函數的意義其實就是在表達兩個變數之間的「關係」，而通常我們會把自變數設定為Ｘ，然後求出答案Ｙ。而反函數的邏輯只是反過來將答案改成自變數，探討答案跟自變數的反向關係。

舉個例子，相信各位讀者就能輕鬆理解：

假如一種細菌，數量增加的速度為第 1 秒時細菌為 10 個，第 2 秒時就能增加到 100 個，那麼函數方程式就為

$10^{X} = Y$　　　X 代表秒數 Y 代表數量

這時控制變數 (自變數) 是 X 是時間。

所求的結果答案 Y (應變數) 是數量。

因此這個方程式背後的邏輯講白話，就是:

請問每當時間增加一單位，細菌數量會增加多少? 意即當 X 變動一單位時 Y 會相對變動多少?

而顯然這函數所反映之兩變數『關係』是: 時間每過 1 秒鐘，細菌的數量就會呈現 10 的次方倍增加。

反觀 log，log 的方程式為 $\log X = Y$　（X 為數量 Y 為時間 ）

而 log 以 10 為底，只要對 log 有基本了解的讀者都知道

$\log 10 = 1$　$\log 100 = 2$

因邏輯在於 10 的 1 次方等於 10，10 的 2 次方等於 100。

因此，log 概念其實就是以 10 為底之指數的反函數。

同樣以細菌數量為例，上面指數的例子是以時間為變數討論數量的對應關係，各位讀者有沒有發現，改成 log 之後數量反過來變成自變數 X，答案 Y 反而變成時間? 所以同樣用細菌為例，log 的邏輯就變成，**當(數量)從 10 變到 100 時，反過來說(時間)增加多少?上面本來是求時間增加一單位數量變動多少，現在變成反過來求數量增加一單位時間變動多少，故反函數之邏輯就是反過來把原本的 X 當成 Y，然後 Y 當成 X，求兩個變數反過來的關係。**

同樣的邏輯觸類旁通，我們當然也可以把奇數視為陰、偶數視為陽，反過來呈現洛書及天地陰陽的關係。依據老師的推論演繹，如果將洛書的陰陽關係對換，所形成的『反洛書』將會如下面左圖所示。

而老師這套『冠元派反洛書』，推論邏輯也很簡單，首先原版洛書最下方的一個白點，隱含的邏輯如老師前面洛書原理破解所言，原因在於天地陰陽氣的總和為十，而子丑月時陽氣只有一分，所以用一個白點表示，而相對背後隱含的訊息是『此時陰氣有九分』，與一分陽氣相加剛好等於十，所以如果將洛書改成以陰氣為主體，那麼原來一分陽氣的位置，反洛書就應該以九個黑點來表達當時擁有九分陰氣的氣候狀況。

同理丑月時因二陽生，二分陽氣八分陰，所以當改成以陰為主體時，反洛書第二個數當然就需改成以兩個白點來表達二陽八陰的氣候狀況。以此類推，中間五陰五陽的陰陽均衡也需改成五個黑點來表達，然

（洛書）

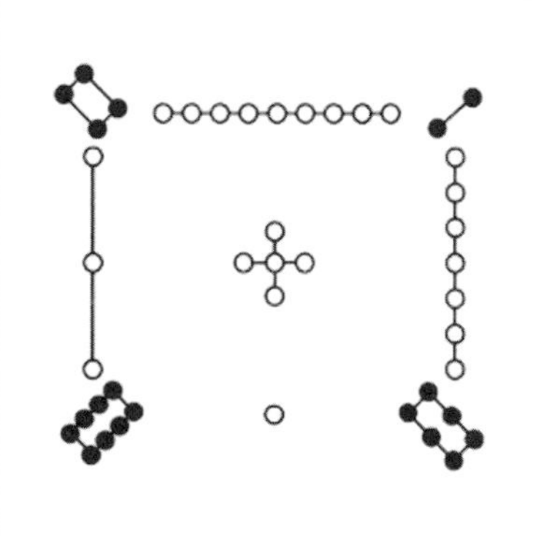

（冠元派反洛書）

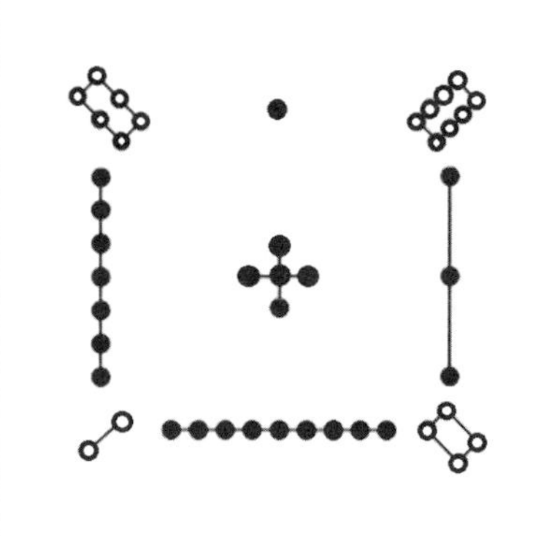

後，原版洛書九個白點九分陽氣最熱的夏至，也因為反洛書改成以陰為主，故九分陽氣一分陰氣的夏至，就需改用一個黑點一分陰來表達九分陽氣一分陰的天候狀況。

因此，善於觀察的讀者就可發現，老師發明的冠元派反洛書圖，圖中每一個位置的點數，和右邊的原版洛書同樣相對應位置之點數兩者相加都會『剛好等於10』！所以老師認為，自己這套『冠元派反洛書』論點剛好補足原版洛書的完整性，而整套洛書的論點體系也才能算是完美完備，兩套洛書也才能呼應易經八卦的核心精神「陰陽互補」。

△先天河圖的邏輯原理大破解 (老師的個人見解)

先天河圖的部份比之後天洛書更為複雜且更難以證明，老師幾經思考腸思枯竭，思考出一種河圖的可能原理與邏輯，但由於這套邏輯僅是老師個人的推測與論點，因此這部份的論述，各位讀者可視為一種學說或理論假說，並不代表是絕對的真理，日後如有斗數研究者提出更合理的論述，也歡迎發表並與老師交流。

老師認為，河圖設計的邏輯主要在於將北半球與南半球的天地陰陽消長一次囊括，一次闡述整個世界的整體陰陽。依老師觀察，河圖的內圈部分所反映的是北半球的天地陰陽消長狀況，所以內圈的長像跟洛書相似度非常高，都是在對應子丑月的地方用一個白點代表，象徵此時天地一分陽氣九分陰氣，時節來到黑夜最長白晝最短的冬至。且同樣用五個白點放置中央代表五分陽氣五分陰氣的均衡狀態。然後也同樣用偶數的最低數「二」，來代表陰氣最少的夏至。

(南半球河圖)	(北半球河圖)	(先天河圖)
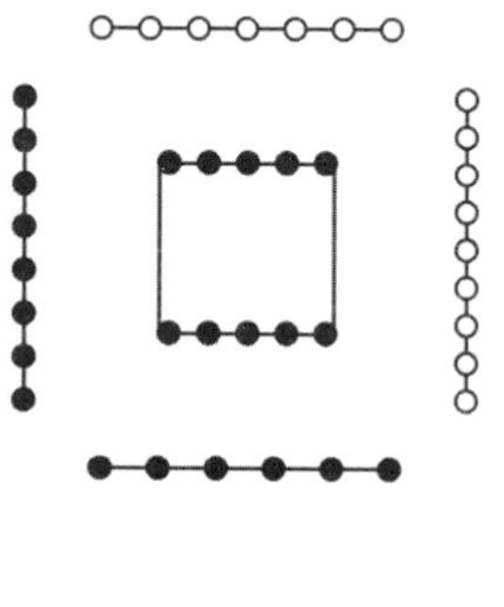	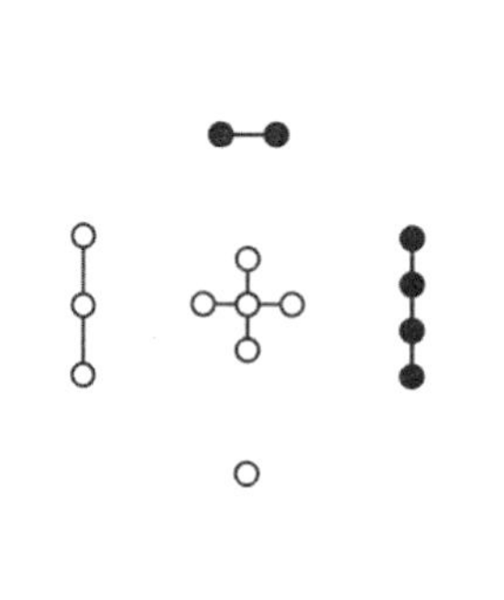	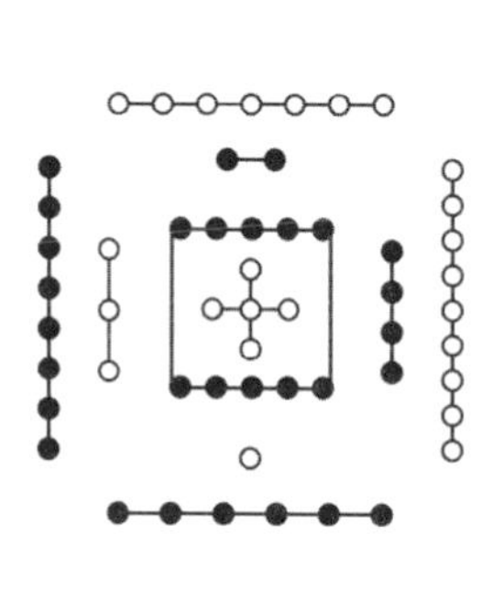

而河圖的外圍數字跟內圍數字的關係為，外圍數字都是由內圍數字再加上五，例如最下方的北方水，內圍數字是白點一，外圍則是一再加上五變成六個黑點，此外內外圍數字地第二個關係除了相差五之外，最大的關鍵在於陰陽相反。

也正是這陰陽相反的關係，才讓老師認定河圖的外圈圖反映的是南半球的天地陰陽狀況，如何論證？由於外圍數字都和內圈數字差五，所以各位讀者只要把老師上一頁列出的「南半球河圖」中每個數字都減去五，就可發現最下方的黑點會變成一個黑點，左邊會變三個黑點，中央會變五個黑點，最上面會變兩個白點，最右邊會變成四個白點。

將所有數字都減掉五之後，相信各位讀者就會發現，減去五之後的圖根本就是上一頁北半球河圖的翻版，數字通通一模一樣，差別只在於兩張圖陰陽相反罷了，而這樣的結果完全符合南半球與北半球的四季陰陽變化剛好相反的事實。故老師認為河圖的設計背後之邏輯是為了一次反映整個地球南北半球的四季陰陽狀況。

但先天河圖這道證明題，只論證到這還不算證明成功，因為除了邏輯架構之外，還需要解決「為何外圈數字要設計成比內圈多5」？這個問題。

（南半球河圖減去5）

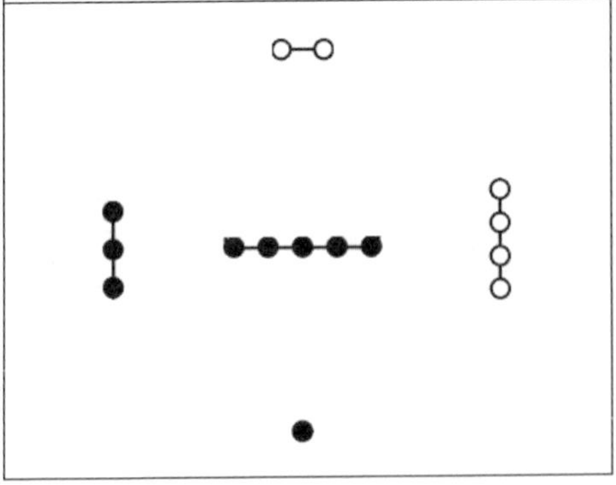

如果無法具體破解論證這問題，數學系出身的讀者一定會質疑：「大師如果河圖的邏輯像你所說是統合南北半球的天地陰陽，那為什麼外圈數字要刻意加5？直接把老師您上一頁每個數減去5的圖當成外圈的數字點數圖就好啦，為何還要再加上5多此一舉」？「既然不加5也能表達南半球的四季陰陽消長，那一定要加上5的必要性在哪」？如果各位讀者也能想到這個問題，老師認為非常難得，表示你是少見思維清晰資賦優異的可造之才，因為做研究就是要能將每個變數與環節都深入分析，探究其邏輯性並給予合理的實證與推演方能稱為科學研究。

這問題老師當時也思考過，老師認為河圖外圍數字之所以要加上五，邏輯的關鍵就在於整體理論架構需符合**「奇數為陽、偶數為陰」**的前提設定，因為如果直接將老師上一頁的圖拿來用，就會變成原來用白點表示的一三五這幾個奇數(白點)，到了外圈南半球的部份就全部變成了黑點，而偶數則通通變白點，造成陰陽錯亂，故為了合乎河圖與洛書這套模型最開宗明義的核心設定**「奇數為陽為白點、偶數為陰為黑點」**，變通的方法就只有將每個內圈的數各加上5，如此一來既能表達南半球的天地陰陽消長狀況，同時又不會與河圖洛書最基本的奇偶數設定相互牴觸衝突，整套河圖的理論體系也方能堪稱完美無缺。而為何要用5來當作增加數？關鍵在於數字屬性共分五行，所以加上五才能完全不影響數字的五行屬性排序。

▲河圖和洛書的古籍口訣

在一連串老師的新發明新創見後，為了本系列書籍的完整性，不免俗的需交代古書中對於河圖與洛書的背誦口訣，以提供對古書有興趣的讀者深入研究，而古書河圖部份的背誦口訣為—

「一六共宗北方水，二七同道南方火，三八為朋東方木，四九是友西方金，五十同宮中央土。」

「北方水生東方木，東方木生南方火，南方火生中央土，中央土生西方金，西方金生北方水，此五行相生之序。依左旋道理而相生」。

而洛書的背誦口訣則為—

「戴九履一，左三右七，二四為肩，六八為足，五居中央。」

「一六水剋二七火，二七火剋四九金，四九金剋三八木，三八木剋五中土，五中土剋一六水。此五行相剋之序。依右旋道理而相剋」。

《本章思考題》

1.在本章老師提出冠元派反洛書的新創見，現在請試著挑戰看看，看你能不能用同樣的概念舉一反三，畫出老師在書中未提到的「冠元派反河圖」??

2.老師在討論農曆與國曆曆制時提到~(農曆 1 年為 354 天，國曆 1 年為 365.25 天，表示國曆每年會多出 11.25 天)，然後在曆制上設定每 19 年 7 閏的原因就是用來校正國曆與農曆 19 年間所有的天數誤差，然而這其中有個很致命的問題。

國曆與農曆每年差 11.25 天，表示 19 年來兩種曆制會相差

11.25 X 19 =　共 213.75 天

然而農曆一個月，大月是 30 天、小月是 29 天。即便 19 年間的 7 個閏年所多設置的閏月都是大月 30 天。那麼這 7 個閏月的總日數也不過

30 X 7 = 210 天　　這時有個非常致命的問題

213.75 - 210 = 3.75 天

也就是說即便 19 年間的 7 個月通通多出一個農曆大月仍然不足 3.75 天，根本無法完全校正誤差，這其中的問題出在哪?　如何解決?

《本章思考題》

3.八字號稱使用節氣來論命採用的是太陽曆，然而即便一模一樣的八字，60 年前和 60 年後所對應的國曆日期卻並不一樣，這也就表示對應到的節氣會有誤差，請試著思考這一八字誤區如何解決??

4.本章提到反函數的概念，而三角函數中也有反三角函數，分別如下:

$f(x)$	$\sin^{-1} x$	$\cos^{-1} x$	$\tan^{-1} x$	$\sec^{-1} x$	$\cot^{-1} x$	$\csc^{-1} x$

然而，三角函數在角度上的討論，範圍可達到 360 度全方位所有角度，那麼請問為何一到了反三角函數，角度範圍卻受到限制??（ 例如: 反 sin 函數在角度上只討論正負 90 度的範圍、反 cos 函數在角度上也只討論 0 ~ 180 度的範圍。 ）

為什麼反三角函數有這樣的限制?? 理由為何?? 不這樣設定會有什麼問題??

P.S: (有鑒於台灣的數學教育幾乎都在考死做題目死讀書，考不出真正活讀書的人才，導致這問題老師也是上大學深入思考後才破解，因此如果有讀者能清楚告訴我第 4 題的邏輯與關鍵，將可無條件從老師這學到一招斗數的高深論斷技法)。

三、現代科技隱含的命理與易經

易經與命理在許多現代人眼裡經常被斥為奇技淫巧、迷信、怪力亂神，甚至許多自以為知識分子的人更認為命理與易經是無稽之談難登大雅之堂。但其實多數人不知道我們身邊的一切科技文明之母就是易經，可說沒有易經就沒有現代科技文明。

因此老師這一列著作的重點除了著重在「以科學破解已有的命理知識之外」，另一個重要目標就在於『發明創新』，除了舊有理論之外精益求精，發明突破更多創新的命理科學理論，讓命理與斗數得以在科學創新上更上一層樓。

並且除了現代科技之外，老師更發明可以運用在解決許多現代企業管理經營問題的命理理論模型，甚至更能解決許多現代管理學上近乎無解的盲點，使得管理學也能與時俱進。

故在本章各位讀者將能深刻體認到原來命理就在你我身邊，而在老師的深入研究與觸類旁通之下，甚至研究出運用命理『穿越時空』的方法!!看到這，相信各位讀者已迫不及待想知道其中的秘密，就讓老師替各位揭開紫微斗數與易經在現代科技中精彩絕倫的秘密。

▲沒有易經就沒有人手一機的電腦和手機

大學時老師就經常在思考關於易經和命理的問題，當思考到電腦科技，老師有如阿基米德發現浮力原理一般驚喜萬分，因為據老師發現電腦的所有原理及架構都跟易經密切相關，首先是電腦的最基本運算邏輯『二進位』，老師當時就思考，二進位的構成就是以0和1兩個數字構成各種排列組合來表達程式編碼，那麼如果我把0當成陰爻、1當成陽爻，那麼00、01、10、11不就等於是四象？然後000三個零不就可以視為三條陰爻的坤卦？111三個一不就也可視為三個陽爻的乾卦？

接著老師更發現驚人事實，電腦的各種單位也都切合八卦都是以8為倍數計算，比如記憶體和硬碟容量，一定是從8G開始然後16G、64G再來128、256、512。不論計算單位是MB還是GB甚至是TB計算規則都是如此，都是八的倍數，都與八卦、六十四卦完全切合，因此坊間電腦商場經常說一TB等於一千GB，其實這說法只不過是方便計算，實際上一TB等於一千零二十四GB，一樣符合八的倍數與六十四的倍數。

發現了這驚人的巧合，老師當時欣喜若狂，有如發現新大陸一般，以為自己探索到驚人的發現，之後更迫不及待的和自己的老師分享，然而當我跟自己的老師分享時，卻迎來一盆冷水，我老師直接說：「冠元你不能說這是你的重大發現，**因為電腦的發明者當初發明電腦的藍圖就是參考伏羲八卦**！但能在不知道這歷史的情況下卻能跟電腦發明者天才大數學家一樣思考到這些關鍵，也已經非常難得」。這句話讓老師的心情猶如從天堂掉入深淵，於是老師接著進一步研究，究竟電腦發明者如何透過易經發明二進位原理。

▲電腦的發明者究竟如何透過易經發明二進位

歷史上電腦及二進位的發明者正是與牛頓齊名同是微積分發明者的十七世紀天才大數學家萊布尼茲。不過萊布尼茲發明二進位的過程可謂波折不斷，起初萊布尼茲發想出二進位的雛形時，就充滿信心的在一七零一年向巴黎皇家學會提交一篇正式論文，內容即為論述二進位的《數字科學新論》。但卻被皇家學會以「看不出二進位有何用處」為由無情拒絕。使得萊布尼茲陷入了人生的低谷。

直到有天，萊布尼茲寫信給在中國的傳教士白晉討論神學時，提到自己多年前發明的二進位制。白晉一看馬上聯想到易經中的卦象也是由陰陽兩種符號組成，於是在一七零一年底回信給萊布尼茲，告訴他其實中國的伏羲早在幾千年前的遠古時代，就已發明二進位，用二進位創造出八八六十四卦，並隨信附上卦象的版畫。於是萊布尼茲收到這封信後，精神大振，立刻拿出兩年前被拒絕的那篇論文重新修改。

在以易經為藍圖大幅加強修改之後，萊布尼茲進而補充伏羲六十四卦次序圖和伏羲六十四卦方點陣圖在論文中，接著他將全部研究成果發表在法國《皇家科學院院刊》上，標題為「二進位算術闡釋一僅僅使用數字0和1兼論其效能及伏羲數字的意義」。二進位理論體系到此才終於出現在人類科技史並開啟了嶄新的劃時代篇章，萊布尼茲所發明的二進位及計算機，也成為後世一切發達無比的電腦科技之基石。因此可說如果沒有易經八卦，就沒有萊布尼茲對於二進位的完整體悟，他的理論也就無法完成更無法發表，二進位體系就將消失在歷史長河之中，也就不可能有「電腦」的問世。

所以，在日常生活中，老師常會遇到有人批評老師所學的命理專業難登大雅之堂或是無稽之談甚至是迷信。老師總會說：**「可惜諷刺的是，你現在手上拿的蘋果手機以及桌上正在用的筆電，就是用你口中所謂難登大雅之堂又迷信的東西做出來的」!!**

因為就算是手機、平板，其中央處理器所使用的運算基礎依然是以二進位為基底，所有數位攝影、數位照片的色彩構成也一樣是用二進位數字做編碼，一言以蔽之，但凡任何與「數位」有關的事物，都與二進位有關，試想假如我們的生活少掉電腦、少掉運算、少掉所有跟數位有關的事物，生活就與古人幾乎沒有任何差別，這樣我們還能說命理、易經八卦是難登大雅之堂的迷信嗎？

△命理在現代升學考試的應用

台灣的升學考試從小學到高中長達十二年都是「背多分」教育，只要背得越多越熟，就能穩拿高分，完全考不出學生的思考與邏輯能力，例如歷史科，我們的歷史考試只會考哪個條約在哪一年簽訂，或者哪個條約賠款多少錢等等。早在老師國中時代，就曾嚴厲批判這種死讀書教育，因為老師認為，這些知識只要你上網按一個按鈕隨時都能查到，人腦再會背也比不上硬碟，人腦相比電腦最可貴的地方在於人腦的思考、推理、分析能力，而非儲存記憶，也因此台灣的教育制度經常培養出很會考試死讀書，能力卻相當平庸的學生。

老師學生時代所面臨的考題中最下作的題目就屬於那種問某一事件發生的年代在哪一年的題目，例如問甲午戰爭發生在哪一年？A一八九三、B一八九四、C一八九五、D一八九六，這種題目在老師眼裡不但最不入流也最無意義，更是最浪費時間，因為考這種題目除了能考出學生有沒有背書之外毫無意義，考不出學生對於歷史事件的分析與史觀，更對學生的人文邏輯思考毫無幫助，並且只要上網按個鍵就能得到答案。

因此，為了讓各位讀者的小孩能免於浪費時間在背這種三流答案上，老師以命理的角度統整出輕鬆破解這種三流題目的方法，好讓各位讀者的小孩能夠省下寶貴時間與青春用在學習真正有意義的學問和才藝上。而要破解這種考年代型的題目很簡單，只要記住每個天干年大致對應哪個西元年，這問題就能迎刃而解，例如天干年為甲的年，對應的西元年就是尾數為四的年，所以上頁所舉的題目「甲午戰爭發生於哪一年」，這題的答案就呼之欲出，顯然就是一八九四年。舉一反三，當題目問你庚子拳亂是哪一年，答案選西元年尾數是零的那個答案就對了。如此一來只要記憶十天干與西元年之對應關係，就可省去許多死背書的時間。當然，思維更敏捷的讀者會進一步問——「大師，如果題目一次給超過兩個尾數相同的選項時怎麼辦」？

如要破解這問題，也很簡單，只要熟記你出生以來幾個重點年的天干地支之後再反推答案即可，例如二零一四年就正好是甲午年，而每六十甲子一循環，故可推論甲午戰爭發生的年份一定跟二零一四差距為六十的倍數，故可推論甲午戰爭發生於二零一四的前一百二十年，也就是一八九四，故只要熟記幾個重點年份干支，就能輕鬆反推答案，輕鬆應付各種陰險卑劣的題目。當然農曆年與西元年存在約一個多月的誤差，但除非剛好倒霉遇到歷史事件發生在國曆一月至二月初，不然定能輕鬆破解。

甲年	西元年尾數是 4 的年即是
乙年	西元年尾數是 5 的年即是
丙年	西元年尾數是 6 的年即是
丁年	西元年尾數是 7 的年即是
戊年	西元年尾數是 8 的年即是
己年	西元年尾數是 9 的年即是
庚年	西元年尾數是 0 的年即是
辛年	西元年尾數是 1 的年即是
壬年	西元年尾數是 2 的年即是
癸年	西元年尾數是 3 的年即是

△從命理學破解時空科學的重大秘密

老師在研究時空科學的過程中，曾嘗試與命理學的原理交互印證，而印證的結果讓老師有著如獲至寶發現新大陸的感覺，因為老師越往精深處研究，就越發現命理學與時空科學的概念有著驚人的相似之處，甚至許多命理學的基礎邏輯也幾乎完全吻合時空科學的論點，最後老師更觸類旁通，終於領悟出可以**『運用斗數和命理學穿越時空的方法』**!!究竟命理學隱含了什麼時空科學的奧秘？就讓老師將其中的破解心得鋪陳而出，讓各位讀者盡收眼底。

首先，在時空科學的概念中，一維空間指的就是空間中的一個點和以及又兩點構成的一條線，而二維空間的定義是「只要擁有任意兩條交叉的線，就可將兩條交叉線的四個端點連在一起，構成一個平面」，而二維空間指的就是「平面」。而三維空間的定義是除了平面長寬之外再加上垂直高度，故三維空間指的

(天地人之於3維空間)	(2條線決定平面)
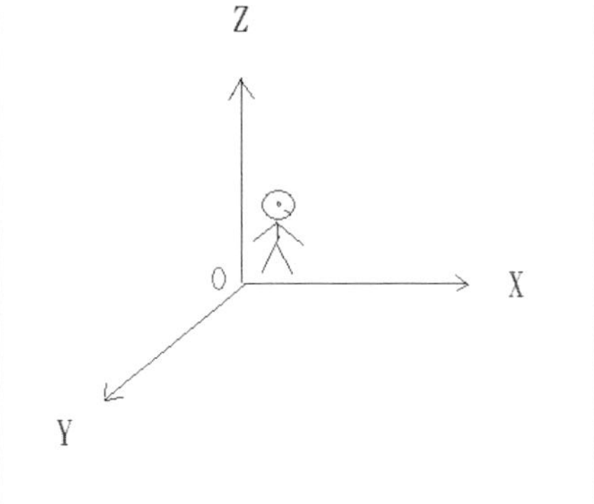	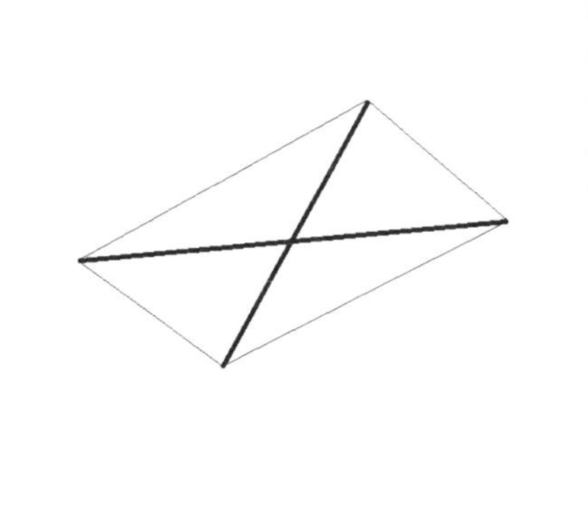

就是擁有垂直高度的「立體空間」。而我們人類能夠感知到平面的長寬，也能夠感知到垂直高度，所以人類就是屬於「三維空間的生物」。

◎命理中的天地人三才概念即是指XYZ軸三維空間的概念

接觸過命理的讀者一定都對三才耳熟能詳，幾乎大部份的五術學問都會強調三才的概念，而三才指的就是**「天、地、人」**。以前老師一直百思不得其解，為何命理學要經常強調三才的概念，後來研究時空科學後，就豁然開朗輕鬆破解，依據老師推論，老師認為，中國命理學中的三才指的就是立體空間，指的就是上頁圖中的X軸、Y軸、Z軸，而人指的就是三維空間座標中寫著0的原點，而地指的就是由X軸和Y軸構成的平面二維空間，而天指的就是立體空間座標中的Z軸，因為有了天的概念，人才有了「高」這個垂直概念，因此足以證明三才指的就是三維立體座標空間。而命理五術強調三才的概念正是因為**「人是三維空間的生物」**，而命理既然是用以推算人的命運，自然就需以三維空間當作基礎來推演，方能完全合乎人類的各種生活狀況，以及反應出人在自己所身處的三維立體空間中的種種變化。所以這就是三才這個概念為何會成為各種命理學都高度強調的重點概念之真正原因。

◎如何讓低維空間生物感知到高維空間？

好奇心豐富的讀者一定想問老師有沒有辦法是可以讓低維空間的生物能夠感受高維度空間的方法？答案是「當然有」！解決的關鍵就在於「蟲洞理論」，這理論是老師國一時在牛頓雜誌上拜讀的一個突破性的創新理論。這原理其實相當簡單，舉個例子，蟲是二維空間的生物，因為蟲只能在平面上爬行，無法感知垂直空間的概念，那麼怎麼讓蟲能體驗更高一維的三維空間？方法很簡單，假如有隻蟲在紙上爬行，當爬到紙的最左邊時，你只要如下面右圖，把紙扭曲對折，這時蟲就會從紙的最左邊垂直掉落到紙的另一端，而垂直掉落的過程就能讓蟲跨維度體驗到「垂直」這個三維的立體空間概念和感覺，所以從中我們得到一個重要結論「只**要將平面空間扭曲折凹就能讓空間維度往上升一級**」。

（運用蟲洞穿越時空）	（蟲洞理論）
(地球) 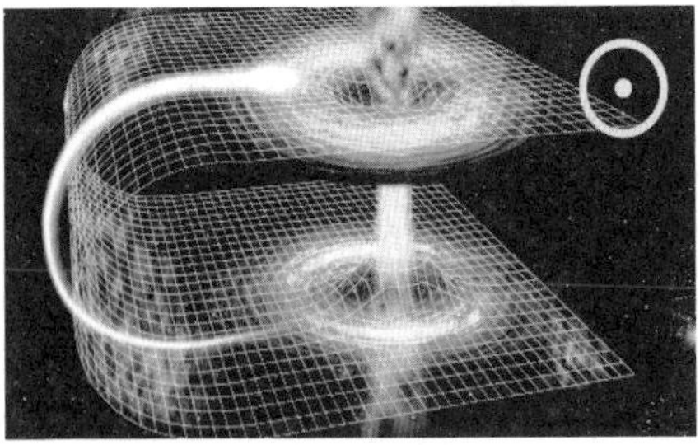 (天狼星)	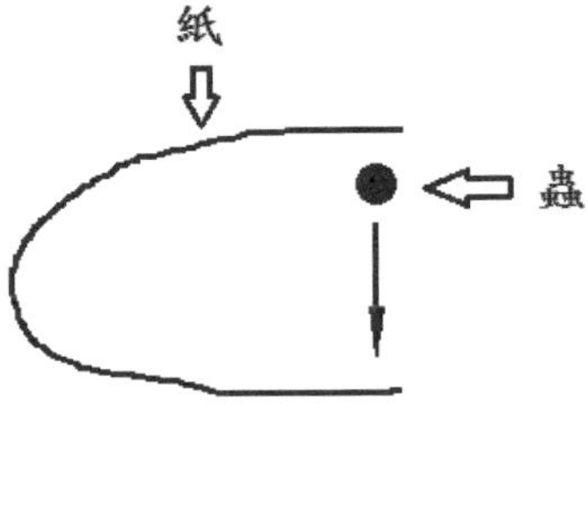

◎如何運用蟲洞理論穿越時空

而上一頁提到的讓蟲從二維空間生物升級成足以體驗三維空間之方法，接著就被天才時空科學家觸類旁通，發揚光大成可以穿越空間與穿越時空的震撼性理論，這其中的道理萬變不離其宗。

舉個例子，天狼星與我們地球之距離遙遠到需以光年作計算，但假如我們把地球和天狼星視為在同一個宇宙平面，而我們人等於上頁右圖蟲洞理論中的蟲，那麼如果我們能將地球到天狼星之間的宇宙平面像紙一樣對折成垂直，然後在地球上挖一個能讓「我們人類這隻蟲」通行的「蟲洞」，讓我們跳進蟲洞從對折的宇宙空間直接垂直掉落到天狼星上，那就可以省去奔波於兩顆星之間數以光年計的遙遠距離，或許不久的將來我們只需花幾個月的時間就能來往地球與天狼星之間。而這套理論之所以叫做「蟲洞理論」，原因正是來自於這個平面空間扭曲的發想靈感來自於「蟲」的垂直掉落，並且這套理論的發想是藉由在不同空間點「挖洞」相通達到穿越空間的效果，故而取名為「蟲洞理論」。

同理，假如我們可以把時間軸扭曲對折，在現在的時間點挖一個垂直正對一百年前時空的蟲洞，那我們就能穿越時空回到一百年前，親身體驗一百年前的生活，讓穿越時空回到過去、穿越未來不再只是夢想。（天狼星與地球示意圖擷取自網路）

▲四維空間與五維空間

四維空間的概念其實很簡單，第四維空間指的就是「時間軸」，而這個時間軸上的每個點，就是我們生活的每個當下的每個瞬間的三維空間，因此如果有種生物是四維空間生物，那他將可輕鬆看到未來及過去發生的任何事。

而五維空間的概念很簡單，前面提過，兩條一維空間的直線就可決定一個平面成為更上一階二維空間，所以舉一反三，兩條交叉的不同四維空間直線，也能更上一層樓，形成一個五維空間的平面。

那麼為何會發生出現兩條四維時間軸的狀況呢？答案就在於，在我們人生的每個階段都會面臨重大的人生抉擇，不同的抉擇就會形成不同的未來走向及結局，所以一個五維空間的生物，他除了可以看到單一時間軸的過去及未來，還能看出在每個時間點作出不同的決定，所演變的各種不同狀況的未來

（四維空間）

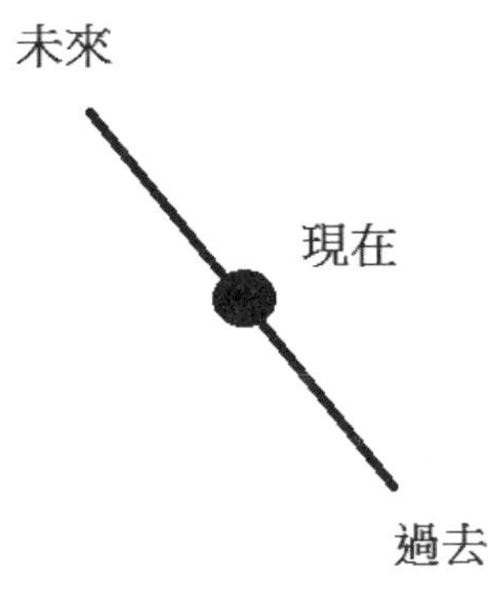

（五維空間）

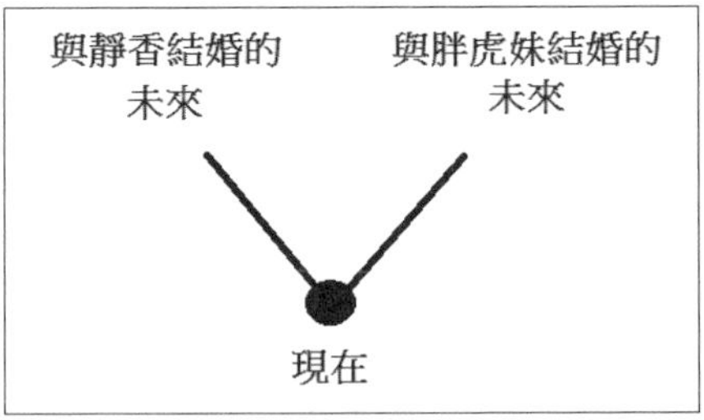

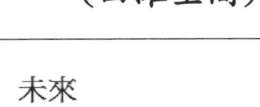

狀況。

老師隨便舉個例子，哆啦A夢也就是七年級生的「小叮噹」，他有個道具「時光電視機」就是擁有五維空間能力的道具，以老師上頁左邊的那張圖為例，大家都知道在小叮噹第一集時，大雄的孫子世修帶著小叮噹坐時光機到20世紀，然後告訴大雄按照正常歷史，大雄最後會跟胖虎妹結婚，然後破產欠下巨債導致世修的壓歲錢只有五十元。才派小叮噹來幫助大雄改變未來。

所以這時其實因為世修跟小叮噹的介入，大雄在時間平面上就分裂出兩條時間軸線，一條是原來和胖虎妹結婚的歷史線，另一條則是改變人生後跟靜香結婚的歷史線，而這兩條歷史線就構成了一個五維空間平面，然後小叮噹的道具「時光電視機」，則可以同時觀看這兩個不同的未來世界時間線所發生的事，等於可以一次看到不同抉擇下所發生的歷史發展，因此「時光電視機」就是一個典型擁有五維空間能力的道具。

用遊戲比喻一樣一目了然，例如在仙劍奇俠傳三代，如果選擇用魔劍打輸最終頭目魔尊重樓，那就會是主角跟龍葵在一起，但如果選擇打贏重樓，結局就會是魔尊重樓用法力把另個女主角雪見復活，從此三人過著圓滿結局。反之如果是選擇改用鎮妖劍打輸重樓，那就會是主角跟雪見在一起，三個選擇創造三個不同時間軸結局，但別擔心，看過「攻略本」的我們擁有超強五維空間能力，一眼就能看出每個選擇時間軸的發展狀況。

▲五維空間思維能力的命理師才是頂尖的命理師

一般大部分普通的命理師都是屬於四維空間水準的命理師，也就是宿命論的命理師，只能說出命運中會發生的好運或惡運，但對於可能發生的惡運毫無任何對策，只會告訴問命者命運就是如此。這樣一來，基本上有來算命跟沒來算命毫無任何區別，因為既然有算跟沒算，惡運都會照樣發生，那算命還有何意義？還白白多花一筆錢，甚至還可能造成問命者的恐慌。

而真正頂尖的命理師，是擁有五維空間思維的命理師，也就是能在命盤中看出在某個行運中做出不同的決策會形成什麼樣的結局狀況，進而告訴問命者正確的方法，好讓當事人能做出正確的決定邁向好的未來，舉個例子，假如有一個人命盤走到 **34** 到 **43** 歲的第四大限行運，這個時候大限命宮為武曲加貪狼生年忌加自化忌，如果是一般命理師一定會說，這是個大破敗的行運，會大賠錢破產，但卻拿不出任何對策。但如果是老師就會把各種狀況明確告知命主，老師會說，這樣的狀況最忌創業、投資或者貸款蓋工廠擴大事業規模，如果做出這類選擇，就會血本無歸。但是如果選擇考飯碗穩定的公務員，然後保守存錢，則多半不會有太大的問題。如此一來老師就等於把三個決策形成的三條時間軸狀況一次分析，並提出最好的建議給命主，等於以五維空間的角度看盡所有可能的未來並給予命主最有實質幫助的建議。因此老師勉勵各位，如果要當命理師，就要當五維空間水準的命理師，而不是被宿命論綁死。

▲六維空間

在講解蟲洞理論時，老師有提到要讓二維生物體驗更高一維的生活，只需將平面空間凹折即可，同理只要將五維空間的平面對折，就能形成六維空間，所以，如果套用蟲洞理論，我們用三頁前哆啦A夢的例子來分析，我們只要將三頁前的時間平面折凹扭曲，讓大雄所在的現代對準和靜香結婚的未來時空，然後再挖一個蟲洞就能通過時光隧道，穿越到和靜香結婚的未來。

看到這段描述各位讀者是否覺得很像一個道具？沒錯答案就是「時光機」，你可以把大雄房間的抽屜當作是一個在現代社會所挖的時光蟲洞，然後時光隧道就是下圖六維空間兩個蟲洞間的垂直道路(下圖箭頭所指之處)，同理如果要穿越到原本和胖虎妹結婚的時空，只需要將時空平面扭曲，讓現代的時光隧道口對準胖虎妹結婚的

六維空間

現在

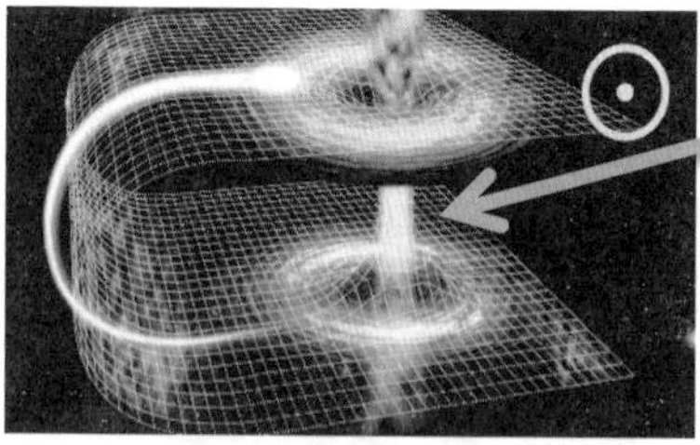

與靜香結婚的未來

那個時空就能穿越，而事實上哆啦A夢的那台時光機也的確能做到在這兩個未來時空中來去自如，因此六維空間跟五維空間的關鍵差別就在於，五維空間的生物只能「看到」時空平面上不同抉擇所產生的未來結局而無法來去於各個不同的時間軸中，但六維空生物間卻能「任意穿梭」在每個不同抉擇所形成的時間軸中。

一樣用遊戲打個比方，各位讀者就能立馬明白，五維空間的玩家，就好像看完整本遊戲攻略本，所有的選擇以及各種結局都一清二楚，不過卻是第一次玩這款遊戲，所以整個遊戲過程，雖然已經知道各種結局，但卻只能在每個選項中選出一個，也只能玩出一種結局，比如說，同樣玩仙劍奇俠傳三，雖然看過攻略已經知道選魔劍或選鎮妖劍，分別是什麼結局，但是實際第一次玩，你還是只能選擇其中一個結局，而無法玩第一次就跑出兩個結局。

而如果是六維空間的玩家，情況則就好像，遊戲公司在賣你遊戲時，已經把遊戲劇情中各種重要環節的遊戲進度都先內附給你了，當你灌好遊戲時讀取進度欄就已經同時有選魔劍跟選鎮妖劍兩種結局的進度選項，這時的你如果要體驗不同結局的不同時間軸，就只要讀取不同進度即可，還可任意穿梭在兩個結局的遊戲劇情中。

▲七維空間

至於何謂七維空間，概念也非常簡單，我們只要把六維空間當成一個點，然後兩個六維空間構成的兩點就可決定一直線，就能將六維空間提升一階變成七維空間，同樣以哆啦Ａ夢(小叮噹)為例。

一個小叮噹來到二十世紀幫助大雄的事件，在大雄的「婚姻方面」，就可能擁有無限可能，例如可能成功娶到靜香，也可能大雄不爭氣還是娶到胖虎妹，又或者可能娶到各種路人甲乙丙丁。所以小叮噹造成的各種無限可能的婚姻未來，如下圖我們可以把它視為一個六維空間的點也就是一個集合，而這個點中包含了所有小叮噹對大雄未來婚姻造成之影響的無限種可能、無限種未來、無線條可能未來時間軸。

然而，人生的抉擇和可能並不是只有婚姻，隨便舉個例子，職業的抉擇也會對於人生造成影響，所以假設大雄到了大學畢業，在職業上也會有非常多的選

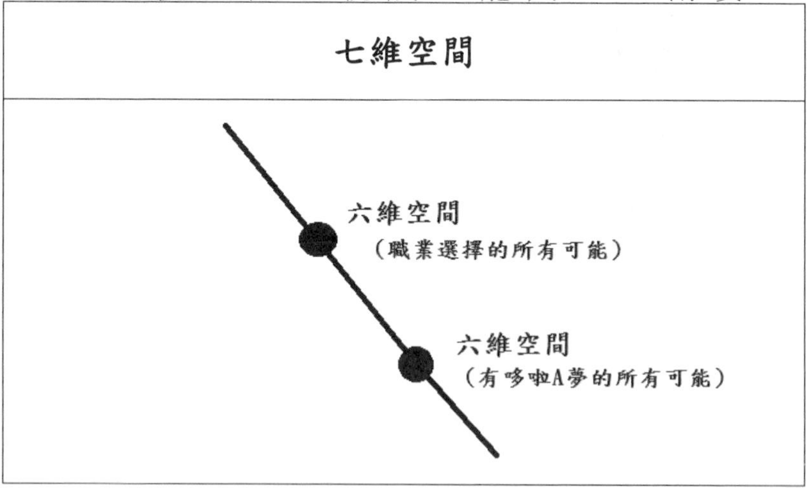

擇，不同的選擇就會造就不同的未來，例如選當學者的大雄跟選當職業軍人的大雄，未來就不可能一樣，所以在職業選擇這件事上也會形成無限種不同的未來、無限條因不同職業而形成的軸線，而把這些職業上無限可能的未來時間軸，全部集合成一個點就形成了一個六維空間的點，那麼如上頁圖，將大雄（因婚姻產生的）無限可能六維空間集合點，跟大學畢業後（因職業選擇）產生的無限種可能時間軸六度空間集合點連接在一起，就形成了由兩個抉擇事件連成的一條七維空間軸線。這個軸線包含了大雄不同婚姻抉擇，以及不同職業選擇交互影響排列組合的所有可能未來狀況。

▲八維空間

如老師前面所述，兩條線就可決定一個平面，就能將空間從線的維度往上提升一個等級，變成平面的維度。因此，八維空間的概念就是將我們將兩條或者兩條以上的七維空間線相交後，就可形成一個由七維空間線構成的八維空間平面，而八維空間的生物則能夠看出在平面上每個事件集合的近乎無限之各種交互作用的可能結果。

一樣小叮噹為例，如下圖所示，有小叮噹的幫助下，大雄在婚姻上有無限種發展的可能，這無限種可能我們把它包含在一個點中，而上一頁講到的職業選擇，也有無限種可能，這無限種可能的未來我們也把它包含在一個點，但除了這兩個因素之外，仍然有太多影響大雄命運的因素，例如居住地就是一個變數，大雄可以選擇在日本生活、可以選擇在美國成長、也可以選擇在澳洲

八維空間

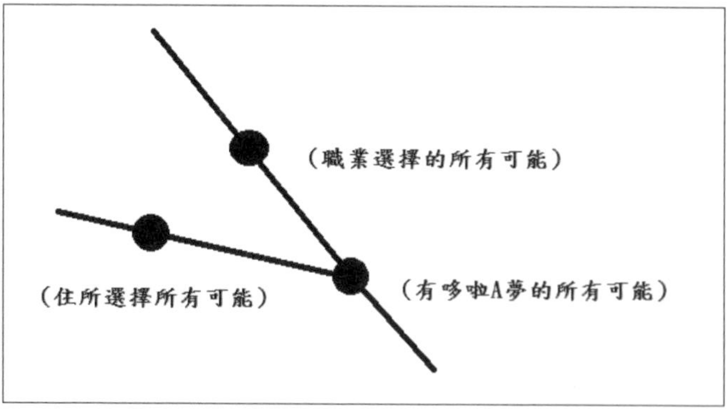

長大，甚至還可以學「犬夜叉」裡的女主角阿籬穿越時空選擇在戰國時代生活，光是居住地點又同時包含了無限多種可能，因此我們同樣可以把「居住地」這個要素所形成的所有無限種可能包含在一個點之中，而兩個點可以決定一條直線，進而如上圖，兩條線可以決定一個平面，因此兩條七維空間的線就形成了一個八維空間的平面，所以如果小叮噹有個道具是擁有八維空間的能力，那它將可以一次列出大雄所有人生上之影響要素造成的可能未來，並且能展示出所有要素的排列組合狀況。打個比方假如真的有八維空間的時光電視機，那我將能輸入各種假設條件，例如居住地選擇唐朝時的長安，職業選擇發明家，老婆一樣選擇靜香，那麼這台八維空間時光電視機就要有辦法把這樣假設情況的未來狀況清楚展示給我看，甚至我任意加上各種條件可能，它也要能依據我輸入的各種不同條件客製化告訴我各種不同的未來狀況。而這就是所謂八維空間的概念。

▲九維空間

舉一反三，九維空間的概念非常簡單，老師就不畫圖描述，同樣道理要將平面維度向上提升一個層級，只要依蟲洞理論原理「將平面凹折就能讓平面空間升級成立體空間」，而擁有立體空間能力的生物則可以「自由穿梭」在平面空間的各個點上，因此只要將八維空間平面對折凹折就能形成九維空間，所以九維空間的生物不僅能明確看到所有八維空間平面上每個點的連結關係及可能性，還能自由自在穿越在平面上的各個點中，等於不僅能夠看到各種可能的發生事件，還能穿越到這些事件的時空中。

▲十維空間與十一維空間

十維空間則是一個無比巨大的點，這個點中包含了所有的九維空間之可能，因此可說是一個包含了所有無限種可能的點，也就是目前科學家能夠證明宇宙維度的極限，因為它已經包含所有任何可能的狀況，是一個有著無限大內容的集合空間。

至於十一維空間的概念，目前僅處於科學家們的想像階段，只能當成一種可能、一種猜想，實際上是否存在目前無法證實，何謂十一維空間？簡而言之指的就是「平行世界」，也就是科學家認為可能存在另一個宇宙，而這個宇宙裡同樣有一個地球、同樣有一個你，就好像魔導少年(妖精尾巴)中的「愛斯蘭德世界」跟「依多拉斯世界」一樣，在魔導少年裡女主角露西在原來世界是千金大小姐還是業餘小說家，但是另個依多拉斯世界的露西卻是打架一流的母老虎，且每個主角群都能在依多拉斯世界找到對應的自己，只不過職業、身份、情況可能不同而已。當然這個平行世界平行宇宙的概念目前無法證實，僅僅在假設階段，至於未來是否能證明，就有待後世科學家的努力了。

☆運用紫微斗數穿越時空

看到標題各位讀者可能大吃一驚，肯定萬萬沒想到紫微斗數擁有穿越時空的能力，事實上紫微斗數確實有這特殊效果，這也是老師之所以前一節要鉅細靡遺將空間維度概念交代清晰的原因，那麼究竟紫微斗數有何穿越時空的神效？接下來就讓老師來揭開這穿越時空的神奇真相。

▲南半球之紫微斗數論命關鍵

如果你常幫南半球出生的人論命，你將會發現怎麼論怎麼不準，原因在於南半球與北半球除了節氣之外，連流年流月都不相同。這其中的邏輯依據為：

(1) 南北半球因寒暑、陰陽、相對方位皆完全相反，所以流年的地支也互為相反，也就是如果北半球是午年，那麼南半球就是子年，而如果北半球是寅年那南半球就是申年，互為地支對沖，也就是假設北半球正在過「甲午年」，那麼南半球就是在過「戊子年」。

(2) 在月份方面亦然，如果北半球在過子月那南半球就是午月，而北半球在過寅月那麼南半球就是過申月，月份方面一樣為對沖。也就是如果是農曆一月出生實際上要算七月，農曆六月出生實際上要算十二月。

因此由於全世界不論南北半球目前都是使用北半球的曆制為標準，所以如果一個南半球出生的人，他的出生時間為「甲午年農曆一月」，那麼實際上替他論命，就必須把出生時間換算成「戊子年農曆七月」，也就是民國一百零三年農曆一月出生的人，在南半球要換算成民國九十七年農曆七月出生。因此綜合南北半球流年和流月的對沖誤差，**「南半球的時間實際上等於落後北半球五年半的時間」**。

而這套南半球論命理論是由台灣紫微斗數界泰斗級的權威「勸學齋主」經多方實證所提出，由於這部分並非老師的創見，故必須清楚交代原創出處。

△運用南半球論命法穿越時空（老師的新創見）

以南半球論命法為基礎，老師觸類旁通結合蟲洞理論的概念，終於思索研發出運用紫微斗數穿越時空的方法，正如老師上一節提到，南半球的實際時間落後北半球五年半，因此你只要把台灣的桃園中正國際機場當成北半球的蟲洞入口，然後把澳洲的機場當成南半球的蟲洞出口，而飛到澳洲的航班就等同於時光機，如此一來就能穿越時空回到五年半前，這樣一來就能在實務上有效趨吉避凶。這套理論的實務價值老師隨便舉個例。

在趨吉方面，假如我們現在正在走人生中最好運最輝煌的十年大限運，然而隨著時光流逝好運總有過完的時候，那麼如果想延長自己的好運，只要在現在這個大限運即將結束的最後幾天飛去南半球生活(例如澳洲)，那麼就等於將時光及運氣回溯到五年半前，如同將好運的氣場再度延長五年半。

同樣的，將此原理用於避凶也有如靈丹妙藥，假如你依照斗數命盤看出自己在今年辛丑年將會發生重大車禍甚至可能身亡，那麼這時你如果飛到南半球，此時南半球的流年就等於乙未年，如此一來就能巧妙避過辛丑年可能的生死大劫，然後等到北半球的辛丑年過後再回到北半球，那麼你的人生就不需要承受辛丑年所帶來的危害。如此一來則可去蕪存菁，盡可能延長自己的好運年限，縮短自己的惡運時間。

然而思維敏捷的讀者一定會想問我：「大師，搬到南半球雖然流年可以重新經歷跟五年半前相同的流年，但除了流年外，其他人事時地物都跟五年半前不同，這樣還是無法完全等於回到過去啊」。

如果你有思考到這點表示非常難得，並且有深入思考問題。沒有錯，這個觀念完全正確，因為這套理論我們重現的是相同的「運氣」，正如陽宅風水，分為形勢與理氣兩部分，形勢指的是房屋肉眼可見的外型吉凶，理氣指的是因方位、因山星水星所形成的無形磁場。人的命運亦然，也是由肉眼可見的人事時地物，以及看不見的「運氣」所構成，前者相當於陽宅風水的形勢，後者相當於陽宅風水的理氣。

因此，這套理論能做到完全穿越時空的部分為運氣，但因人事時地物的不同，就會產生部分差別，例如同樣是庚子年，假如你在北半球因挖比特幣而橫財暴富，五年半後飛去澳洲，狀況可能就會變成買到黑馬股而日進斗金，以運氣磁場而論都是暴富的運氣都是橫財的磁場，但差別只在因外在條件不同而使得致富的途徑有所差別。

當然這也表示，你在南半球把相關的人事時地物等外在條件營造得越像五年半前在北半球的情況，那所得到的結果自然相似度也就越高。就越能完全複製過去的好運。讓自己的命運更上一層樓。

☆冠元派企業管理五行理論

老師在第一集時提出過一套自創的「企業五管五行理論」，但由於第一集的重點主要在於對紫微斗數和命理做整體性的解說，因此許多關於五行以及老師這套理論的實務應用精華就只能後續交代，故而在本集，老師就將帶給大家五行以及老師這套企管五行理論更加嘆為觀止的實務應用與創見。

▲火為研發的深入講解

上一集提到，老師經過深入推論，確立企業五管中研發管理的五行屬火，部份讀者覺得這項推論希望有現實案例比較容易理解，因此這部份老師就舉兩個實例來證明研發屬火的論證，首先老師推論研發屬火的理由在於──「**任何創新發明都會將舊有的形式推翻，就有如火會將任何原本的舊有事物燃燒殆盡而產生新的光明和能量**」，舉個例子，在汽車還沒發明之前人類的交通工具主要以馬車和黃包車為主，但汽車發明之後，馬車和黃包車這些舊有形式交通工具就完全被取代推翻，而全世界的交通運輸也產生了嶄新的變革與能量，這就是研發屬火的一大最佳佐證。

此外，老師後來再繼續深入研究，認為研發屬火還有另一個推論邏輯，那就是許多發明創新是建立在前人的研究與理論為基礎，才得以突破研發出新的創見或發明，這樣的性質就有如火燃燒著舊有燃料，進而燒出更大的光明與熱能一樣，所以如果將前人的理論比喻成燃料，那麼以前人研究為基礎的新發明新創見就是燃燒前人研究心血所綻放的華麗火焰。舉個實例，就如老師上一節所提出的新創見「紫微斗數穿越時空理論」，這套新創見如果沒有愛因斯坦的「空間理論」、眾多專業科學家提出的「蟲洞理論」，以及斗數界權威勸學齋主的「南半球論命理論」這些眾多前人的研究心血為基礎，那麼老師的新創見根本不可能問世，也可以說老師的穿越時空新創見是以眾多前人的心血為燃料才得以如火一般燃燒出新的光明，因此這就是研發管理屬性屬火的另一個關鍵邏輯。

▲人力資源管理剋生產管理的深入講解

同樣在上一集，老師以企業組織結構為例子講述組織結構的設計錯誤會導致生產管理面臨崩毀，許多讀者也希望老師是否有更淺顯易懂的例子來講解人力資源管理剋生產管理的邏輯。

對於這部份，老師就舉一個最淺顯易懂的例子，相信各位讀者就立馬領悟，其實人力資源剋生產最大的原因在於，一家企業就算擁有最好的生產設備、最好的生產制度，然而運行這些設備和制度的始終是「人」，人力資源的素質如果太差，再好的生產設備和生產制度都立馬完蛋，就好像擁有台積電等級的廠房和科技水準，但找一堆小學生來操作生產工具，大概沒個幾天就能看到台積電廠房爆炸的新聞了。再舉個更鮮明的例子，哆啦A夢裡的大雄，使用的都是二十二世紀領先兩百多年的超高科技道具，然而因大雄的人力素質問題，每次再好的道具到他手中都只會搞砸事情，是一樣的道理。

△企業五管理論的新理論元素

在上一集，老師總結自創的企管五行理論，企業五管的五行關係如下圖所示，人力資源管理生研發管理、研發生生產、生管生財管、財管生行銷、行銷生人力。相剋的部份則為人立剋生產、生產剋行銷、行銷剋研發、研發剋財務、財務剋人力。

以上推論是這套理論的粗胚，但更進一步，老師深入優化自己這套理論，補強了兩個關鍵重點，第一，提到五行就不得不提到十天干，十天干的設計就是將五行又再分陰陽，而得到

（冠元派企管五行理論）

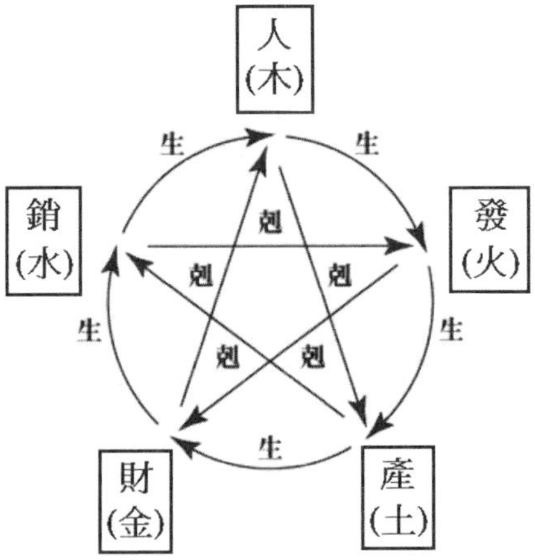

十個天干，例如甲和乙五行同樣屬木，甲就為陽木，乙則為陰木。

所以，老師認為自己的這套理論每個五行也應該再細分陰陽兩個屬性，方能深入解決企業管理的問題，那麼如何區分企業五管的陰陽呢？老師認為關鍵在於以軟硬體做為區分，與「人」相關的因素皆歸類為陰，與「硬體設備」相關的因素則歸類為陽。

而老師這項突破性發想，靈感則來自於中醫理論，在中醫理論中關於火氣這部份，區分為「虛火」及「實火」兩種，何謂虛火？何謂實火？打個比方假如每個人身體陰陽的最適標準是60分，那麼假如有個人他的陽氣水平達到九十，屬於陽氣過旺那他的火氣就是實實在在的過多，屬於實火，需要採取降低火氣的治療。反之，假如有個人的症狀外表看來也是火氣旺的症狀，但經過實測他的陽氣剛好六十，陰氣卻只有十，那這就稱為虛火，也就是造成此人火氣旺的原因並不是因為此人真的陽氣過旺，而是關鍵在此人陰氣過低，才會因陽氣明顯高於陰氣造成看起來火氣大的表象，那麼如果遇到的狀況是虛火，就不能用降火氣的方式來治療，這樣就會變成「陰陽兩虛」一片死寂，這時要做的反而是必須將陰氣也補足到六十跟陽氣彼此相輔相成。

而任何學問到了極高深的境界其道理都能相通，正所謂一法通萬法通，老師在管理學及命理學都達到極高境界，故能觸類旁通將中醫理論結合自己這套五行理論，進而能進一步解決許多企業管理中的棘手實務問題。

舉個例子，以生產管理為例，如果一家企業長期有生產力低落的問題，那麼我們就需診斷造成他生產力低落的問題為何，如果是這家企業的生產設備都是台積電等級，但是生產部門的員工素質跟小學生差不多，那就可說這家公司生產的部份陽氣很強但陰氣極弱，因此要立刻加強生產部門的人力素質也就是陰氣的部份。換言之，如果一支軍隊每個士兵的素質都有如美軍特種部隊，但武器卻只有刀槍棍棒可以用，敵方的裝備卻都擁有坦克、航空母艦的等級。那這支軍隊戰績低落的原因就不在於人力素質，而是硬體設備太差，這時就可診斷這支軍隊的問題出在屬土的生產部門陽氣不足，亦即陽土不足，所導致績效低落，因此這時就應大力加強部隊生產部門的陽氣能量也就是硬體設備。

▲五行中生與剋的互動關鍵

五行生剋是命理與斗數的重要精華，如不懂五行生剋想學好命理根本是不可能的任務，那麼五行生剋的互動究竟有那些關鍵重點？

◎強弱差距懸殊則生之不起

許多初學命理的人，每每看到相生就心喜，然而不論是相生或者相剋都需考慮兩個相生的五行彼此的能量是否差距過大，如果差距過大，則即使相生也生之不起，打個比方，木能生火，但如果你拿一張紙點火燃燒之後，馬上把幾十公斤的木柴倒在紙上，那麼那一點星星之火，可能馬上就被你的木柴撲滅了。因為彼此差距過於懸殊幾十公斤的木柴反而生不起一點小火。

◎強弱差距懸殊也剋之不起

同理可證，即便是兩個相剋的五行，彼此能量差距過大一樣剋之不起，這樣的情況就有如杯水車薪的情況，水雖然剋火，但區區一杯水又怎可能撲滅森林大火？千丈大樹又何懼三尺蛀蟲？同樣的，在三國遊戲中步兵屬性剋弓兵，但你讓等級一的步兵去ＰＫ等級九十九的弓兵，不但打不贏還自取其辱。

而了解了這一層關係後，不論是解決企業管理實務問題，或者論命都能將問題分析得更為細緻，並從中找出更多解決問題的錦囊妙計。

△運用企業五行理論解決企業「研發」與「生產」的實務問題

研發與生產雖然一個屬火一個屬土彼此相生，但是在實務上卻是經常對立的兩個部門，老師研究所學的專業恰巧專攻研發管理與創業管理，因而在研讀碩士班的過程時，經常遇到許多企業研發與生產部門對立與衝突的實務個案。

其根本原因在於，研發部門的職責在於想出突破性、創新性的新技術和新產品以及創意，越是能突破舊有框架、與眾不同越能收到出奇制勝的效果，領先業界。然而，再好的構想再好的創意，終究要能落實才有用，否則就是天馬行空，而負責落實將產品做出來的重責大任，就落在生產部門的身上。

這時問題的癥結點來了，創意創新想得出來是一回事，但做不做得出來又是另外一回事，因此在實務上經常發生研發部門想出很多看似領先業界十幾年的創意與創新，但發給生產部門卻都無法落實，導致大量創新企劃案卡在生產部門堆積如山毫無進展，於是接下來就是研發與生產部門互相指責、互相對立，研發指責生產單位擺爛無能，生產指責研發部門不切實際紙上談兵，形成企業管理上的雙輸局面。

而這問題運用老師的企業管理五行理論就能輕鬆迎刃而解，依據前述問題，如果研發單位經常提出生產單位無法落實的創新企劃，那麼就表示如同老師上一節所教的觀念，屬火的研發單位能量過強，而屬土的生產單位能量過低，導致兩個五行雖然相生但卻因兩者相差懸殊而生之不起，那麼結合老師前面提到的陰陽概念，我們就需先診斷這家企業，研發火遠大於生產土的原因究竟是因為屬火的研發太旺，能量指數高達99，屬土的生產能量則剛好，能量指數70，而導致無法落實創新企劃。這樣的狀況，舉個實例，就拿老師前幾節提到的蟲洞理論當例子，假設有家公司的研發單位以蟲洞理論為研發點子寫出研發企劃案，然後請公司生產部門做出一台時光機，這樣的狀況就是一種研發創新水準極高但卻與現實生產能力有巨大落差的例子。

而第二種研發火強於生產土而無法落實創新的例子，就有如老師前面提到中醫的虛火概念，也就是有些企業研發部門強過生產部門的原因，並非是由於研發部門的能量太高，而是因為生產部門的能量過低，研發部門本身沒有任何問題，這樣的狀況就有如中醫裡提到的虛火，這樣的情況實務上就有如一家企業的研發單位都是麻省理工學院、哈佛大學的碩博士組成的精英研究團隊，但是生產部門全部都只有國中畢業，那麼再好的研發案當然也就無法生產。

◎問題的解決方案 ①

以上這些問題在過去都是企業管理實務上難以解決的問題，但如果運用老師的企業管理五行理論就能輕鬆解決，首先如果想解決第一種情況—研發單位能量過旺(火太旺土剛好)的問題，那麼關鍵就在於將火的能量降低，但由於老師在理論中又添加了五行陰陽的概念，因此這時還需判斷研發火過旺是因為「人」的問題還是因為「硬體設備」的問題，如果問題的關鍵是人，代表陰火過旺必須降陰火，這就表示這家企業研發單位的人可能屬於想法過於天馬行空，經常想出很多「聽起來創意十足但卻無法落實」的創新點子。那麼這時解決問題的關鍵點就可從兩方面下手，第一從人力資源下手，由於人力資源屬木，木可生火所以運用人力資源策略就可將火的品質生得更好。舉例來說，再人力資源策略中有兩項策略分別叫「工作擴大化」以及「工作豐富化」，這兩策略簡而言之，就是利用工作輪調以及讓員工參與公司從上到下不同階層的決策，以讓員工能掌握及了解公司之營運。

那麼此時就可安排研發單位的成員輪調及參與生產部門的工作與會議，讓研發部門的成員清楚了解到現況之下第一線生產部門所遇到的技術限制以及實務問題，進而換位思考如何幫助生產部門解決無法落實研發創新的困難與問題，如此一來研發部門就能理解生產部門的實際狀況，未來所制定的研發企畫案就能在進一步考量公司生產部門的情況下，提出得以確實落實生產的研發企畫案，成功解決問題。

◎問題的解決方案 ②

那麼如果一家企業研發火遠大於生產土的原因在於「硬體設備」又該何解呢？就比如一家小學的自然科學教室卻買了一堆中央研究院等級的研究儀器，同理一般的小公司也不會需要用到台積電等級的機器，這樣只會造成做出一堆亮眼的研究報告和高明的實驗結果，但公司卻完全用不到的窘況。這樣的情況就屬於企業五行「陽火」過旺的情況。

若要解決這情況，關鍵可從「行銷管理」下手，因為在老師的企管五行理論中行銷屬水，水能剋火。回到本節個案，一家企業如果研發設備過於高級，超出企業本身所需那就表示這家企業投入過多預算在購買不必要的研發設備資源，代表資金預算的分配錯誤，那麼這時最佳之解就是將買研發設備投入過多的資金預算刪減後改用於行銷廣告擴大宣傳力度，如此一來方能提高公司獲利又減少不必要的研發資金浪費。

◎問題的解決方案 ③

那如果是第三種情況，企業的研發單位本身沒問題，關鍵在生產部門太弱又該如何解決呢？舉一反三，關鍵就在如果是生產部門人力素質過低，那就提升其人力素質，如果是生產設備太差，升級生產設備問題就完全解決。當然以上個案只是老師企管五行理論的其中一種實務應用，相信融會貫通之後，企管專業的讀者任何問題都能輕鬆解決。

☆紫微斗數的重大盲點

任何理論與工具都一定有其缺點與盲點，紫微斗數也不例外，八字的盲點在於閏月與南半球論命，而紫微斗數相較八字，弱點在於相同的命盤頻率過高，舉例來說民國九十一年國曆一月二日子時的命盤，就和同一個月國曆民國九十一年一月十日子時的命盤幾乎一模一樣，可以說平均一個月就會出現兩到三張幾近完全一樣的命盤，而這些命盤的差別僅僅只有那種幾乎可以完全忽略也幾乎不會影響論命結果的星。然而如此相近的命盤，在八字上卻存在超過兩字的巨大落差，進而能清楚分辨出兩組生辰的命運差別。

▲現況下紫微斗數論盤的解決方法

那麼現況下，紫微斗數論命者有何解決此問題的方案?關鍵就在於其他參考資料，真正一流的命理師就有如名醫需要望聞問切，而如同老師第一集時所言，命主的其他條件不同，即便是同一張命盤也會產生不同的命運結果，例如同樣命盤顯現父母宮差與父母無緣，某甲的情況可能是和父母水火不容，某乙可能就只是和父母聚少離多但實際上感情非常好。但終歸到底都是無緣，只是一者是互動無緣、一者是相見無緣。

也就是紫微斗數一樣能準確論斷人的命運，甚至可以比論得八字更為細膩，只不過斗數所需要的命主相關資料，會比八字多上許多，故而當紫微斗數和八字都達到極高境界時，在沒有任何輔助資料也無法和命主的詢問互動之情況下，單看生辰資料比準度八字佔優勢，但若是在有充足輔助資料及與命主充足互動的情況下，紫微斗數足以贏過八字。

△紫微斗數弱點的問題關鍵

有鑑於此，老師這輩子的一大目標就是研究出『解決斗數太多過於相似命盤的盲點之理論』，將紫微斗數這套理論改良優化成能和八字一樣不需要過多的輔助參考資料也不用和命主互動就能一目了然看出更多的差異化資訊。

經由老師深入研究之下，老師發現造成紫微斗數相似盤過多的癥結點在於紫微斗數的**「日系星太少，而且影響力又極低」**。稍微了解紫微斗數的讀者相信都知道，斗數中影響力大的星幾乎都是年系星、月系星和時系星，日系星有些書籍甚至乾脆直接跳過，對於命盤的影響力也微乎其微，命盤少了日系星的感覺，基本就好像打三國遊戲統一天下後發現關公忠誠度少了零點零一，或者孔明智力從一百變成九十九點九九一樣的無感。因此老師認為，紫微斗數這套學問，如要能有突破性的創新及改良，就必須從日系星這部份著手優化，如此一來才不會造成同一個月份裡，只因出生的月與時相同，就發生一個月中有兩到三天的命盤幾乎完全一樣的困擾。

△破解日系星不足的可能解決方案

日系星數量不足，最需要解決的問題就在於如何增加紫微斗數中日系星的數量，以及所增加的日系星是必須對於命運有著相當影響力才有實質的意義。對於這難題，老師曾有過一個思考方向，那就是紫微斗數的星宿都可在夜空中找到實際存在的星宿，因此只要能找到既會每天變動，同時在命理地位上又舉足輕重的星宿，同時符合這兩個條件日系星不足的難關就能順利破解。

老師思來想去，發現確實有這樣條件的星曜，那就是『二十八星宿』，也就是東方青龍七星、西方白虎七星、南方朱雀七星、北方玄武七星，而當初中國天文學二十八星宿的設計，正是為了配合月球公轉一週約二十八天而設定，因此隨著每天地球與月球相對位置的改變，每天晚上二十八星宿的位置也並不相同，因而如果能將二十八星宿加入紫微斗數命盤的系統中，就能將斗數這套理論模型完美化。進而解決命盤雷同重覆率的問題。

△加入二十八星宿理論所需克服的致命盲點

然而正當老師以為自己找出破解關鍵時，卻發現引入二十八星宿有個致命盲點，讓老師原本喜出望外的心情瞬間落入無底深淵，而這致命關鍵就出在──「歲差」。

造成歲差的原因在於，地球的地軸並非永遠固定，而是如下圖一般，會隨著時間而如同陀螺一般旋轉晃動，也就是西元前一萬四前年地球的地軸所正對的北極星是織女星，而過了一萬四千年後的現在因地軸旋轉關係，現在的北極星已經變成「勾陳一」，不再是織女星了。

這樣將產生一個致命的問題，這將意味著隨著地軸的旋轉二十八星宿的位置也會不斷改變，根本無法以出生年月日來推估固定位置，自然也就無法以出生資料將二十八星宿導入斗數命盤之中！試想六十甲子一循環，每六十年皆會出現一模一樣天干地支的出生年月日命盤和八字，然

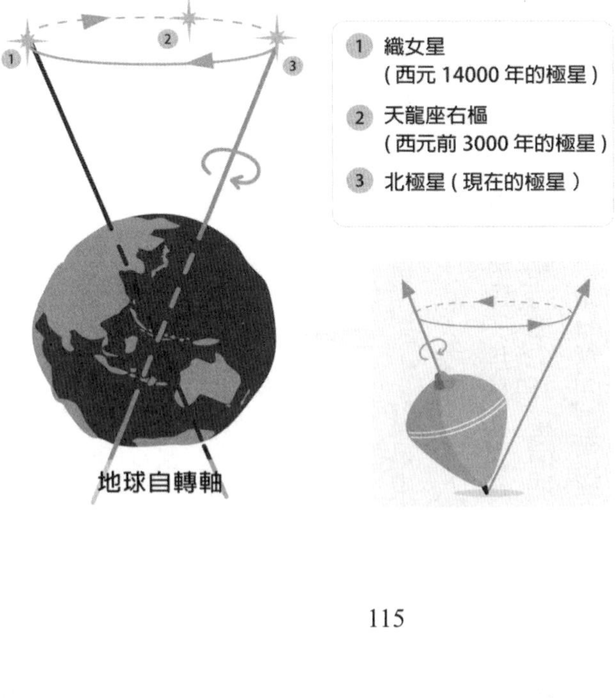

而六百年前跟六百年後夜空中二十八星宿的位置根本不同，所以根本無法單憑出生資料來排定二十八星宿在命盤中的位置。

當然如果沒有舉出實例佐證顯然說服力不足，因此老師就拿「二月二日龍抬頭」做為研討個案，有看過由陳道明主演的大陸歷史劇「康熙帝國」之讀者，相信都有印象，劇中在平定三藩之亂的過程中，有演到吳應熊接到吳三桂寄來的信，信中用「二月二日龍抬頭」作為二月二日起兵造反稱帝的暗號。

那麼何謂「二月二日龍抬頭」？其實指的就是古代在農曆二月二日時一剛入夜就能看到青龍七星宿的龍頭「角宿」探頭而出地平線，近而整條青龍七宿跟著一一騰空而起直衝夜空。但是，原本應該在二月二日出現的龍抬頭，到了現代卻因為歲差的關係，延遲到大約清明左右才能看到龍抬頭的景象。

因此，在日系星的改良研究部份，依老師目前所發想之研究，除非有套推算系統能準確校正二十八星宿的歲差，否則要解決紫微斗數命盤日系星過於薄弱的問題目前基本仍屬無解。並有著極大的研究限制，當然這僅是老師個人的研究發想，提出來讓更多紫微斗數研究者做為參考，也許說不定能幫助激發出更多不同的研究切入點，甚至解決紫微斗數的這項難題。(本節圖片引用自網路)

△歲差將引發命理界未來的巨大危機

歲差除了造成二十八星宿無法導入紫微斗數命盤的問題之外，對於現況下所有命理技術都將產生致命的危機，其關鍵在於，各位讀者只要對應老師兩頁前附上的地球自轉軸與歲差的圖片就可知一萬四千年前地球的自轉軸和現在剛好處於完全相反，在彼此正對面的狀況。

如此一來會產生什麼致命問題？關鍵就在於如果地球自轉軸左右相反，即表示太陽照射南北半球的區域也會左右相反，也就是再過一萬四千年後，北極星又變成織女星之時，此時夏季的陽光將改成直射南迴歸線而不會是北迴歸線，如此一來春夏秋冬四季的陰陽將會完全相反顛倒，夏季反而變成極寒，冬季則變成極熱，反而到時候南半球的四季陰陽將會和現今的北半球完全一致。

所以一萬四千年以後，由於節氣完全相反的緣故，到時候八字將完全無用武之地，占星也會因地軸偏移導致星座在星空上的位置改變而無法順利預測，就連紫微斗數也可能因為北極星變成織女星使得命盤上的星曜產生質變，致使現況下斗數星曜的命理知識到了一萬四千年後將要完全重新定義，方能運用於實務論命上。

而對於破解一萬四千年後的命理界巨大危機，老師初步思考出的破解之道在於，八字方面既然到時候的問題在於節氣相反，那麼就需將現況下的節氣排列順序完全相反，而南半球的節氣部份將與現今的北半球相同，將可直接使用北半球的萬年曆進行校正銜接後使用，而在占星和紫微斗數方面，老師初步的構想是可以先以天文軟體模擬一萬四千年後的星空狀況，然後再依照到時候天體的運行設計新的排盤與星曜特質設定，如此一來便能提前一步解決未來命理學術將會遇到的難關，而老師這部份的發想，希望能提供命理界的傑出後人作為解決問題的思考方向，也讓一萬四千年後的人類如果有幸考古挖到老師的書，能運用未來科技來輕鬆解決一萬四千年後的命理問題。

然而老師認為真正麻煩的問題在於地軸左右傾斜中間的過渡期之解決方案，因為一萬四千年後的狀況，也許我們還可直接將現今的天體和節氣完全相反操作來求出解答，但若是中間的過渡期，例如五千年後、七千年後，這時的地軸改變剛好處於左右變換途中的大約三分之一以及二分之一，這時的北極星也不會是現今的北極星，天體的運行跟節氣也會略有不同，如此一來可能大約每隔約兩千五百至三千年天文及曆法就必須進行微調及校正，否則就將可能因誤差問題導致預測失準或者命理學術無用武之地的難關。

△從歲差破解夏曆法乎天道、商曆法乎地道、周曆法乎人道　(老師的獨家創見)

在上一集時，老師在書中有提到夏朝曆法以十二地支的子月為一月，商曆以丑月為一月、周曆以寅月為一月，理由在於夏曆法乎天道、商曆法忽地道、而周曆法乎人道，然而當年老師一直在思考一個問題：「是什麼樣的原因造成夏曆需以子月作為一月？又為何商朝要改以丑月當作一月？這其中的必然關鍵是什麼？」。

經深入研究，老師認為造成三個朝代曆法各相差一個月的關鍵正是「歲差」，因為如老師四頁前的地軸歲差圖所示，西元前三千年時地軸的北極所處的位置是在圖中②的位置，而西元前三千年正好大約就是中國的夏朝時代的前四百年左右，而這時由於地軸還沒運行到現今最右邊的位置致使陽光照射地球區域的時間點與現今不同，因此表示所有季節都會提前大約兩個月左右到來，也就是夏季將提前兩個月到來，春季也會提前兩個月到來，也就是夏朝時期子月的天氣狀況就等於現今的寅月。

接著夏朝前的四百年，加上夏朝的歷史約五百年，再加上商朝六百年歷史，中間經過了一千多年，此時的地軸又更進一步走向了最右邊現今的位置了，故而這時的天地陰陽及四季也產生了些微的變化，各季節的時間點也隨著地軸的位置而向後再推進一個月，故而到了商朝就變成丑月的天氣狀況才符合過去夏朝子月時的天氣狀態，因此商朝之曆法才會以丑月為一年的第一個月。

而我們現在所用的曆法，則是以後來有著八百年歷史的周朝所制定的周曆為基準，然而周朝滅亡至今已有兩千多年，因此嚴格來說現今農曆的曆法與周朝仍有著一段差距，因此據老師推測，八字學之所以光是江南及江北就有不同的論調及不同的論法，正是因為八字的發展歷史較久，每個時代受到地軸歲差的影響皆不同，所以才產生論斷方法特別多、眾說紛紜的狀況。這也就能與老師上一節提到，為何二月二日龍抬頭的星象到了現代延後到清明左右才得以見到的這件事相呼應，因而越到未來越是歷史悠久的論命技術，以及相關曆法必然需經過一番修正與革新，方能因時而制宜。

紫微斗數則較為幸運一些，紫微斗數到宋朝才發明，然後明朝才出現第一本具體著作，在華人社會則是到了民國時期才逐漸成為顯學，故而免去了數千年歲差導致的爭議問題。但紫微斗數的這項優勢也僅是因為發展時代較晚而成為命理界的幸運兒，然而未來一千年甚至更遙遠的將來，同樣需面對歲差地軸改變所帶來的影響問題。而這一系列的問題就有賴未來的天文學者和曆法學者開創出嶄新的發明創見解決這難關，以讓命理這門寶貴學問能更加完整化發揚光大。

《腦力激盪題 1 之破解》

第一章時老師有附上一個老師學生時代就已破解，然後2012 在 FB 上公開的腦力激盪題，其實這題的破解關鍵很簡單，同時老師認為這題也是一個會計學非常好的活教材，然而國內大學的商管科系教育都只會教學生死背，導致許多學生視會計為夢魘，即便是高分考過的人也多是知其然而不知其所以然，因而藉由這個機會，老師便讓各位讀者看看老師當初如何破解這道測驗題。

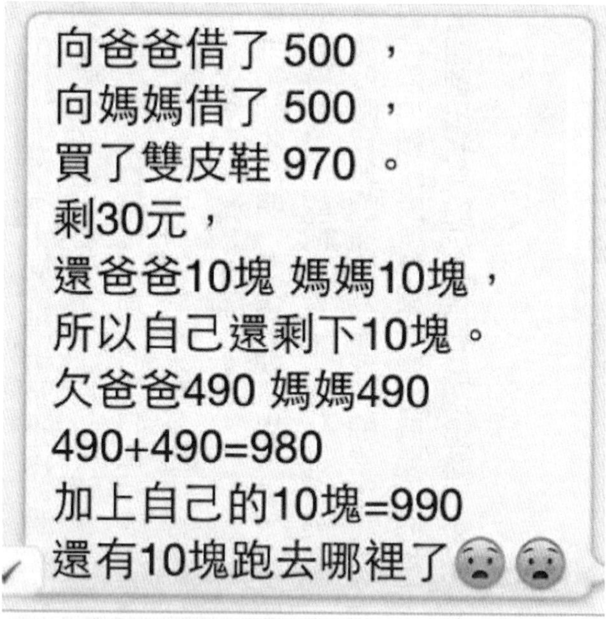
向爸爸借了 500 ，
向媽媽借了 500 ，
買了雙皮鞋 970 。
剩30元，
還爸爸10塊 媽媽10塊，
所以自己還剩下10塊。
欠爸爸490 媽媽490
490+490=980
加上自己的10塊=990
還有10塊跑去哪裡了

首先，在會計學的基本設定中，將一間公司的資產體質定義為: **資產 = 負債 + 業主權益** 。而所謂的業主權益用通俗的講法就是(自有資金)。會計學這樣設計邏輯也非常簡單，因為一家公司的資產及資金，要不就是老闆或股東自己出錢而來，再不然就是向別人借錢來創業。

那麼我們回到這題的個案，某甲向爸媽借了 1000 元，由於這題中某甲沒有任何自有資金，金錢來源都是向父母借，所以某甲一開始的資產負債狀態為:

(資產) 1000 元 = (負債) 欠父母的錢 1000 元

那麼買了皮鞋後的資產負債狀態就變成:

(資產) 970 元的皮鞋 + 30 元 = (負債)欠父母的錢 1000 元

還了父母 20 元後，等號兩邊就該各減 20 就變成:

(資產) 970 元的皮鞋 + 10 元 = (負債) 尚欠父母 980 元

因此，這題的障眼法在於，手上的錢 10 元應該算在某甲擁有的 (資產) ，而非加到 (負債) 那一邊，企業手上擁有的應該算在(資產)那一邊，因為等號右邊負債所欠的 980 元其中就已經包含了某甲手上的 10 元，如果再把手上的 10 元加上去就變成重複計算。因歸根究柢，右邊負債的金額 980 元怎麼來的?? 不就是因為某甲尚未歸還買 970 元皮鞋的錢再加上還拿在手上的 10 塊錢兩者相加而來??

《本章思考題》

1. 本章提到因地軸導致的歲差問題，然而撇開歲差問題之外，未來命理還存在另一個致命問題，那就是地球的自轉速度將隨著時間越轉越慢，所以到了1億年以後1天將會有24.5個小時，而2億年之後，1天就會擁有25個小時，這個時候致命的問題來了~這多出來的一個小時該歸屬於哪個時辰??八字又該如何排?? 如果要專門為這多出來的一個小時設計多一個時辰，紫微斗數也就12宮根本容不下第13個時辰~!!這時該如何解決這些問題??

2. 除了老師本章提到的電腦與二進位之外，試著找出現代科學中還有哪些發明或發現是來自於易經和命理??

3. 雖然經過實證，南半球的流年落後北半球五年半，但你可曾想過，即便南半球天干地支與北半球對沖這件事為合理，那為何南半球的流年不是『領先』北半球五年半，而是『落後』南半球五年半?? 原因為何??

四、紫微斗數論命前需了解的基礎

萬丈高樓平地起，任何一門學問的精通，基礎都極為重要，因而在深入講解斗數的星曜與格局之前，需將紫微斗數最基本的概念與架構作深入的講解，各位讀者在論命時方能洞若觀火。

▲紫微斗數十二宮之剖析

首先，紫微斗數的命盤由十二宮所構成，每個宮都代表人生不同的面相，各宮之間彼此也存在環環相扣的關係，因而要懂紫微斗數則必先需對於十二宮有所了解，方能深入論命。

◎命宮

命宮是整張命盤的中心、總司令、指揮官，

(財帛宮)	(子女宮)	(夫妻宮)	(兄弟宮)
(疾厄宮)			(命宮)
(遷移宮)			(父母宮)
(交友宮)	(官祿宮)	(田宅宮)	(福德宮)

可以說命宮一宮統管十二宮，命宮有紫微，則宮宮都會多少帶有紫微的氣息，即便是因行運大限轉移而形成十年大運的主星改變，也僅是性質上有所變化，骨子裡仍是原本命宮主星的特性。這也是為何有些派別會強調好命不怕運來磨的原因。

◎遷移宮

遷移宮在命宮的對面，因此遷移宮與命宮互為表裡，一者是命主本身先天的直觀性格，一者是命主的隱藏性格，那麼命宮與遷移宮何者為表何者為裡呢？這問題的答案是命宮為先天性格，遷移為隱藏性格，許多讀者可能會疑惑—「遷移宮不是代表外出嗎？照理說應該是遷移為外在性格、為在外顯現的性格，為何反而是命宮才是外顯性格呢？」，這疑問當初老師也思考許久，後來發現遷移宮之所以為隱藏性格也就是內心性格，主要原因在於，遷移宮主星的性格需要命主經常外出才會逐漸彰顯，如果命主不喜外出，那麼遷移宮主星的性格就不會顯現，除非命主年紀夠大才會逐漸顯現，因此只要命主不常外出，遷移宮的性格幾乎就有如被隱藏一般，外人不得而知，只有本人才知道。然而命宮主星的性格就完全不是這麼回事，命宮的主星不論當事人是否常出門，相關特質都會顯現在命主身上。這也是為何有些天府座命的人，個性卻讓人感覺很像七殺座命的人，正是因為七殺永在天府對宮，故常出門常交遊的天府展現的樣子就與七殺相似，相對也表示，如果一個人的命宮差遷移宮好，那麼多多出外絕對利大於弊。

◎兄弟宮

兄弟除了指命主家庭的兄弟姊妹外，廣義的兄弟亦包含同學、同事、合夥人、以及平輩的家族兄弟姊妹，同時又由於如果以父母宮為基準點，將父母宮視為命宮，則兄弟宮就相對等於父母宮的夫妻宮，因而兄弟宮也可當作爸爸的夫妻宮，也就是母親的應用宮位，此外兄弟宮也被稱為副文書宮，原因在於對於大限行運走逆行運的人來說，第二大運走的即為兄弟宮行運，而這時通常都為升學考試階段，因此對於逆行運的人來說，兄弟宮的好壞便足以決定學生時代是否金榜題名的結果，故而兄弟宮才被視為副文書宮。

◎交友宮

交友宮為兄弟宮的遷移，而出門在外的廣義兄弟，就是我們的朋友，泛指的就是我們與普羅大眾的交遊狀況，而在十二宮裡幾乎所有宮位都與自己息息相關，但唯有交友宮是絕對的他宮，也就是與自己無切身相關的宮位，故而在挑選剖腹產命盤時，高明的命理師經常都會挑化忌在兄友這條線上的命盤，理由就在於兄弟與朋友都是屬於和自己比較無切身相關之宮位，將最凶的化忌安排在兄友線，則可將化忌的傷害降到最低。

但凡事總有例外，某些情況下兄友線好反而比較吃香，比如政治人物正是最需要良好兄友線的職業，因為其成敗的關鍵來自於選票，如果政治人物的命盤中兄友線很熱鬧，同時父母宮如果又有吉星配合，形成父母宮與兄弟宮都有吉星相夾的情況，那這個政治人物只要本身能力不要太差，都能順風順水眾人拱扶。此外若化祿在兄友線，就表示命主人生財富一大部分來自兄友，這時就需培養好人脈及業務能力方能善用優勢。

◎夫妻宮

夫妻宮顧名思義，即為代表命主的配偶宮位，而廣義的夫妻宮則可泛指命主與異性之互動關係與狀況，同時也是命主對於感情的看待狀況及態度，同時又因夫妻為官祿宮的遷移宮，所以夫妻宮又可引伸為工作及事業所遇之大環境，同時夫妻關係也可視為家中的「事業」，古人云：「修身、齊家、治國、平天下」，由此可見工作就是在外所經營的事業，而經營家庭維繫家庭，則就有如經營一個小公司一般，因而在家的工作就是經營家庭，也就是經營夫妻關係。

因此生活中我們經常可見工作上的強人婚姻不一定好，或者婚姻好的人工作卻很平庸，很少有人能家庭事業兩得意，正是因為官祿宮與夫妻宮互為陰陽，很容易顧此失彼。

◎官祿宮

官祿宮直觀來說，可泛指事業、工作與學業，同時官祿也可代表一個人的行為舉止以及做事風格甚至是做事智商，因而如果一個人命宮和官祿宮的主星結構都很強，那大體上此人的工作能力、做事智商或者執行力都堪稱一流。同時因官祿宮為命宮順數的第九宮位，一至九為陽數的完全循環，因此官祿宮也是一張命盤陽數的終點，也就是氣數位，因此除非是特殊的忌星種類例如入庫忌或逆水忌，否則忌星在官祿宮，對於命宮的殺傷力都相當致命。又因為以官祿宮為基準點，將官祿宮當成命宮，則財帛宮即為官祿宮的官祿宮，也就是官祿宮的氣數位。而一家公司及一個工作能否存續，主要決定因素也正是工作與事業帶來的金錢報酬，同樣的，以財帛宮為基準點作為命宮，則財帛宮的官祿宮就是命宮，也就是命主自己本身就是決定自己金錢運氣數的關鍵，也才會有句話叫─「你不理財，財不理你」。

也正因為命宮、官祿宮、財帛宮互為氣數位，紫微斗數理論中才會將三方看得非常重要，再加上與命宮互為陰陽的遷移宮，就形成所謂的「三方四正」，也因此任何一宮的三方四正對該宮的影響力都極大，一旦遭遇忌星破壞，都會大幅削弱命宮的能量，這也是為何命理師挑剖腹產命盤，都會避免挑到命宮三方四正裡遭遇忌星破壞的命盤。

◎子女宮

直觀的子女指的是自己的兒子、女兒，但廣義的子女包含學生、晚輩、下屬，同時因為子女為田宅宮的遷移宮，因而子女宮也可視為另一個遷移宮，因為田宅為你的住所，想當然爾田宅之外主的就是出門之後的外出狀況，因而在探討車禍及外災時，除了考慮遷移宮之外，同時也必須參考子女宮的吉凶方能準確論斷車禍外災。

除此之外，子女宮又可引伸為性能力及對於性的偏好。別懷疑！因為子女就是父母性愛之下的產物。而子女宮也可大致代表子女的性格特徵，同時又因為子田線為官祿宮的兄友線，因此子田線亦可看合夥股東的狀況。

◎田宅宮

田宅宮是命宮順數的第十個宮位，而十則為中央土的最高之數，是所有五行最後的終點數，也就是庫，因此田宅宮才會設計在座落庫位的第十宮，直觀的田宅指的是命主的居家、家宅附近的環境狀況、風水及家庭氣氛，而就廣義來說，田宅為庫因而田宅同樣代表一個人是否能存得住財，也就是一個人的財庫與儲蓄狀況，一個財帛宮好但田宅宮不好的人，很大機率會是個月收入名列前茅，但卻經常破財、漏財而沒什麼積蓄的月光族。此外，如果以田宅宮為基準點，夫妻宮為田宅宮之疾厄宮，這也表示夫妻為田宅的本體，因為一個家庭裡的家庭氣氛與一個家的成敗，關鍵就在於這間房屋的男女主人如何經營家宅。家和萬事興、家吵萬事窮。

◎財帛宮

財帛宮主命主一生的財富金錢狀況，同時也指命主對於花錢及理財的態度，除此之外，由於財帛宮是以命宮為起點順數的第五宮，是一到九所有奇數的中間數，因此為九的官祿宮為氣數位，為五屬於中間的財帛宮為命盤生發位，因此任何宮的財帛宮都可以用以判斷相關宮位的發展過程是否順利，也因為一、五、九，一者是開始、一者是中心、一者是結尾，分別是整個數字過程的三大關鍵時節點，造就了任何宮位的三方都有舉足輕重的影響力，也才確立了三方四正的重要觀點。

同時，如果以夫妻宮為基準點，財帛宮為夫妻宮之夫妻宮，夫妻的夫妻及為我自己，因而在討論夫妻宮及相關感情運時，財帛宮可當作為我自己的應用之位。

■財帛宮之父母為子女？

在看老師的書之前就已學過紫微斗數動盤的讀者，相信都知道若以財帛宮為基準點，則財帛宮之父母宮為子女宮，然而雖然這基本道理很多人都懂，卻幾乎沒有斗數界的人能解釋其原因，無法解釋為何子女是我錢財的父母？

而如要破解這個問題，依我冠元大師個人的見解，我認為可以從兩個面向來分析破解，首先老師認為這問題可從文王卦的角度來進行破解，在文王卦的關係中，我爻也就是友爻生養爻，然後養爻才生財爻，而文王卦裡的養爻指的就是子女。故而以文王卦的邏輯亦認為子女生錢財。但光是引用文王卦說服力仍然不足，因此老師自己的論點是，斗數與文王卦都設計為子女為錢財的父母，其背後的邏輯在於這裡的子女指的並非是狹義的兒子與女兒，而是指廣義的下屬及員工，正如老師前面講解子女宮時所說，廣義的子女可泛指下屬、員工及學生。因此如果一家公司沒有優秀的員工替老闆賺錢，單憑老闆一人也不過就只能開個單人工作室，毫無賺錢致富的可能，任何績效輝煌的公司，都是靠全體員工的拚搏方能績效卓越，這才是子女為財帛之父母的真正原因。

同時懂得舉一反三的讀者，這時就能觸類旁通，領悟為何老師前面會說田宅宮的好壞對於財運十分重要的理由，其原因除了前述所說田宅為庫位決定是否能存財之外，斗數命盤架構上的關鍵學理在於田宅宮為財帛之疾厄，也就是財帛的身體，財帛宮好而田宅宮差，就有如財帛宮經常生病，或者財帛宮帶有致命傷，當然也就無法春風得意。而反過來說若一個人田宅宮好但財帛宮差，則有如一個身體健壯如牛卻庸庸碌碌一事無成的人，雖然四肢發達，但卻沒有大成就。

◎福德宮

很多人不解福德究竟為何物?而也確實福德是紫微斗數十二宮中唯一無形不具體存在的事物，但總的來說，老師認為福德可以直接用運氣、福份、因果業力來做解釋，因此福德宮不好的人運氣大多也比較差，自然需要靠自己奮鬥的部份也比較多，如果一個人財帛宮好但福德宮不好，就表示此人一生的財富多要靠自己奮鬥賺得，很難有好運之財及蔭財。而福德宮以佛家的觀點來看就是你累世所存的福報以及因果業力，佛家認為今生的好運來自於過去世的善業，相對如果今世造惡因，當然也會在未來得惡果，因此佛家才有「萬般帶不走，唯有業隨身」的說法，故命盤上福德宮較差的人，都建議多念經、法佈施，方能對自己的運氣有所提升。

同時福德又可看作精神面以及潛意識，因此福德宮欠佳的人，一般精神面都容易不快樂，並且因福德又可看潛意識，因而如果有一人命宮的主星有祿科，但是福德宮卻是權忌，那麼這人很可能表面上很隨和開朗，但內心深處卻非常剛硬固執，屬於外柔內剛的人。

另外，福德宮代表無形的潛意識，因此福德宮又可代表一個人的「癖好」，癖好與嗜好聽起來很像，但兩者有何區別?關鍵在於嗜好是經由後天培養而成的興趣或喜好，癖好則是與生俱來毫無理由可言的喜愛。打個比方，令狐沖愛酒就是一種癖好，老師還記得在電影中，酒從山涯上掉下去，令狐沖奮不顧身跳涯也要搶回酒，東方不敗問他是不是不要命了？令狐沖則回答：「你看我這樣跳下去，你說我是要酒還是要命？」。

另一個經典案例就是忍者亂太郎裡的「山田老師」，相信看過忍者亂太郎的讀者都知道，作品裡山田老師最喜歡做的一件事就是「扮女裝」，偏偏他的女裝又很難看，但偏偏又三不五十即使沒有必要性也要來個扮女裝，這時就可以用癖好來形容山田老師對於扮女裝的特殊喜好。

■福德與疾厄的關係

對於疾厄宮而言，福德為疾厄宮之疾厄宮，也就是身體疾病的本體及病處癥結點，因而在論斷疾厄宮的問題同時也需一併看福德宮，方能對症下藥治標又治本，福德為疾厄宮之疾厄的一大原因在於，許多疾病是因心神、精神層面所造成，才有所謂「病由心生」的說法，而長期的情緒不佳、心靈情緒惡劣也經常是導致諸多疾病的元兇。

另外，以佛家的角度來看，許多當代醫藥束手無策、無法根治、極為罕見的疾病和奇症多與個人的因果業力有關，例如洗腎、漸凍人症等。由於是因果業力所引起，故而藥石罔效，一般醫學也無從根治最多只能控制，而因果業力正屬於福德宮的範疇。

■福德為祖父母之用位

由於以父母宮為基準點，父母宮之父母宮就是福德宮，所以福德宮又可說是祖父母的應用之位，特別是祖父，再進一步延伸，由於命宮為福德宮之夫妻宮，故而命宮亦是論斷祖母的參考宮位。也正因福德可代表祖父母，故而福德宮好的人祖蔭通常不錯，福德宮差的人通常祖蔭也較差。對於這個現象，佛家主張，這一世如果出生的家境家世比較差，多與自己前世所造的業有關，如不善業多，就容易投胎到家境不好的家庭。進一步說，由於福德與自己的祖先有關，因而福德宮也可看祖墳及陰宅的狀況，也表示陰宅祖墳的好壞也會影響你的運氣及福份。

◎疾厄宮

疾厄宮直接與個人的身體健康、先天體質、疾病狀況有關，疾厄宮為命宮順數的第六宮位，配合河圖的學理，一六共宗北方水的概念，如果命宮是主宰一切的靈魂，那疾厄就是肉體，兩者彼此相依，因而如果一個人命宮三方四正都相當亮眼，但疾厄宮卻奇差無比，那麼此人的命運不過華而不實外強中乾，就有如終年臥病在床惡疾纏身的億萬富翁一般，無法有所進取及作為。

而疾厄的對沖宮是父母宮，而疾厄的官祿宮是兄弟宮，最直觀的父母指的是父親，而兄弟宮又是母親的用位，以疾厄宮為基準點，一者正對疾厄宮一者為疾厄宮的氣數位，因而表示自己身體的健康狀況，非常大的因素取決於父母，因為人先天的身體稟賦與基因正來自於父母，先天的體質強弱也來自於父母的基因遺傳以及懷胎期間養胎的過程，如果母親在懷孕期間拼命吃冰、喝咖啡以及抽菸，理所當然胎兒出生即會發生先天體質不良的惡果。更別說許多先天性疾病來自於父母的基因遺傳。

更進一步分析，由於兄弟宮與交友宮為疾厄宮的夫官線，任何宮的官祿宮為該宮的氣數位，因此兄友線正是身體疾厄的氣數位，故而兄友線在斗數中又有「災劫線」之說法，那麼為何兄友會成為我身體疾厄的氣數位呢？原因在於，人生漫長的過程中，我們身上的疾病或者傷害意外，多半源於其他普羅大眾所造成，疾病方面，多數的疾病皆來自於他人傳染、多數的傷害、車禍、刑傷也多是來自他人，這正是兄友線之所以為災劫線的關鍵原因。

■從說文解字看疾厄與田宅及財帛的關係

在說文解字中「窮」這個字由一個穴、一個身、一個弓組成，所表達的象形意象其實就是一個人病懨懨的弓著身軀躺在洞穴之中，在那遠古的捕獵時代，生病就表示無法狩獵，自然也就無法獲得獵物與食物，也就無法富有，而財帛宮為疾厄之父母，正是印證財為養命之源，有好的財富你才能解決飢餓問題養好自己的身體，而窮字中的穴，即為史前時代的田宅，田宅宮為疾厄宮的財帛宮也是生發位，表示要擁有好的身體健康與生命力，需從居家清潔、居家環境著手，更意味著陽宅風水對於身體健康的激發有著決定性的關鍵影響力。

■從佛家的角度來看如何增加財運、健康運、福報

佛家所言的財運、健康運、福報，以斗數的角度來說，即是指財帛宮、疾厄宮、福德宮，佛家的觀點認為先天財運不好的原因來自於過去世一毛不拔、慳貪吝嗇、謀取不義之財以致於現在世產生財運不佳的業報。而健康運不好的原因則在於過去世曾帶殺業、殺生或刑傷他人，而現在福報不佳則在於過去世修德積善緣太少所致。

接著佛家對於增加財運、健康運、福報則有一套見解及方法，佛家認為要得好財運，就需多做財佈施，例如多捐錢幫助他人，天下間沒有幾個自私自利、一毛不拔的人是得以成就大功業的。而如要增加健康及壽命，則要多行「無畏施」，何謂無畏施？係指幫助眾生由本來的恐懼害怕，變得豁然大度不再懼怕得以正面迎對讓其害怕的壓力或威脅。當然這部份還需看無畏施是否佈施合理，否則如果對著歹徒佈施無畏施讓他無畏法律公理，那麼這個無畏施反而等於造業。

最後若要增加自己的福報，則要多行「法佈施」，也就是多以佛法之功德佈施給他人，或者說法念經將功德分享給他人，或是為他人講解經文也都是增加自己福報的法佈施途徑，透過以上幾種方法，就能幫助命運不好的人改變自己命盤上的弱點。那麼佛家主張的方法究竟成效如何？秉持科學實驗精神，老師強烈建議讀者可以身體力行加以實踐，就可親自驗證佛法應用於命盤改運的臨床實驗上是否有顯著效果。

◎父母宮

父母宮最直觀的意思指的就是你的父母，不過廣義而言可以指長輩、老師、上司、老闆，同時父母宮古時又稱相貌宮，因古人認為人之相貌來自於父母，同時父母宮又為情緒宮位，因為你的情緒表達多半與你父母的遺傳基因以及父母在家庭教育中的淺移默化有關，除此之外父母宮又稱文書宮，因此一個人學生時代的學業表現非常程度取決於父母宮，理由很簡單，因為學生時代的考試、考核、評分、出題等都是取決於師長，父母本身的教育水平與投入的教育資源也幾乎直接決定小孩在學生時代的成績。因而父母宮才被稱之為文書宮。

並且父母宮也主一個人的說話言行與說話方式，因為一個人的說話方式皆會受到原生家庭父母淺移默化的影響，所以如果想要小孩說話得體、說話高情商，那麼為人父母本身的身教就相當重要，畢竟很多時候會不會說話比個人能力更加重要。

又由於父母宮直面疾厄宮，因此如果父母宮有忌星就要非常小心容易有遺傳性疾病，或者因父母而導致身體健康狀況不佳的問題。此外父母宮又可代表一個人的情緒，因而父母宮與疾厄宮的星與四化越複雜，則一個人的情緒越多元化，同時也表示一個人的情緒智商與情緒表達深受父母淺移默化的影響，故而希望孩子情商高，首先父母自己就需經常在情緒上做好身教及表率。

另外，父母宮又稱做文書宮，這裡的文書宮與前面所說的讀書功名相關的文書有所不同，本段所指的文書，範圍在於正式文件、公文、文書作業、文案，何以父母宮可以借代文書文件？其學理在於，文書、文件、文案幾乎都是呈給上級單位、公家機關的物件，而上級單位相當於公司或公部門的父母機構，而公家機關則等同於於國家的父母官，因而父母宮又可藉代文書、文件、文案。進而引申，由於法律、法庭經常會使用大量文書，所以父母宮也與官司、法律有關。

最後，父母宮的好壞決定你與父母、長輩、老師的緣份，以及父母、師長、老闆對你的幫助程度，父母是孩子出生的第一對貴人，因而父母宮不好的人，形同於先天體質不良，輸在起跑點，多半求學時代坎坷，也多需自立自強甚至白手起家，然而有時這也未嘗不是個優點，因終究多數英雄偉人哪個不是年少時吃過種種苦頭方能成就大業？

▲總結十二宮的重點關係

(1)任何宮的官祿宮必然是該宮的氣數位、財帛宮必然是該宮的生發位、疾厄宮必然是該宮的本體位。

(2)任何宮與其官祿宮、財帛宮、遷移宮必然為三方四正相互影響最大。

(3)十二宮中命宮、財帛、官祿、疾厄、福德、田宅為我宮其餘為六親宮和他宮。

(4)任何宮的田宅宮皆為其庫位，且任何宮與其遷移宮皆互為表裡。

(5)官祿宮除了主工作與事業之外亦主行為舉止、作事智商與處事方式。

(6)命宮統管十二宮，故命宮主星的特質皆會影響其他每個宮位的味道。

(7)如果沒有形成有利的忌星條件，例如逆水忌、入庫忌，則忌星最好安排在他宮較為適合。反之祿權科在我宮最佳。

△十二宮隱含人類壽命極限之科學（老師的個人創見）

紫微斗數的十二宮不僅反映一年十二個月的事實，同時還隱含了人類壽命之自然極限的基因密碼，老師在研究行運大限時，曾經發想是否有人能將整張命盤的行運都走過一輪，然後重新再走一樣的大限運第二次。

而紫微斗數每個行運大限皆為十年，因此要完全走完十二個宮位行運，中間需經過一百二十年，但是老師深入調查世界最長壽的金氏世界紀錄後，卻發現令人震驚的事實—「世界上所有最長壽者壽命之極限幾乎都止於一百二十來歲」，也就是一百二十歲左右就是人類生命的極限。

有些讀者可能會問老師所附維基百科的資料，世界第一名長壽者不就活到一二二歲？超越了一百二十歲？但別忘了一個重點，紫微斗數的大限運共分做水二局到火六局五種，也就是最快虛歲兩歲進入第一大限運，最慢虛歲六歲進入第二大限運。因此紫微斗數要走完十

（金氏紀錄最長壽者）

史上最年長者（前10名）[編輯]

更詳盡的列表見獲驗證的最長壽者列表

已故 在世 有爭議

排名	姓名	性別	出生日期	逝世日期	享嵩壽	逝世或居住地點
1	珍妮·卡爾門	女	1875年2月21日	1997年8月4日	122歲164天	法國
2	莎拉·勞絲	女	1880年9月24日	1999年12月30日	119歲97天	美國
3	田中加子	女	1903年1月2日	在世	118歲309天	日本
4	露西爾·朗東	女	1904年2月11日	在世	117歲269天	法國

資料引用自維基百科

二個大限運，壽命必須介於虛歲122歲到126歲，意即人類在自然情況下的極限壽命就是實歲一百二十五歲，紫微斗數的十二宮設計恰好將人的自然壽命極限設計得巧奪天工完全吻合。

為何多數人無法活過一百歲？

從世界紀錄和斗數十二宮的設計可知，儘管隨著人類醫學的進步，我們的平均壽命一直往上提升，但極限壽命卻依然無法突破一百二十五歲，這樣的事實背後反映的一個要點為「多數人其實都沒有活到原本壽終正寢應有的壽命」，主要原因就在於各式各樣影響健康、壽命的因素，這些問題反映在命盤上的就是忌星、各種自化忌、各種化忌飛星的阻撓及破壞，導致能夠活到百歲的人有如鳳毛麟角，因為不管再順利的命盤，一個忌星都會直接影響兩個宮位，即便忌星是在最不重要的兄友線，而且命主走的是順行運，也定會在第六大限遭遇到忌入或者忌衝的危機，而第六大限正是命盤大約五十二到六十五歲的範圍，這也是為何多數人在這段時間以內通常定會有身體健康方面的疾病問題，多數人的疾病和健康問題的病根也大多是在這段時間，甚至是這段時間以前就明顯化。因而能活到接近一百二十歲極有可能是忌星在第六大運，然而命主卻熬過第六大運的惡運，直到第十二大運再度遇到化忌沖大限命宮時，才因身體已無法再承受忌星的衝擊而壽終正寢。

為何人即便無災無病壽命的極限也只能到一百二十五歲？

要解決這問題，首先必須了解人為何會衰老？為何會死亡？而人之所以會衰老及死亡的科學原因在於，人體細胞隨著年齡的增長，燃燒熱量的同時也會產生自由基，自由基會進一步破壞身體的細胞，此外人體細胞每分裂一次，染色體的端粒就會變短，當細胞分裂到再也沒有端粒時，就會因無法再產生新細胞而只能看著身體的細胞一一死亡凋零。然而以上僅僅是人會自然老化及死亡的導火線。其實人體本身擁有自然修復身體細胞損害及染色體端粒的能力。

在生命歷程中，人體會分泌一種叫NAD的修復因子，這種修復因子可以修復身體的細胞損傷，也能修復染色體因分裂而變短的端粒，然而這種修復因子在十幾二十歲時分泌達到高峰，到了四十歲就直接減半，而後分泌量更呈現雪崩式下滑，也就是我們的身體默許自己隨著時間而自我毀滅，不然只要身體能一直維持十幾二十歲時NAD的分泌量，原則上人根本不會死亡，偏偏NAD這種因子無法藉由口服直接補充，因而人類的自然壽命極限其實早就已寫在我們的基因之中，而紫微斗數的十二宮設計則巧妙將人體的基因密碼完美詮釋。

那麼為何基因要設計壽命的極限，不讓生命得以永生？老師認為背後的科學原因在於自然界多數的生命設計都是以繁衍生命的作為生命週期的分界線，因此當一個人已經生兒育女，並且子女已經長大成人，表示父母輩的基因已經獲得傳承，延續基因的任務已達成，這時如果父母輩依然活著將會擠壓到年輕一輩的生存資源，因而基因才會設計讓我們在十幾二十歲時擁有生育能力，然後在我們的子女也二十歲長大成人時，讓已經完成撫養子女成人之任務，且四十歲的我們開始衰老走向滅亡。也正因為如此，我們的ＮＡＤ才會在四十歲後雪崩式下滑。

因此人類如果要能挑戰生命極限，並且能夠享受再走第二輪第一大限、第二大限的高壽，關鍵就在於未來科技是否能突破技術盲點，直接從外部將ＮＡＤ打入身體每個細胞之中，或者是在受精卵時就改造基因，將調控ＮＡＤ製造量的基因修改為無限期製造，如果能做到，那人類突破生命極限將是指日可待之事，同時也能讓未來世界的紫微斗數研究者印證，當同樣的大限行運再走第二輪時，和第一次相比會有什麼差別？

☆十二宮與12星座的對應關係

依據過去命理研究者的考證資料，紫微斗數的十二宮其實每個地支也都恰好應對西洋占星的12星座，且在斗數中不同宮位也都會具備相對應星座的特質。

比方說，如一個人的命宮在午宮，那麼不論命宮裡的主星為何，這人的命宮特質都或多或少有獅子座的特徵，而假如另一個人的官祿宮在申宮，也同樣其官祿宮不管主星為何，都會有雙子座的特徵。

但是，老師在這仍然要強調一個重點，十二宮與12星座的對應特質僅僅只是論命條件的其中一環，論命時本質仍要回歸到主星、四化、飛星的主體條件，並綜合考量，否則就會淪為以偏概全，譬如有個人命宮在午宮，依據獅子座的特質，此人應該會比較

(巳) 處女座	(午) 獅子座	(未) 巨蟹座	(申) 雙子座
(辰) 天秤座			(酉) 金牛座
(卯) 天蠍座			(戌) 牡羊座
(寅) 射手座	(丑) 摩羯座	(子) 水瓶座	(亥) 雙魚座

霸氣或愛面子，然而如果此人剛好命宮裡的主星是太陰，又碰到自化科這種比較柔性的星，那麼你可能就會疑惑為何此人並不霸氣好爭，主要就在於這人命盤主星的柔性結構完全大於午宮獅子座特質所帶來的影響。因此本章為避免誤人子弟，老師一定要叮嚀吋，斗數地支宮位對應12星座的特質僅是論命的其中一環，不可以偏概全，而這部份為命理界先人之考證心血，各位讀者可參合自己的命盤作為印證。

▲子宮水瓶座（博愛、人道、願意付出分享）

●命宮

命宮在水瓶座的人性質上感覺很像天同星，性格不會驕傲自大也充滿知性與理想，尤其又有博愛熱誠，但也和天同一樣，適合做協調型的主管或領導者，而不適合當乾綱獨斷的強人或者大老闆。也不屬於獨裁型領導者。

此外由於子宮本就屬水，水瓶座也是裝著水的容器，水象徵智慧，因此命宮在水瓶座的人，通常創造力不錯，想法亦領先大眾，然而先知多是孤獨的，創新的想法很多時候因領先眾人思維，易不見容於社會，也容易被當作怪人。

但與天同較為不同的是，子宮的人對自己的想法較堅持有時寧可因堅持而放棄明顯的大好機會，也要堅守自己的原則。

而俱備正能量的水瓶座，就像救苦救難觀世音菩薩的柳淨瓶，散播愛心，故而因博愛而對於名利、地位、利益不會過度唯利是圖，使得自己人緣滿滿。但負能量的水瓶座，則容易因思想領先社會大眾，不願向主流社會價值觀與權力低頭，不願隨波逐流，而容易脫離社會秩序或逆徑叛道，並容易無意間與長輩發生矛盾。所以子宮水瓶座的人需常保持熱誠、熱心，倘若冷面冷心則很容易失敗。

身體健康方面，水瓶座對應部位為腦之神經痛、腳易受傷、或因在極陰宮位而畏寒。

●兄弟宮

據資料考證，在自然情況下兄弟宮在子宮者兄弟姊妹人數約兩三人，但關係不很親密，甚至其中有人會拖累命主。對於兄弟人數，老師認為僅供參考，但對於兄弟關係不親，老師推測可能原因在於子宮是至陰的宮位，因此兄弟的感情就像冬天一冷冰冰，不熱絡。

●夫妻宮

夫妻宮在子宮，則表示水瓶座的睿智與知性反應在配偶身上，而又由於水瓶座的博愛特質，很有可能夫妻宮在水瓶座的人會經歷兩次以上之戀愛或婚姻，也會因博愛而可能會有同居的狀況發生。更因為博愛而容易因外出社交而產生桃花情苗。

●子女宮

同樣的如發生在子女宮則子女可能會有兩三人，但因子女一樣具有思維領先群倫的可能以及逆徑叛道的風險，故也容易為子女辛苦為子女忙。

●財帛宮

財帛宮在水瓶座的人，表示有賺錢的睿智及天份，然財運也同樣像水瓶的瓶中水一樣進進出出，並不穩定，因而創造多重收入多角化經營，方能擴大財源。並且在存錢理財的作為及執行力較差，並很可能因自己的喜好而產生衝動性消費，提前透支儲蓄。所以財帛宮在水瓶座，要特別重視理財，否則水瓶的不重視利益金錢這項優點，放在財帛宮反而就成了視金錢如草芥，留不住金錢的缺點。

●疾厄宮

應注意手足、脖子，甚至因子宮與水瓶皆屬水，因此與體液有關的循環系統諸如心血管、心律不整、心臟病、高血壓都要注意，並且賀爾蒙分泌、水腫、濕疹、痛風等與液體、內分泌有關的疾病也都要留心，而水液通過的消化道也要多加留意小心。

有鑑於此，應少吃油炸物、化學合成食物，盡量吃原型食物並且飲食均衡尤其多吃蔬果方能減低相關的疾病產生。

●遷移宮

遷移主外出之表現，因此出門在外要盡量減少讓人感到逆徑叛道或者與一般道德倫理相衝突的作為，否則易惹禍上身。

●交友宮

朋友是人生中的智囊團，與朋友商量討論有助於集思廣益，並且命主的交友之道也較為博愛，若是發現錯在自己，即便敵對關係也能一笑泯恩仇或者與對方化敵為友。

●官祿宮

工作特質俱備知性智慧與博愛，若成為主管則多數人願意被其指揮，然如同水瓶中的水一樣，水量進進出出，故而工作特性喜自由，較不適合例行性機械化工作。

同時因思維與想像力豐富且堅定信念，有時會對於自我主張不肯讓步，如此一來容易發生與上司因各有堅持產生摩擦。因此在較為官僚式的企業會感到坐困愁城，自由奔放的企業文化才會使之如魚得水。

●田宅宮

田宅為財庫，水瓶為裝水之庫，故田宅方面可能會獲得祖產，家人也有助力。

●福德宮

主內心擁有博愛精神，但因福德為潛意識，因而他人通常無法直接感受到，並打從內心喜歡和同好一起集思廣益，同樣亦討厭陳規與束縛。

●父母宮

主其父母或長輩可能至少其中一人較為博愛、睿智，也可能一生中所遇之老闆、上司、老師較為睿智或者博愛。然而如果父母宮的能量為負面，則可能會有一堆與父母和長輩的問題等著你腦筋急轉彎，另也有可能會遇到較為逆徑叛道的父母、老闆、師長，這時上班可能就會有伴君如伴虎的感覺。

▲丑宮摩羯座（主動、追求成功、但不重視過程）

●命宮

命宮在摩羯座會對於社經地位、社會地位有追求及理想，然而因嚮往事業與成功，在社交方面略有不足，不過毅力及續航力相當不錯，屬於紮實腳踏實地的類型，但因丑宮為庫位，且為水之庫，難免比較嚴以律己也嚴以律人，並且情感上並不熱情。

丑宮為庫位，在墓庫位亦代表人生須經歷較多奮鬥，因而較為務實不懈怠及重視現實面，但也因此少了幾分情感較為孤獨，並且給人感覺較為保守，然而保守中亦帶有堅持，屬於心性剛硬的固執派。

命宮在摩羯座的人宜多幾分溫情、並多與人社交方可剛柔並濟，同時命宮摩羯座，因追求成功，常會需要面對壓力，因此壓力管理就成為一大課題。而在身體部位方面，摩羯座對應之部位為筋骨、關節、牙齒。

●兄弟宮

易有較多兄弟姐妹，然而摩羯座的屬性較為寡情，所以兄弟姊妹易帶給你麻煩、對立等煩心問題。

●夫妻宮

摩羯主理想，夫妻宮座落對愛情有理想和憧憬，但又因摩羯本身較不熱情的緣故，容易自我壓抑，愛在心裡口難開，而與姻緣擦身而過。更因摩羯的務實主義，使得在選擇對象時，表現得極為慎重，但一旦決定好對象，容易堅持到底非君不娶非君莫嫁，因而容易晚婚。

●子女宮

子女務實認真，但與你可能較少互動及情份。

●財帛宮

勤儉持家不浪費的代言人，即便遇到大環境惡劣也多能憑著勤儉踏實渡過難關，不過要注意不能節儉到近乎吝嗇。由於魔羯主奮鬥，因此進財方式大多為奮鬥而來的正財，較少偏財與投資投機之財，然而只要透過奮鬥，賺錢能力將可圈可點。但摩羯賺錢上的短處在於有時會因保守擔心損失害怕風險，而錯失賺錢機會。

●疾厄宮

由於丑屬土，因而脾胃及脾胃衍伸的疾病都要注意，例如胃炎、胃痛，又例如脾臟為儲存鐵質之處，與鐵質相關的貧血、血紅素不足等也需注意，同時皮膚、手腳、胰臟也要多多留意。

●遷移宮

由於摩羯較為保守，因而較不適合出外及旅行，保守的性格比較適合一般傳統的景點和行程。

●交友宮

因較保守內斂，雖然對朋友富有情義，但由於性格不外向，以致不易對人敞開心扉，更別題相談甚歡，造成在交友上容易和人有距離感，即便朋友眾多也容易形成相識滿天下，知心無幾人的狀況。

●官祿宮

保守內斂的性格，適合深度性工作而不適合廣度性工作，例如研究、特殊技能這類需穩定投入心血專心鑽研經營的工作即是，而對於經常改變的工作，如科技與電腦程式則不適合。此外因較為保守並有孤獨感，因而較適合可以獨力完成的工作，除非官祿宮主星的架構本身領導能力強大，否則也表示不適合擔任需帶大量人手的主管。

●田宅宮

摩羯的奮鬥性質，容易造成命主家運在人生開局就障礙叢生，人生中家庭的經營亦是任重而道遠。

●福德宮

內心精神面孤獨感亦重，但鑾會享受生活中的各種大小確幸。

●父母宮

情緒上表達較為保守，或者父母、長輩、老師與命主的互動較為單調。

▲寅宮射手座（自由奔放、如馬一般好動）

●命宮

射手的長相半人半馬，有著人的思考能力又有著馬一般的迅速行動力，也正如奔馳的野馬一般喜好自由不喜束縛，因而命宮在射手座的人除了讀萬卷書外，更喜歡行萬里路，性格也多較樂觀、開放，並且不喜歡長久拘泥於一件事。

同時寅宮也是四馬地主驛動，故而行動敏捷甚至有時性急，也不喜歡拖泥帶水，反應與頭腦思維也同樣迅速敏捷，然而此為優點同時也可為缺點，動作迅速反應快喜歡變動，同時也表示較無法耐住性子與沉著等待。而社會上不單單只有需要快速反應的任務，商場如戰場，有時亦需冷靜沉著方能克敵致勝。

此外命宮在射手座的人正義感與心性通常較為正面，且喜好自由重於名利，因此穿著打扮通常以運動鞋或者背包為常見標配。同時喜歡休旅車的可能性更高於豪車，更因為射手座是自由變動之星座，因而對事物的好奇心也較高，但由於性急因此最忌樣樣淺嚐樣樣稀鬆。

除此之外，命宮射手座的人性格通常性急，除非命宮的主星結構為柔星或者化祿、化科，不然很容易因心急而易怒，或因心急而口快直而傷人，故而要切記不可急躁、自滿。身體健康相關部位為筋骨、神經、四肢、屁股。

●兄弟宮

主兄弟姊妹常崇尚自由不喜歡被拘束。

●夫妻宮

受射手座的自由奔放磁場影響，異性緣容易變動不斷，命主也可能因喜愛自由而不顧傳統拘束，因而一定要設定異性關係的道德底線，否則容易衍生出許多桃花與異性方面的風風雨雨。

並由於射手座較為主動，因此射手座在夫妻宮的人，如果主動追求心儀對象，動作將會火熱無比，但如果是被倒追，就會顯得反應一般般。

●子女宮

由於處於變動宮位，子女人數不會多，和子女的相互了解也不多。

●財帛宮

射手座喜歡自由之財，因而自由度越高、越能到處跑的進財管道再適合不過了，例如導遊就是相當好的賺錢職業。又因賺錢思維快速，也適合做掌握趨勢的賺錢投資，例如比特幣這類新崛起的投資，但仍要注意快速變動也意味著如果投資運差，一樣會以兵敗如山倒的速度賠得精光。

●疾厄宮

變動快表示新陳代謝也快，但要多注意神經、肝膽、消化器官，並且最好戒酒戒菸，同時還需多吃富含各種維生素與礦物質的蔬果以利身體之新陳代謝相關消耗。

●遷移宮

喜好自由的射手座在遷移宮可說是如魚得水，容易有許多外出及旅行機會，也表示出門在外不喜拘泥且不喜歡制式化旅遊行程，反而喜愛自由行，而將行萬里路的磁場同時搭配印證讀萬卷書將可相得益彰。

●交友宮

多出門交友社交容易交到良師益友。

●官祿宮

工作上能滿足快速、變化、自由奔放、不拘束的工作是為上上之選，照本宣科、制式化、庶務型工作則完全不適合。尤其如果能到處奔走、往來出差更是如虎添翼，宅在辦公室的工作對於官祿宮在射手座的人來說，如虎入牢籠。

另外由於較為性急，因此工作上需養成三思而後行，並訂定好工作習慣及執行排程計劃，方能避免因性急而過於衝動壞事。

●田宅宮

田宅為庫位宜收藏宜靜，不宜自由奔放與變動，田宅自由奔放也就表示你的房地產及儲蓄也自由奔放到處亂跑，反而容易為你帶來災難。

●福德宮

打從內心不喜世俗拘束，喜歡探險、刺激、嘗試新事物。

●父母宮

父母、老師、長輩中很容易出現行動力強或崇尚自由的特性，另外命主之文筆及說話也不喜歡墨守陳規。

▲卯宮天蠍座（深藏隱密、探險、保守）

●命宮

有如深藏在穴中的蠍子一般，較為保守、隱密、平靜低調。相對積極度也不高，即便有自信也隱藏於心不外露。又因個性不外向，也不喜口舌之爭，因而在他人眼中神秘感重，充滿謎之色彩。

凡事都如穴中之蠍，小心謹慎，有萬全準備才會付諸行動，心性多半誠實，因而也討厭欺騙與背叛。天蠍座之人聰明、善分析理解，韌性也夠，唯不善於表達故容易被他人誤解，故適當的表達與開誠佈公對於命宮天蠍的人來說相當重要。

天生隱密的性格，相當適合做獨立研究及鑽研學問，累積巨大能量後再表達釋放，可收三年不飛一飛沖天、三年不鳴一鳴驚人之效。但是命宮天蠍座也因隱密深沉，最忌鑽牛角尖、杞人憂天，也相當忌諱經常陷入負面思考，如此一來會使己身行運之負能量更雪上加霜。在身體健康部分對應的重點為婦科系統、生殖泌尿器官、肝、賀爾蒙、內分泌。

●兄弟宮

承接天蠍隱密的磁場，兄弟姊妹人數通常不多，或彼此有隱密不可告人之關係。

●夫妻宮

天蠍座在夫妻，對於肉體之愛相當看重，並因天蠍有誠實的磁場，因而擇偶應多著眼於對象之誠信，不然可能發生因背叛而發生二度婚姻。

●子女宮

子女聰明、優秀但也可能性格較為不外向。

●財帛宮

天蠍是需累積能量的星座，因此進財大多憑藉個人累積之專業能力與知識拚搏而得，而較少僥倖之財。

●疾厄宮

天蠍身體如無忌星通常不錯，然俱備隱密磁場，所以容易有難以啟齒的疾病，例如生殖器官的疾病、肛門、便秘腹瀉、痔瘡、盲腸炎、內分泌失調等相關問題，因而特別注意不可偏食，尤其因為多為消化道疾病，營養一定要均衡，勿暴飲暴食、大魚大肉，同時高纖蔬果也要多吃，否則易疾病纏身。

●遷移宮

天蠍座在外出方面仍為喜歡旅遊、社交的星座，經常外出可提升運氣。因其保守性格，適合較為寧靜的景點，也適合出入與身心靈相關的場所與行程。

●交友宮

天蠍座在交友宮，保守的性質使得命主較不會主動交友及社交，往往較流於被動，且對於他人的喜好也相當愛恨分明，但由於其沉穩內斂的特質，對於自己的心意相當不善表達。雖然因內斂沉穩的磁場交友不算多，然對於真正和自己合得來的朋友，則願意為其付出，友誼長存。

天蠍座在交友上也講誠信，然而朋友卻未必同等以誠相待，因此被朋友背叛在所難免，宜寬心坦然面對。

●官祿宮

天蠍座的沉穩深入磁場，使得自身的研究、調查的天份出眾，且對於未知事物的好奇心也相當高。適合研究、偵查、調查類型的工作。但相對有關領導、管理、商業談判的能力相對較弱，因而適合擔任軍師、專業人才、智庫智囊，而不適合直接當老闆或執行長領導團隊衝鋒陷陣。

●福德宮

雖有自信，然因沉潛內斂的特質，給人很深的神秘感。

●父母宮

父母、長輩、老師、所遇的主管，很容易是比較保守內斂之人。

▲辰宮天秤座（平衡均衡、公平正義、衡量善惡之天秤）

●命宮

天秤顧名思義講究公平、公理、和諧與平衡，看待事物也較能理性、公平、客觀不偏頗，也較少因人而廢言，較能就事論事秉公討論。然而法是硬的情是軟的，理是方的，情是圓的。天秤座可以因秉持公平正義而不徇私護短，也可為公平正義不偏袒自己的好友，因而會被人認為不夠意思。在講究關係、人情的華人社會尤其如此。所以，天秤座的人較適合歐美社會的法理文化，在華人社會反容易遭遇阻礙。

天秤也正如一個兩端均衡的秤，善於將重量傾斜的狀態重新調整為平衡，故而表示天秤的人善於協調、調解，將糾紛化為平和，將各方衝突調解到圓滿，對於協調各方勢力、調解各方紛爭相當有一手。

天秤座在命宮，任何方面都講究平衡與和諧，對於人情與恩怨也同樣分毫在心，有恩必報，他人虧欠於我亦一清二楚不含糊。並由於其均衡之特質，如年輕時期狀況欠佳，通常長大要付出更多心力，方能平衡年少時期的惡運能量。身體對應的部位則為腎臟。

●兄弟宮

通常兄弟姊妹人數不算少，但若沒有兄弟姊妹，則天秤座平衡的磁場，則容易為你帶來擁有許多兄弟姊妹的配偶，甚至替你帶來結拜兄弟。

●夫妻宮

天秤座理性的特質會讓夫妻宮的磁場趨向務實，也較能理性看待現實條件，而不會因愛而思想過於夢幻不切實際，也不會盲目為愛而忽略現實的家庭經營，由於理性的緣故較不會熱情主對追求，又因較為理性在感情與婚姻這種較需要情調的事情上也會較為不順利。天秤磁場的夫妻宮，配偶通常務實且勤勞，投入職場的可能也較高。

●子女宮

孩子不多，但相對的平衡點是孩子長大後對你有助力。

●財帛宮

財富經營上有多角化經營分散風險的天份，不會將雞蛋放在同一個籃子，進財管道和投資理財也不會過於孤注一擲，導致一著失利滿盤皆輸，並因其均衡的磁場，較適合長期有循環性的投資，而不適合短期較極端的高風險投機性投資。

●疾厄宮

疾厄宮在墓庫位，健康狀況不算理想，也記得一定要均衡飲食、營養均衡，勿暴飲暴食及偏食。易患與調節身體機能相關器官的疾病，例如調節鈣與造血及皮質醇的腎臟、調整血糖的肝臟、以及糖尿病、循環系統、也需注意因免疫失調所導致的疾病，例如感冒、異位性皮膚炎。

●遷移宮

喜旅行、喜社交，對於旅遊喜好度相當高。

●交友宮

廣結善緣也對人不錯，冷靜理性的性格致使不喜主動發言，同時也因較為冷靜理性少熱情，即便朋友多，也較少有知己。

●官祿宮

性喜協調及調和事物，做事理性但不積極，也不會熱情如火。對於做事討厭極端和破壞平衡態勢，善於解決工作單位上人事物的不協調與紛爭。故仲裁、協調、調解類的工作最為適合，也能成為人人口中的公道伯。又因善惡分明理性且善於評論批判，也適合當評論家、法官、監察人員、稽核專家。

●田宅宮

田宅逢庫位容易與不動產有緣，也有較大可能得到祖蔭與遺產。

●福德宮

自尊心較高，然自我情緒及自我心理協調能力也佳。

●父母宮

容易遇到重視公平的父母、長官及長輩，或者其協調能力不錯。

▲巳宮處女座（用心詳盡、追求完美、緊張神經質）

●命宮

眾所周知處女座的特質為細心、感知纖細、力求完美，是個完美主義者，同時完美主義所帶來的缺點則是龜毛、緊張神經質。處女座的人擁有女人細緻的觀察力和分析能力，卻同時也俱備批判的特質，對於不正當的事物也能夠進行批判及評論，但批判的同時也需注意人和，不然直接了當的批判沒幾個人能招架得住。

因此命宮在處女座的人，應將處女座的特質用在對於事情、工作的要求，將可讓工作盡善盡美，同時要避免經常批評他人、吹毛求疵、龜毛、杞人憂天，否則就會將處女座的磁場都變成負面結果。有關之身體健康部位為腸胃。

●兄弟宮

和兄弟的關係經常讓命主感到五味雜陳，一言難盡。

●夫妻宮

對感情的要求細膩，對象的學經歷、人格特質、應對進退等各方面都多有要求，力求盡可能完美，不輕易走向婚戀。在交往中很容易看出對方的缺點，也因此不太容易快速成婚。

●子女宮

和子女的關係亦讓命主感到五味雜陳，一言難盡。千絲萬縷，剪不斷理還亂。

●財帛宮

需多以知性、策劃賺錢，處女座的分析批判能力，加以運用可賺腦力之財，也因在四馬地，適合賺遠地之財。

●疾厄宮

完美主義與敏感的特質，很容易與身心方面相關的疾病有緣，例如神經性胃炎、失眠、腸炎，也容易得到與腸相關的消化系統毛病，又因是女性星座，也要注意卵巢、婦科問題等疾病，女性在飲食方面要多多補鐵及各種蔬菜。

●遷移宮

在四馬地的處女座出國及外出的機會頗多，並可舒緩處女座緊張的身心。

●交友宮

朋友的流動率不小，固定朋友及摯友不多，在交友方面適合結交分析能力強的研究者或學者。

●官祿宮

結合處女座分析、觀察入微、批判的特質，研究類、智庫類、分析師、評論家這類工作都很適合處女座。因此處女座適合當智囊、顧問、軍師，但不適合做君主或元帥，因顧問的專長在細節與分析，主帥的專長在於大戰略方向的制定與領導。

●田宅宮

容易有多個住所，或容易到處跑及經常出差。

●福德宮

內心多愁善感、細緻敏感也易神經質，頗有林黛玉葬花之多愁善感。

●父母宮

與父母的關係相當複雜一言難盡。

▲午宮獅子座（自信喜權力、陽光性急、較為孤獨）

●命宮

有自信愛面子，喜出風頭自尊心也強，性格爽快不扭捏。有獅子般的王者架式，卻也帶有王者般的孤獨，性格霸氣信念也較一般人強而固執，對於自己的信念也不會輕易妥協。如再配上剛性主星則會展現獅王般的霸氣。

對於事物的好惡鮮明，好大喜功的傾向讓獅子座較喜歡優秀的人事物，討厭平庸事物。在個性方面有著獅子般的性急也易像獅子般常發脾氣，要任性時也相當任性，所幸脾氣經常來的快也去的快。

若平時充滿陽光、活力、自信運氣就容易變好，剛愎自用又自大愛現則容易引發麻煩，也最忌垂頭喪氣、死氣沉沉，一隻死氣沉沉垂頭喪氣的獅子與喪家之犬有何區別？

在身體部位方面，獅子座對應心臟、頭、軀幹。

●兄弟宮

兄弟姊妹間發生紛爭時容易是猛烈的爭吵，也容易損及財運。典型的家和萬事興、家吵萬世窮。

●夫妻宮

戀愛將如獅子般猛烈，也容易交往到自信、陽光、任性的對象，夫妻宮若佳男性為社會精英、女性能幹幫夫。

●子女宮

如子女宮星曜組合好，則子女自信心足夠、個性也樂觀。

●財帛宮

權力與聲望是獅子座財富的泉源，如做生意最需注重品牌的打造與口碑行銷，如賺專業技術之財，則要特別著重於頭銜與獎項，方能財源滾滾。

獅子座好排場愛面子，故花錢討厭窮酸，喜出手闊綽絕不小家子氣，可為了追求排場、名譽、名聲、權力而花錢不手軟。

●疾厄宮

與午宮相關的疾病多與心血管有關，例如心臟病、高血壓、膽固醇過高、貧血、動脈相關疾病，此外也要多注意眼睛方面的疾病。因而高油、高糖、高鹽份的飲食都要盡量避免，也特別需要戒菸戒酒，如有貧血更要多注意鐵質、維生素C的攝取。

●遷移宮

適合多出外走走，配合獅王的氣場，相當適合到高貴、有名的地方旅遊。

●交友宮

朋友雖然不少，但因獅子座的氣場反應在朋友身上，這時如果命主鋒芒太露、風頭過健，就容易招來敵人，其因在於一山難容二虎，身為獅子的朋友，王者之氣如果被你掩蓋，自然非與你一爭高低不可。

●官祿宮

獅子座有著獅子的王者風範，工作上適合當領導，也易展現領袖風範，對於聲望、權力、名利也樂於努力追求，但要留意出門在外之脾氣與修養，經常發脾氣將會不利於自身的名望以及工作運，因為脾氣差經常發飆的主管及老闆，員工多會因難以忍受而選擇離職，造成相當高的人員流動率，不利於公司之運作。

●田宅宮

多留意家庭氣氛的營造，家庭和諧才能為你帶來財富。

●福德宮

王者般強大的自尊心、主觀意識強也固執，卻也會有英雄豪傑特有的孤獨感與寂寞。

●父母宮

一生容易遇到性格較為自信、主觀、自尊心高、愛出風頭的父母、長輩、師長、上司。

▲未宮巨蟹座（保守懷舊、平易近人、不喜奢華）

●命宮

巨蟹有著堅硬的外殼，無堅不摧的堅硬鎧甲象徵著強而有力的保護力，因而命宮在巨蟹座的人對於自己守護的人事物都會盡心盡力，愛自己的家人、愛自己的情人，甚至可以為自己所守護的人披荊斬棘不具任何患難險阻，而對於會傷害自己所守護之人安危的任何威脅，都會盡全力與之對抗。有著這樣的保護磁場，如果是女性即便出嫁後依然會將娘家放在首位，對於家庭成員也會多加疼愛。

強大的守護磁場又表示性格帶有保守性，因而喜歡懷舊懷古也比較喜歡大眾化的事物，如果是政治人物很容易是一個融入基層，搭公車、坐捷運、出現在路邊攤吃小吃的親民型人物，人格特質方面善於模仿，且記憶力強。

巨蟹座的運氣一般來說與家庭經營和家庭氣氛呈現正相關，只要家庭和睦運氣就相對好，反之家庭不和諧紛紛擾擾，則運氣定霉運連連。身體健康部份，巨蟹所對應的身體部位是胃，因而胃不好時，家庭運相當大的可能性也會同步變差。

●兄弟宮

與兄弟姐妹可能自小就不常見面或分隔兩地。

●夫妻宮

保守的磁場，使得在選擇對象時相當慎重，通常在選定對象後，會不離不棄，就算對方有著難以忍受的缺點，除非到忍無可忍，否則不會輕言離婚。

●子女宮

盡心盡力守護子女，在生兒育女之初容易勞心勞力，但同樣的當你老年時，子女也同樣盡心盡力守護你。

●財帛宮

巨蟹座保守的磁場反應在賺錢，即表示進財的方式主要以保守的拚搏與努力為主，偏財與投機之財的運氣薄弱，故財帛宮在巨蟹座的人年輕時就必須堅持不懈的奮鬥，中晚年方能享受成功的果實。另外應多花錢於社交，好的人脈關係可以為巨蟹座在財的人帶來成功的契機。

●疾厄宮

巨蟹座如同螃蟹外強中乾，因此腸胃、消化系統等內臟類的毛病要多加留意，同時也要注意坐骨神經痛、肝膽、癌症和結石。

●遷移宮

保守的磁場對應遷移宮則適合較為短程的旅遊，也適合接觸大自然以放鬆自己保守的心。

●交友宮

保守的磁場不擅長社交，然而意外的是，巨蟹的友誼經常在不知不覺中就能自然建立成功。

●官祿宮

多做與模仿相關的工作，同時適合專精一兩項技能用以工作謀生，否則容易流於樣樣半桶水。

●田宅宮

家庭運與個人運勢完全掛勾，故牽扯到遺產時容易發生糾紛。

●福德宮

對於事物重感覺，只要感覺對了其他無所謂。

●父母宮

一生容易遇到較為保守的父母、長輩、師長、上司，當然他們也會盡心守護照顧你。

▲申宮雙子座（雙重思想、雙重人格、溝通能力高）

●命宮

雙子座顧名思義，有兩人、雙重、兩種的意涵，命宮在雙子座的人容易有雙重人格、雙重思想、天人交戰的特性，內心亦經常上演天使與惡魔的思想拉鋸戰，又因雙重思想的影響使得命主也容易較為善變，有時歡笑有時悲傷，熱烈中有冷漠，歡喜中內藏厭惡，令人捉摸不定。經常的善變，也使得命主易有神經質的狀況。

又因性格善變，喜好也有如變化球，因而興趣相當廣，學習多種事物也能很容易上手，加以培養得以造就多才多藝，或俱備豐富之學識，老師的一個朋友正是命遷線在寅申宮的人，他就運用了寅申宮的天性，在語言方面精通超過10國語言，同時又是通物理化學生物的台大高材生，可謂文理通吃的學識全才，而之所以能在學識方面樣樣頂尖，正是除了本身命宮主星智力極高之外，命遷線又得到申宮雙子座的磁場影響，才能造就通透多國語言，又懂各種學識。

然而雙子座多變的特性，容易造成對人對事對物忽冷忽熱、若即若離，故特別要注意做事不可隨心情喜好來做事，否則容易做事常遇挫折與麻煩。也要特別忌諱心猿意馬，最後兩頭空，因而雙子座在命宮的人，需自我要求做事求學問專心致志，像前段所提的台大外語天才之所以能成功，正是因為保留了雙子座多樣多重的能量，卻又做事念書同時能專心致志，才能攻克多國語言的同時，又不流於每種語言都稀鬆平常，成功避免了博而不精的狀況。

因此老師認為最需留意「博而不精」這個罩門的主星組合，當屬貪狼和廉貞在寅申兩宮的狀況，尤其又以貪狼在雙子座為命宮時最需注意，因為貪狼本身就屬於對學習事務興趣廣博也俱備貪性，故在學習知識上容易貪多而嚼不爛，變成學識廣博的皮毛大師，雜而不純、博而不精，此時如果座落的宮位又是具備多重磁場的雙子座，猶如火上加油，惡性加劇，因而如果貪狼在寅申兩宮的人，定要特別自我要求學習一門學文，要做到至少達到前百分之一的水準後，再考慮學習其他新事物。

命宮在雙子座的人，身體部位需多注意筋骨、肺部以及感冒呼吸系統的問題。

●兄弟宮

與兄弟姐妹的關係也是忽好忽壞，和兄弟姐妹及同學也經常是有的相處順利、有的相處矛盾，很難出現一片祥和的狀況，慶幸的是除非兄弟宮裡忌星肆虐，否則也不容易遇到成為眾人公敵的狀況。

●夫妻宮

感情關係中最忌善變，夫妻宮在雙子座，很容易坦白與欺騙共存、忠誠與背叛一線之隔，信任與猜疑同時並存，將雙子座的雙重特質發揮的淋漓盡致。然而這樣多變的狀況，無疑不利感情的發展，因而夫妻宮在雙子座的人，定需力求在處理感情問題上態度統一定調，方能讓自己免於一堆層出不窮的感情糾紛。

●子女宮

對於子女亦存在雙重矛盾之狀況，容易既愛護小孩，又常為他憂慮煩心。

●財帛宮

雙子座的多重特性，常會讓命主的金錢運有如戲劇性的雲霄飛車，歷經人生高峰，卻也品嘗人間冷暖。雙子座的雙重磁場也使得命主具備開發雙重進財管道的天賦，除了正業之外多多培養副業為上佳之選，但同時也要注意，在發展雙重或多重財路的同時，相關的賺錢專業必須培養到精湛水準，否則就容易兩頭空，沒有任何亮點。

●疾厄宮

多重性格容易導致神經質、神經過敏、神經失調，也容易內分泌失調、失眠及憂慮，同時要注意呼吸系統，因而在身心上的自我放鬆是一大重點，也要多注意各種營養的攝入方能避免各種疾病。

●遷移宮

多重及雙重的磁場反應在遷移，就表示出外容易發生事故，當然優點也在於一生中有較多的旅遊或出外機會。

●交友宮

與朋友的關係一樣是忽冷忽熱，忽好忽壞，因而不太適合當領袖人物，因為當領袖人物與群眾的關係也會忽冷忽熱不利領導與績效。

●官祿宮

做事時頭腦靈活，經常一次可以想出多重想法及靈感，但因善變不適合做單一性質或變化不多照本宣科的工作，如官祿宮主星不差，大多知識豐富，然而雙子座的善變性格，如發生在工作上，很容易造成朝令夕改或者臨時起意讓同事下屬人仰馬翻，又因較偏向神經質，故適合做創意類工作、專業類工作、智囊型工作，而不適合當領導者，除非能改變善變的作風，不然很容易讓下屬有伴君如伴虎的感覺。而雙子座的多重思維，相當適合運用在學術及專業研究上，很容易能開創出許多新局面。

●田宅宮

家庭氣氛多變化，忽冷忽熱令人五味雜陳。但如若田宅宮內的星曜組合吉，也有機會在人生中拚得多間不動產。

●福德宮

性格時而冷靜略帶神經質，時而熱情，俱備多重潛意識。

●父母宮

與父母、長輩、上司的關係猶如洗三溫暖忽冷忽熱，猶如歡喜冤家。

▲酉宮金牛座（有品味及信心、牛一般的任性、內向保守）

●命宮

命宮在金牛座的人同時俱備了「金」與「牛」的特質，外表會有牛一般的溫順、內向，以及緩慢、悠閒，卻也一樣有著牛脾氣般的頑固、倔強與任性，甚至固執到一旦堅持某種想法，就不容易輕易改變，更甚者就是見了棺材還不掉淚。因而金牛座有著看似溫柔但卻外柔內剛的性格，平時遇到委屈會像老牛一般任勞任怨逆來忍受，但忍無可忍爆發時，就會像西班牙鬥牛般爆裂無比。

又因擁有金的特質，是個喜歡金錢的拜金主義者，所以對於自己擁有的東西，會牢牢握在手中，同時牛一般的悠閒性格，也讓金牛座在命的人能夠享受及品味人生。又由於生性較為慢步調，容易有懶散的狀況發生，因而金牛座在命之人相當適合在公務員體系任職，因其步調較為穩定。

●兄弟宮

兄弟姐妹和你緣分並不算投緣。

●夫妻宮

金牛的磁場，容易讓夫妻關係表面讓柔和、平穩，但實際上外柔內剛，婚姻生活容易出現許多隱藏威脅以及內部矛盾，致使兩人各有堅持而貌合神離，故建議雙方應經歷長期磨合後再結婚較為合適。

●子女宮

子女運同樣容易表面光鮮但內憂外患，因而育兒過程麻煩較多，尤其育兒經驗最不足的頭胎更要注意，幸運的是金牛座的屬金特質，能夠讓子女未來帶給你幫助或快樂。

●財帛宮

金牛座的人較為內向保守，如要拓展財源，要多花錢在社交以及人脈經營，方能讓自己從人脈中挖掘錢脈，因此社交費用絕不能省，並且由於金牛座的錢財是屬於像耕牛一般一步一腳印奮鬥而來的，故而金牛之財為正財，而非偏財，所以金牛座在財的人投機運不佳、偏財也不好，賺錢應力求腳踏實地。

另外，金牛座容易固執己見，所以要多聽取他人建言，尤其是相關領域成功人士的建言，否則就容易因堅持己見一意孤行，錯失賺錢良機，或者蒙受損失，不可不慎。

●疾厄宮

金牛的疾厄狀況頗為複雜，屬金的特質如遇行運較差的流年，容易讓肝膽、腎臟遭殃，也要注意咽喉及呼吸道，有時也需注意卵巢以及泌尿系統的問題，也要注意在任勞任怨的同時也容易因過勞而引發疾病，也可能因長期紓壓不良，形成內分泌失調。

●遷移宮

牛的悠閒、慢步調較適合遊玩於柔和的觀光景點，如湖光水色、楓林相伴的高級下午茶時光，而不適合過於緊張刺激的旅遊行程。

●交友宮

金牛表裡反差大的特性會形成，即便朋友很多，也容易因朋友而獲益良多，同時也因朋友而吃盡苦頭，悲喜交加、福禍同生，是標準的好壞各半狀況。

●官祿宮

牛的保守特質，會讓命主先天如選定一個行業方向，大體就不想做改變，因而官祿宮在金牛座的人，最應審慎選擇行業，以免入錯行直接毀了一生，就有如智力九十八的司馬懿，選擇職業時卻選擇武將，勢必每場單挑都被打得落花流水。

工作步調方面也像牛一般，雖然步調緩慢，但卻腳踏實地一步一腳印，是苦幹實幹的典範，只要加強積極度，則可稱為模範勞工。

●田宅宮

由於金牛座大多有表面光鮮金碧輝煌,但內裡多藏困頓的狀況,因此在家庭經營上，很容易流於表面功夫，營造表面和諧的氛圍，然而智者務實愚者務虛，田宅宮在金牛座的人應營造真正和諧美滿的家庭氣氛，方能對家運有實質幫助，否則表面和諧的泡沫一旦破裂，家庭矛盾仍會血淋淋的攤在陽光下等待收拾。

●福德宮

牛一般的自我強烈主觀意識與堅持。

●父母宮

容易與父母、長輩、老師、上司的關係表面和諧，但內部各種不對盤，也可能遇到個性很固執的父母長輩及上司。

▲戌宮牡羊座（俱備特殊才能、奮鬥上進、主動獲取資源）

●命宮

牡羊雖然讀音為「母」卻是公羊的意思，命宮在牡羊座的人性格上有如領頭的大角公羊，性格硬、脾氣也硬，相當獨立自主、奮鬥上進，如同在公羊群中互相廝殺決鬥而勝出的王者一般，身為領頭大角羊，牡羊座的人有正義感也因領袖風格喜歡享受別人依靠於他的感覺，也喜被人讚美擁戴，男人很有大男人主義，女人則很有女強人主義。

身為領頭公羊，命宮在牡羊座的人容易俱備領導力，然而是非分明討厭欺騙，喜光明正大直球對決，不喜爾虞我詐的陰謀小動作，對於自己訂定的目標及理想可義無反顧的勇往直前，執行力滿分，然而這特質是優點卻也同時是缺點，由於勇往直前排除萬難的執行力，使得牡羊座在拚搏時容易全力以赴朝目標全力邁進，因而在過程中不太容易聽得進旁觀者的勸諫，使得命宮牡羊座的人在遇到情勢改變時，仍一意孤行不知臨機應變，最終導致失敗。這情況就好像劉備一心執著於攻打東吳為關羽報仇，並一個勁的衝鋒陷陣，連孔明的建言都完全聽不進去，最終導致大敗一樣。因而牡羊座在命的人雖有領導力，但卻需察納雅言，否則在行運低迷時，就容易發生風向臨時改為吹西北風，卻不聽建言執意出兵全力火攻曹操水軍造成大敗的慘劇。

更由於牡羊座領頭羊的磁場，形成牡羊座在命的人定需培養特殊才能與專長，做一般普通常見的工作，容易泯然眾人，也容易英雄無用武之地，具備特殊才能，方能擁有當領頭羊鶴立雞群的資本。

身體疾厄部份，主要對應部位為頭，頭痛、頭疾都容易帶給命宮牡羊座的人惡劣行運。也忌諱急躁，因領頭羊急躁會導致整個羊群混亂無序。

●兄弟宮

領頭羊總是孤獨的，因而表示兄弟人數不多。

●夫妻宮

大角公羊要能成為領頭羊，勢必要與無數公羊角對角憑實力決鬥，方能脫穎而出成為領頭羊，因此夫妻宮在牡羊座的人，人生可能會經歷較多場感情，每段感情也會經歷實而不虛的奮鬥，故若草率閃婚通常結果黯淡。

另外，羊群的領頭羊只有一隻，因而如果和父母或者配偶的父母同住，容易發生婆媳糾紛或親子爭端，權衡利弊還是兩人另築愛巢享受兩人世界不與長輩同住為好。

●子女宮

如命主是男性，則容易有進取奮鬥的子女，如為女性則要注意，牡羊座有吸收資源的特性，因此會因子女吸取母體能量，而使身體變差，因而女性要多做好產後調理，方能恢復元氣。

●財帛宮

牡羊座的領頭羊磁場發生在財帛宮，則會使命主會因維護自身領頭羊的體面而不吝於花大錢維持門面與形象，並在賺錢方面勇於拼搏奮鬥，也認為可以憑自己拚搏而致富，故而討厭旁門左道或不入流的賺錢方法，寧可光明正大憑實力賺大錢，也不屑賺不義之財或不入流之財。

在賺錢方面的缺點為，要避免因一頭熱而產生的衝動性消費、投資、創業，否則容易因衝動而鑄下大錯。

●疾厄宮

容易有頭部、臉部的疾病或傷害，腸胃也需注意，同時也要留意腹部、胰臟、脾臟的問題，高糖、高澱粉的食物要盡量避免，也要注意膽固醇的問題，同時也要做好壓力的調適。

●遷移宮

外出旅遊的機會不少，寓教於樂可讓自己無形中娛樂與專業知識雙收。

●交友宮

牡羊座具備的正義感容易吸引到比較正能量的朋友，然因堅持正義與是非，也容易因此而樹敵。

●官祿宮

牡羊座領頭羊的特質適合開創型工作，而不適合保守型工作，官祿宮在領頭羊宮位的人，可以因理想而挑戰創新領域，猶如哥倫布發現新大陸般，開拓事業與工作的新局面，因此適合創新、發明、創業性質的工作，也適合做發明與研究。倘若做的是一般例行性或者照本宣科的工作，則與牡羊座的磁場相衝突，然後流於平庸。

同時牡羊座領頭羊的本質，使得官祿宮牡羊座的人適合當領導、適合指揮部屬開創事業江山，當基層則容易一生庸庸碌碌，因而要培養自己的特殊專才與競爭優勢，方能脫穎而出，擺脫基層而晉升領導階層，方能提高自己的工作格局。

●田宅宮

雖有遺產可得，但領頭公羊，要經過多番決鬥才能得到領頭羊之位，同理可證，田宅宮在牡羊座一定會經歷一翻糾紛或爭奪戰，方能得到遺產，部份田宅宮在牡羊座的人一生住宅也容易搬動，蓋因羊逐水草而居之故。

●福德宮

擁有領頭羊般強而不服輸的自尊心。

●父母宮

容易遇到較為奮鬥的父母長輩，也容易遇到正義感較強的上司與老師。

▲亥宮雙魚座（沉迷愛好、內心潛意識強）

●命宮

雙魚座由兩條魚組成，與雙子座同樣為雙數，因此兩者有許多相似處，例如雙魚座的人同樣會有雙重心理、雙重性格，一樣常發生多種想法在內心天人交戰的狀況。而雙魚和雙子主要的差異在於，雙魚較為優柔寡斷些，表現也比較偏內心內隱，雙子則較為外向。

以雙魚來說，命宮雙魚座的人內心與潛意識的活動較強，正如魚在水中一般，表面上雖水面無波平靜無痕，然而水下的兩條魚卻穿梭迴旋動力十足，因而雙魚座的人通常外在表現平靜，內心與腦內想法卻經常變化十足、高潮跌宕，同時亥宮的五行又屬水，雙魚座在亥宮更是如魚得水，水的性質將會特別彰顯。

命宮雙魚座的人，很容易沉迷於某些嗜好或興趣，正如魚沉入水底後無法再離開一般，從此深陷嗜好之中。所以好的雙魚能夠藉由浸淫好的興趣，成為一門興趣的達人，但差的雙魚卻可能誤入歧途走向玩物喪志的深淵。所以如果你的小孩正好為命宮在雙魚座的人，務必從小和孩子一起探索好的興趣，那麼也許他就可能成為下一個劉謙或者下一個吳寶春。換言之，對於孩子的不良嗜好也要及時糾正，否則一旦長大就幾乎難以改正根治。

雙魚座的雙重性格，會造成命宮雙魚座的人因腦內經常想法衝突而變得優柔寡斷，也容易人前人後兩樣情。也因此雙魚座相對較沒有原則，沒有原則就容易有時過度同情、有時過於鄉愿，有時卻又冷漠，容易因此造成與成功擦肩而過。因而雙魚座的人應自我要求一套處世原則，方不致變得混亂無序。

雙魚座對應的身體部位為腳，腳若不好運氣也會跟著差。

●兄弟宮

魚水相容，表示與兄弟、同學、同事的關係通常不錯。

●夫妻宮

愛情來時易沉迷於戀愛之中，但雙魚座雙數的磁場卻也很可能造成不只一次的愛情及婚姻。

●子女宮

小孩的磁場如魚得水，多半子女優秀。

●財帛宮

由於雙魚座優柔寡斷俱備的特質，故在金錢方面很容易該拒絕的請託而不知拒絕，進而演變成遇人不淑受騙上當,例如—被人要求做保人而不知拒絕,導致最後遭殃負債。或是受邀投資而不知拒絕，進而投資失利諸如此類事件。

所以，財帛宮在雙魚座的人，和人有財務上的來往要學會果斷說不，也要學會如何果斷討價還價與談判，管理錢財也需有一套原則，否則錢財管理方面容易混亂無章法。

●疾厄宮

雙魚座在身體方面要注意手腳的問題大到骨幹小到手指腳尖，同時要留意身體中屬水的器官以及體液通過的組織，須注意的疾病例如心律、消化道、腸胃發炎、生殖泌尿系統、心律問題等等。

●遷移宮

雙魚座魚的特質，使得雙魚較適合水上旅遊，坐輪船比坐飛機適合，同時亥宮為四馬地，只要沒有忌星破壞，遠走他鄉發展能造就成功人生。

●交友宮

雙魚座多數的磁場，容易讓雙魚結交到不少良師益友，不過雙魚猶豫不決的特性也容易在交友上招來感情糾葛。

●官祿宮

雙魚座雙數的磁場將可為命主帶來適合開創多重事業的優勢，如果是公司老闆則除正業之外還可發展副業，如是一般社會人士，則可成為斜槓青年，開發多重財路。

●田宅宮

喜表面寧靜，卻內裡熱情的家庭氣氛，雙魚雙數的磁場會讓命主容易有多個住所。

●福德宮

有自信，但內心經常躊躇。

●父母宮

與父母長輩老師的關係多變化，讓人感到五味雜陳。

▲十二星座宮位特質與斗數論命的總結

對於十二星座宮位特質在實務論命上的應用，老師認為宮位之特質為輔助論命的次要參考，實務論命時仍需先以宮內的主星與四化之組合為優先。兩者對於命盤約有八成的影響，星座之特質最多兩成甚至更低。

而十二星座在論命上的價值，老師認為主要在於能讓我們在論斷命盤時做更深入細緻的分析，進而分辨出相似命盤之間的差異，讓論命能更貼近命主的實際狀況。舉個實例，紫微星在子宮和午宮，命盤三方四正的結構都一模一樣，如何分別其差異？相信許多學習斗數的人對於兩者的差異也說不出個所以然。

但通曉十二星座宮位特質的人，就能明瞭其中之差異。進一步分析，紫微星在命宮如果是在子宮，則因具備水瓶座知性、不自大、分享的特質，這樣的人擔任領導，就會是一個雖然有一定自尊心，但卻願意以理服人，以智慧化解團隊矛盾的領導者。

換言之，如果紫微星在命宮是發生在午宮，受到獅子座王者之氣的影響，同樣是紫微星，他的自尊心就會比子宮的紫微更強大無比，領導方式也會趨於強人領導，宛如成吉思汗，脾氣也較硬，就遠不及子宮的紫微來得說理圓融。這時即便命盤各宮的主星結構幾乎完全一樣，論命時就能從宮位之性質抽絲剝繭，分析出兩者的特質差異，使得論命的精準度更加神準無比。

☆十二地支的特性詳解

十天干主五行之陰陽，而十二地支則對應十二月份、十二時辰，以及十二生肖之循環，只要略懂命理的人都一定知道十二地支，但真正對十二地支特質有所深入了解的人卻寥寥無幾，以致於多數學命理的人在面對不同天干地支的流年組合時，都無法分辨其差異，致使論命模稜兩可，無法掌握論命之精髓。

本節，老師就將十二地支內含真正的奧秘分析講解，讓所有讀者一窺十二地支的堂奧以及科學價值。

▲地支「子」

子的音通「茲」，象形上是為發芽的種子，所以子這個地支的意涵在於「滋長」、「開始」與「萌芽」，身為十二地支的開始，也象徵著每逢子年就會有一番全新的氣象，或是不同以往的光景，將會有新局面、新發展逐漸生發。

相信各位讀者都記得，老師在第一集寫到太陽星時，曾經論證到不同的地支組合會對於流年四化產生不同的影響，例如每逢甲年，同樣是太陽星化忌，甲午年和甲申年所產生的惡運磁場就有截然不同的味道。

同理可證，一旦對於十二地支的特性能夠融會貫通、舉一反三，自然也能推理出其他不同流年的情況下，斗數四化對於論命及世界局勢會分別產生哪些不同的影響。

舉例來說，「甲子」年和第一集提到的甲午年、甲申年都是太陽化忌，那麼甲子年的狀況和其他兩者有何區別？其實結合天干與地支特性就能一目了然，據老師的推論與考證，甲子年，由於天干甲是十天干之始，地支子一樣是十二地支的開頭，因此「甲子年」雖然一樣是太陽忌一樣與衝突、戰爭、血光的磁場有關，但由於甲子年是六十甲子之首，所以「甲子年」的戰爭與衝突多半會為時代開啟一個嶄新的變革與局面。

比如回顧歷史，三國志開篇就是以東漢末年黃巾賊起義作為故事開端，而黃巾賊起義的流年正好為「甲子年」，當年黃巾賊起義的口號正為：

「蒼天已死，黃天當立，歲在甲子，天下大吉」。

黃巾起義爆發所引起的一系列戰爭，理所當然是為甲年太陽化忌的磁場所造成，然而黃巾起義卻直接改變了漢朝過去的政治格局。在過去漢朝擁有兵權的只有各諸侯國的諸侯王，然而隨著漢武帝實施推恩令加強中央集權，使得到了東漢，諸侯王基本已手無兵權，全國的兵權通通集中在中央政府手中。

然而，東漢末年大規模的黃巾起義，使得東漢朝廷為了鎮壓叛亂，被迫授權各地方政府可在管理地區內自主募兵以鎮壓黃巾賊。如此一來就演變成各地勢力藉由自主募兵通通變成一個個擁兵自重的軍閥，使得本來兵權集權中央，大一統的王朝，變成各路諸侯群雄割據的大亂世，開啟了嶄新的三國時代，會有這樣的轉變，正是因為甲子年為六十甲子之首，因此甲子年的紛爭、戰火、衝突都很容易造成嶄新變局，使得世界局勢朝著和以往完全不同的局面發展。

以古鑑今，離我們最近的甲子年是民國七十三年，也就是一九八四年，當年中華民國爆發震驚海內外的政治事件「江南案」，江南案的經過主要為，當時台灣政府當局為了阻擋不利於自身的反對聲音，於是情報單位指揮殺手欲赴美暗殺知名反對派作家江南，而這場暗殺行動當然也是源自於甲年太陽化忌的衝突與血光之磁場。然而這場暗殺最後以失敗告終。

但是「江南案」雖然失敗卻一樣給時代帶來了嶄新的局面，首先因為江南案的輿論影響使得蔣孝武的總統夢直接終結，中華民國的歷史也自此從蔣家幾十年專政治理的局面，走向直接民主政治，也是從民國七十三年這個分水嶺開始，短短兩三年間，過往遙不可及的報禁解除了、台灣第一個反對黨也在圓山飯店成立、黨禁也解除了、接著在民國七十六年也宣佈解除了長達幾十年的戒嚴，有如此的改變，正是因為甲子年為六十甲子之首，因而會將世界的時局及衝突發展為不同於舊時代的新局面、新樣貌。

同樣的，對岸中國大陸，在一九八四年一樣產生了不同以往的新局面，在一九八四年以前中國大陸被稱為「鐵幕」，與國際外界幾乎完全隔絕，令人霧裡看花，當時的經濟由於受到大躍進、文化大革命肆虐幾十年，使得當時的大陸百廢待興，加上連購買商品都要使用糧票，更使得人民幣在國際上幾乎無用武之地。但一九八四年開始，鄧小平一改過去的做法，勵精圖治開始致力改革開放，使得中國大陸從此迅速與國際接軌、快速國際化，經濟更以火箭般的速度直線上升，使得原本與世隔絕的鐵幕，在一九八四年後逐漸成為了世界工廠，人民幣也從此逐漸國際化。

無獨有偶，鄧小平在一九八四年也對於香港問題進行了嶄新的佈局，並於當年與英國首相柴契爾夫人進行香港主權的談判，成功從英國手中收回自南京條約以來就割讓給英國的香港，也在香港問題上造就嶄新的局面，會有這一系列的嶄新變革，正是因為甲子年為六十甲子之首，會對於時局帶來嶄新的變革性開端。

同樣的，將視角微觀縮小到個人論命上，甲子年出生的人，相較於其他甲年出生的命主，人生中的重要階段與轉折也較容易遇到全新的局面變革，就拿離我們最近民國七十三年出生的讀者為例，民國七十三年前半段的人與後半段的人在學年上分屬不同屆，但卻也都很巧合的，人生總是「自願」及「被迫」接受全面性的嶄新變革，而這些變革有好變革也有壞變革，但不管如何絕對都讓七十三年次的讀者滿腹心酸血淚。就讓我們回顧七十三年次的朋友人生中都遭遇那些嶄新變革？

七十三年次的朋友在國中時，由於教育部開始主推鄉土教育與試驗新教材，因而七十三年次的朋友，國中時期成了使用試驗版新教材的第一屆，成為新教材的試用白老鼠，到了高中又因民進黨政府主推「一綱多本、多元化教材」的方針，成了一綱多本教改下的第一批難民，人人變身考場葉問，葉問是一個打十個，七十三年次學生是一科唸十版。

到了考大學，七十三年次前半段學生又面臨大學聯考廢除，學測與指定科考問世的多元入學嶄新變革，又再次成為升學考試嶄新制度的試驗白老鼠。在此同時，七十三年次的學生更同時趕上了廣設大學以及技職轉科大風潮的全面教改，致使七十三年次學生從過去大學生等於全村之光的狀況，直接轉折為大學生滿街跑不值錢的嶄新窘境。

等到時光匆匆好不容易從大學校園畢業，滿心歡喜的邁向職涯人生，迎接七十三年次大學生的卻是百年一遇的經濟危機「金融海嘯」，這樣的經濟局面無疑對各國的局勢都是種嶄新的挑戰，當年金融海嘯的殺傷力也使得當時求職的七十三年次學生們哀鴻遍野，甚至到現在回想起都心有餘悸。七十三年次讀者的人生也自此，從小時候的亞洲四小龍之首、寶島經濟奇蹟的舊局面，轉變為嶄新的高物價、高工時、高房價、低薪、低結婚率的窮忙局面。

不過，嶄新局面可以是危機也可以是轉機，人生也不可能總是遇到惡劣的開局，所以甲子年出生的朋友，平時應做好累積能量的磨劍功夫，方能在面臨對自己有利的變革局面時，揮出漂亮的一劍。

▲地支「丑」

丑即「紐」的意思，正如日常生活中的紐帶，為條狀物。引申的意思為農曆十二月為二陽生的月份，這時地下的萬物與種子處於剛發芽剛長出紐帶但還沒破土的狀態，因此農曆十二月為丑月。

丑既然為剛發芽剛萌芽，因此在意義上就與上一段所講解的子相當接近，只不過丑月比子月又多了一個月，發展進度快一個階段而已，可視為子的進階版。但由於丑月時地下的種子還未破土，仍處於剛長出芽的醞釀階段，因此丑月雖然同樣會有新局面的發展，但多在籌備與醞釀階段，就拿上一段提到的民國七十三年改變台灣政治局面的「江南案」為例，江南案發生後也並不是隔年民國七十四年馬上就發生民進黨成立、解嚴等事情，而是黨外勢力在七十四年經過一系列的籌備與醞釀，才終於在民國七十五年於圓山飯店成立，然後隔年也才解除戒嚴。因此，正確來說一個新的時代與局面通常子年為開端、丑年為醞釀萌芽，到了寅年才會有較大動作的明顯發展。

而看我冠元大師的書，最重要的關鍵就是要學會觸類旁通、舉一反三，進而融會貫通，如此一來老師只要舉幾個例子，讀者就能聞一而知十，老師就可以省下很多篇幅。上一集在講解太陽化忌時，老師特別講解到同樣是太陽忌「甲午年」與「甲申年」的區別，同樣的，思維敏捷的讀者在閱讀講解地支丑之本段時，是否也同時思考到一個關鍵問題—「同樣是乙年同樣是天機化祿，乙丑年和乙亥年有何區別」？如果你能馬上聯想到類似疑問，表示是難得一見的可造之才，因為研究學問就是要能對於不同的差異變數進行深入研究，方能分析出不同變數所產生的影響，進而提高論命之精準度。

以老師個人的分析來看，丑既然為新局面的醞釀階段，而天機乙年化祿的時候會帶給世界劃時代的新想法及新變革，配合丑地支的嶄新醞釀磁場，兩者相加之下，乙丑年天機化祿所帶來的革新與新想法絕對是過去前所未有的創新性想法與革新，而且這樣的革新會與上一個六十甲子的時代情況完全不同。這也是為什麼台灣近代在民國七十四年後一系列的新思潮新變革都與過去六十年的局面完全不同是同樣的道理。

▲地支「寅」

寅即「演」，顧名思義萬物開始自此演變、生發，進而蓬勃發展，此時正值農曆一月，三陽開泰，種子皆破土而出，時局也從滋生、醞釀終於走向明朗化、發展化，這也是為何在江南案之後，到了民國七十五年丙寅年，台灣第一個反對黨才演變而生的原因，也是此時政府當局開始計劃解除黨禁、報禁等邁向民主化之措施。

▲地支「卯」

卯即「茂」，意思為「茂盛」，卯月時值農曆二月，彼時春暖花開，萬物茂盛朝氣蓬勃，一派欣欣向榮的大好局面，故而一個時代的新局面到了卯年通常會進展的特別順利且銳不可擋。也因此在民國七十六年丁卯年時，台灣的政局才會迅速發展到解嚴的新階段，也從此迎來言論自由的新時代。

▲地支「辰」

辰即「震」，意象為「雷」，震月時值農曆三月，這時陽氣旺盛、熱對流發達，因而雷雨不斷，萬物也因豐沛陽光及雷雨蓬勃發展，動植物的活力與成長在此時達到飛速般的成長。

▲地支「巳」

巳即「起」，意思為「完整長起」，從子到巳，陽氣的成長已經達到頂峰，萬物也都已生長起來，萬物興旺而復起，因而到巳的階段，也意味著萬物與事情皆已發展完成，處於如日中天的興盛狀態。

▲地支「午」

午的意思為「逆反」，意思為在陽氣極旺的情況下，陰氣逆勢生長，此時正值農曆七月萬物也已逐漸成熟，因而午有邁向成熟，事情即將開花結果走向定局的意思。引申在時局與命運上的影響，如果一個組織或企業在午年就遇到重大的挫敗與惡運，若不趕緊力挽狂瀾，就很有可能遭遇崩盤性的重大危機，例如國民黨為何之前二零一四年六都選舉會面臨全面性慘敗，正是因為過去在二零一二年連任執政後，短短兩三年間就造成一堆風波與不良施政，這些負面能量才在14年甲午年邁向成熟，造成當年六都選舉慘敗的定局，而這時的國民黨在慘敗之後，卻未積極勵精圖治，才造成了二０一六年總統大選慘敗的結果。國民黨也自此日落江河成為在野黨。

▲地支「未」

未即「味」，意思為萬物已趨於成熟逐漸開始有味道，這時正值農曆八月為秋季的前半段，緯度比較低的溫暖地區，作物也都已成熟可收割賞味，高緯度地區的作物也逐漸邁向成熟有味，反映在命運與時局，通常表示事情已發展成熟水到渠成。

▲地支「申」

申即「身」，意思為在農曆九月申月時，萬物的身體都已生長完成，作物也都已結實累累，植物一年的生長週期也到此完整圓滿，全世界的作物也在此時幾乎都可以收割收穫，農民一年的辛苦結晶也在這時開花結果，這樣的磁場反應在命運與時局上，就會讓命運與世界時局的變化趨於完整與成熟。

▲地支「酉」

酉的意思為「老」，此時萬物開始老化凋零，開始走下坡，走向收斂。

▲地支「戌」

戌的意思為「滅」，此時陽氣快速消亡、開始潛藏，萬物也開始走向衰落滅亡。

▲地支「亥」

亥即「核」，為純陰，核即為果核，視為藏在地底等待來年春天萌發的種子，象徵著舊事物的結束同時意味著新生命的到來，由於是十二地支最後一位，同時又代表舊事物舊作物的結束，因而每逢亥年，則容易發生舊有事物的淘汰、舊有制度的汰換，也容易成為舊制度、舊時局的最後一年。

◎七十二年次讀者所面臨的「癸亥」人生

前面提到七十三年次甲子年出生讀者所面臨的命運，有些讀者可能會好奇，身為六十甲子最後一位「癸亥年」的命主，他們又會面臨什麼樣精彩絕倫的刺激人生呢？距離我們最近的癸亥年剛好是民國七十二年，就讓我們深入分析七十二年次出生的朋友一生中又容易遭遇什麼樣的命運轉折！

癸是十天干的最後一位，「亥」也是十二地支的最後一位，加上亥又有「成熟」與「淘汰」的意涵，因此七十二年次的朋友，一生中將容易身處舊制度、舊時局、舊局面的尾聲，並且所面臨的時局與制度經常容易是即將要被淘汰的舊制度，讓人很有清朝滅亡前最後一位太監的感覺。接著就讓我們以實例來印證七十二年次朋友的人生遭遇。

首先，七十二年次的朋友，國中時期正是老一版數學有三角函數、史地沒有鄉土教育的舊教材最後一屆學生，到了高中，七十二年次前半段的學生更是大學聯考最後一屆的末代考生，可說是一路升學所唸的教材、所考的制度，都是即將要淘汰的舊制度。

甚至大學一畢業出社會，也正好是台灣經濟輝煌時代的最後一年，隔年時事新聞馬上報出台灣競爭力已從亞洲四小龍之首退步到輸給南韓的程度，接踵而來的就是次級房貸風暴引起的金融海嘯，也許如果民國七十二年的台灣是一窮二白的情況，或許癸亥年磁場所淘汰的就是經濟蕭條的台灣，七年級生所迎向的未來就是經濟奇蹟的美好未來。

那麼老師的假設是否正確？這個問題的答案就可從跟民國七十二年次的讀者同樣是癸亥年出生之民國十二年次的前人身上得以印證。民國十二年是為一九二三年，民國十二年出生的人剛好就是年輕時代經歷戰亂貧苦摧殘，而後邁向康莊大道的一個世代，民國十二年出生的人，剛好趕上中國走向民主共和趨於和平的最後年度，隔年民國十三年，中國馬上爆發馮玉祥發動「甲子兵變」，推翻直系大總統曹錕，驅逐廢帝溥儀，並電邀孫中山北上共商國事。孫中山抵達北京前，馮玉祥事先與張作霖商定，邀段祺瑞入北京任「臨時執政」攝行大總統，終止《臨時約法》和取消中華民國初年國會。從此拉開軍閥混戰與蔣中正北伐的一系列大戰序幕。

在台灣方面，民國十二年出生的人，也正剛好出生於武裝抗日時期告一段落，台灣人進一步參與日據時代民主政治與自由的年代，然而好景不常，十二年次的人一到小學剛畢業踏入社會的年紀，短暫的和平時代也隨即結束，民國二十六年馬上爆發著名的「七七盧溝橋事變」，八年抗戰全面爆發，接踵而來的就是「二次世界大戰」，使得十二年次的台灣人在戰亂及水深火熱中度過。甚至在台灣光復的前兩年，台灣人民依然過著物價飛漲、戰後物資極度缺乏的窘況。

然十年河東十年河西，這樣的情況到了民國三十八年，終於有天翻地覆的改變，這時十二年次的人剛好正值二十六歲成家立業的活躍年齡，此時隨著韓戰爆發的轉機，台灣迎來長達十五年高達十六億美金的美援援助，這金額在當時相當於台灣整整十五年全國上下的所有開銷。因而在龐大美援的支持下，十二年次台灣人終於迎來了拿不完的麵粉、棉花之豐足年代，自此烘培業、麵粉相關餐飲業、成衣業開始蓬勃發展，以美援為基礎的重大建設也一一出爐，在土地政策方面，十二年次的台灣人，迎來三七五減租、公地放領、耕者有其田。從此兒孫滿堂和樂融融，並在中晚年親身經歷台灣錢淹腳目、名列亞洲四小龍之首的台灣經濟奇蹟。同樣的情況，日本一九二三年出生的人，一樣在二次大戰期間經歷美軍地毯式轟炸及兩顆原子彈的毀滅性打擊，歷經重重苦難後，在後來三四十年的時間內經濟發展到極度強盛，全盛時期全日本的房產及資產價值甚至足以買下四個美國。

總結以上歷史案例，老師認為癸亥年和甲子年出生的人，一者為結尾、一者為開端，這兩年出生的人，剛出生時所面臨的社會狀況最好是困境，那麼如此一來就可苦盡甘來，但如果面臨的是太平盛世，例如七十二、七十三年次的讀者，那麼就必須小心未來可能將會遇到大亂世或百年一遇的大蕭條、大衰退，不可不慎。

△如何舉一反三將地支特質運用于斗數四化之中？

研究一門學問，要能融會貫通、舉一反三，方能聞一而知十，正如老師前幾頁提到的「乙未」和「乙亥」同樣是天機化祿兩者有何區別？若有將老師這節提到的學理分析深入內化思考，這個問題就能迎刃而解。本節老師就以此作為講解範例，其餘的六十甲子，讀者就能以老師本節所提點的思考方向出發，將其他天干地支組合一一破解。

「乙未」和「乙亥」同樣是天機化祿，而兩者之間決定性的不同就在於，「未」這個地支屬於十二地支中已發展到足以賞味的成熟階段，各位讀者是否記得老師第一集介紹天機時，曾教到乙年天機化祿的流年，世界容易發生「劃時代的新想法新主張」，然而由於受到「未」地支發展成熟的磁場影響，乙未年所產生的新想法、新主張、新計劃，往往都是前人已經先打下一定基礎，或是先前就已經有理論雛形的想法與主張。例如老師第一集所舉乙未年的例子——一八九五年因受到乙年天機化祿的影響，中國發生由康有為、梁啟超所提出震撼全中國的「公車上書」。

公車上書的內容對於當時的中國無一不是劃時代的新想法，譬如主張君主立憲、廢除科舉、成立國會等等。然而這些新主張雖然對於當時的中國絕對是新想法，但卻是西方列強已經研究出的理論和制度，若放眼全世界「公車上書」並不能算是前無古人的新發明，這一切內容都是康有為研究日本和俄國政治體制所得出的心得。等於是拿現成的政治理論進行改良而已，之所以會有這樣的差異，正是因「未」這個地支，是發產完備足以賞味的時節，因此這時發展的新理論新主張，才會大多築基於已經發展有一定雛形的理論，故而乙未年天機化祿所產生的新想法新革新，多為改良式的新想法。

而「乙亥」年的天機化祿，味道就完全不同，「亥」這個地支，如老師前述所說，是為十二地支的終結，故而會終結掉許多舊時代的想法及事物，因此乙亥年天機化祿所催化的新想法新發明，往往會帶來對於舊事物的整體性淘汰，然後迎來一個嶄新的局面。同樣以老師上一本書的例子分析，老師上一集提到乙亥年之天機化祿所帶來的劃時代新發明經典案例為「WINDOS 95」，「視窗九五」是微軟在一九九五年所發明的劃時代全新軟體，而這套軟體發明的流年正是「乙亥年」，由於地支亥帶有淘汰的磁場，所以「視窗九五」的發明帶給世界最直接的震撼就是，淘汰了全世界使用幾十年黑底白字的DOS系統，從此DOS系統從主流作業軟體，消失在歷史的長河之中，全世界的電腦主流也發生翻天覆地的革新，從此以視窗系列軟體為作業系統直到今天。這就是「乙未」和「乙亥」同為天機化祿、同樣發生劃時代新想法新變革，但兩者卻有決定性的差異之處。假設「視窗九五」發明的年代是在乙未年，也許DOS系統還能活久一點。反之若公車上書是發生在乙亥年，也許其中的主張甚至能淘汰原始版的君主立憲，以上就是地支在斗數四化運用的解析，至於其他天干地支組合就留給讀者們舉一反三。

《本章思考題》

1.在本章一開始提到十二宮之間的相對關係，請試著思考，以官祿宮為基準點，為何父母宮反而成了官祿的子女宮?? 其次，為何兄弟宮竟為官祿宮之疾厄宮?? 何解??

2.田宅為庫位，是財帛宮的體相當好理解，然而為何財帛宮為基準點來看，財帛宮的田宅宮卻是兄弟宮?? 何故?? 且為何以田宅宮為基準點，其父母為官祿宮??

3.本章講解十二星座對應十二宮時，心思細密的讀者就能發現十二星座在十二宮的順序是逆時針排列而不是順時針排列，理由何在??

4.本章講解十二地支特性時，分析了十二地支的特性，那麼十天干之間又各自有何區別??

《本章思考題》

5.老師本章解答了「乙未」和「乙亥」兩者間天機化祿的差別，然而在上一集老師講解天機化忌時，一樣舉了「戊子」年馬總統的政策和「戊戌」年光緒皇帝的百日維新當例子。試著思考並解釋，為何同樣是戊年天機化忌，馬總統的新政策、新想法都能順利推出，但光緒皇帝卻以失敗收場??

6.在上一集「紫微斗數科學(一)」講解太陽化忌時，老師講到甲申年的太陽化忌容易引發有關最高政權的衝突，小至權力衝突大致政權更替與政變。請從天干與地支的特性深入思考其原因。

7.依據老師對於六十甲子特性的分析，你認為民國七十二年次及七十三年次和其他 7 年級生，何時才能等到苦盡甘來的一天?? 還是必須等到 60 歲活滿一甲子才脫離苦海?? 試著分析並說明理由。

五、紫微斗數十四主星之精髓《一》

紫微斗數每個主星都有其獨一無二的特質，在上一集紫微斗數科學(一)中，雖然老師有對於紫微斗數各星曜進行分析，但由於上一集屬於整體性的宏觀介紹，因此如果要論命得以精準就必須對於各主星，甚至是各星曜組合特性之原理都要深入理解，否則即便你對於各星曜都有一定程度的了解，實際論命看命盤時將會依舊有如霧裡看花。

隨便舉個例子，假設書本面前的你已經通透了解紫微這顆星，然而遇到命宮主星為紫微+破軍、紫微+天相、紫微+貪狼時又該如何解析?難道直接將兩顆星的星性相加就是答案嗎?當然不是，否則如果兩顆星的性質恰巧相反，豈不自相矛盾?譬如太陽+太陰的組合，一者為動為陽、一者為靜為陰，論命時豈不自相矛盾到底?

所以，對於不同星曜的組合、各星曜三方四正的影響，若不了解透徹，則無法在實務論命方面達到神準的境界。因此，從本章起，老師將對於十四主星的學理、組合以及各星曜的命盤架構進行精闢的剖析，以讓各位讀者對於各種不同星曜之組合都能瞭若指掌，論命之境界更上一層樓。

☆《紫微星之星性分析》

紫微星在命盤各宮的星曜組合架構如本頁圖所示，紫微星唯有在子午兩宮獨坐，也是紫微星最為得位之宮位，其得位原因有二，斗數界其中一種說法為紫微的五行為陰土，土需水的灌溉方能成長，故而子宮對於紫微最為得位，而午宮屬火，火可生紫微土，故而紫微於午宮同樣屬得位。因而紫微星在子午兩宮構成名聞遐邇的好格局「極向離明格、極居離明格」。此名稱的由來是由於午宮為離卦，故紫微在午稱為極居離明、紫薇在子稱作極向離明。兩者皆為紫微星得位之格局。（註：過去許多說法認為紫微在午宮才叫做極向離明，經老師深入分析認為此說法有誤，因此加以訂正並詳細交代其理由）。

然儘管子午兩者皆為紫微得位，但極居離明卻比極向離明來的更好，背後原因在於紫微

紫微 七殺 (巳)	紫微 (午)	紫微 破軍 (未)	紫微 天府 (申)
紫微 天相 (辰)			紫微 貪狼 (酉)
紫微 貪狼 (卯)			紫微 天相 (戌)
紫微 天府 (寅)	紫微 破軍 (丑)	紫微 (子)	紫微 七殺 (亥)

星在午宮，太陽與天梁必然在卯宮，形成鼎鼎大名的「日照雷門格」，同時紫微在午太陽星並未失輝，不會有日月反背的麻煩，因而紫微星在午宮之格局強於紫微星在子宮。

然後老師自己的觀點認為，紫微星之所以在子午兩宮獨坐且得位，原因在於子宮對應太極圖剛好為陰氣最強的部份，午宮對應的則為陽氣最強的部份，同時在先天八卦更為乾坤兩卦，乾為天為君王、坤為地為后，故而子午兩個至強至柔的位置與紫微的帝王磁場方能匹配，而乾卦終究才是直接象徵君王的卦位，故紫微在午宮的適合度才會略勝子宮一籌。

紫微星在命的人，由於帝王磁場的影響，不論實際上是否優秀或高人一等，內心皆自認比他人高人一等，也自認高上大，只不過紫微為陰土，故而不會直截了當大鳴大放的公開宣揚。同時陰土的屬性，更容易讓大多數紫微星座命的人天生話較少，並且不容易主動與人深

		天同 (疾厄)	武曲 (財帛)
廉貞 (官祿)			太陽 (子女)
		紫微 (命宮)	天機 (兄弟)

聊、推心置腹，要想讓紫微座命的人侃侃而談，除非與他相熟並打開他的話匣子後，此時紫微座命的人將會口若懸河滔滔不絕，弄到聽眾想散場，但紫微星座命的主角還有千言萬語意猶未盡的情況。

這些特點最好的例子就是三國中「煮酒論英雄」這段故事，老師上一集提到劉備為紫微座命，在煮酒論英雄的整個過程中，由於紫微星天生不喜主動攀談社交，因此從劉備與曹操的聊天之中就可看出，始終大部份的時間都是曹操在高談闊論，而劉備卻總是短短幾句在旁附和，然而直到曹操脫口說出：「天下英雄唯君與操爾」時，劉備就被嚇得連筷子都摔到地上，劉備會有這樣的反應，很明顯是因為劉備自己內心也同樣如此認為，被曹操說破時才會如此驚訝，要知道曹操片刻前詢問劉備天下諸侯那些人可稱英雄，劉備可是以「袁紹、袁術、孫策、馬騰等諸侯」回答曹操，由此可見劉備以這些諸侯為例不過是表面客套，實際上自己心裡也認為只有曹操和自己堪稱英雄，而劉備會有這樣的表現，正是因老師前述所講解的，紫微星座命的人，不論自身實際表現如何，都會自認高上大高人一等，只不過表面上未必會張揚而已。

並且紫微星的高貴磁場只要不被忌星破壞，通常會讓紫微在命的人，對於事物的品質及質感有所要求，因而如果一位紫微座命的女人和你談戀愛，你若帶他去漁港邊的海產店約會，那怕是帝王蟹、生魚片甚至一飯千金，可能這場約會宴就會成為你倆的餞別宴。送禮方面亦然，寧可送紫微座命的人典雅氣質或有文化質感的禮物，也不要送豪華但土氣俗氣的東西。

又~紫微星的帝王磁場使得紫微座命或者紫微在官祿的人，很容易有形無形之間就在指揮他人做事，即使他本人也許不認為如此，但旁觀者看來卻覺得紫微星座命的人天生就常在指揮他人。也因王者氣場，純粹紫微座命的人大部份情況下身高不會太矮，體格也不會太瘦，只要沒被忌星破壞，不論高矮都隱隱然有一股英氣或貴氣，大部份情況到中壯年後都會比較心寬體胖或中廣身材。

▲紫微星的星盤結構

紫微星不管在哪一宮座命，其天機永在兄弟宮、太陽永在子女宮、武曲永在財帛宮、天同永在疾厄宮，廉貞永在官祿宮。若紫薇是帝王及總裁，武曲就為其財務長，廉貞為其營運長，紫微有著天機特質的兄弟，武曲的理財進財風格、廉貞的事業態度。

兄弟方面，天機陰木剋紫微陰土，剋之無情，同時天機主變動，因此紫微座命的人經常會遇到頭腦聰明的兄弟、同學、合夥對象，又因天機的變動性也容易造成紫微的合夥人經常有所變動，又因被兄弟所剋備受威脅，造成紫微天性易與人有距離感，為斗數中一大孤星。一樣拿老師舉過的劉備為例，上集提到劉備的紫微雖有眾人拱扶但紫微本身仍屬孤星，因而劉備除了和關張趙與孔明較有互動外，與其他下屬大多有距離感，形成追隨者眾知心無幾人的情況。除此之外遭受兄弟無情之剋的情況在劉備身上同樣完全體現，廣義的兄弟宮可以是同學也可是合夥人，回顧劉備一生所合作的合夥人大多和劉備關係不親密且有距離感，試問哪個合夥人沒帶給劉備無情之剋？又有哪位不讓劉備心生提防？早期好心收留無家可歸的呂布與其合夥，結果被呂布奪走根據地徐州又被攻殺到走投無路。與劉表合夥，卻被劉表推到新野當擋箭牌直面曹操幾十萬大軍進攻，弄到連根據地新野城都被迫燒掉狼狽逃竄到江夏，到後來與東吳聯盟，更遭遇東吳背叛失去荊州甚至最後七十五萬大軍全軍覆沒。劉備會有這樣的遭遇正是因為兄弟宮為天機星剋紫微陰土之故，所以紫微座命的人，除非兄弟宮有祿科相助，否則一生容易被兄弟、同事及合夥人所累。

紫微的財帛宮為武曲主導，武曲為正統財星，在財帛宮為最佳絕配，只要沒被忌星破壞，多多發揮武曲的商業頭腦及打拼精神，要發財賺錢非常簡單。在官祿方面，紫微以廉貞為其做事及事業的處理風格，廉貞主行政及作業程序，在沒有忌星破壞的情況下，紫微工作與事業的成敗，決定於是否有完善章法的做事方法及作業程序，如有制定優良的作業程序及工作流程，則事業將可一帆風順，也正如古今之帝王一樣，口碑好的帝王定然是建立帶來卓越績效的制度，並執行到位、同時對於相關負責官吏的執行成效加以要求，方能流芳百世(例如：張居正改革、周朝井田制度即是)。反之，負評不斷的帝王大多是憑個人喜好治國、隨個人心情朝令夕改，依個人爽感而不依完善的制度法令，使得國家政令錯誤百出、無能官員充斥朝野，導致國家墜入萬劫不復深淵(例如：明英宗憑個人喜好，任用太監王振這位軍事大外行指揮眾多武將，政令無方的結果直接導致二三十萬大軍全軍覆沒，自己也被瓦剌人活捉，瓦剌軍還直接打到京城)。

身體疾厄方面，天同星在疾厄意味著，身為君王的紫微一旦沉迷於享樂，身體就會差，同時一生都要注意泌尿膀胱以及免疫能力的問題。

▲紫微星在哪個人事宮位該宮人事就得勢

由於紫微星是帝王星，所以進入與人事、六親相關的宮位，就代表該宮位的人物較強勢，當然前提是紫微星沒有受到忌星破壞，例如紫微星入夫妻宮，則配偶比我強勢，家裡事情也多由配偶決定。入子女宮則子女比我強勢，很難管的動、叫的動。入兄弟宮，則兄弟高人一等、在家地位比較高、抑或是比我強勢。在交友宮則出門在外很容易遇到比自己強勢的人，或是自己多為意見追隨者，大家一起行動，多是別人當意見領袖。

由此可見，紫微星最好在我宮為佳，如真要在六親相關宮位，只有父母宮勉強尚可，因為父母本就輩份比自己高，較有權威也比較合情合理能讓人接受。當然如果父母宮受到忌星破壞，或飛化忌入沖命宮，這種情況下紫微星在父母宮，反會讓命主因父母而受災殃，同時還無力對抗惡運，雪上加霜。

不過凡事總有例外，雖然紫微星入哪個人事宮位，該宮相關人事就得勢並且較強勢或高人一等，然一旦紫微受到忌星破壞，則徒剩空殼虛有其表，強勢氣場蕩然無存。例如下圖命例為老師一親戚之命盤，此人夫妻宮一次會足紫微及天府兩顆帝王星。按理，應為配偶強勢、配偶主導一切，家裡配偶說了算。但實際狀況卻是家裡的大小事及金錢支配多為命主決定，並且夫妻相處互動上也都是命主強勢、配偶弱勢。且配偶也並非如紫微天府般高人一等，而是普普通通的平凡人。何故？

關鍵就在，命主的夫妻宮內的紫微天府被對面官祿宮之文昌化忌所沖破，造成紫微天府之氣場被破失去王者權威，因而命主夫妻宮紫

			紫微 天府 (夫妻)
			貪狼 (命宮)
七殺 文昌 (忌) (官祿)			

微星的磁場只反應在其配偶為家中長子這件事上而已，其餘紫微的強勢與高人一等，都因忌星而與其夫無緣。

▲紫府之星性分析

紫微與天府在寅申同宮而座，兩者皆為帝王星、兩者五行皆屬土比旺，因而紫府之組合土性加倍，其紫微高上大的氣場又得到升級與加強，給人的貴氣感覺更是所有主星組合之最，因此紫府在命的人只要不受忌星破壞，通常自認高人好幾等、自尊心也高，同時也討厭被人指揮，但自己卻喜歡指揮他人，相對先天的能力與天賦也比大部份的人來的高，並且遇到自己想得到的東西或目標，多半會下決心一定要得到。而如果紫府在官祿宮，則表示命主在事業及工作表現上通常鶴立雞群、工作表現輝煌，在其專業領域的表現上也通常能展現亮眼的傑出成果。

個性上紫府兩星的交互作用下，紫府的人愛面子重形象，喜被人稱讚推崇，而紫府的對宮必定為七殺，故紫府之人表面上貴氣有架勢，但心中卻隱藏性急和剛硬，綜合以上幾點，紫府之人真的決定要做一件事，其衝勁與執行力亦相當優秀，又因愛面子而會為了面子和自尊而堅持奮鬥。

四化方面，一般斗數將祿權科視為三吉，然而紫府的組合，適合化科，而不適合化權，尤其權自化權更糟。紫府化權如在官祿、財帛或田宅宮尚屬合適。但如出現在命宮則不甚理想，其因在於紫府兩星本就為帝王星本就自帶權令，本就較為主觀剛硬高上大，如再加上化權則容易加重其主觀、自尊高、剛硬的狀況，如此則容易使紫府的人性格過剛，甚至目中無人剛愎自用，更因主觀意識過重流於自以為是聽不進他人意見，剛硬固執的性格更讓人覺得難以溝通，如果是權自化權或是化權又加上化忌，則又更將惡化為霸道以自我為中心。所以紫府在命的組合逢化科為最佳之選，如此一來便可收剛柔並濟之效。

▲紫殺之星性分析

紫微在巳亥必與七殺同宮，紫微、天府、七殺的組合，都分別座落於四馬地，也都在命宮與遷移宮相互照映，紫府在命宮時七殺就在對宮、紫殺在命時天府就在對宮，因此同樣是這三顆星的組合，紫殺與紫府必然存在一定程度的相似之處。

紫微七殺在命宮，七殺屬陰金，擁有金的冷硬、剛硬故而性格硬又不服輸，得到紫微之土來相生及拉抬，所有特質得到加持與加乘，變得更硬更不服輸，同時又融合紫微高上大的磁場，就成了像秦始皇般自認超越三皇五帝、在行動上又能積極橫掃六國的行動力與強勢兼具之人。

但紫微本就是孤星，再加上屬金硬又不服輸的七殺，就會顯得雖然行動力與衝勁十足能力也不錯，但過於冷硬使得紫微孤星的磁場更加雪上加霜。因而身為帝王的紫微加上七殺後，也就如同秦始皇一般，雖然事業有成，但卻因其冷硬的性格，而幾乎不太有知己或朋友。

另外，紫微七殺的人，由於是殺破狼格局，如沒有昌曲、化科的加持，則天生不喜念書考試，較喜好實務與實作，加上紫微天生的領導力和殺破狼格局的衝勁，紫殺的人容易成為創業家或大老闆，比較少是學霸或學者。因而如果遇到紫微七殺座命的老闆，切記提案與做事時千萬不要一堆長篇大論、學理分析，比起這些紫殺的主管更想直接了當地聽到具體實際的作法是什麼?以及明確可達成的效果為何?至於中間各細節的長篇分析他們沒什麼太大的興趣。

最後，紫微七殺之人，財帛宮必為武貪，武貪主大，因而紫殺座命的人賺錢的理想通常很大，絕大部分對於賺錢的態度經常為「要賺錢就一定要賺大錢，太小的錢老子不屑賺」，或者紫殺的老闆在做生意時總會希望能好處全占。這樣的磁場雖大體來說能讓紫殺的人在財富上邁向成功，但仍要留意武貪主大的磁場如不幸遭遇化忌，則賺大錢的理想與野心，很容易就成了虧大錢的幻想與碎心。

▲紫貪之星性分析

紫微在卯酉兩宮必定與貪狼同宮，紫微屬陰土，貪狼屬陽木、陰水，形成環環相剋的關係，因而紫微貪狼的組合是個瑕瑜互見的組合，紫微為帝王、貪狼為桃花，所以古籍對於紫貪的組合對其評價為淫帝，因而紫貪在遭遇忌星時，其殺傷力足以帶來毀滅性打擊，正如同古代縱情聲色的帝王多半會讓國家走向滅亡。所以紫貪之人一生對於桃花、異性問題上的處理要特別謹慎，否則將引發不可收拾的後果。故紫貪之人，最怕再遇到擎羊、天刑，運氣倒楣時將刑傷難免，也怕遇文昌、文曲，此時若再加上忌星破壞則如政令顛倒的皇帝自取滅亡。

然而紫貪組合最麻煩之處在於四化，其因在於紫貪的組合如果在其三方想得到祿權科的益處，經常需同時迎來忌星的破壞，使得命格大打折扣，原理在於紫貪在命的人財帛宮為武曲破軍、官祿宮為廉貞七殺。紫貪的人想財帛宮化祿只有癸年和己年的四化能達成，然而癸年的破軍祿同時伴隨貪狼忌，使得紫貪的命宮受到忌星肆虐得不償失，而另一個己年武曲祿，搭配的則是文曲忌，但是文曲忌會連累破軍一同受忌，使得財帛宮形成祿忌交戰變成雙忌的局面，讓本來賺大錢的武曲化祿反變成「散財童子」命格。甚至就算改成追求紫微化權或貪狼化權在命，也會引來化忌破壞財帛宮的惡運。綜上所述，對於紫貪的命格，以甲年出生之人四化條件最好，其次為戊年再其次為乙年。

▲紫相之星性分析

紫微在辰戌兩宮必與天相同宮，紫微為貴星、天相亦為貴星，一者帝王般的貴氣、一者宰相般的威儀，兩者相加可謂貴上加貴，因而紫相的人只要不遇忌星破壞，自然而然都會散發出一股貴氣，也因此大多數紫相座命的人，多半穿衣打扮都相當亮眼，即便是普通便衣也讓人感到乾淨或有氣質，不過紫微與天相兩者都不屬於骨架小或身材瘦的主星，因此大多數紫相的人身材都會較豐腴或者骨架大，即便身高不高也不會太小隻，尤其越到中年越是明顯，除非遇到重大打擊或者對於飢餓三十活動參加上癮，才有較瘦的可能。不過因紫相愛面子又重體面的貴氣磁場，紫相之人即便身材走樣，在穿衣上也相當擅長運用穿衣搭配彌補自己身材之不足，使得身材上的缺點能經過穿衣修飾而加分。但是紫相的組合一旦遭遇忌星破壞，紫相的貴氣就會變成「貴而沒氣質」，就有如穿上一身純金鱗片吊嘎和鍍金人字拖招搖過市的暴發戶一般，滿身的「貴」氣加上渾身的「俗」氣，運氣更慘的紫相則是連貴氣都被破，連「貴」都沒有只剩口「氣」。

另外，紫相的對宮永為破軍，破軍的放蕩不羈、雜亂、喜新不按牌理出牌與紫相的氣場完全衝突反差極大，所以紫相座命之人，經常出門在外光鮮亮麗、英氣逼人，但在家反而邋里邋塌，或是辦公對外場合整潔有質感，居家與房間卻與高嘉瑜委員不相上下，又由於遷移宮為內性，因此在紫相莊重貴氣的外表之下，隱藏著旁人所不知的叛逆或不拘傳統之內心與想法。因而紫相之人，除非遷移宮的四化比命宮還好，否則紫相之人不利於經常出外及離鄉背井，因經常出外將大幅引動遷移宮的磁場，使得破軍放蕩不羈、喜新叛逆的磁場變得凸顯，反將紫相的貴氣莊重、雍容大度破壞。不可不慎。

▲紫破之星性分析

紫微破軍的組合，雖和紫相一樣是命遷紫微、破軍、天相的組合，但紫破組合由於破軍直接在命，又有紫微拉抬，因此紫破不喜拘束傳統、逆徑叛道的特質會特別彰顯，但逆徑叛道、不喜拘束傳統，相對來說也表示較有開創力或創新創意，所以紫破之人非常適合做市場的冒險家，也適合挑戰突破型創作。不過世界上的普世價值觀多半以成敗論英雄，偏偏創新、創業的失敗率高達95％，因而紫破的命運多為兩極化，如果成功將成為劃時代的發明家、創業家，但如果失敗，則其原本不拘傳統的特點反倒成了眾人批評的話柄。

故而紫破之人在一般傳統的師長眼中是個叛逆難管教的學生，因為既有破軍的叛逆又如紫微般主觀固執，但在思想較前衛較重視創新的師長眼中，卻是有個人風格、相當有個性的可造之材。所以紫破之人較適合西方的教育制度，因為西方的教育制度較重視個人發展與個別差異，而非制式化的念書考試。

▲紫破相之人為臣不忠、為子不孝？

斗數古籍對於紫微、破軍、天相在命遷這樣組合的人評價為：「為臣不忠、為子不孝」。像歷史上著名安史之亂的主角安祿山，就是紫破相格局的人。古籍為何會有這樣的評價，理由正在於紫微為皇帝，你唐玄宗是皇帝，他安祿山有紫微星也是帝王星，一山豈容二虎？同時破軍又不喜拘束傳統、不喜受約束、喜歡挑戰及變動，自然也就不甘於被唐朝所拘束、約束，理所當然的喜歡起兵自立逆徑叛道。

換做現在，紫破之人特別適合當反對黨領袖，尤其以破軍化權時更適合，若是在古代則適合當起義軍首領或天地會總舵主。同時在紫破相的組合中，紫破的叛逆性比紫相更高，紫相之人至少表面上還會維持紫微與天相的貴氣形象，將不喜拘傳統的性格加以修飾，紫破則會毫不掩飾展現其特質。

△紫微星只有權科，沒有祿忌（老師的個人見解）

略懂斗數的人都知道，紫微星只有化權和化科，沒有化祿和化忌無頭無尾，但其中的原因為何，卻令人不解，這問題經老師多方研究後，認為原因在於紫微的化祿與化忌都由廉貞所替代，也就是廉貞代替紫微化祿及化忌，也因此廉貞星也同樣只有化祿和化忌而沒有化權及化科，至於為何廉貞可替代紫微化祿化忌，留待講解廉貞時再行分解。

▲紫微星的罩門與失運徵兆

紫微身為皇帝，有權有令自尊高，然而歷史上多數帝王的罩門除了酒色享樂之外，最大的問題就在於主觀過重、剛愎自用而不懂得自我反省，這罩門帶來的殺傷力與酒色享樂相比有過之而無不及。因此成功的君王是懂得放下自己的主觀與自尊，能聽從不同的建言，並能夠自我反省加以改正，同樣的紫微座命的人，要懂得廣為聽取他人建言，最重要的是能自我反省檢討與改進，方能不流於剛愎自用。正如同明朝末代皇帝「崇禎帝」，崇禎在位期間勤於政事、又克勤克儉、同時也不近女色不貪圖享樂，然為何明朝仍以亡國收場？除了客觀大環境極差之外，一個重要因素就在於崇禎本身能力不出色，性格多疑還剛愎自用不懂得自我反省，使得大明王朝無力回天，直到明朝滅亡的最後一刻，崇禎都認為自己毫無責任，直言道：「皆是諸臣誤朕，朕非亡國之君，汝等皆亡國之臣」。至死都不認為自己有任何需反省之處，要知道下決策不願南遷的是他、殺袁崇煥的也是他，不願以西安之地暫時招安李自成的還是他，甚至取消驛站系統直接導致闖王造反的依然是他。正如企業經營中所有亂象莫大於ＣＥＯ之亂。同樣的情況，劉備這個紫微不也是由於剛愎自用，聽不進孔明和趙雲的勸諫執意攻打東吳，才落得七十五萬大軍全軍覆沒的下場，劉備一樣不荒淫、不好酒色，然下場如何？

可見成功的紫微、成功的領導者最大的關鍵在於是否懂得自我檢討反省，反觀唐太宗李世民雖然拭兄囚父、殺侄又霸弟之妻妾，可說心狠又荒淫，但唐太宗卻察納魏徵之雅言，懂得自我反省才開創所謂貞觀之治，這也是為何老師會說紫微星不懂自我檢討反省、不懂聽人之建言與批判，其傷害力相較沉迷酒色享樂有過之而無不及正是這道理。

所以紫微之人如想擁有好運，第一要懂自我檢討反省、第二要能聽進他人勸諫、第三不能耽誤於酒色享樂。否則紫微星失運將會有以下徵兆，首先為詆毀聲浪逐漸升起，接著演變至親信反目、最終眾叛親離。

另外，紫微要能提高運氣及能量，需要懂得知人善任、群策群力，把團隊成員擺對位置創造一加一大於二的效果，正如劉邦所說，自己用兵不如韓信、計謀不如張良、後勤支援不如蕭何。但為何劉邦這位帝王能得天下？正是因為他能將所有人擺對位置，團結所有力量。而在命盤上紫微的子女宮永為太陽，太陽的陽火能源源不斷生紫微的陰土，廣義的子女為下屬，表示紫微的強弱與成功來自於下屬團隊。因此紫微座命最忌單打獨鬥，除非紫微之人遇到的太陽為失輝或化忌，否則正如一家成功企業的總裁，絕對不會事必躬親，而是善於用對的人創造輝煌績效。

所以，老師也建議紫微座命之人，多學習研究有關識人、看人及領導的相關知識，以讓自己透過任用對的人，領導團隊打拼事業，創造真正成功的未來。

☆《天機星之星性分析》

天機星屬陰木，為斗數一大孤星，天機之人一般頭腦聰明智商高、善於分析，腦筋轉得極快思考也較深入，為絕佳參謀人才。

天機在命之人，命盤架構如下圖所示，太陽永在夫妻宮、紫微永在父母宮、武曲永在子女宮、天同永在財帛宮、廉貞永在交友宮。故而與各宮的關係中，在父母方面，因天機陰木剋紫微之陰土，為無情之剋，故而在沒有化祿化科幫助的情況下，一般來說天機與其父母較為無緣，甚至因剋紫微之故，天機容易因其出眾之智慧叨唸或批評其父母，甚至長大後可能對父母說教或管束其父母且不太留情面，也容易因思想之不合而與父母互動不佳。

這也是為何斗數中有一派說法認為天機座命的人容易有養父母或者離宗本家被送養，這背後的邏輯就在於，天機本身對父母之互動

		天同 (財帛)	武曲 (子女)
廉貞 (交友)			太陽 (夫妻)
		紫微 (父母)	天機 (命宮)

為無情之剋，會對父母批評及指教，即便不會也思想不合不討喜，然而父母宮座的主星是紫微星，紫微對天機當然是紫微強勢，否則他當什麼紫微。強勢如帝王既要自尊又要面子的紫微，當然無法容忍小孩晚輩一直對自己品頭論足，甚至管束說教，天機自然成了父母所有小孩中不討喜的一位，在古代小孩眾多的時代，子女少一兩人對家庭的影響不大，不討父母喜的天機，自然經常成了送養或過繼的首選。當然凡事總有例外，當命宮與父母宮之間的飛星互動關係為化祿或化科，沒有忌星破壞，則命主與父母的關係反能祥和而不至於彼此矛盾。

夫妻方面，天機的陰木生夫妻宮太陽的陽火，太陽為付出為能量，因此天機星之人對於配偶及情人會相當願意付出與照顧，但要留意如果夫妻宮的太陽為自化忌，或遭遇忌星破壞，那麼天機「陰木」的付出，就會變成如「陰木花道」一樣，萬般付出與心思卻可能換來50次告白被拒的輝煌紀錄。至於是否會因此奮發成為籃板王及籃球天才，那又是另外的後話了。同時太陽主男性，因此男命天機，老婆不論是否為男人婆，其性格多半都不會太像典型溫柔小女人，通常性格或外型較為中性，也可能較熱情或豪爽，夫妻宮星性組合較陽剛例如遇到化權時甚至會有爺們的傾向。這樣的傾向尤其以太陽居旺地為明顯。反之如果為女命天機，則夫星剛好入夫妻宮，因而只要太陽不失輝不被忌星破壞，配偶多半陽光有活力，或者有男子氣概，少有陰柔氣息。

子女宮方面，天機子女宮永遠有武曲，武曲之陰金剋天機陰木，是為無情之剋，加上武曲與天機皆是孤星，一個冷硬孤寡、一個曲高和寡，如此磁場將造成天機與子女交集少，兩者互動上也話不投機半句多，加上多數天機喜思考、喜分析、喜長篇大論，然多數武曲討厭長篇大論喜歡說打就打說幹就幹，一者喜思考、一者喜執行，也就造成雙方彼此氣場不合之狀況，這樣的情況除非兩宮之間的飛星互動關係為化祿化科，不然難以突破僵局。然而子女對於天機來說卻是雖然磁場不合，但卻也同時為命盤之一大關鍵的矛盾宮位，其原因在於，武曲為財星可視為命主的第二的財帛宮與財庫，也就表示天機之人，人生一大財源來自於子女宮，狹義子女為自己的小孩，廣義為下屬和學生。會有這樣的微妙關係背後的邏輯在於，天機善分析、善運籌帷幄，尤其以機梁的組合更為明顯，然天機善思考、善企劃卻因腦動得比手快缺乏執行力，此時就須靠部屬行動執行，方能績效卓越，就有如名軍師策劃上百條計策，如果沒眾多將帥士卒來執行，不過也就是紙上談兵。故天機人生之財富一半需靠子女方能致富。當然以上情況的前提條件是子女宮不能被忌星破壞，否則武曲的氣場變為化忌，反成災難有不如無。

財帛宮方面，天同水生天機木，天同只要不受忌，天機都能輕鬆賺錢或賺輕鬆之財，但如果天同受忌，賺錢就會變得格外勞心勞力。不過天同本身主福不主財，故即便是天同化祿也難成巨富，最多是收入不錯、賺錢輕鬆。話雖如此，在普遍血汗加班責任制的現代，也不失為一大優勢，畢竟終究命與健康比錢更重要。

交友方面，廉貞永管天機之交友，廉貞屬陰火、陰土、陰木，與天機生剋比旺皆有，也皆無情，也由於生剋比旺所有關係皆有，所以天機與眾生的關係特別複雜，一方面由於生的緣故要為眾生付出、一方面因剋的緣故又要以智慧教化眾生、又因比旺，人生中總能遇到想法相近的朋友，但因所有互動皆為無情，故而造成不管與眾生交情好壞，都容易缺少熱情、情份與互動，這也是天機為孤星的一大原因。也因為與眾生互動密切，天機也被稱作眾生星。因此，當天機化忌出現在財帛宮時，千萬不要與眾生賭博，例如投資股票、玩期貨、彩卷等等，因為眾生星化忌，膽敢和眾生玩賭博，保證你輸得一清二白兩袖清風。

▲天機座落人事相關宮位主該宮之人聰明

天機為思考、智慧之星，出現在與人相關之宮位，主該宮之人頭腦聰明，意即天機在命則多半命主聰明、天機在夫妻則多半配偶聰明、天機在兄友則兄弟、朋友、同事多半聰明，天機在子女則多半子女聰明。

雖然聰明一詞乍聽之下很正面，實則不然，同樣是智商很高，亦要看此人的聰明才智究竟格局是否夠大，小格局的聰明頂多善於投機取巧流於奸巧，同時小聰明者也多半只在意一己之得失，同時又因有一定聰明才智而剛愎自用。故一群有小聰明之人在一起共事，反而如一盤散沙各自為政，就有如倚天屠龍記初期的明教，左使與各法王、各路掌旗使誰也不服誰各自為政，導致光明頂差點慘遭滅教一樣。而這樣的情況又以天機受到忌星破壞更為明顯，例如假設有人子女宮天機化忌，那很有可能要不子女的事情讓命主非常頭疼，再不然就可能命主的子女們各個智商都高，然而彼此思想不合甚至衝突不斷如一盤散沙，更嚴重些還可能上演九子奪嫡。

▲天機在哪煩惱與變動就在哪

天機為思考，同時也主煩惱與變動，因此天機座落哪一宮就主煩惱在該宮，因此雖然上一段提到天機在哪個人事宮位，該宮之人多半聰明，但同時也表示天機在哪個人事宮位，你就會因為該宮之人煩惱，因此如果沒有化祿或化科相助，天機在夫妻表示因配偶而煩惱、在子女為子女煩惱、在兄友為兄友煩惱、在父母亦然。尤其遭逢忌星時更驗，甚至會因他們而牽腸掛肚食不下嚥。如果在父母宮，就很容易發生命主天天煩惱父母是否有按時吃藥、飲食是否適當、煩惱父母的病情是否會惡化、煩惱父母是否會被詐騙集團詐騙等，一堆掛心之事。如在子女，則可能因子女闖禍或發生事故給自己帶來一堆風波和債務進而天天被子女之事纏身苦不堪言，例如子女執意創業向父母要房向銀行抵押貸款，結果創業失敗，父母每天一醒來就要背負銀行的龐大負債終日愁容滿面就屬這種狀況。

又~天機同時也主變動，在事物相關的宮位就容易使該宮變動、流動，例如天機在田宅，容易搬家、換住所、出差，或是家裡容易有人寄住，又或者家裡成員流動性高，可能時而兄弟因念書而在外地居住、時而姊妹出差外派、時而有人搬家諸如此類。在財帛則手中之財富或金流容易變動，在官祿則工作容易變動或者即便工作穩定其工作內容也多半屬於需要腦筋轉很快的事務，如果沒符合以上之條件，則命主就可能身處於變動非常迅速的產業，例如高科技產業。

此外，天機所在之宮位也主當事人在該事物的智商超群，當然前提是不被忌星破壞，也就是若天機在官祿多半做事智商不錯、事業上也適合腦力型工作，而如果天機在財帛宮則命主的理財與賺錢智商多半不差，也適合靠智力賺錢。而天機如在遷移宮，天機本屬驛動之星加之又在遷移宮，如逢三化吉則越常外出外派越有利，但相對如果天機被忌星所破，則越常外出凶災就越嚴重。

至於身體健康方面，天機主要與肝膽、四肢、神經、腦相關，所以天機在疾厄宮多半與這些部位與組織多半較弱，也容易有相關之疾病，不可不慎。

▲善於計算的天機適合當軍師與副手

天機之人腦袋隨時都在計算隨時都在高速運轉，但想得多做得少，同時也因思慮周延所以性格謹慎不喜開創式冒險，然而主帥、雄主需要一定程度的冒險開創精神以及能夠積極帶領部屬衝鋒陷陣的能力，這些特質與生性嚴謹的天機恰好完全相反，所以天機適合做副手輔助主帥，也更適合運用其高超的思考計算能力替主帥出謀劃策成為出色的軍師，而不適合自己擔當主帥與領導。此外天機出色的思考能力，也適合走學術路線，成為擁有出色研究能力的學者。

但天機之人要特別注意「善於計算」用於正面的事物，可帶來有建設性的結果，然而如用於負面用途，則「計算」就會反過來變成「算計」，智慧也將變成「奸巧」。這也是為何雖然天機在斗數中為善星，但部份有關天機的格局卻以凶論的原因。

同時由於計算與盤算對於天機來說幾乎等於本能，因此天機對於身邊的人也會自然而然的在腦中對其評價一番，就連老闆主管也不例外，因而若公司內新來一位主管或老闆，天機在腦中就會對其分析評論一番，如天機認為主管及老闆能力平庸不配位，則天機會很自然心中對其嗤之以鼻，甚至有可能心生良禽擇木而棲的念頭，所以如果天機能穩定在你手下工作，表示多半你入了天機的法眼深獲肯定，或是天機經過多方思量盤算認為在你手下工作時機正恰當。當然這樣的特性也致使有些天機座命的人常換老闆。

就舉幾個三國時期的名軍師為例，首先是諸葛孔明，當初幕臥龍之名而想請孔明出山的君主不在少數，然這些君主都未入孔明的法眼，直到劉備以三顧茅廬的誠意加上匡扶漢室的偉大志向，才將孔明打動，進而答應為劉備鞠躬盡瘁死而後已，就連後來周瑜派其兄諸葛瑾說服孔明改投奔孫權，孔明也不為所動。

另一個將天機性格表露無遺的案例則是司馬懿，曹操第一次派人請司馬懿，司馬懿卻裝病推辭，第二次曹操火了，下令司馬懿不從就綁來上任，這次司馬懿則直接逃跑了，可是當曹操赤壁之戰大敗時，司馬懿卻主動上門毛遂自薦。司馬懿到第三次才主動求職的理由卻是他認為前兩次曹操派人請他時，曹操當時形勢如日中天，一片太平之下，頂多委以縣令之職，對他來說簡直大材小用，但如今曹操遭逢赤壁大敗，正是用人之際，此時求職才能求得足以施展抱負的職位。

司馬懿這一系列的佈局正將天機名軍師之盤算特質發揮的淋漓盡致，也正印證老師前頁所說天機之人要在一個老闆手下久待，除非如孔明般對其老闆打從心裡認同，再不然就像司馬懿一樣，經盤算後認為此時在這位老闆手下做事時機完全適合。

▲天機的星曜組合及特性

天機座命之人，外型上通常偏瘦、偏小，下巴從側面看都會略有突出，而如果天機座命的人外型特質與前述相反，趨向高大或高壯，那麼天機的星性與特質就將變弱，也就是瘦小的天機通常頭腦較聰明思考運作速度也快，高大的天機則略差一籌，但相對高大的天機專屬天機的缺點亦相對較輕。但不論如何天機本能性的習慣思考，也喜歡玩智力測驗、腦力激盪的遊戲。因此天機就算無法成為名軍師或頂級顧問，也定然是智力測驗高手。

然而，天機在不同宮位主星組合皆不同，受到其他星曜的影響，也會發生不同的化學變化。天機的星曜組合中，除子午、丑未、巳亥為獨座之外，其餘的星曜組合如下圖，寅申必為機陰、卯酉必為機巨、辰戌必為機梁。

天機 (巳)	天機 (午)	天機 (未)	天機 太陰 (申)
天機 天梁 (辰)			天機 巨門 (酉)
天機 巨門 (卯)			天機 天梁 (戌)
天機 太陰 (寅)	天機 (丑)	天機 (子)	天機 (亥)

▲天機太陰之星性分析

天機與太陰皆屬睿智之星，在命宮大部份的情況下命主多聰明睿智，只是天機與太陰兩者五行皆屬陰性，因此機陰之人屬於標準的腦力派而非行動派，先天也不屬於熱情洋溢或者活力十足的外向性格，逢昌曲更是滿滿的書卷氣，而逢自化祿或權時性格才略顯外向，否則大多時候都較偏內向，通常要和機陰的人相處久了才會對他們有較為深入的了解。此外天機會自然在腦中對他人分析評價，太陰則屬清直之宿，綜合以上兩點，機陰只要不被忌星所破壞或者遭逢凶星，機陰的性格都有一定程度的是非觀，對於令人不齒的人事物也會自然而然的心生不屑。故格局高的機陰在古代非常適合擔任御史言官。

同時，機陰之人左右兩宮分別為紫微、天府所夾，故而機陰之人所遇到的長輩主管及兄弟同事通常都比命主還強勢，機陰在群體中也多為意見追隨者或建議者，而非意見領袖，通常也多為顧問智囊或專業人員，而非領導者或老闆。但也由於紫府相夾之故，機陰之人通常對於自己想得到的目標，通常下定決心後就一定要得到。

▲天機巨門之星性分析

機巨的組合可說是天機所有組合中最為駁雜的一組，天機屬陰木，巨門屬陰水陰土加陰金，與天機既互剋又生扶，天機頭腦運轉快思維迅速，然巨門憂疑多、想法負面，兩者相加就容易形成機巨之人多疑且鑽牛角尖，天機卓越的思維能力都被用於負面的分析與猜疑，久而久之機巨之人的腦袋就成了負面想法與思維的聚集地，因而除非遇化祿拉抬，否則機巨就容易變成負能量負面思考的代名詞。而如果機巨逢化科拉抬，雖一樣有改善之功，但機巨本就容易鑽牛角尖，化科善思考善分析的特性仍會使機巨之人想得過多，因而化科雖能減少機巨的負能量，但對其鑽牛角尖的思考特質則改善有限。但如果遭遇化忌，那嚴重性則凶險無比，機巨的能量本就容易流於負面，加上忌星更容易將所有缺點更加放大嚴重化，故古籍對於機巨遭逢忌星取名一個凶格稱為「機巨化酉格」。

也因巨門化氣為暗之故，機巨之人性格多較為陰沉，有些機巨城府與心機也較深，對於機巨之人如要改變命運，老師認為最好的方法就是埋首研究投身於學術研究之中，因天機善思考巨門主分析憂疑，用於人事會有鑽牛角尖的缺點，然研究學問最需要的就是有能追根究底鑽牛角尖之精神，因做學問正是要能在不疑處有疑，甚至對於各理論環節多疑多鑽研，方能在許多當下認為理所當然的論點中研究出突破性的新藍海，正如過去人類都認為太陽繞地球轉是理所當然的觀念，但後來證明事實剛好相反，倘若沒有部分科學家鍥而不捨的鑽研質疑及實證，現代科學也就無法撥亂反正真相大白。

▲天機天梁之星性分析

古稱機梁善談兵，故天機天梁在命之人，善分析善高談闊論也善運籌帷幄，是上等的軍師幕僚顧問之才，天機天梁分座丑未兩宮時亦然，機梁同宮，天機受到天梁的影響變得較有老大作風，因而對於他人的評價已不限於內心品評，而會變成品頭論足，還容易喜對他人下指導棋或是認為他人的做法不合理，便想念上幾句或評論幾句，也因其善談兵，對於公司或團體中的議題與議案，總不吝說上幾分自己的見地或高明看法。不過天梁雖為老大星卻不適合帶下屬，故機梁之人如擔任主管帶下屬，反容易引來各種麻煩。甚至人累心也累。

此外，因機梁天生善談兵的特性，使得機梁之人辯才卓越或者口才一流，尤其以機梁化科更為明顯，機梁之人如化科或自化科在命宮或者在官祿宮，基本上都擁有瞎掰也能掰得非常順理成章之能力，甚至有時你明知道他在狡辯或胡說八道，卻偏偏鬼扯得非常有道理令人無法反駁。更甚如果工作表現不佳或績效不佳時，機梁之人總是能拿出一套超合理的說詞辯解，而且還辯解得入情入理令人無法反駁，這樣的情況在天機天梁分座丑未兩宮逢化科時亦然。所以機梁化科的上司主管有時會對於機梁要求改善其找理由推拖的習慣。

天機在斗數中稱為善星，天梁稱為蔭星，因此機梁之人如要有好運，需先以聰明才智幫助庇蔭他人，方能在日後受到他人之幫助與福報。故而古籍對於機梁之格局稱之為「善蔭朝綱格」。如此格局之人必然需教化眾生也需幫助眾生，積善方有餘慶。

▲天機是為宗教星

天機為孤星又為善星，其孤而深入思考的特質，使得天機非常適合走宗教這種思考身心靈、思考因果的學問，這也是天機之所以為宗教星的原因，除此之外，天梁同屬宗教星，所以機梁之人是所有天機有關組合中最適合走宗教路線的格局，尤其天機天梁，一者是善星要教化眾生，一者為蔭星要庇蔭他人，完全符合宗教度化眾生、勸人為善、幫助眾生的特質，好好運用將可造福廣大無邊的眾生。

除此之外，命理五術主要的目標也是幫助他人趨吉避凶教人改善缺點，也一樣要思考命主的生命與人生，所以天機一樣是五術星，一樣適合學習命理等五術，同理機梁之組合也是所有天機組合中最適合學習命理的格局。

▲天機運氣下滑的徵兆

天機主睿智，然而任何主星皆有行運下滑之時，天機在行運下滑時，主要會有幾種特點，由清而重分別為四肢無力、神經失調、諸事皆煩。

☆《太陽星之星性分析》

太陽星座命之人大多臉較大或較圓，有時略顯豐腴，如不失輝或逢煞忌原則上不會太瘦，而會偏向壯或有肉，女命如有昌曲在命或同宮有化祿或是化科則貌美清秀。太陽在寅宮到未宮是為得位，蓋因寅時至未時為白晝，太陽能量旺盛，申宮至丑宮則為落日斜陽乃至深夜，太陽在這些宮位則為失輝。同時女命太陽多半性格中性，遇權忌較容易變成男人婆，遇祿科則活力熱情，且給人感覺反而如火球少女活潑十足又開朗，在亮位更為明顯。

亮位的太陽活力十足、生龍活虎、外向活潑，像火紅的太陽般散播開朗活力和熱情，也古道熱腸樂於助人，同時太陽因其光明的性質，也主功名及名聲，並且喜歡對外展示光芒的太陽也愛面子、愛表現、好排場，例如太陽化權在命宮，如果又在亮位，則太陽展現光芒的磁場加上化權的主觀、與權令加持，就會形成命主愛表現或愛出風頭，像花枝招展的孔雀一般，甚至好排場或好大喜功。

反過來說，失輝的太陽能量遠遠不如得位的太陽，不論是活力、開朗度、外向程度都顯得黯淡無力，除非受到祿權科三化吉的拉抬才會較為改善。雖然太陽熱情熱心的個性，很樂於幫助他人，但失輝的太陽只能照亮他人照不亮自己，所以失輝的太陽經常是答應別人的事使命必達，但有關自己的事卻丟三落四無關緊要，此外由於失輝，此時的太陽做事或行善都是屬於默默的做，失輝的太陽答應完成一件事，表面上不會有太大的動作或反應，但實際上他私下一定盡心盡力幫助你完成。反之得位的太陽則不論自己或他人都能照亮，幫助他人的同時也能同時兼顧自己的事，而不會把別人的事擺第一自己的事則較隨意。

得位的太陽在任何一宮，只要不受忌，皆主該宮事物能量強或明顯，失輝的太陽則因能量陰暗，在哪一宮主哪一宮之人事物無力或較為隱蔽而不彰顯，命主本身也較不會對外人提起該宮的相關人事物，例如在父母宮則通常主父母一生對命主幫助不大，此外也可能與父母較為無緣無互動，尤其以父親更為嚴重，出門在外命主也不太會想和他人主動提及自己父母的事情。舉一反三，如失輝太陽出現在兄友、夫妻、子女也是同樣的道理。又因失輝的太陽有隱蔽、不顯的磁場，所以失輝太陽在命的人除非有祿權科相助否則一生都容易蒙受不白之冤，尤其如再與巨門同宮或互為對宮更會加重這方面的惡運。並且失輝太陽之人通常命盤中的太陰也一樣失輝形成「日月反背格」，一生不免勞苦，同時日月反背的人，也多容易成為夜貓子。

日月反背的人由於太陽太陰都失輝，故不免一生較為勞累辛苦，除非遇到三化吉來改善，不然披星戴月在所難免，但要化解這問題也不是沒有辦法，日月反背的人只要遠走他鄉，搬到和出生地有著八到十二小時時差的國家，或是搬到南半球就可豬羊變色化逆境為順境，其背後的科學邏輯在於，有著十二小時時差之地，晝夜陰陽的磁場與原本出生之地完全相反，故而失輝的太陽與太陰，到了當地反變成得位之日月，舉一反三，南半球的陰陽也與北半球互為相反，故能反轉失輝太陽與太陰的能量。

太陽為貴星，故主貴不主富，為官祿主因此相當重事業，但由於太陽重表現加上主貴不主富的磁場，相較於金錢太陽更重視事業的名聲、名望、名譽，因而富可敵國的武館館長與華山論劍天下武功第一之俠，太陽座命者多半較喜後者，同樣的年入百萬的小職員和年入八十萬的總經理，在沒有經濟困難或太陽失輝的情況下，太陽座命的人多半對總經理的頭銜職權與禮遇較有興趣。

此外太陽星有一定程度的正義感遇到不平的事也會說幾句，有如光明磊落的太陽一般，但如果是太陽化忌或者失輝的太陽，則因光亮不足導致陰暗隱蔽，故失輝的太陽內心的處事觀念或價值觀一定會有部份是可接受道德法律灰色地帶之處，甚至有時如果自認為最終目地正確，失輝太陽有時也可接受中途運用有道德爭議的手段來達成目標，當然這些狀況如果有祿權科相助，情形可獲得改善。

同時，太陽到處散布能量造福萬物，因而太陽又為公益之星，公益、捐贈、傳播都屬太陽的範疇，亮位的太陽在捐款、公益、義工這些方面的奉獻上多為主動積極，反之失輝的太陽則較被動溫吞，通常主動捐款的額度亦不高。

△太陽星主眼睛與玻璃（老師的個人創見）

略懂斗數的人都知道，太陽在身體部位與疾病方面，主心臟、血管、血液、小腸以及眼睛之相關疾病，在事物上廣播、傳播、能源、火熱之物、玻璃都屬太陽的範疇，小腸、心臟與血液用於輸送能量給全身，和傳送能量給萬物的太陽相符完全無違和感，廣播、傳播之散播資訊的特質也與太陽散播光和熱相同，能源與火熱之物更是和太陽的磁場完全相合，這些事物與太陽的關係都合情合理毫無爭議。

然而太陽主眼睛以及玻璃這兩件事，卻是長期以來懂斗數的人眾所周知，但卻沒有人能說得出所以然的一大難題。而老師秉持著「知其然必須知其所以然」的理念深入研究之後，終於破解這兩項論點，這部份也是老師個人獨一無二的發現與創見，現今公開，也希望能帶給紫微斗數界一大新突破。

老師破解這兩個謎團的靈感來自於「梅花易數」，在梅花易數中，只要有關甲殼類生物，例如螃蟹、龍蝦、烏龜皆歸類於下圖的離卦。至於為何梅花易數如此歸類，經老師思考推演後，發現關鍵在於離卦的特性為「外強中乾」，因為上下兩爻皆是陽爻，內部卻是虛弱的陰爻，而甲殼類動物的特性也都是由堅硬的甲殼包覆著柔弱的肉體，故而只要是「外強中乾」的事物皆屬離卦範圍。

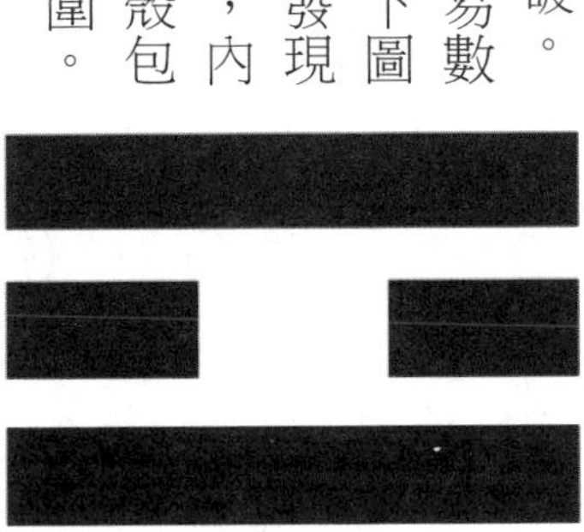

而太陽屬火，自然也會擁有五行屬火之離卦的特質，故外強中乾、有外殼保護的事物一樣與屬火的太陽有緣。因此回過頭來論證「眼睛」的特質就可發現，眼睛有著「眼皮」這類似於外殼的東西保護，就如同甲殼類動物有外殼保護一般，故可推論眼睛屬火可歸屬於太陽，進而觸類旁通論證，在事物中太陽也代表眼鏡，因為太陽主眼睛，眼不好的人多半會戴眼鏡，同時眼鏡可視為保護眼睛的一層外部甲殼，因此太陽亦主眼鏡。而玻璃之所以歸屬於太陽則是由於其外強中乾的特性，玻璃表面上硬度非比尋常，甚至連鋼刀都無法在玻璃上造成任何刮痕，然而看似堅硬無比的玻璃實際上卻脆弱無比，隨便往地上一丟就立馬碎裂，完全符合屬火之離卦外強中乾的特質，而這就是玻璃之所以被歸屬於屬火太陽的根本原因與邏輯。

同樣的，懂得舉一反三思維敏捷的讀者大概會想到，同樣歸屬於離卦的破軍是否也會有類似的磁場，這問題的答案老師認為是肯定的，因此進一步衍申論證，破軍納離卦五行又屬水，綜合這兩項特質，老師認為破軍在事物及環境上還可代表水產店、海鮮料理店、魚市場，理由在於蝦蟹這類甲殼類動物既符合了破軍納離卦的特性、水生的特性又符合了破軍屬水的特質，故海鮮等相關事務才與破軍磁場最為相合。

同時太陽又代表能量，故太陽的強弱將反應人的精力與氣血旺衰，因此先天太陽受忌星破壞或在失輝之位的人，一旦走到會使太陽化忌的行運，或是太陽在大運疾厄宮受忌星破壞，都容易精氣神不足、活力不足、氣血能量有待加強。

▲太陽星的星盤結構

太陽在命宮的人，其星盤結構如圖，武曲永在兄弟、天同永在夫妻、廉貞永在疾厄、紫微永在田宅、天機永在福德。而有些讀者一定納悶為何老師每個主星講解星盤結構時，都不將雙星組合列出，例如下圖太陽在酉宮應該與天梁同宮，為何沒列出，老師會這樣列，主要是因為星盤結構只討論每個主星固定不變的組合架構，因而不討論會因宮位而改變的其他星系之主星。

言歸正傳，在兄弟方面太陽的陽火剋武曲的陰金，因此太陽對於其兄弟會嘮叨會勞心，但其目地卻是真心為兄弟姊妹好，也會熱心甚至雞婆去管兄弟或同學同事的事情，然有時也

		天同 (夫妻)	武曲 (兄弟)
廉貞 (疾厄)			太陽 (命宮)
		紫微 (田宅)	天機 (福德)

要注意散播熱力的太陽固然會讓人感到溫暖，但有時太陽的熱力大放送過於熱烈或頻繁，反而會讓對方感到無法招架乃至燙傷，這時就要千萬留意。尤其太陽座命的人看到不對及不平的事情，會毫不遮掩直言指出他人的錯誤，就像太陽以其光芒照亮他人的汙點一般，所以太陽很有直諫敢言正義之士的架式，但也因此容易招親朋好友的詬病，因為現實中沒幾個人有雅量能忍受被人當頭指出錯誤。

夫妻感情方面，太陽本身具男子氣概或大男人主義，加上夫妻宮中的天同為福星，有享福之福份，所以太陽對於感情與另一半的態度經常為只要配偶能宜室宜家在家相夫教子，足夠賢慧則不用出去工作也沒關係。當然如果在經濟情況不容許或是受到忌星破壞，太陽的配偶就不得不硬著頭皮出外打拼了。另由於天同陽水對太陽為無情之剋，故夫妻二人的互動通常較為冷漠，或是互動少彼此的助力也有限，這樣的狀況除非兩宮之間有化祿化科的互動，方能較為改善。

身體疾厄方面，廉貞永管太陽之疾厄，廉貞豐富的屬性使得太陽骨子裡有一定程度的才華天份或聰明才智，然太陽屬火與心血管有關，廉貞亦屬火也與心臟有關，所以太陽一生與五行為火的疾病非常有緣份，尤其特別需注意心臟、血管、甚至是身體陰陽失調的問題。同時以中醫的角度分析，血乘載身體之氣，因此太陽之人一旦行運受忌，或是大限四化使得廉貞受忌星破壞，都要注意氣血的問題，都容易發生精氣神不足更甚出現早衰的現象。

除此之外，在田宅方面，紫微永管天機之田宅，紫微主高大上，紫微入哪個與事或物相關的宮位，則該宮位的事物就容易高大上，故紫微在田宅表示天機之人所居住的環境四周很容易有高樓大廈或者高級建築，再不然也會生活在海拔較高之處，抑或可能一生所居住的地方如沒有前述狀況，也可能附近有當地的最高政府單位或是當地房價較高的建案。同時太陽之火生扶紫微之陰土，表示太陽之人對於家庭的情份不錯，也願意替家庭付出，故太陽之人通常要不顧家，要不出嫁以後仍對娘家照顧有加，太陽的男人成家後即便另立小家庭，對於自己的老家也不會棄之不顧，當然這一切的前提在於田宅宮沒被忌星所破壞。

接著，太陽的福德永為天機所管，因此太陽的內心深處是變動的、是忙碌的，內心也很難閒下來，如果再逢忌星，納內心將操煩無比，也容易無法輕鬆而不得閒。不過天機之陰木得以來生太陽之陽火，因此太陽之人只要多種福田、廣結善緣、多行善事，則福報將源源不絕的滋養自己的命運。

▲太陽的能量會隨著行運而有所改變

最後，太陽的一大關鍵秘密在於，太陽與太陰的能量皆會隨著大運而變動，比如太陽在子宮走順行運之人，雖然出生時太陽位處失輝，然而隨著大限運的推進，到了第三大限時太陽的能量也相當於順行到第三宮位寅宮，自此太陽之能量走向光明，可說否極泰來，太陽對命主就可謂先苦後樂，反之如太陽在午宮走順行運到第三大限起，太陽能量將明顯下滑後繼無力，可說由盛轉衰。

這樣的情況也同時會反應在體力精力與男人味上，因太陽主男性，故失輝之太陽可因行運轉換使太陽走向亮位而越來越有男人味或男子氣概，例如太陽在子之人順行運走第三大限開始將越來越有男人味或男子氣魄，反之上一段所說太陽在午走順行運的人，則男子氣概與男人味第三大運起日趨下滑。

▲太陽的能量亦取決於季節與出生時間

太陽的能量除了取決於座落的宮位之外，也決定於季節與出生時間，春夏出生的太陽能量自然強於秋冬出生之太陽，日正當中出生的太陽能量亦強於三更半夜出生的太陽，因此如果一個人命盤中的太陽處於失輝的宮位，然而此人卻是白天出生而且出生季節為夏季，那麼對其失輝的太陽則有加分之作用，使得失輝帶來的缺點能獲得一定程度之改善，反之如果一個人命盤中的太陽雖處於亮位，但是此人卻是在黑夜出生而且出生季節為冬季，那麼命盤中太陽星的能量同樣大打折扣。

▲太陽星相關之雙星組合

太陽在辰巳午三個能量最強的宮位為獨坐，而在丑未必與太陰同宮，在寅申必與巨門同宮，而在卯酉宮必與天梁同宮。除了丑未兩宮之外，其他兩組雙星同宮的組合在亮位能量必定比在失輝暗位來得強。

▲太陽巨門之組合

巨門為暗星，太陽為亮星、自信之星，因此太陽與巨門同宮如不被忌星所破，太陽將可驅散巨門的負面思維、不自信與黑暗面，使得雙方的星性相輔相成，太陽得到巨門的口才與分析能力，巨門得到太陽之正能量與自信，因此巨日同宮的組合可謂陰陽並濟，命主表現得當、又口才傑出，分析能力強又社交能力佳，可說是能說會道的社交高手或表現出色的專業人才。但這樣的情形只出現在巨日在寅宮的

太陽 (巳)	太陽 (午)	太陽 太陰 (未)	太陽 巨門 (申)
太陽 (辰)			太陽 天梁 (酉)
太陽 天梁 (卯)			太陽 (戌)
太陽 巨門 (寅)	太陽 太陰 (丑)	太陽 (子)	太陽 (亥)

時候，其因在於寅宮的太陽為旭日初升之陽，故而俱備驅暗之能，但申宮之太陽為落日斜陽，能量已是強弩之末，故驅暗之功有限，除非有祿權科三吉的優化，否則申宮的巨日乏善可陳頂多一般，同樣的情形亦發生於太陽座落巳亥之時，太陽在巳亥對宮遷移必為巨門，同樣需考慮太陽是否失輝的狀況，如果一張命盤的太陽在失輝之位、巨門反在亮位則稱之為「名暗反背」，命主將更辛苦，遭遇之人生挫折更多，因此太陽與巨門的組合以太陽在巳、巨門在亥最為理想，因為這樣的組合不論太陽或巨門都明暗得位，陰陽互補，亮位的太陽可直接照亮亥宮暗位的巨門，巨門亦因在暗位而得以顯現其特長。而失輝的太陽由於光輝暗淡，因此本質上會有很多地方與暗星巨門相像，這也是失輝的太陽為何會見不得光、隱蔽不喜公開曝光的原因。同理巨日組合以太陽在亥、巨門在巳最為悽慘，因為太陽處於極失輝之位、巨門又在極亮之位，明暗反背最為嚴重，太陽最為無力，巨門的缺點也大幅增加，同時亥宮屬水又剋太陽之火，巳宮屬火酉與巨門之水相剋，造成太陽驅暗無力的情況雪上加霜，因而巨日在巳亥的人一生多辛苦也多阻礙。

◎太陽不論成敗都主大起大落

由於太陽在一天之中明暗變化迅速，可在一天之中鼎盛普照熱極一時，也可在幾個小時後日落西山一片黑暗，因此太陽入哪個宮位皆主該宮人事物的運氣容易大起大落，例如太陽在父母宮、命宮、官祿宮若論讀書及考運，假設流年也正逢太陽星在流年盤與唸書相關之宮位(例如流年父母、命宮、官祿宮)，則該年之考運將不是大好就是大壞，例如老師在剛研究紫微斗數時，有個朋友剛好在庚年要考升高中的考試，這位朋友為太陽座命，剛好庚年又是太陽化祿，於是老師當時就斷定這位朋友最終的成績不是大好就是大壞，結果放榜時果然跌破大家眼鏡，因為老師這位朋友最終放榜成績竟然遙遙領先跟他同班每次模擬考分數都略勝他一點的兩位同學，且足足贏另位兩人二十分之多，令其他兩人都直呼不可思議，因為這樣誇張的領先在國三時的六次模擬考從來沒出現過。甚至幾乎每次這位太陽座命的同學還都小輸其他兩人一籌。

▲太陽天梁之組合

太陽與天梁在卯酉必為同宮，兩者以在卯為佳，陽梁在卯宮的格局稱之為「日照雷門格」，為何稱為日照雷門，其因在於卯為東方為震卦，震在八卦中又為雷，故稱之日照雷門格，由於旭日東昇一片光明之故，日照雷門的人多人生順遂，大多也出生於富裕之家，在酉則由於太陽失輝而有所不順與缺憾，而太陽與天梁的組合如果三方四正再遇「文昌或文曲」外加「化祿或者祿存」，就能成就所謂的「陽梁昌祿格」，古時稱陽梁昌祿為狀元格，謂之「傳臚狀元第一名」，主要在於文昌主考試、太陽主功名兩者相加必然功名傑出。在現代，即便不走科考路線，亦能在專業領域出類拔萃、領先群倫。

▲太陽太陰之組合

太陽與太陰一者為陽、一者為陰，彼此水火相剋，然又為有情之剋，同時有陽有陰的組合使得日月在命之人得以剛柔並濟，不論思考及性格都由於陰陽相加之故而得以中庸，故而日月在命之人思考通常較為中庸而不極端，但也因此日月在命之人在他人眼裡想法異於常人，這樣的狀況其實並非日月在命之人的問題，而是在於社會上能做到中立、中道看待事物的本就是少數人，也正如政治上偏藍與偏綠的選民佔絕大多數，真正能就事論事客觀公平看待政治的中間選民則少之又少。

且由於日月在命的人同時具備陰陽兩屬性，也因此日月座命之人腦中經常會充斥多種思考與想法，有時候甚至彼此互斥在腦內上演天使與惡魔之思想混戰，同時太陽太陰的組合座落於丑未兩宮，在丑則太陰得位太陽失輝、在未則太陽得位太陰失輝，因此日未做命在丑者太陰性質較為明顯，故行為舉止會較為文靜，而丑宮的太陽由於失輝太陽之火又生丑宮之土故而能量大損再無精力，相較於未宮的日月組合，就會顯得活力不足體力精力也較差。反之日月在未宮之人，相較於丑宮的日月，太陽得位，因而活力較為旺盛，亦較為開朗健談喜表現，但也相對由於太陰失輝而較丑宮的太陰少了幾分睿智和冷靜。故日月在命之人總會有所得必有所失，很難兩全其美，不過遇祿權科時可收水火既濟之效，但遇忌星時就會變成火水未濟陰陽失調。

由此延伸舉一反三，太陽太陰同宮如出現在其他與人相關的宮位，例如兄友、子女、父母這類宮位，在不考慮四化的情況下，丑宮的太陽太陰的狀況主該宮之人女性強於男性，換言之未宮的狀況為男性強於女性，譬如某人的子女宮為太陽太陰之組合，如他的子女宮在未宮，則十之八九兒子比女兒優秀或強勢，再不然也較好運。其他人事相關宮位亦然。但如果出現在夫妻的話，以男人的角度，如太陰得位妻子較有女人味也較為溫柔或賢慧，但如果是太陽得位，則妻子性格中性能文能武能動能靜，但相對也少了幾分女人味。以女人的角度，太陽得位丈夫有男子氣概又不會是個老粗，太陰得位的話，丈夫就會比較秀氣斯文些。

▲太陽在午為麗日中天

太陽在午宮時，由於午屬火又是太極中至陽之處，而午時也是日正當中、烈日當空之時，此時的太陽能量最強，故稱「麗日中天格」，結合前幾章老師提到午宮為獅子座的特性，午宮的太陽能量最強、最自信也最有架式，太陽也是最能發揮獅子座雄風的一顆星，故午宮的太陽熱力四射閃耀無比。

▲從「紗南」和「櫻木花道」看太陽化祿與化忌

「玩偶遊戲」與「灌籃高手」是七八年級生小時候的經典動漫回憶，而這兩部經典動畫的主角「倉田紗南」和「櫻木花道」更是完美詮釋太陽化祿與化忌的性格及特質。

以老師的觀察與分析，紗南屬於典型的太陽化祿性格，而且是亮位的太陽化祿，尤其與太陽在巳宮遷移亥為巨門這個星性組合最為相配。反之櫻木花道則是典型亮位太陽化忌的代表，而且也恰巧為巳宮太陽化忌、亥宮巨門的命盤組合，兩者恰巧為一正一反的對比教材，那麼究竟兩者身上有哪些太陽四化之特徵，老師就先從紗南的部份說起。

◎太陽般熱力十足的紗南

化祿本就開朗、樂觀、活力十足，加上熱情

（玩偶遊戲主角 - 倉田紗南）

(圖片引用自網路)

的太陽更是熱力大放送、生龍活虎，因此有看過玩偶遊戲的讀者都知道，紗南天生活力十足三不五時就帶動唱、手舞足蹈，當老師第一次看動畫時心裡的第一想法就是—「真是聒噪的女生」，然而雖然紗南動力十足讓人覺得有點吵，但他的動作和表現總讓電視機前的觀眾感到好笑莞爾而不會討厭反感，正是由於太陽主表現而化祿又主正能量，所以有化祿的紗南表現給人的感覺才會是活潑可愛、有朝氣活力，活脫是個熱情的火球少女，即便話多但觀眾也不會反感。而又因太陽主表現又在亮位加上對宮有巨門，巨門主口主說話，所以紗南才會經常喜歡表現，沒事就來首帶動唱，然後話又很多，正是因為太陽在亮位外加對宮巨門的緣故，但由於他的太陽為化祿所以雖然表現力十足，卻很討觀眾喜歡，而不會讓人有愛現臭屁、愛出風頭的負面觀感。也因為紗南太陽座命，因此雖然外型漂亮但性格比較大而化之，儘管不是男人婆但也沒有一絲溫柔小女人的感覺，也沒有纖細文靜的柔弱氣質，對於男性同學也都能稱兄道弟般的交流來往。

同時能量強大的太陽正義感也高，向外放射滿滿的正能量照亮不法與不合理的事物，所以玩偶遊戲一開始的劇情就是紗南班上的孩子王羽山秋人天天帶頭和一群同學搗亂破壞班上秩序並欺負老師，而第一個站出來挺身對抗羽山的人就是紗南，而後紗南也終於在跟羽山的對抗中獲勝，成功使班上秩序恢復正常，而這一切正是因為太陽在亮位的紗南有著太陽如火的熱情與正義感，因此太陽在亮位的人許多都是古道熱腸且會見義勇為之士，熱心且也會管主動閒事。

同時太陽的兄弟宮永為武曲，火熱的太陽會剋武曲之金，但為有情之剋，所以太陽座命的人會去管自己兄弟或同學的事，也會為兄弟和同學的事而操心，這特點在紗南跟羽山的互動上展現得一清二楚，看到這各位讀者可能會想問—「難道羽山的性格等於武曲」？而依老師的觀察與分析，沒錯，羽山的確等於武曲，因此羽山的部份老師留待下一節講解武曲時進行分解。

紗南跟羽山一開始基本為敵對關係互相仇視。然而，紗南卻在羽山不再搗亂秩序後，反過來主動關心這個仇人的狀況，一開始先是擔心羽山會因心中滿滿全是負能量跑去自殺，整天跟著羽山以防他尋短，之後更為了羽山的事去調查導致羽山性格充滿負能量的原因，甚至上羽山家做家庭訪問，最後得知羽山性格扭曲的原因在於，羽山的母親在生羽山時難產而死，因此從小姐姐就開口閉口總罵羽山是惡魔，而羽山的父親對這樣的情況也漠不關心，才導致羽山心中充滿負能量進而在班上搗亂洩憤。知道這一切來龍去脈後，擁有太陽星熱心管事性格的紗南，馬上就找到了羽山的父親和姊姊，並當面訓了他們一頓，並且為了羽山，紗南還特別演出一部偶像劇，而她在劇中正是飾演從小導致父母重病而被家人整天叫惡魔的小女孩。同時紗南還交代羽山的家人務必看完偶像劇後將心比心，想想羽山內心的感受。而這一段情節更是將亮位太陽星的特質展現得淋漓盡致，因為太陽座命之人見到不合理及錯誤之事，會直言不諱的指出及批判，太陽越在亮位則越明顯。這也是為何紗南敢於管朋友的家務事，又敢於當面指出同學家人錯誤的原因。

最後在紗南的努力之下，羽山的父親在被紗南當頭棒喝之後，終於了解到問題的嚴重性，最後親自把在外不想回家的羽山接回家，從此羽山家的氣氛也終於一片和樂，羽山對紗南也在這時徹底改觀。而除了羽山，紗南太陽星對朋友的仗義相助，也反映在見義勇為處理同學小剛的父母離婚事件，以及其他同學被霸凌的事件，每每同學有困難第一個熱心熱情相助的也是紗南。

而紗南跟羽山的互動也非常巧妙的展現出太陽與武曲的互動狀況，由於太陽火剋武曲金是有情之剋，所以太陽對武曲的互動出發點都是為了對方著想，也就造成紗南即使一開始跟羽山互為對頭，但卻會為了羽山好而去管羽山家的事，但也因為兩者關係為剋，所以即使後來兩人成為好朋友，紗南跟羽山的互動總少不了互相吐槽以及紗南總會主動去管羽山、煩羽山，這也是為什麼在動畫中，經常可以看到紗南拿玩具槌槌羽山的畫面，

最後，依老師觀察紗南除了屬於太陽在命巨門在遷，且為亮位化祿的條件之外，命宮或遷移宮還擁有文曲加持，因為文昌文曲有增加顏值之效，而文昌主正統學術、文曲主才華才藝，而紗南正好屬於才藝優秀但課業普通的類型，外加她的顏值又高，因此很明顯為文曲在命宮的特質。

◎十足展現太陽化忌缺點的櫻木花道

太陽主表現，如同光芒四射的火球到處表現光亮表現熱能，當太陽化祿時表現出來的言行舉止及行事作風都是正面與正能量居多。然而一旦太陽化忌時，就容易該表現的不表現、不該表現的偏表現，展現出來的行為舉止也都是失當居多。同時太陽又主脾氣，故亮位又化忌的太陽發起火來就有如火山爆發般猛烈無比。

而櫻木花道就是將太陽化忌特質表現得最為淋漓盡致的一號人物，他與紗南完全相反，紗南是太陽化祿在巳宮巨門在亥，櫻木花道也是太陽在巳但卻是太陽化忌而非化祿。這樣一來就產生了決定性的差異，由於化祿的緣故，紗南的表現各方面都很受人歡迎，但櫻木花道卻常惹火別人。

首先，由於太陽主表現，所以即便是化忌，

（櫻木花道）

(圖片引用自影片)

櫻木花道的太陽在巳是為亮位，所以也一樣愛表現，然而亮位的太陽喜展現，但偏偏卻化忌，因此太陽愛表現的磁場就轉變成負面的愛現愛炫耀、喜歡耍帥又自大，例如動畫前期的一段經典劇情，赤木隊長要櫻木學習帶球上籃，結果櫻木一拿到球就馬上暴走，大喊：「在晴子面前怎麼能漏氣呢？誰要學小人物上藍，當然要來個帥氣的灌籃！」，於是立馬起跳準備灌籃，結果赤木一氣之下直接拿球砸翻櫻木，而會有這樣的表現就是來自於亮位太陽愛秀愛表現的特性，但偏偏化忌，總會不該表現的偏偏表現。

此外，由於櫻木花道的太陽化忌沖的是對宮遷移宮的巨門，而巨門主口，這也造成櫻木花道在說話的表現上，也容易該說的不說、不該說的偏偏說，例如櫻木除了經常自稱天才外，還曾叫自己的隊友廢物，甚至跑到敵方隊員面前一副趾高氣昂的樣子，揚言一個人要把對方全部打倒，甚至還喜歡一下叫隊長大猩猩、叫海南隊隊長為老頭、甚至直呼翔陽隊選手兼教練的知名人物「候補球員」。而最令老師印象深刻的一個橋段就是當籃球隊的四位主力球員因考試不及格面臨無法參加全國大賽時，隊長赤木出面替櫻木、三井、流川、宮城拼命向老師們求情，希望老師們能再給他們補考的機會，然而這時櫻木花道竟很白目的說出：「大猩猩，你幹嘛這麼低聲下氣啊」？這下赤木的理智線瞬間斷裂，抓著櫻木痛扁，大喊：「混蛋，你以為我是為了誰啊」。而這一系列的失言演出正是太陽化忌沖巨門的最佳寫照。

在行為舉止上，櫻木更是常有失當及出格的舉動，例如經常捏教練的下巴，還經常跑到敵隊球團跟對方吵架，甚至還用手刀劈對方教練的頭，就連在球場上也常上演一連串誇張令人瞠目結舌的犯規動作，以致於被稱作神奈川退場王。這一系列失言失當的言語及行為表現，正是由於太陽化忌，不該表現的都一一如陽光般放射出來，偏偏太陽又在亮位，故而失當舉止與失言就如熱烈的陽光般大力放送。此外，太陽主脾氣，所以當化忌且又在亮位，則發起脾氣相當火爆，這也是為何在漫畫裡，經常可看到櫻木花道發飆眼睛冒火，甚至經常動不動就發飆給人一記頭槌的狀況。

同時由於化忌具備極端的特質，太陽又主體力和能量，所以太陽在亮位化忌之人，有極少數的人體力極好，而櫻木花道就是屬於體力與精力極好的那一型，然而太陽化忌在命的人要特別留意一大重點，就是太陽主心血管，因此如太陽化忌在命而常發脾氣，心臟就容易變差，這點必須特別留意。

◎太陽化祿與化忌在暗位時的表現

前段提到的紗南和櫻木花道，一個是太陽化祿的代表、一個是太陽化忌的寫照，然而部份心思細密、思維敏捷的讀者一定會想問我：「大師，你舉的例子都是太陽在亮位時的案例，那如果同樣是太陽化祿及化忌的條件，但所處宮位是暗位，那有什麼差別」？

如果書本前的你思考到這點，表示非常難得，研究學問就是要能對於不同的差異條件加以深入分析，方能得到最完美的論證，而不會流於模稜兩可。

那麼首先，同樣是太陽化祿但是座落於暗位，譬如反過來太陽在亥宮化祿、巨門在巳宮與先前的例子有何區別呢？分析的關鍵就在於，化祿主樂觀、太陽主表現，故太陽化祿在亥宮的人一樣樂觀也同樣算開朗，但由於暗位的太陽比較內斂也比較靜態，所以無論是愛表現、活潑與活力都會遜於太陽化祿在巳的人，給人的感覺幾乎可說是太陽在巳宮化祿的人之能量直接除以二甚至更低的感覺，但由於是太陽座命，故其樂觀、活潑、精力終究還是會比一般人高。同時，由於巨門在亮位、太陽在暗位形成明暗反背，因而暗位太陽的自信心也比較不足、也較容易壓力大或緊張。在人生的過程中也會比亮位化祿的太陽更為辛苦些。

至於太陽化忌在暗位又會是何種狀況呢？同樣拿太陽在亥宮來論，此時由於太陽已失輝無法照亮巨門，偏偏又逢化忌雪上加霜，因此太陽化忌在亥的人除了具備原本該表現的不表現、不該表現的偏偏表現之特質外，一生還比太陽在亮位更容易蒙受不白之冤，也容易被人栽贓陷害或犯小人，這是由於巨門是法律星更為是非星，太陽的失言及失當形象很容易替自己吸引到敵人，加上在暗位化忌，更會讓巨門負面與是非的磁場得不到化解，因而容易被人陷害而蒙受不白之冤。而太陽如果是在亮位化忌遇到巨門則遇到的麻煩大都屬明槍，而非暗箭或陷害，就像櫻木花道所遭遇的不順，大多是明明白白無可抵賴沒有冤枉爭議，例如每次的犯規都是明顯的錯誤行為，然後被隊長揍也都是明擺著行為失當，而不存在被誤會或被栽贓的情況。

此外太陽化忌在亮位的人發起脾氣來很火爆，但如果是太陽忌在暗位的人由於太陽失輝，所以反而很少發脾氣，甚至常將脾氣與負面情緒往自己肚裡吞，此外由於多數的太陽內心正直且樂於為他人付出，因此太陽在暗位化忌之人多數內心也是正面的，只不過因為太陽化忌的磁場，因而表現出來的行為和言語都比較容易引來負面觀感，所以太陽化忌在暗位的人經常在被人討厭時，內心會覺得其實自己人很好，只不過那些討厭自己的人不了解真正的自己，也因此天性善良有正義感的太陽星，由於在暗位化忌之故美好的一面經常旁人都無法得知，所以如果你身邊有個暗位太陽化忌之人，則很有可能發生，平時看他都覺得此人很討人厭，但某天在不經意的情況下看到他寫的私人日記，看完並了解他的內心之後，反而對他完全改觀，才知道原來他是個這麼好的人。

一樣舉一個動漫的例子來解說太陽在暗位化忌的狀況，在「王牌至尊」這部漫畫裡，主角國光曾講到他國中時遇到一位讓他印象深刻的老師，他說以前國中時，他的班導總是打人打得很兇、也經常訓人罵人，有次當他被班導打一頓後相當氣憤，想說跟蹤班導找機會還手報仇，但當他跟蹤班導時卻看到班導走進了保健室，接著他就聽到保健室的護士說：「老師啊，你怎麼又把碎玻璃握在手中，你這樣遲早手會廢掉」。這時他們的班導卻說：「身為一個教育者，我打學生是為了教導他們，是為了他們成器，而不是虐待他們，唯有在打人時手中握著玻璃，才能藉著疼痛提醒我，要教孩子但千萬不能打傷孩子們」。國光聽到這裡，才知道原來長期以來他都誤會班導，以為班導就是個愛打人虐待人的老頭，知道真相後的國光才感到慚愧，並發自內心尊敬他的班導。而這位班導正是太陽化忌在暗位的最佳範例，表面上表現出來的都是令人反感的所作所為，偏偏失輝的太陽又無法傳達他們內心正能量的想法，以致於常被人誤會誤解，但其實在他們那些看似失當的言行和舉止之下，所內藏的卻是正面與光明的內心。

當然這樣的狀況指的是一般沒有受到煞星破壞的太陽，如果命遷與太陽忌及巨門在一起的多為羊陀火鈴、天刑那就很可能連內心也未必充滿正能量。此外，由於巨門主壓力與負面，如又遇太陽失輝又化忌，則命主容易壓力爆棚，因此太陽在亥、巨門在巳逢化忌這樣的情況通常容易壓力暴表，也容易作息日夜顛倒或者熬夜，甚至可能需要靠安眠藥或身心精神之藥物方能得到一夜好眠。

而前述這幾段的特質一樣會發生在太陽巨門同宮的組合，然而由於太陽巨門同宮的寅與申比起巳亥兩宮，並不像巳接近極陽，也不像接近極陰，寅申反而皆處於陰陽中庸之位，所以相對表現出的特質並不像巳亥時那麼極端，而會表現較為中庸。

☆《武曲星之星性分析》

武曲為將星，又為財星納乾卦，五行屬性為陰金，金為冷為硬，因此武曲座命之人骨子裡多半有不服輸的性格，因而許多武曲經不起激將法的搧風點火，同時由於武曲屬金，因而秋天出生的武曲擁有的武曲相關特質最為明顯，但這也意味著武曲的優點獲得加乘的同時缺點也加乘。一般大部分的武曲身材中矮、聲音宏亮、精力也旺盛。同時額頭容易擁有角額的特徵，並且方臉居多。

另外武曲由於是冷硬孤寡之星，所以大多數的狀況下話少或不善表達，反應也不會太熱烈，或者不太會閒聊，身邊的朋友也不算多，因此武曲最適合入財帛與田宅，正好讓財星適才適所，入命雖然主財，但也同時要承擔孤寡的磁場。

	廉貞 (財帛)		
(遷移)			天同 (兄弟)
			武曲 (命宮)
紫微 (官祿)	天機 (田宅)		太陽 (父母)

武曲的父母宮永為太陽星，太陽之火剋武曲是為有情之剋，因此在不被忌星破壞的情況下，武曲的父母至少總有一人，或是武曲總會遇到幾位願意花心思在武曲的教育或者想把武曲教導成才的師長，也會去管束武曲，且出發點是為了武曲好，太陽也願意將滿滿的陽光投射在武曲身上，但如果武曲座命之人所遇到的太陽為化忌又為失輝之位，則就容易變成和父母無緣，或者父母單方面自以為自己的管教對武曲好，但實際上經常助力不大，更甚該協助的沒協助，不該管的偏偏都做，而害了武曲，使得本來的有情之剋變成了實質倒打一把的致命之剋，讓太陽父母非但無力幫助武曲，反而因自己的作為而拖了武曲的後腿。但若太陽在亮位或者遇到三化吉，則父母將會是武曲一大有力後盾。在不受忌的情況下家中長輩也多半挺武曲。

在兄弟互動方面，武曲陰金生天同陽水，表示武曲對於兄弟稱得上有義氣，對待同學基本也不差，多數時候對兄弟或哥們都有情有義，然而社會上的人並非每個人都懂得知恩感恩，所以如果武曲的兄弟宮為天同忌或是兩宮的互動為化忌，則容易發生武曲對兄弟或夥伴好，但兄弟與夥伴不知恩，讓武曲有對方忘恩負義、不知感恩之不平。

金錢方面，武曲本為正財星所以賺錢點子不少，而廉貞永管武曲之財帛，廉貞的睿智與才華洋溢，形成武曲在理財及賺錢方面的才華出眾也經常有賺錢點子，因而多數的武曲都會接觸許多本業之外的投資或者賺錢副業，例如基金、股票、房產、虛擬貨幣等等，甚至開發其他斜槓副業增加自己的收入，而不限於自己本業之收入，同時武曲的理財智商也相對較高。就拿老師在上一集所提到三國武曲座命的典型人物曹操當例子，曹操的本業是諸侯軍閥，然而曹操除了自己攻城掠地所得的財源之外，為了籌措龐大軍費，除了本業之外，曹操另外一個斜槓副業就是「盜墓」，別懷疑！曹操就是靠挖人墳墓盜取財寶作為自己的一大收入來源。甚至為了開源節流曾頒發禁酒令以節省糧食之消耗開支，故魏國之所以在三國中資源最為豐富，一大原因也歸功於曹操極高的理財智商且進財點子多。同時廉貞主作業程序，因此武曲也善於建構一套屬於自己的獲利模式，而商場如戰場，以曹操來說他所建立的商業獲利模式就是「挾天子以令諸侯」、「唯才是舉以抗世家大族」以及「遷外族以為己用順勢削弱邊患」。

官祿方面，武曲的官祿永為紫微所管，因此武曲的工作能力及事業力在其專長的項目通常表現傑出頂尖，很容易成為一領域的魁首，且不論武曲實際上是否真的能力技壓群雄，因有紫微在官祿宮皆自認高人一等鶴立雞群，這樣的情況尤其以武曲在辰戌兩宮時最為明顯，因為此時官祿宮一次會集紫微天府兩顆帝王星，故而經常在工作或事業上有出色表現，並常自認自己鶴立雞群，也經常有一統天下的雄心。加上武曲本身不服輸的個性，因此正宗武曲單星座命的命格多半骨子裡都有一股自負及傲氣，不會太謙虛，即便表現謙恭也多半是表面功夫虛應故事，當然這一切的前提是官祿宮沒有受到忌星的破壞，否則就會流於虛有其表，根本自負不起來或是根本沒有自負的本錢，有些案例甚至流於自以為高明實則沒有相對的實力為後盾。這些官祿宮的特徵也表現在正宗武曲座命的曹操身上，曹操在煮酒論英雄時將所有諸侯全部批貶一番，最後認為天下能稱英雄的只有自己以及身為紫微的劉備，甚至認為三個袁紹加起來也不及自己，馬騰、公孫贊等輩也皆是繡花枕頭，曹操會有如此傲氣正是因為正宗的武曲單星座命之人，官祿宮必為紫微天府兩顆帝王星座守，因而曹操才能成為三國三大君主中最為出色的一位，也自認自己為人中之龍。最後天機永管武曲的田宅宮，表示武曲之人一生容易變換住所，如遇化忌更容易為家務事而煩心，例如曹操就經常為自己的家務事而煩心，例如為了立誰為世子之事傷神勞心，也因為自己得罪張繡導致長子戰死，致使自己和元配常鬧不愉快，也因為到處征戰所以居無定所。

另外由於武曲的官祿永為紫微，尤其獨坐時更是紫府相加，紫府本身自帶權令，因而武曲之人在工作和事業上自帶領導架勢，也善於領導及指揮他人，也經常可自然成為團隊之領袖，當然前提是不受忌星所破壞，同時又因紫微照夫妻宮，因而對於配偶，武曲經常會心想配偶雖然不錯，但仍需為了完成我心中某些想法才行。這樣的狀況以正宗武曲獨坐時，紫府入官祿宮最為明顯。也因武曲天生自帶領導權令，故多加強領導與管理能力，方能不浪費武曲之領導天份，相對也表示武曲之人多適合創業。

▲武曲星相關之星曜組合

武曲在所有主星中最具特色之處在於，武曲只有在辰戌兩宮獨坐，意即武曲只有在辰戌兩宮才得以稱為正宗之武曲，其他不管任何一宮皆為雙星組合，武曲在子午兩宮必與天府同宮，而在丑未兩宮則必與貪狼同宮，在寅申兩宮則為武相組合，而在卯酉兩宮則與七殺同宮。

而由於武曲唯有在辰戌兩宮獨坐，故辰戌兩宮為武曲之正位，也因此武曲在辰戌兩宮座命稱之為「將星得地格」，辰戌兩宮的武曲只要不受忌相對也戰鬥力十足。以下老師就揭開武曲各宮組合所蘊含的秘密。(註：有些觀點認為要辰戌兩年出生的人方為將星得地格，此觀點老師認為不合理)。

武曲 破軍 (巳)	武曲 天府 (午)	武曲 貪狼 (未)	武曲 天相 (申)
武曲 (辰)			武曲 七殺 (酉)
武曲 七殺 (卯)			武曲 (戌)
武曲 天相 (寅)	武曲 貪狼 (丑)	武曲 天府 (子)	武曲 破軍 (亥)

▲武曲獨坐之格局

由於武曲星是第一個擁有單宮獨坐格局的主星，因而特將武曲獨坐之格局加以深入剖析，首先正宗武曲獨坐的盤，如下圖，七殺必在夫妻、天梁必在子女、巨門必在疾厄、貪狼必在遷移、天府必在官祿、破軍必在福德，而這其中也隱含許多武曲獨一無二的特質。首先武曲在辰戌兩宮，對宮遷移必為貪狼，因此武曲在命貪狼在遷同樣可稱作武貪格，又名「武貪同行格」，而武曲屬金貪狼數水，水為情慾，金來生發水主情慾格局，因此武貪格之人十之八九都比較好色或情慾旺盛，這點從三國中武曲的經典教材曹操身上就能明顯看出，曹操每每攻城掠地完第一件事便是搜羅美女，甚至還因為貪戀張繡之嬸的美色導致大將典韋和長子曹昂戰死，就連孔明也是利用這點，謊稱曹操垂涎江東二喬的美色，用以激怒周瑜共同對抗曹操。

在性格方面，由於武曲內心隱含不服輸不認輸又剛硬的性格，加上屬水的貪狼心中對事物總有自己的一套標準水平，外加武曲是擇善

巨門 (疾厄)	廉貞 天相 (財帛)	天梁 (子女)	七殺 (夫妻)
貪狼 (遷移)			天同 (兄弟)
太陰 (交友)			武曲 (命宮)
紫微 天府 (官祿)	天機 (田宅)	破軍 (福德)	太陽 (父母)

固執的孤星，故而武貪格局之人一旦心中認定某件事的是非對錯，即便自己的想法與眾人不同，武貪之人一樣敢為捍衛自己認為正確的理念而不惜站在群眾的對立面。所以法官這職位最適合命座武曲又具備道德與正義感的人擔當。

這樣的情況也反映在正宗武曲座命的曹操身上，東漢末年宦官權勢薰天，誰也不敢得罪宦官，然曹操卻能因堅持秉公執法，依法杖殺宦官蹇碩的叔父，因而震驚朝野，之後曹操被派去當地方官，也不與當地貪官污吏同流合污，大力整頓貪腐，使得當地政局一片清明，但最後曹操也因不願與眾人同流合污選擇辭官還家，後來曹操擔任言官職務時，也多次不怕得罪權貴向漢靈帝痛陳時局弊端，大力建言，就連董卓權傾朝野之時，多數人都逢迎拍馬，唯有曹操堅持心中的理念及正義，成了全天下唯一有膽識行刺董卓為大漢江山除害之人，而為何曹操為堅持心中認為正確的理念，敢於站在群眾的對立面，正是因武曲貪狼先天堅持自我擇善固執之磁場所影響。

另外武曲之人多半話比較不多，乍看之下比較酷比較不熱情，性格也不服輸不甘示弱，平時也比較獨來獨往，這點在玩偶遊戲中的男主角羽山秋人身上就表露無遺，正如老師前段所說，羽山秋人就是典型的武曲座命代表，因此動畫裡的羽山平常幾乎沒甚麼笑容、樣子也很酷，明明喜歡紗南卻也拙於表達，所以常常被紗南形容是孤獨的一匹狼，也因為這樣的性格，武曲之人多半缺少幾分浪漫和情調，但相對做事總以務實的角度著手，正如小剛收養一隻雞，雞長大後天天大叫形成噪音問題，紗南等人都在想如何完美安置這隻雞，但羽山就直接來一句：「實話實說，除了烤來吃之外，沒有更好的辦法了」，雖然話音剛落馬上被紗南槌了一頓，但由此可知相較其他人處理事情總抱有過多理想和幻想，羽山每次的發言都相對貼近現實很多，但也正因現實，所以缺少浪漫和夢幻情調，故和武曲之人談戀愛，不要期待有過多的夢幻，武曲並不是童話中充滿七彩泡泡的王子，但卻是個務實顧家的可靠丈夫，武曲所在意的也多是現實生活中所會遇到的實質問題。

同時羽山的個性也同樣硬而不服輸，例如羽山每次遇到疑似情敵的對象，都會賭一口氣想跟對方比個高低，對直澄是、阿玲是、五條亦是，更因為武貪同行較為好色的性格，在動畫裡多次強吻紗南，令觀眾大為驚訝。

另外，武貪同行或者武貪同宮之人個性都比較直爽，說話都習慣有話直說，不論感到開心或對某事不滿都較習慣直接表達，主要原因為殺破狼格的人個性比較大辣辣，武曲又比較豪爽固執，所以說話與表達也較為直腸子。此外武曲之人屬金性格較硬，並有自己的理念堅持，故中國人傳統的處事順序為情理法，然而武曲卻為理法情或者法理情，這也是為何老師會說社會的司法人員應找武曲座命並有正義感的人擔當之原因。

也正因如此，三國中最重法治的君主正是曹操，例如有次曹操為了安民，下令軍士不得踐踏農田，違者處斬，但不久曹操自己的座車卻不小心毀壞農田，雖然曹操身為君主不能真的將自己處斬，但為貫徹法治之原則，曹操仍割髮以髮代首建立模範與軍威。

△武曲與巨門在醫學上的關係（老師的個人新創見）

正宗的武曲疾厄宮必為巨門，也就是巨門為武曲之體，與武曲實為一體，這樣的關係起初老師百思不得其解，完全想不出武曲與巨門究竟有何關聯。而在一次偶然的醫學研究中，老師終於破解這個懸案，並能夠拿出相關的醫學根據。

據老師分析研究，巨門與武曲為一體的結構，其實正是在說明「人體的氣管與食道兩者為一體」的這個醫學事實，因為如下圖右邊所示，口與鼻入身體後兩者彼此相通，甚至到了喉嚨部份，食道與氣管也僅以一片肉「會厭」作為切換阻隔，實則兩者彼此相依，也因此人可以用鼻子呼吸亦可用嘴呼吸，而武曲屬金主肺主呼吸系統，巨門則主口，所以從口鼻相通、口也能呼吸、氣

（會厭失能的狀況）	（氣管與食道之結構）
	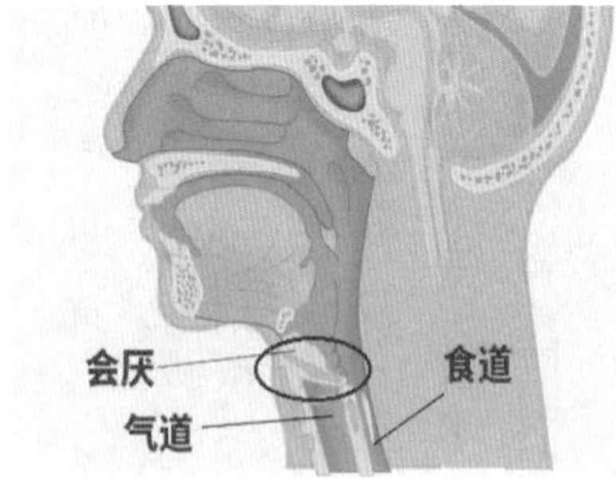
（圖片為自行拍攝）	（圖片引用自網路）

管食道彼此相依為一體的結構可得證巨門與武曲本為一體，故巨門為正宗武曲疾厄宮之主星。同時也表示發生有關巨門的疾病將會連帶拖累武曲，甚至造成武曲相關部位之疾病，更嚴重還可能導致生命危險。

舉個最典型的醫學案例，人體食道與氣管彼此的切換主要仰仗上頁右圖圓圈中的「會厭」這塊塞蓋般的肉完成，當食物通過喉嚨時會厭就會蓋住氣管以免食物誤入氣管導致嗆到和窒息，而當我們需要大口呼吸時，會厭則會打開讓我們從嘴巴大口吸氣補充氧氣。然而隨著年齡的增長及喉嚨的老化，多數人的會厭將逐漸失能，就像上頁左圖的塞蓋一樣，變得疲乏蓋不緊，蓋不緊的結果就是許多老年人在進食或喝水時容易發生食物或水誤入氣管導致死亡的意外，就像前總統李登輝就是因喝牛奶，結果牛奶誤入氣管而死。由此可見正因口鼻系統為一體，所以與口有關的飲食問題，才會導致與武曲有關的呼吸系統面臨重大疾厄。這也是巨門座落於正宗武曲之疾厄宮的真正科學原因。

△武曲主肺與大腸的根據　(老師的個人科學創見)

略懂斗數的人皆知武曲主肺與大腸，但命理界卻始終無人拿出符合科學與邏輯的依據，這方面經老師思考分析後，認為其背後的科學邏輯在於，五行關係中金能生水，而在人體器官中大腸最大的功能就是吸收水份替人體生出更多的水，因此大腸屬金屬武曲的管轄範圍，至於肺之所以屬金，是因為人體全身的血液都要靠肺來供應氧氣，否則血液就等於一灘死水，帶給屬水血液生發與支持的肺理當屬金方為合理。

▲武曲天府之組合分析

武曲為財星、天府為庫星兩者如魚得水相輔相成，武府之人只要不遇忌星，多半財力雄厚或者賺錢賺到盆滿鉢滿，但一旦遇到忌星或是擎羊，則有如破洞之財庫漏財無數，反為大破財格局，故武府喜遇化祿與祿存，權科次之。而財庫之星最適才適所的位置，理當首推財帛宮、其次為田宅，入此兩宮則財源滾滾，其次則為命宮與官祿宮，最可惜的情況則是入其他六親宮位，如此一來命中之財庫利他而不利我。

武曲屬陰金，天府屬陽土，天府的屬陽的特性能讓武曲的冷硬增添幾分主動與溫暖，陰陽並濟，故武府之人只要不遇忌星破壞、不遇孤辰寡宿的影響，絕大多數會比其他武曲座命之人來的健談，也不會像正宗武曲之人看似冷酷冷硬。社交能力也會得到一定程度的提升，不過武府之人，由於天府愛面子、武曲又不認輸，武曲的不認輸受到屬土的天府生發加持，加上屬帝王星的天府本內心就有高人一等的優越感，兩者相加後，造就武府之人極其愛面子，即便不愛面子也喜爭輸贏。

同時武曲為執行星為將星，喜實務不喜理論，大部份武曲座命的人除非有文昌文曲拱扶或夾，或者是逢化科，不然通常不喜歡念書考試，也多半也不是頂尖之學霸。而少部份武曲或武府座命卻考試名列前茅甚至考到名校，其原因多半是為了面子、爭一口氣不服輸才拚命念書，否則武曲之人內心通常對背書考試其實相當排斥及厭惡。

▲武曲貪狼之組合分析

武曲貪狼之組合，其性質與正宗武曲和貪狼在命遷兩宮對座時很像，然差別在於，武貪同行時，由於貪狼在遷移宮為內性，所以貪狼的性質較為隱藏，命主多數表現在外的特徵仍以武曲為主，貪狼的特性要經過較長的時間才會漸漸顯現出來，然而武貪同宮就不同了，武貪同宮就是直接兩者相加特性展現各半，因此雖然老師前段所說兩種組合先天都較為好色或情慾旺盛，但武貪同宮比之正宗武曲會來的更明顯。

並在上一集時，老師曾提及武貪主大，因此武貪之人心是比較大的，武貪在命或在財，基本上內心都會對於太小的錢看不上眼不屑賺，並經常自我立志「要賺就要賺大錢」，武貪在官時則對於事業和工作也必有一番雄心壯志，當然大前提永遠是不受到忌星破壞，而由於武貪不發少年郎，故武貪之財多半為拚搏而來，較少是不勞而獲靠運氣所得。正宗武曲更是如此。這也是為何曹操即便家境不差，但曹操真正開始名揚天下創業的時候，卻是在刺殺董卓之時，那年曹操已三十五歲，在那之前曹操不過是名不見經傳常被人嫌身份低的小人物。而曹操之所以立業較晚，正是因武貪不發少年郎之故。

武貪之人在性格上是出了名的直腸子，容易直接表達自己的情緒與不滿之處。也因此武貪之人多數不適合官僚文化的組織，反適合追求突破與創新的企業。適合當領導而不適合當經常要虛應故事、做官樣文章的中階主管或底層職員。

▲武曲天相之組合分析

武曲為財星、天相為印星，一者為大將軍、一者為名宰相，一者富、一者貴妙不可言，加上天相眾星拱月的特質，能有效緩和武曲的孤寡，因而武相的組合算是最為相輔相成之搭配，其社交能力甚至超越武府。加之武相座落於四馬地，如果再逢天馬就成了名利雙收的「財馬配印格」，在古時可成名震天下之名將，例如諸葛孔明經常自比的名將「樂毅」正式此格局，樂毅一生征戰四方建功無數，來連下齊國七十餘城，打到齊國幾乎滅國，如不是因為後來燕昭王臨陣換將，以庸才騎劫來代替樂毅，才讓齊國反敗為勝。而武相處於四馬地再加上天馬的加持，故而武相之人如果做過於靜態或常坐辦公室之工作，則命格的優勢將大打折扣。

如名將般征戰四方的優勢，反應在現代，則適合從事經常到處出差各地與人一爭商業籌碼與商業談判的職務，如此一來就能替自己的企業攻下更多事業版圖與利潤空間。

再來，武曲金生天相水，為有情之生，因而武相的屬性主多，座落任何一宮都主該宮的人事物有「多」的傾向，因而老師就看過許多武相在父母宮的命例，要不有養父母、要不有義父母、或是由別的長輩撫養陪伴長大、甚至認神明為義父母也大有人在。

最後，由於武曲天相一者富、一者貴，所以最怕遇到忌星，一遇忌星富貴皆失，唯獨遇到擎羊時所幸天相可制擎羊之惡，因此殺傷力相較武府遇擎羊時低上許多。

▲武曲七殺之組合分析

武曲為陰金七殺也為陰金，兩者相加硬上加硬，加之七殺又屬陰火性格較為急躁，火又剋金，因而武殺之人是所有武曲雙星組合中數一數二衝動的搭配，因此除非有祿科入命否則容易衝動誤事，化權化忌時更驗，同時由於金性過高，武殺的性格與脾氣也是強硬無比，然過剛易折，所以武殺之人雖很具衝勁、行動力也夠，但容易過於衝動甚至淪為匹夫之勇。發起脾氣來也容易引發劇烈衝突，所以武殺之人需多培養理性思考並自我要求三思而後行的習慣，隱心而後動，方能不誤事。故武殺之人最好得到化祿、化科以及文昌文曲同宮相助，方能智勇雙全成為一方智將。學習命理除知命外更要會用命，武曲七殺雖過於剛強、脾氣硬，但卻衝勁十足，這樣的星性用於武術及體育競賽則缺點反成優點適才適所。同時武曲七殺同為將星，故非常適合從事軍警之相關工作，軍警之工作屬性為武職，也需要極高的衝鋒陷陣能力，所以武殺之人擔任軍警再為適合不過。

▲武曲破軍之組合分析

武曲與破軍的組合很容易大好大壞，因武曲為財星，破軍卻為破耗星，財富當然應聚集而非破耗，加上武曲金同時生破軍水又被破軍之火所剋，一來一往折騰，武曲的能量將疲憊不堪，財星都不財星了，尤其如再遇忌星更是財富猶如大江東去。而能讓武破風雲變色的關鍵就在於甲干，因為甲干一次可使武破化權又化科，故甲年出生的武破格局最高，如果是癸年雖然破軍化祿，但卻同時要承受貪狼忌在官祿宮的殺傷力得不償失。而武破與武殺相同之處在於，武破也一樣適合從事武術或者與武術相關的體育活動，因為武曲的續戰力加上破軍的爆脾氣，發揮在武術上再適合不過。同時因為破軍喜變動喜新，不喜墨守陳規、死氣沉沉，加上武曲執行能力強，故武破之人最不適合例行性事務或過於僵化的理論學術工作，而適合求新、求變甚至需要創意或自由的工作。

此外武曲主財，然而破軍如海潮般起起落落一陣一陣，因此武破不管落於哪一宮，都主該宮雖有財但起起落落不穩定，當然有財的前提同樣是不能被忌星破壞，如武破在財帛宮化祿時雖然有錢，但進財的狀況卻會是一陣一陣，可能今天大賺百萬，但連續十天都沒有進帳，但又過一兩天忽然又來一筆數十萬的大生意，而不容易長期穩定大量進財。在官祿時也同樣工作運與事業時好時平。

▲武曲為修道星為寡宿星更為刀劍

武曲因其孤寡的特質，故適合需孤獨探索的修道與宗教之路，同時武曲為父母卦也適合從事與老人相關的事業。此外因其孤寡性質，座落那個六親宮位，哪宮的代表人事也難逃孤寡，因而武曲最不利在夫妻宮，在夫妻容易使人一偶難求。

同時在上一集老師提及武曲為刀、擎羊為刺為劍，又是刀砍又是劍刺則傷害難免，因而武曲很怕遇到擎羊，在與財相關的宮位除了容易破財之外，還容易形成一大凶格—「因財持刀格」，加上忌星更需慎防因錢財而惹上血光，或者因財而鋌而走險甚至犯法。而如果在夫妻宮則更是要特別小心，武曲忌在夫妻宮本就容易夫妻二人相見如「冰」，壞則相見如「兵」，如加上擎羊再遇忌星，就算夫妻鬧到拿刀互砍都不需太意外。

另一方面，武曲也需特別小心不能跟廉貞有忌星的互動連結，否則就會形成另一大凶格—「財與囚仇」，這樣的格局相當容易使命主因金錢而惹上糾紛官司甚至重大刑案，不可不慎。最後武曲之人要特別注意幾個失運徵兆，武曲為孤星又主呼吸及筋骨，故武曲行運下滑時首先容易孤掌難鳴、進而呼吸系統逐漸變差、然後容易喉嚨沙啞、更嚴重則筋骨損傷，一旦出現以上狀況則需立馬改善，方能收反敗為勝之效。

☆《天同星之星性分析》

天同先天屬陽水，既屬陽水就與流動性較高的活水相關，此外屬水的星曜大多聰明但欠缺執行力，因此天同除非遇到化權或化忌否則通常過得比較輕鬆及歡樂，也因睿智但執行力較缺乏，縱然天同天生較博愛，甚至格局高的天同內心會有極高的願景和理想，但卻僅限於心裡想想或說說而已，因此高格局的天同很像是到處大談革命理想的演說家，但實際衝鋒陷陣的可能都是其他革命同志。

天同之人身型大多較為豐腴臉也多較圓，不遇權忌也通常隨和脾氣好，和大夥在一起多數時候也都是意見追隨者，大家說好就好。同時天同也比較樂觀樂天博愛，所以因天同而引發的桃花通常都牽連面比較廣。而天同的博愛及輕鬆性格，外加想的比做的多，也形成天同適合做智囊而不適合當領導者的狀況，一旦當領導者很容易執行力不到位，或是多謀而少斷，甚至缺乏效率。

而天同如果身形較瘦通常是遇化忌之時才會較瘦較苗條，同時化忌的天同也會比較勞心勞力，所幸天同先天的樂觀性格讓天同常能樂在其中。另外天同雖然聰明但卻不一定專於課業，所以天同很容易是個課業未必頂尖但才藝或其他知識懂不少的多才之人。又因天同本身不喜過於快速的節奏，因而天同除了適合當智囊也適合當朝九晚五的公務員或學者，故斗數對於天同相關命盤結構曾評價「機月同梁為吏人」。

△天同主協調與免疫系統之邏輯根據（老師的個人見解）

有看過老師上一本書的讀者應該都有印象，老師曾提及天同主「協調」，但為何天同可主協調，主要的邏輯在於天同屬水且屬陽水，也就是流動之水，而水有平準平衡之作用，如果一個地方的水太多則必然發生土石流或潰堤，讓多餘的水宣洩到別處，以讓土地及河流的含水量達到剛好平衡，此外老師認為流水主協調的另一個科學依據在於，地球的氣候系統皆是靠「水」來協調平衡，水若不足則乾旱千里寸草不生、水過多則洪水成災，可說世界多數的天災和極端氣候都是來自於「水的不協調」，水一旦協調則風調雨順，而海溫與陸溫的溫差更是直接協調了地球季風系統與洋流系統的運作。因此屬陽水代表活水、流動之水的天同自然具備協調的性質。而在身體免疫機制方面，免疫系統說到底就是當身體的健康狀況失去正常運作狀態時，將病原體解決使身體恢復健康的協調系統，因此天同又可主免疫。

但此時思維敏捷的讀者一定想質疑我：「大師，你說屬陽水的天同主協調，可天相也屬陽水，那天相是否也主協調」？對於這問題，老師個人的見解是—「天相之星性的確也有協調的成份」！這也是為何天相經常會出來管事當和事佬的原因，並且如果紫微為皇帝，天相就是宰相，歷史上成功的宰相通常都需俱備極高的政治智商以協調各方勢力達到權力平衡，政治其實很多時候就是平衡與協調之術罷了，故天相也同樣俱備協調的性質，只不過由於天同的官祿永為天機，故天同的協調智商更勝天相，以致於同樣屬陽水，天同主協調的成份更加明顯罷了，加上天同有參與天干四化，但天相卻沒有(註：部份門派如占驗派、北派有採用天相化忌，但僅為該門派之觀點)，因此天同方為斗數中協調之星的最佳代表。

▲傳聞天同不怕化忌，是真？是假？

斗數界對於天同曾經有個傳聞，即是聲稱「天同不怕忌」，且理由眾說紛紜莫衷一是，有些學派主張天同不怕化忌的原因在於天同屬水，化忌也屬水，故天同不怕化忌，然而這論點經不起邏輯之考驗，因為假設這邏輯成立，照道理其他屬水的星曜如太陰、貪狼、巨門也都理應不怕化忌，但顯然事實並非如此，甚至貪狼忌與巨門忌的殺傷力都不容小覷。而另外一些派別的說法則是覺得天同為福星，所以不怕化忌，老師認為這點也說不通，因為福星就不怕化忌，那二次世界大戰時天下就不可能會有天同座命的難民了。故福星不怕化忌也一樣經不起實證之考驗。

因此天同不怕化忌，以老師的觀點來看，只不過是天同先天比較樂天樂觀，所以遇到忌星時「情緒上不怕化忌」而已，但情緒上不怕，不表示不會被化忌所傷害，天同不怕忌如要打個比方就好像「初生之犢不畏虎」，然而初生之犢不怕虎，「並不表示就不會被老虎吃了」，這點需千萬切記，老虎如真的發威，管你是否害怕照樣命喪虎口。

不過老師仍肯定天同確實在受到忌星傷害時，相較其他主星比較不需害怕擔心，因為通常面臨失敗與挫折時，最害怕的就是連對抗失敗的鬥志與膽量都喪失殆盡，要知嚇破膽的兵士不需敵軍強攻就會一蹶不振。所以天同在面臨惡運時較為樂觀的態度，通常能起到以正面樂觀情緒面對壓力和挫折的作用，進而東山再起。甚至即便真是個面對老虎的初生之犢，不畏虎威積極拚死抵抗，或許還有些許機會讓老虎知難而退，但如果一看到老虎就嚇得兩腿發軟，那絕對毫無懸念成為老虎的盤中餐。

▲天同又主輕鬆

由於天同為福星，福星當然擁有較多享福機會，所以天同在與事相關的宮位，都主該宮之事較為輕鬆，當然前提依舊是沒受到忌星破壞。例如假設天同在財帛宮表示賺錢容易或者賺輕鬆之財，雖然天同不是財星，因此不會賺到盆滿缽滿日進斗金，但絕對是輕鬆賺爽爽賺。同樣的天同在官祿之人也容易從事較為輕鬆的工作，或是工作隨便找隨便有，別人每天血汗加班到深夜，但天同卻經常能悠悠閒閒準時下班。

也因天同主福氣，故天同在大限財帛時，只要不受忌，即便正逢金融海嘯或者新冠疫情，對他來說也是錢財照樣有照樣賺！什麼海嘯、什麼疫情，對他來說幾乎無感。

▲天同的星盤架構

天同在星盤結構上，武曲永在天同之父母宮，武曲金生天同水，在此情況下只要不受忌星干擾，通常天同都擁有愛他疼他對他用心及照顧有加的父母，且由於武曲為財星，多半天同的父母經濟條件不差，同時也表示天同之人，命中一大財庫就在於自己的父母、老師及長官、長輩，然雖然身為父母的武曲對天同幫助有加，但武曲本身為孤星，如沒有祿科的柔化，多半對天同的幫助都是做的多說的少，但用心體會，即便不多說亦點滴在心頭。

在福德方面，天同本就博愛，太陽更是熱情，兩者相加更造就了天同內心更氾濫的愛與同情，使天同成了名副其實的好好先生。而在子女方面，廉貞永在天同之子女宮，廉貞為業力星，除此之外，廉貞之五行為陰木、陰火、陰土，與陽水的天同既生又互剋，有如歡喜冤

	廉貞 (子女)		
			天同 (命宮)
			武曲 (父母)
紫微 (交友)	天機 (官祿)		太陽 (福德)

家一般，有著千絲萬縷五味雜陳的是是非非，所以子女永遠為天同的業力業障所在，故而天同與子女需盡量避免爭吵與摩擦，不然很容易因子女問題而傷神勞心。

此外，由於紫微永在天同之交友，故天同與朋友間多半是朋友較為強勢，這也是為何老師前述會說天同通常較為隨和，通常是意見追隨者，別人說好就好，正是因為帝王星跑到交友宮，因此朋友強勢、朋友說了算。話雖如此，天同卻同時也是紫微之體，因此天同如被忌星所破，紫微亦同樣會受到牽連遭逢惡運。

而在官祿方面，天機永在天同之官祿，只要不受忌，天同座命者工作及做事智商都相當高，如有昌曲及化科所助，更是聰明且念書名列前茅。也因天同水生天機木，因此天同對於其工作不但喜歡動腦，而且也善於企劃、策劃，不過善於運籌帷幄，也同時表示工作上擁有和天機一樣的罩門──「想的多、做的少」，這也是為何天同可以是優秀的智囊、優秀的學者，但絕非優秀的領導者的原因。假如真的要當領導者，天同只適合當經常需要協調各派系、各團體這樣類型的領導者，例如需要經常協調不同政黨意見的「立法院長」就是上上之選。

最後，天同在哪一宮也表示該宮之六親較有福氣或常享樂或者生活較偏拉丁系，如在與事物相關的宮位則代表我的福氣蘊藏在該宮之事物，例如天同在田宅，則容易住到讓自己生活輕鬆的好風水陽宅，當然前提都是不化忌方能成立。

▲天同之雙星組合

天同的組合比例較為平均，十二宮裡雙星組合與單星組合的數量各半，其中天同天梁在寅申同宮、天同太陰在子午同宮，天同巨門在丑未同宮，其餘天同皆是單星獨坐，雖說都是單星獨坐，但由於對宮遷移宮之主星的差異自然也會造成同為天同座命者之間的特質差異。

▲天同太陰的組合

天同太陰一者為陽水一者為陰水，古籍稱之「水澄桂鄂格」，由於屬水的星曜大多睿智，且較文質，故同陰之人外型幾乎不可能會是個老粗，大多斯文且也喜歡文藝或者常有書卷氣，給人感覺也相對較有文化，當然被眾多凶星加上忌星破壞則例外。

也因為天同與太陰都是較偏靜態的星曜，

天同 (巳)	天同 太陰 (午)	天同 巨門 (未)	天同 天梁 (申)
天同 (辰)			天同 (酉)
天同 (卯)			天同 (戌)
天同 天梁 (寅)	天同 巨門 (丑)	天同 太陰 (子)	天同 (亥)

所以天同太陰之人通常較偏向文職而非武職，在學生時代同陰之人也大多屬於文藝青年、優等生，而非體育健將或是體育校隊名人，更別說加入類似武術社、跆拳道社那種經常與人廝殺搏鬥的武質社團。

所以同陰之人屬於知識型文人，如果再加昌曲及化科甚至有望成為知名文人或知名學者，同時同陰之人亦是相當好的智囊人才，故同陰之人如要在團隊中發揮所長，就需找殺破狼格之人互相搭配，由同陰之人獻策、殺破狼格之人決斷並執行，如此一來兩者之長則可互補，創造一加一大於二的成效。

再來，天同太陰在子午同宮，然深入比較兩者，則同陰在子格局遠強於在午，其因在於子宮屬水與同陰比旺能量加乘，此外太陰在子為得位，在午則日月失輝。而同陰在子宮的女人，由於寅宮福德宮必為太陽巨門，太陽主表現、巨門主說話，加上子宮與寅宮的天干相同，彼此磁場會相互影響，故受到巨門與太陽磁場之影響，同陰在子宮的女人講起電話聊起天來話會比較多，有時甚至需要兩隻手機才能有效管理聊天名單。

▲天同在卯酉之組合

天同如果座落在與子午在四正位之卯酉兩宮，則會變成天同在命宮、太陰在遷移，由同宮變為對座，同樣的，考慮宮位五行與太陰之得位，天同在卯強於天同在酉，而同陰在卯酉的情況下，如為女命很容易捲入三角關係中、也容易成為第三者而不自知，磁場上也很容易吸引有婦之夫或是二婚男士，抑或是直接成為二房三房，因此同陰在磁場上為老二之格並不主老大，這樣的磁場如換成男性，則容易因不甘為二，進而不甘示弱想爭老大或和領先者爭高下。

△同陰卯酉為老二的原因（老師的個人見解）

同陰卯酉主老二的說法，老師雖過去曾學過，但其原因，連提出這項論點的人也無法提供合乎邏輯的論述，秉持知其然必知其所以然的原則，老師便對此問題進行深入分析，對於此論點老師自己的見解為，同陰在卯酉對座主老二磁場的原因在於，天同屬水、太陰也屬水，兩兩組合就形成八卦中的「坎卦」，而坎卦在六親中正為「中男」，中男即為老二，因此同陰的組合才會具有老二磁場。

當然詳述至此，一定有特別機靈的讀者會反問我：「冠元大師，你說同陰為老二的邏輯在於同陰為坎卦，那麼同樣天同太陰在子午時直接同宮，不就應該更會有老二磁場？為何只有同陰對座時才強調這點」？如果你能想到這問題，老師感到非常欣慰，表示又有一位可造之材成為了老師的讀者。

這問題確實當初也困惑老師許久，但後來老師發現，要分析並破解這項質疑，關鍵就在於座落的宮位與太極陰陽能量的問題，不論是子或午，都是處於極陽與極陰之地，在先天八卦中，午宮對應的卦正為至陽的乾卦，是為老父，而子宮則對應至陰的坤卦，視為老母，因此子午兩宮其最強的能量足以對天同太陰的老二磁場起到拉抬作用，因而老師認為天同太陰在子午兩宮並不是完全沒有老二磁場，只不過是被子午兩宮至陽與至陰的能量給拉抬以致於老二磁場變得不明顯。

反觀天同與太陰對座的卯酉兩宮，有認真看老師前幾章之分析就肯定知道，卯酉兩宮對應太極圖，剛好處於陰陽完全平衡的時節，既然陰陽平衡，那自然就在陰陽的光譜中剛好卡在中間的位置，既不偏陽也不偏陰，這樣的情況反映在排行上，當然就與夾在老大與老么之間，排行不大不小的老二磁場完全相合。因此這就是老師認為何以天同太陰在卯酉對座，會具備老二磁場的相關推論與見解。

▲天同巨門的組合

天同巨門在丑宮同宮，兩者也是一者陽水、一者陰水，然與同陰不同的是，巨門屬性駁雜，除屬水之外，還屬金又屬土，既有比旺又有相生相剋的關係，也形成了同巨組合較為複雜的特質，在古書中天同巨門在遷移宮稱之為「明珠出海格」，明珠出海格的人睿智且在沒有忌星破壞的情況下頗會念書，如有祿權科吉化則不僅頭腦聰明善分析，連口才也堪稱一絕，這點與同陰之組合有著截然性的差別，而在星性上，天同先天的樂觀與樂天對於先天想法較為負面的巨門得以起到互補的作用，也可將巨門的性格變得較偏外向與健談，故同巨之人除了原本適合當顧問及智囊的磁場之外，更有成為高超演說家的天份，因此比起同陰之人更適合當顧問型講師。

而在性格方面，同巨之人左右兩宮必為武貪所夾，故同巨之人同樣也俱備武貪有話直說的性格，遇到祿權科時同巨之人不但直言而且妙語如珠，但如果遇到忌星，則容易心直口快，又流於尖酸刻薄而得罪不少人。

▲天同巨門在辰戌的組合

天同與巨門在辰戌則變為對座關係，因而性格上與同巨在辰戌時相似，而同巨辰戌之人尤其是女命也一樣容易存在二婚、離婚、捲入多角關係的問題之中，其中的原因之一除了和天同太陰一樣擁有兩個水星組成坎卦的問題之外，天同和巨門在辰戌夫官線必為天機太陰雙星組合，天機本就為驛動之星，在寅申兩地更為四馬地，加上老師前章提到，寅申兩宮為人馬射手座以及雙子座，人與馬為兩者、雙子座又主雙，再加上變動的天機，同巨女人的婚姻要安安穩穩自然也就難上加難，遭遇忌星破壞夫妻宮的行運，更是讓人無言問蒼天。當然同樣的問題也容易發生在男人身上，只不過華人文化對於男人再婚的接受度遠高於女人，因而再婚問題對於男人之影響並不特別困擾。

因此天同巨門在辰戌的女人，如要擁有婚姻穩定，老師的看法為需慎選結婚對象之人品，寧可男人顧家有擔當但不會哄你開心，也不要找花枝招展但不務實的渣男。除此之外，選擇較為斯文文靜並智商高且身高不高的男人，對於同巨的女人來說，才容易穩定而不會發生人生之重大婚姻挫折。

▲天同天梁在寅申的組合

同梁之人，天同主熱心、天梁會自以為老大，所以比較囉嗦或喜歡對人說教在所難免，而同梁之人受到天梁主老大的磁場影響，因此在遇到化權加持時，會有想當老闆或開創一番事業的想法，然而機月同梁的格局本就適合當公務人員或智囊學者，因此同梁之人如當老闆帶下屬，則容易自己做得要死、七葷八素但公司績效很難有亮眼成績，加上紫微在交友宮，表示普羅大眾的磁場本就在同梁之上，那麼硬要當老闆的同梁當然也只有創業坎坷的命運，因此同梁之人如創業當老闆，十之八九都不如意居多。

不過星性有缺點就一定有優點，同梁的優勢在於廉貞貪狼兩顆大桃花星都在子女宮，因此同梁之人一生桃花與感情不會少，依老師過去經驗，曾遇過超過五十歲卻還能交往八個對象的同梁情聖。但驚訝的同時，桃花對於同梁之人也可說是優點卻同時也為缺點，因為同梁之人的夫妻宮必為巨門，故而感情紛爭難免，所以多數同梁之人都容易有二段以上的婚姻。

同梁之人的財帛宮必為太陰，太陰雖也為財星，但太陰之財為點滴累積之財而非爆發之財，也因此同梁之人的進財方式多為漸進式、累積式，極少發生暴富性進帳或猛爆性橫財。這也是為何同梁之人即便想當老闆也不適合創業的原因，因為創業所賺財富經常不是大起就是大落，除非是中華電信這種國營且穩定的少數企業，方才符合穩定進財的太陰特質。

▲天同天梁在巳亥的組合

同梁在巳亥，古籍稱「梁同巳亥，男多浪蕩女多淫」，這評價聽起來相當令人難堪，但考量古代的背景，多要求男人剛毅木訥近仁，女人不應拋頭露面，應在家謹守七出之條，如此背景下，稍微多情的人自然就會被冠上浪蕩與多淫的評價，因此梁同巳亥的格局，以現代時空背景而論，在不受忌的情況下，應改成「男多浪漫，女多情」。

同梁巳亥之人天生也較喜歡四處走走而不會太喜歡宅在家，此外同梁巳亥之人子田線一樣有廉貪桃花力道十足，然而由於夫妻宮為機巨之組合，故一樣先天存在複雜的感情問題，也一樣容易遭遇人生之婚姻變動。

▲主流水的天同

與太陰不同，天同為陽水屬活水，因此小吃店、水管這類活水流動的事物皆可數天同的範圍，同時天同為福星也代表娛樂，在天同化忌之時，要特別注意居家環境是否有漏水、水管阻塞、水管漏水、下水道損壞、管路故障等問題，亦要同時小心壁癌、滲水、房屋滴水、受潮等問題，如有以上問題需加緊改善。

▲天同運氣不佳時的表現

身體上容易免疫力下降、感冒，人事上容易與人不協調，居家上容易有漏水、水管故障等問題。加以改善則可否極泰來。此外，天同為福星，與其磁場相合的神明為「福德正神」，天同座命者宜與福德正神多多結緣，可替自己增福加運。

☆《廉貞星之星性分析》

廉貞化氣曰囚，與官非、法律關聯密切，五行屬乙木、丁火、己土，廉貞的五行屬性駁雜，與巨門一樣因屬性駁雜，因而發生問題時，問題之複雜程度都不容小覷，同時廉貞又主行政程序，遇化祿之時行政效率與成效出色亮眼，但遭遇化忌時就亂無章法一堆疏失。廉貞之人因有木火之屬性，由於木屬文化火屬點子，故木火為智慧格局，所以廉貞之人只要沒遭遇忌星破壞，多半頭腦或才華不錯，或是多才多藝。

同時廉貞之人因化氣曰囚，故腦中想法一旦定型，則會相當固執，尤其在化忌或命遷逢到化權時，和人爭論定要爭出個輸贏，和人吵架除非他自己消停，否則經常沒完沒了，也因廉貞腦中有自己的一套框架，因而廉貞對於交友方面，經常會建立許多交友的標準，唯有廉貞認可的人，廉貞才會認為這人夠格和自己交朋友。

並且廉貞之人不但具備木火之聰明，同時又具備屬土之高大上，故廉貞之人不化忌時可成為許多領域的出色者，但也因聰明又有屬土之高自信，加上廉貞為囚星，故廉貞之人經常容易運用其才智來鑽法律漏洞或遊走於灰色地帶，法院對廉貞而言也只不過是個一較爭訟勝負的賽場，然而善泳者溺於水，廉貞行運好時，在法條法規的賽場上無往不利，但行運差時就容易一夕間淪為階下囚。

金錢方面，廉貞為囚星，通常廉貞在財帛宮因其囚星的特質，多半命主的錢財一大部份是「省出來」及「存出來」的，可謂「省存遊戲」的至尊玩家，尤其廉貞化祿在財帛宮之人，通常都有自己的一套理財與開源節流的哲學，對於如何省錢與提高存錢與理財成效也相當有一套，因而身邊如有廉貞化祿在財帛之人。非常恭喜，你擁有一位相當好的金錢管理導師。

斗數中將廉貞視為第二桃花星，第一桃花星則為貪狼，但廉貞之桃花與貪狼之桃花性質可說大不同，貪狼的桃花為姿色桃花，但廉貞之桃花則為欣賞之桃花，意即廉貞的桃花主要多為因欣賞對方之才華、優點、個人魅力而愛慕之桃花，而非因第一印象之美色而情慾蕩漾之桃花。故廉貞之桃花很大成份為精神型之桃花。並且廉貞的貞字使得廉貞有相當程度的「貞節」特質。但既然貞節為何又被稱為桃花星？一般學習斗數之人經常對這點會產生相當大的疑惑。

也確實，實務個案確實不乏廉貞座命但私生活精彩的命例，為何會產生這樣的矛盾現象，背後邏輯在於，廉貞化氣曰囚之特性，因就代表一個框架一個範圍，所以廉貞之人的「貞節」經常只限於「特定範圍之內」，範圍以外就…。這般特性反應在感情上，就容易發生廉貞之人的貞節只限於「心靈上的忠貞」而在心靈這「範圍」以外的部份，例如肉體就不受限制了，所以實務上常會發生廉貞之人精神出軌但肉體不出軌，或是肉體出軌但精神不出軌，以致於讓人對於廉貞的貞烈性質感到非常矛盾與困惑。

▲廉貞為業力星

斗數中廉貞為業力星，廉貞在哪業障與欠債就在哪，在風水中更被視為五鬼星以及五黃煞，座落於哪一宮除非遇到三吉拉抬，否則對於命主都是無法輕忽的人生課題，遇忌星時更驗，如廉貞忌出現在六親宮位，以佛家的因果觀點來看，該六親就是你人生的因果業障或冤親債主，如在子女宮，則容易遇到討債或討報的子女，如在父母則容易遇到拖累自己的父母與上司長官，如在夫妻則易成怨偶，或為配偶而失去付出非常多。

換做在與事物相關之宮位亦然，如在財則欠債在財，人生容易遇金錢問題而錢關難過，如在疾厄則容易得難醫難治的罕見疾病或業障病。如在官祿則經常作業程序出亂子且工作經常不順遂。但如廉貞為化祿，則反過來相關事物將順風順水，而廉貞因化氣為囚，又屬陰火，陰火反應在現代日常生活中可為電，故結合這兩大特質，廉貞又可為電腦，因而廉貞化祿如在財與官，則相當適合做與電腦相關之行業，或者運用電子商務之平台賺錢，也適合走電子業或３Ｃ產業，同時也非常適合靠程式設計賺大錢。

△廉貞屬陰土之論點（老師的個人見解）

許多斗數界之前輩與師父將廉貞之五行在屬土的部份將其歸類于陽土，但關於廉貞的屬性問題，在土的部份，老師自己提出的新見解為應屬「陰土」，當然這項主張為老師個人之見解，僅屬於一個學說，但以學術中立性的角度而言，如有其他研究者對於廉貞應屬陽土能提出更合理的推論，老師也樂觀其成。並非老師說的就一定是絕對真理。

老師認為廉貞之土應屬陰土的理由在於，經老師研究與推論，廉貞為紫微的「四化替代星」，也就是廉貞替代紫微接受部份的四化(**註：化祿和化忌**)，而紫微屬陰土，理應紫微的替身代理人「廉貞」也應屬陰土方為合理。

△廉貞可以代替紫微的根據何在？（老師之個人新創見）

前幾章談論紫微之時，老師有提到紫微有化權有化科，何故不見化祿與化忌？這問題老師認為紫微之所以沒有化祿與化忌，是因為紫微的祿忌被廉貞所代替，故而紫微有權科但無祿忌，無獨有偶廉貞有祿忌但無權科。

那麼此時三個很重要的疑點來了，第一、為何廉貞可以代替紫微？第二、沒事為何要設計成以廉貞來代替紫微四化，為何不乾脆紫微自己祿權科忌一次全包？第三、廉貞為何是替代紫微化祿與化忌而不是其他兩種四化？這一系列疑問，當初老師也百思不得其解，然而在深入思考後，老師認為破解的答案關鍵就在天文學與人文科學之中。

◎廉貞可替代紫微之邏輯根據

廉貞之所以可代替紫微，老師認為邏輯根據在於廉貞在北斗七星的排序為五，五為中央土，同時洛書中五代表中宮為至尊，故我們常聽到「九五至尊」的說法，老師認為之所以稱做九五至尊，正是因為在洛書九宮中，為五的中央土在九宮之中央，為眾數字所圍繞拱扶，故稱九五至尊。也因此斗數裡的兩顆帝王星紫微及天府無一例外皆屬土。

(北斗七星)

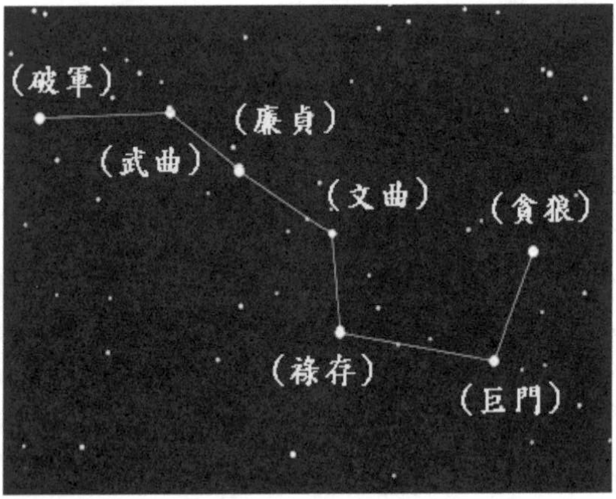

(洛書數配九星)

	巽(東南)	離(南)	坤(西南)	
	四	九	二	
震(東)	三	五	七	兌(西)
	八	一	六	
	艮(東北)	坎(北)	乾(西北)	

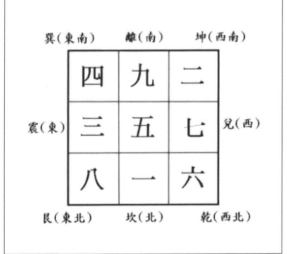

當然還有另一種說法是，八卦上卦中間之爻為第五爻，上卦的中爻為陽爻則稱九五，在為君王的乾卦中上卦的第五爻更是陽爻之最，故稱為九五至尊，但老師認為此觀點的說服力不及老師以北斗七星與洛書為依據的論點來得合理。

同時，在紫微星系裡，除紫微以外也就只有廉貞一星擁有屬土的五行屬性，故綜合廉貞在北斗七星的排序、以及將北斗七星之排序對應洛書九宮的數字，以這兩點為分析根據，排序為五，座落於中央帝王之位的廉貞自然也就成了代替紫微的不二人選。

此外，老師認為廉貞可以代替紫微的另一大理由在於——「廉貞永在紫微的官祿宮」，而官祿宮為命宮之氣數位，亦代表一個人的行事作為，所以廉貞亦代表紫微的氣數與所作所為，這便是廉貞可代替紫微的另一大原因。舉一反三，廉貞之所以主「行政程序」又為「官祿主」，其邏輯根據也出自於此，因為紫微為皇帝，而皇帝的工作不正是為國家與官吏建立「工作制度」、以及建立「有利社會的制度程序」？

還有各級官僚的規章人事制度也都屬皇帝的工作範圍，皇帝的所作所為亦會反應在其執政成績上，故而主管天下各級「官」員與俸「祿」之廉貞，自然也成了官祿主。而皇帝管理國家無非倚賴的便是「制度」，這便是為何廉貞可代表作業程序與行政程序的邏輯與原因。

◎需要以廉貞來替代紫微的原因

破解可以用廉貞來代替紫微的原因之後，接下來需討論為何需要以廉貞來代替紫微化祿及化忌？其必要性在哪？關於以上疑點，需以人文之角度為出發點破解其原因。

老師認為紫微之所以不化祿也不化忌，但卻化權化科，理由在於紫微為皇帝，而皇帝之優劣與功過主要來自於皇帝本身的權勢及名聲，一個皇帝如無實權則有如傀儡，就像漢獻帝跟溥儀一樣毫無作為，不過是任人擺佈的木偶，所以「實權」對於皇帝來說才是皇帝這個角色的靈魂之所在。再來，除了權力之外，古今中外決定皇帝之評價的重要關鍵就在於皇帝本身的才智以及名聲，一個皇帝如有權有勢，然而文化水平不高且荒淫無道，那也不過是個為惡天下的昏庸暴君，例如闖王李自成，起義之時聲勢何等浩大，又坐擁二十萬大軍，但因沒治國之能力也沒文化，得天下後只知道燒殺搶掠，致使本來的大好情勢一下就煙消雲散。另一經典案例便是南朝劉宋之君王劉子業，此人雖有實權，但因荒淫無道惡貫滿盈，致使部下忍無可忍叛變將其殺害，即便有權力，但最終也只留下罵名於歷史中，並在昏君排行榜上名列前茅。而化科主的正是知識、素養、理性、文化與名聲，也因此歷史上人們稱頌的帝王，大多知識水平高、較有文化修養、也較有好名聲，例如宋朝一代明君—「宋仁宗」，不但勵精圖治且任用賢臣，文化修養亦高，連包拯吐他口水，他也沒因此而濫殺賢臣。故一個帝王是否夠格則取決于他的名聲。

至於化祿，化祿主財寶，然而紫微主貴不主富，一個好皇帝的關鍵也決不在於皇帝是否有錢，而在於皇帝是否有實權推動優良的制度，以及是否有足夠的知識與素養處理政務，評價皇帝是否成功的標準也在於皇帝的名聲。但除此之外，老師認為紫微不適合化祿的關鍵原因在於，化祿本身的意象屬於正面、有益、具備優點、吉祥順利，基本上絕對是好事與吉運一樁。然而從古到今，但凡皇帝個人有錢十之八九都不是什麼好事，即便是本身評價不錯的皇帝，一旦富有，多半對國家社會也都會帶來負面影響，道理很簡單，因為皇帝的錢財大多來自於民脂民膏，故皇帝個人越有錢多半表示百姓過得越苦，或是貪腐越嚴重，因此皇帝富有反為凶。如此一來這些凶性及負面影響，就與化祿本身的正能量與吉運磁場互相衝突，完全不搭調，故紫微不適合化祿。

舉幾個歷史上的經典案例，「乾隆皇帝」號稱十全老人，與康熙、雍正並稱清朝一代盛世明君，然而即便是如此之「盛世明君」，諷刺的是，中國史上第一大貪官和珅卻也是乾隆帝一手締造的傑作。難道睿智無比的乾隆帝會不知道和珅的貪污事蹟？乾隆帝當然知道，甚至和珅的貪汙作為基本還是乾隆帝默許下的產物。乾隆帝之所以會默許和珅貪汙，正是因為乾隆帝自己的財富極大部份就來自於和珅的「貢獻」，和珅基本就是乾隆帝的「生財金雞母」，花錢大手大腳的乾隆帝，自然也就更讓和珅胡作非為呼風喚雨。最好的證據就是，當嘉慶帝上台處決和珅時，曾審問和珅為何要使勁貪污？和珅的回答卻讓嘉慶帝無話可說，和珅的理由是，乾隆爺每次南巡、出遊，每天都要花大把銀子，如果他不這麼貪污，根本無法滿足乾隆爺的花費開銷，嘉慶帝聽完後也自知和珅所言屬實無言以對。

而和珅的貪污作為造成了那些負面傷害？最具體的便是乾隆帝與和珅聯手發明「議罪銀」這項制度斂財，以往犯罪之人都需受到應有的刑罰，但議罪銀制度一開後，但凡作奸犯科者都只要花錢與朝廷議價，繳納錢銀後就可無罪了事，如此一來輕則有錢人無法無天，犯罪只需花錢了事，重則成了投機官員壓榨民脂民膏的工具，試想官員霸佔人民財產一萬兩，接著繳給朝廷議罪銀五千兩了事結案，算下來還多賺五千兩，那麼社會上將會是貪官汙吏橫行，社會氛圍一片黑暗、民怨沸騰。這也是為何乾隆朝剛結束後沒多久，中國馬上爆發大規模白蓮教起義的原因。可見就算是乾隆帝這種被歸類為明君、盛世之君的皇帝，個人過於富裕或有錢，對於國家社會都仍會造成嚴重負面傷害，更何況是歷史上被歸類為無道昏君的皇帝。

放眼現代民主社會亦是如此，各位讀者可能很難想像，在我們印象中相當落後、還要靠輸出外勞維生的「菲律賓」，在上世紀五六十年代，竟然是亞洲經濟第二大強國，並與亞洲最強的日本經濟實力在伯仲之間，菲律賓首都馬尼拉當時更有亞洲紐約之稱，就連後來成為亞洲四小龍之首的台灣，當年為了經濟發展，也曾一度對於菲律賓的華僑與外資相當禮遇。

那麼菲律賓為何會從頂級經濟強國衰敗為落後國家？關鍵原因就在於菲律賓當時選出一位超越和珅的貪汙總統「馬可仕」，此人對於貪污斂財無所不用其極，導致菲律賓國力一落千丈，致使全國人民百分之七十淪為貧民，最後人民忍無可忍爆發起義，馬可仕才匆忙捲款潛逃到夏威夷，並據美國官方統計，馬可仕所貪汙的財產高達三百億美元，足足為菲律賓三年的財政總收入，要知當時的時空背景台幣一百萬就可在台北市買房，何況是三百億美元，就算買下當年的台北市也並非難事。而菲律賓也因馬可仕的貪汙腐敗，短短二十年從頂級強國變成落後國家，且至今仍一蹶不振，也正是這原因，菲律賓人極度痛恨馬可仕，致使馬可仕在上世紀過世後長達近三十年，菲律賓歷任總統都拒絕讓馬可仕的遺體入境，還一度揚言哪一國收留馬可仕，菲律賓就與其斷交。由此可見，皇帝與國家領導人，錢多富有、享福享樂反是壞事，且危害極大，絕對不是什麼好事，既然是壞事自然也就與化祿無緣，不適合化祿。

談完化祿，接著來分析紫微不適合化忌的原因，依老師個人的體悟及見解，老師認為紫微不適合化忌的關鍵原因在於，皇帝這個職位是最不會扛、也最不會被追究失敗責任與過失的職務，歷史上常見的情況都是明明皇帝見識無能淺薄、或是做錯誤決策，文武百官明知決策奇爛無比卻只能照辦甚至還要附和一句「皇上聖明」，即便皇帝出紕漏，多半也沒人敢去追究皇帝的過錯與責任，最好的案例就是秦檜夫婦因殺害岳飛殘害忠良自毀長城，致使被世人唾罵千年，死後連自己下跪的銅像都被人踹倒數次，留下千古罵名。然而，明眼人都知道真正決定殺岳飛的罪魁禍首其實是「宋高宗趙構」，秦檜不過是為人臣子奉命行事罷了，但為何人民的矛頭都是對準秦檜而非宋高宗？正是因在文化上，皇帝為君父為君主，普天之下莫非王土率土之濱莫非王臣，所以皇帝享有不被指責的特權，因而有錯自然也是臣子的錯，秦檜也正因這原因成為了宋高宗的替罪羊以及人民發洩不滿的替代對象。

回到現代，即便是在公司企業，任何人犯錯都可能在公司會議上被提出檢討，唯獨老闆是唯一做錯事不會被眾人檢討或批評指責的對象。也正因皇帝與老闆的職位有不被追究錯誤、不需認錯的特權，除非遇到會深躬自省的明君，否則多半皇帝的錯誤都是全體臣民概括承受吞忍下去，故理所當然「象徵錯誤與負面」的化忌自然就不會、也不適合出現在代表皇帝與老闆的紫微星身上。

因此綜合以上因素，老師認為這便是為何紫微可以化權化科但不適合化祿化忌之理由與邏輯依據。

◎適合代替紫微化祿及化忌的星為何是廉貞？

紫微不適合化祿和化忌，不表示不存在化祿及化忌，正如雖然正常情況下沒人追究皇帝之過失，但不表示皇帝的過失不存在。而祿代表好處及優點和正能量、忌代表壞處及缺點與負面能量。所以如要貼近現實評價皇帝之功過，就要就事論事討論皇帝之優缺點。而最能體現皇帝是否有益於社會，是否對社會是一大福音之最關鍵標準，老師認為就是皇帝的「施政成績」，皇帝若勵精圖治實行好的政策、好的制度，則將帶給國家人民繁榮與安樂，而廉貞在紫微的官祿宮，官祿宮代表作為，而廉貞代表的正是「行政程序」與「規章制度」，因此當廉貞化祿時，表示身為紫微的皇帝推出一系列德政與絕佳制度，使得國家豐衣足食、國庫充盈，老百姓安居樂業，如此一來，皇帝的江山才能蒸蒸日上。由此可見一個皇帝是否為好皇帝，及是否能享有好運，來自其「施政作為與管理制度」，而皇朝的氣數同樣取決於此，因此「代表制度與管理作業的廉貞」用來替代紫微化祿顯然更加能貼近現實。

同樣的，一個負面評價罄竹難書的皇帝，多半是由於其施政無能、荒廢政事，並且實施太多苛政或爛政策，以及施政管理失當，才導致招來惡運，而廉貞化氣曰「囚」的特質，更能直接顯現出無道昏君將迎來的惡運。歷史上施政錯誤的昏君，最終的下場多是淪為階下囚，更慘甚至直接被殺，而廉貞化忌的啟示就直接訴說了——「一旦施政與管理制度倒行逆施，將會讓皇帝招來囚殺的下場」。歷史上就有不少活教材，例如北宋徽欽二帝因荒廢朝政，直接導致靖康之難，最終兩人被金國俘虜成為階下囚，還被封上「昏德公」和「重昏侯」兩個羞辱性官銜。而新莽的皇帝王莽，也是因施政無方導致社會矛盾加劇，最終被起義軍砍殺身首異處。

同樣的，好的規章制度與施政作為也是最能讓國家迅速富強達到「化祿」境界之方法，例如雍正年間實施「火耗歸公」，以往民間的碎銀融鑄成官銀中間都會有融鑄之耗損，而這些耗損往往成了官員中飽私囊的途徑，有時甚至百姓繳納十兩碎銀，會被官員抽走三到四成的火耗，造成百姓怨聲載道，而雍正上台後一改弊政，規定火耗最多只收取百分之十，並且火耗收歸國庫所有，一時間老百姓人人稱讚此德政，雍正年間也因火耗歸公的制度使得瀕臨破產的國庫獲得大量進帳，也正因為雍正這一系列開源節流的德政，才使得乾隆帝得以有良好的家底，進行多次對外戰爭與南巡。故綜合以上分析，廉貞為最能體現皇帝之功過的星曜，又同時屬土更在九宮之中宮，因此紫微斗數之結構設計上才以廉貞代替紫微接受化祿與化忌。

△廉貞化氣曰囚的根據（老師的個人創見）

接觸斗數的人都知道廉貞化氣曰囚，但為何化氣曰囚，至今斗數界也未有統一之說法，這問題老師研究一番後，找到破解之關鍵。關鍵就在於廉貞位於洛書九宮之中央五處，而中央五的位置正好被各數字也就是斗數各星曜所包圍，也正如皇帝當運氣好時，譬如北辰眾星拱之，但當失運時就是眾人眾星圍困而囚之，故廉貞用以借代負面化忌的紫微，當然也就乘載了紫微失運時被眾人囚禁淪為階下囚的磁場。而中央五的位置剛好顯現了被眾星眾數字所囚之磁場。故而由此證明廉貞之性化氣曰「囚」。

△廉貞主作業程序與管理制度的邏輯根據　(老師的個人創見)

斗數界許多權威與先進認為廉貞主作業程序與管理制度，但至今卻沒有一套合乎邏輯的推論與根據，但相信各位讀者都知道老師的原則是「**講不出為什麼就等於假會**」，故對於此論點老師同樣進一步分析破解，有關這項論點，破解的關鍵老師認為要從我冠元大師發明的「**冠元派企業管理五行理論**」為出發點方能迎刃而解，如老師前述所言，在企業管理中，人力資源屬木、研發屬火、生產屬土，廉貞的五行正屬木火土，而政治的定義即為「管理眾人之事務」，因此貫串木火土的三個性質，不正好是藉由管理調度指揮手下的人力資源，進而研發出一套增加企業或國家成效的管理方法或商業模式，然後執行增加企業或國家之產出？而這一系列的流程不就正是管理制度與作業程序？

加之，方才提到廉貞化氣曰「囚」，因廣義來說就是一個範圍一套標準一種約束？

而管理制度與辦法不就是對於各部門及各官員該如何工作、如何辦公以及績效如何考核的約束準則及評量標準？因此參照廉貞的五行屬性特質以及其對應的企業管理功能，足以證明廉貞可用來代表管理制度與作業程序。

△紫微與廉貞的四化內含「中國歷史秘辛」（老師的個人新創見）

破解紫微與廉貞的四化關係後，老師進一步研究十天干整體之四化架構時，赫然發現十天干的四化排序，其實內含中國歷史各王朝的興衰定律，且幾乎任何王朝都跳脫不出斗數天干四化之命運演變定律。今天將研究成果公諸於世，希望能帶給華人命理界嶄新的劃時代里程碑。

究竟紫微斗數的四化隱藏了什麼驚人歷史天機呢？就讓我們來一探究竟。有關紫薇與廉貞的四化流年，主要為：

甲年──「廉貞化祿、破軍化權、武曲化科、太陽化忌」。

乙年──「天機化祿、天梁化權、紫微化科、太陰化忌」。

丙年──「天同化祿、天機化權、文昌化科、廉貞化忌」。

壬年──「天梁化祿、紫微化權、左輔化科、武曲化忌」。

這一系列的四化關係，一針見血的道破王朝之興衰過程，首先甲為十天干之始，甲年必然廉貞化祿，意謂著歷史上每個朝代開國之始，經常都會有勵精圖治的明君實行富國利民的管理政策與行政制度，使得國泰民安國富民強，但甲干的太陽化忌也表示，一個王朝的開創之初也不可避免的必須伴隨著戰爭、衝突與血光。接著進展到十天干的第二位「乙干」，到乙天干時，適逢紫微化科，表示一個朝代發展前期的君王大多都是傑出明君，而乙干的天機化祿也表示一個王朝前期的各個明君，多會推出有建設性的改革創新或者管理變法。

直到丙天干時，歷史局勢往往就發生戲劇性的轉折，這也就表示一個王朝通常在經歷前期幾位勵精圖治的君主後，不可避免，會出現不肖君王。其邏輯根據在於祿因忌果，化祿是原因化忌是結果，而丙干的化祿為天同，化忌為廉貞，表示造成廉貞化忌的因是天同，而天同主享受、享樂。也就是說，一個朝代發展到中期經常會出現因貪圖享樂、貪圖個人愛好進而不務正業、荒廢朝政甚至荒淫無道的君王，如此一來理所當然，招來廉貞化忌的惡果，廉貞忌即表示施政無方、國家管理制度全面潰敗、政績腐敗弊端叢生。而一個王朝也自此不可避免的走向衰敗、造成國運中落的君主也往往沒幾個有好下場與好名聲，甚至造成王朝一度走向滅亡。

最後到了十天干接近尾聲的王天干，王天干時「紫微化權、武曲化忌」，由此可見，通常王朝在經歷一段時期的中途衰敗後，定然會迎來中興之主或是王朝中興。但是，王干的武曲化忌卻同時透露出一個殘酷的現實，武曲主錢財與刀兵武力，故即便王朝中興，仍會由於王朝前中期積弊已久，故通常即使迎來中興也往往因財政空虛或國困民窮，或是受制於擁有更強武力的外敵，而最終走向滅亡。

這樣的歷史定律，經老師驗證，中國歷代王朝無一例外，最多僅是不同王朝的每個發展階段時間長短不一罷了。為證明老師的研究論點正確，以下老師便以漢朝、唐朝及宋朝三個王朝為實證，來證明老師的論點。

◎漢朝方面

在漢朝方面，漢高祖劉邦建立漢朝時，制定「郡國並行制」暫時穩定了可能的封國與郡縣制矛盾紛爭，並廢除嚴苛的「秦國律法」，以寬仁之法治天下，得到舉國人民之愛戴，充份讓人民享受到廉貞化祿的好處。但不可避免的漢朝在建立之初，除了與項羽打了四年的楚漢之爭外，即便漢王朝已建立，劉邦為落實王朝大一統，仍必須發動戰爭剷除各路異性諸侯王(例如：彭越、英布)，這點也充份體現王朝建立之初必然需付出戰爭與衝突的太陽化忌代價。

緊接著，在漢高祖之後，漢王朝前期迎來了難得的明君—「漢文帝與漢景帝」，締造輝煌的「文景之治」，文景時期更推出了與民休息的黃老之術新政，使得文景時期豐衣足食，國家糧食儲備多到所有糧倉全部爆滿仍不夠放。而到漢武帝時期更是實行創新政治作為「推恩令」一舉結束周朝起長達千年的封國體制，使國家走向大一統，更解決中原王朝的心腹之患「匈奴」，這一切在在展現王朝前期定會出現幾位紫微化科的明君，讓國運蒸蒸日上。

奈何自漢成帝起，漢成帝因沉迷趙飛燕姊妹之美色，縱情享樂，充份把天同化祿的特質展現到極致，如此直接導致朝政荒廢，朝中大權逐漸旁落於外戚王氏家族手中，最終導致外戚王莽篡漢，漢朝自此國運中落，自食廉貞化忌的惡果。

直到後期漢朝出現中興之主—光武帝劉秀，他打敗各路人馬重新恢復漢朝，史稱「光武中興」，漢朝皇帝重新奪回主導權，展現紫微化權的氣場。但漢朝在光武帝及東漢前期明、章二帝的短暫中興後，依然不可避免的因國困民窮導致流民四起，引發黃巾軍起義，最後引起各地軍閥割據的骨牌效應，致使漢朝最終被武力強大的曹魏所亡，如果東漢末期的君主能解決人民財富與軍閥武力這兩個與武曲相關之問題，相信漢朝的國祚定然能更加長壽。

◎唐朝方面

即便是唐朝歷史同樣逃不出紫微斗數的四化定律，唐朝開創之初，便因廉貞化祿迎來唐朝千古一帝唐太宗李世民的「貞觀之治」，唐太宗之後的前期皇帝乃至武則天也都算得上是英主，但同樣唐朝建國前期也不可避免因太陽化忌，而引發隋末十八路軍閥大混戰，以及骨肉相殘的「玄武門之變」。

而大唐盛世雖一路持續到「開元盛世」，卻同樣難逃斗數天干四化的命運，唐朝發展到中期，唐玄宗因寵幸楊貴妃，使得白居易評價其「春宵苦短日高起，從此君王不早朝」，唐玄宗肆無忌憚展現天同化祿享樂特性的後果，便是朝政日益腐敗，最終導致「安史之亂」，唐玄宗晚年更是形同囚徒被囚禁宮中，自取廉貞化忌的惡果。令人扼腕的是，曾經強盛一時的唐朝也自此迅速衰敗，先是外部面臨藩鎮節度使的威脅，甚至內部連太監都可將皇帝玩弄於股掌之間，唐文宗時期為了解決太監亂政的問題，策劃「甘露之變」欲剷除宦官閹黨，不料計劃敗露反被宦官挾持監禁，最後鬱鬱而終。

可喜的是，歷經千劫萬難，沉寂許久的大唐，在唐文宗之後，也終於迎來紫微化權的中興時刻，唐武宗上台後，剷除太監之亂，並提倡「政歸中書」等政策。國家逐漸回復元氣，史稱「會昌中興」。同時外攘回紇，內平澤潞，威震中外，朝政方面亦嚴肅整頓吏治。在唐武宗後的繼任者「唐宣宗」更是勵精圖治，成就唐朝後期最為輝煌的「大中之治」，唐宣宗本人更被世人譽為「小太宗」，這兩位中興之主一度使唐朝看到重返榮耀的希望光輝。

不過可惜的是，唐朝最終仍難逃武曲化忌的命運，宣宗以後的皇帝一代不如一代，不但無法改善搖搖欲墜的財政，中央政府的武力兵力更與各藩鎮節度使差距越來越大，對於忠於自己武力強大的軍閥李克用又多方猜忌排擠，由於處理武曲化忌不當，最終導致唐朝與漢朝成為難兄難弟，亡於武力更強的軍閥朱溫手中。

◎宋朝方面

放眼宋朝的歷史過程，同樣如出一轍，開國皇帝宋太祖趙匡胤，發揮廉貞化祿的優點以杯酒釋兵權與重文輕武政策結束五代以來長期的武將動亂，宋朝也催生一票文學史上的名家，但也不可避免的宋朝建國之初仍要面臨象徵太陽忌的平定北漢、南唐等統一戰爭。

宋朝前期也如同天機化祿與紫微化科所展現的磁場一般，北宋的皇帝除了徽、欽二帝之外都是明君，宋仁宗更是被歷史學家譽為完美之君，同時受天機祿影響北宋也是宋朝提出最多新政、改革、變法的時期，北宋時期更是中國歷史上最為富裕、經濟發達的黃金年代。

但無疑的，宋朝一樣逃脫不了斗數四化的命運軌跡，到了宋徽宗時期，宋徽宗同樣將天同化祿發揮到淋漓盡致，成天沉迷於欣賞字畫、奇珍異石與珍寶，只顧興趣享樂，完全無視朝政，造成朝政一片荒廢衰敗，管理制度腐敗無能，這一系列錯誤的廉貞化忌施政弊端，最終導致靖康之難，北宋首都淪陷，所有北宋王室包含徽欽二帝全被俘虜成為階下囚，過著慘無人道的生活，自此北宋亡。

然隨著北宋滅亡，宋朝亦出現紫微化權的中興之主「宋高宗」，宋高宗不畏艱難在南方建立南宋，使得宋朝免於滅亡的命運，並任用岳飛北伐，將金軍殺得落花流水，使得金人大嘆「撼山易，撼岳家軍難」！讓宋朝一度揚眉吐氣，高宗之後的「宋孝宗」，更是勤政除弊，被譽為宋朝南渡的宋帝之首。

但最後宋朝也一樣，孝宗以後一代不如一代，國家一樣面臨國家財政衰敗無力支持軍隊對外戰爭，以及面對武力比金國更強大的蒙古軍，這一系列武曲化忌相關之問題，最終與漢唐走向共同的滅亡道路──「亡於更強武力的外敵『蒙古』」。

所以，綜觀漢朝、唐朝、宋朝的歷史，便可知歷史上各朝各代所經歷的發展軌跡都完全符合紫微斗數的四化發展過程。

△令人憂心的「中華民國」國運

歷史最大的意義就是幫助我們以古鑑今，從過去歷史總結經驗，紫微斗數除了有益於個人，更是國家領導人不可忽視的重要學問，懂得運用紫微斗數趨吉避凶，方能帶領國家脫離衰敗而永續經營。

故老師現在最憂心的就是中華民國的國運，不要以為民主制度架構下，紫微斗數四化的命運枷鎖就不會發生在我們中華民國身上。事實上，我們也正處於四化歷史演進的過程之中，在此我們先分兩部份討論，第一個部份，中華民國還在大陸時，不正是因為處理不好有關於「錢」和「武力」這兩個武曲相關的問題，例如引發嚴重惡性通貨膨脹、金元券銀元券政策失敗，以及武力被共產黨超越等弊端。才最終大陸淪陷，失去大好江山，被迫遷移台灣。

中華民國遷移台灣的前期，一樣經歷「三七五減租、公地放領、耕者有其田」等一系列象徵廉貞化祿的德政改革，使得國力逐漸上升，而後在蔣經國總統克勤克儉、任用賢能，除經常下鄉體察各地民情外，例如宋楚瑜、郝柏村這兩位台灣政治史上唯二施政滿意度百分之九十以上的政治人物，也都是小蔣總統所提拔的人才，在蔣經國總統勵精圖治之下，台灣迎來「亞洲四小龍之首、台灣錢淹腳目」且社會道德倫理令人稱道的輝煌時代。小蔣總統也被公認為中華民國遷台後的總統之首。這一黃金年代，也正對應斗數四化中的「天機化祿」、「紫微化科」時期。

那麼台灣是何時走向衰敗之「廉貞化忌」時期呢?答案就是自公元兩千年阿扁上台至今，阿扁上台後，其第一家庭也同樣展現出「天同化祿」，只顧自家享受享樂。在與國家興亡直接相關的治國上卻無能腐敗，台灣的國政自此走向衰敗的廉貞化忌，台灣也在阿扁任內從亞洲四小龍之首被南韓超越，至今更跌落神壇被除名在亞洲四小龍之外。而阿扁任內發生的政治事件，更加證明老師的論點屬實。

有看過本系列第一集的讀者都知道，廉貞化氣曰「囚」又屬「火」又主「行政作業」，因此廉貞化忌時，容易發生與「囚、火、行政作業」相關的負面事件，檢視阿扁的政治生涯大事，在其執政末期的二零一六年，當時剛好時值「丙戌」年，丙年剛好正為廉貞化忌，當年最驚天動地的政治事件便是聲勢浩大的「紅衫軍倒扁」，而紅衫軍事件也剛好完全展現廉貞化忌的經典特徵，首先廉貞屬火，火于顏色主「紅」色，廉貞又化氣曰囚，所以才造成阿扁因「**執政作業**無能又貪腐」，而被一群「**紅**」衫軍包圍「**囚**」於總統府中，充份展現身為帝王的紫微執政不當被眾人所囚的窘境，而後阿扁也為自己的所作所為付出淪為階下囚的代價。由這一系列令人印象深刻的事件，才讓老師更加認定，台灣國運走廉貞化忌的行運正是從阿扁執政開始一路到今天。

反過來檢視現在台灣的執政當局，依然都在鑽營謀求黨派自身的利益，依然都著眼於自己黨派的享受享樂，執政作為則依然處於廉貞化忌狀態一無是處。而人民呢？年輕人依然過著低薪、高房價、高物價、不敢生育的慘淡生活，國家經濟更持續的貧窮化，國家負債正持續走向崩潰深淵，而在國家武備方面，執政當局討好年輕人的四個月兵役政策，一樣使得國家武力每下愈況，試想十幾二十年後台灣還有可禦敵之兵嗎？過去歷史中，長期武備廢弛的王朝，最終必因外敵入侵而亡，例如北宋與清朝長期武備廢弛，使得北宋被金國所亡，清朝更因武備長期懈怠，付出甲午戰爭北洋艦隊全軍覆沒、台灣澎湖拱手讓人的慘痛代價。

而這些目前國家經濟以及國防武備的問題，不就表示台灣目前的執政者已經在替台灣的未來國運累積『武曲化忌』的恐怖計時炸彈？因此老師寫的斗數歷史分析，對於台灣執政者更是一記警鐘，不同於宋清兩朝，現在台灣面臨的對手是比這兩朝所面臨的金國和日本都要強大的大陸，我們的形勢比起這兩朝代都更加凶險萬分。

所以如果台灣的執政者有機會能看到老師的書，務必切記台灣從現在起，定要設法解決「錢」與「武力」這兩個與武曲相關的問題，否則就容易因武曲忌而亡，一來如果台灣的武力低落，面臨對岸採取軍事武統時，則台灣將束手無策。二來即便大陸方面不採取武統攻勢，只要台灣持續經濟低落，最終仍會因金錢的問題導致實質亡國。例如中國大陸現在對於台生推出惠台政策，只要台生在學測排名前百分之五十，都可申請就讀大陸的大學，許多在台灣只能考到國立前段大學的學生，更是能申請到比台大更好的北大、復旦這類名校。如此一來便會吸走台灣排名前段的人才，而台灣政府若在經濟方面仍不努力，仍讓年輕人看不到未來買不起房。如果老師是大陸領導人，我只要從「武曲面」下手，如果我告訴表現優異的台生及台灣人才：「只要畢業後留在大陸，就直接送你一套房」。這條件對於國土面積龐大的大陸而言輕而易舉，那麼試問，在台灣因高房價無法成家立業、看不見未來的台灣年輕人，會選擇留在大陸還是台灣？那麼當台灣面臨少子化，同時前50％的精英又因經濟因素被大陸吸走，試問這時台灣還剩什麼？或是哪天台灣財政面臨破產，必須靠大陸出錢解決債務問題，這時與亡國又有何異？

因此，如果我們中華民國要能有未來，現在起便要解決高房價、高物價等武曲相關的經濟民生問題，否則即便若干年後因紫微化權台灣出現中興之主，也難以挽回積弊已久的國家負債及財政懸崖之「武曲化忌弊端」，使台灣不可避免的走向衰亡。而既然已知歷史之發展軌跡，現在起勵精圖治，台灣或許有機會跳脫斗數四化之歷史輪迴。而老師這一系列研究也更是提醒各位選民，投票選舉應排除任何意識形態，應著重於**『候選人的政績與改善國家財政的能力』**，否則如果我們的選票仍選不出有政績的能人，那麼將無異於自取滅亡。

最後，求知若渴的讀者可能會好奇，老師只舉甲乙丙壬四個天干的四化為例，那麼其他六個天干是否也會影響歷史與國運？答案是當然會，但受限老師每本書的篇幅規劃，廉貞沾紫微的光，已享有本書最多篇幅的禮遇，老師也怕其他星曜託夢向老師控訴不公。故老師本書只舉四天干為例，剩下留給有興趣研究的讀者觸類旁通、舉一反三。

▲廉貞的星盤架構

廉貞的財帛必為紫微、官祿必為武曲、疾厄必為天機、田宅必為天同、交友必為太陽，在金錢方面，受紫微高上大的影響，只要不被忌星破壞，廉貞之人在花錢方面，不論價格高低都力求錢花得有質感，絕對不能土氣格調低，同時由於廉貞對紫微生剋皆無情，故想花錢時對金錢不會過於留戀，富有時也僅將錢財視為滿足自己的中間道具，會因金錢所換來的「各種滿足」而開心，但對於「金錢本身」則不具過多開心感。也就是廉貞座命的藝術愛好者會願意花一百萬請達文西替他畫一幅名畫，但若是武曲座命者，則會認為一百萬的金額印在存款簿上看起來比較實在舒服。

官祿方面，只要不受忌，武曲的執行力和拚勁，讓廉貞在工作上能拚搏出好成績，也幹勁十足，也能因工作表現讓廉貞收入亮眼，但

	廉貞 (命)		
			天同 (田宅)
			武曲 (官祿)
紫微 (財帛)	天機 (疾厄)		太陽 (交友)

由於廉貞對於武曲也是生剋皆無情，故廉貞之人即便事業及工作上認真、表現出色，多半並不是因對這份工作有熱情，更多的是因為對於工作崗位的責任感才認真工作，或是為家庭及生活花費不得不認真打拼。這樣的狀況除非遇祿科才會有所改善，當然由於武曲獨坐的機會少，如在雙星結合下兩宮之間有良好的五行互動，同樣會改變此情況。例如武曲只有在辰戌獨坐，如果辰戌是官祿宮，此時子午兩宮雖然是廉貞座命，但與廉貞同宮的還有天相，武曲與天相的關係就為有情之生，這時命主就容易在一生中時而遇到讓自己毫無熱情的工作，但有時卻也能得到讓自己充滿熱情的工作或事業。

在交友方面，太陽之火生廉貞之土、廉貞木亦生太陽火，只要不受忌廉貞一生中都容易遇到他人有力的幫助，廉貞自己亦願意替他人付出。唯太陽受忌時容易為他人付出卻換來傷害。

田宅方面，天同水生廉貞木，又與廉貞之火土彼此互剋，但都生剋有情，故廉貞的家庭氣氛只要不被忌星影響，多半家庭氣氛佳，即便有吵鬧也都不容易導致負面問題。

疾厄方面，廉貞屬木、天機也屬木，故廉貞之人一生肝膽與心神精神方面的問題都要密切注意，同時天機又主思想，故廉貞之人也容易跟思想有關的疾病有緣。同時廉貞本身屬火亦要留意與心臟相關之疾病。

△但凡病毒與癌症皆屬廉貞忌的範圍

最近兩年，苦惱世界最大的問題莫過於「新冠病毒疫情」，過去，斗數界的學術權威認為癌症屬於廉貞化忌的範圍，不過經老師深入分析，老師認為「病毒」也同屬於廉貞化忌的範圍。那麼有何科學依據可證明？

破解這問題，老師認為可從生命科學的角度佐證，人體每個細胞中的細胞核裡，都有著如下圖所示負責組合編輯基因序列的作業工廠，這些作業工廠的任務就是將一個個基因素材，按照身體本身的遺傳資訊藍圖為標準，編輯結合成一串串螺旋狀的雙股ＤＮＡ，進而將遺傳訊息一一複製。因此這段基因編輯與複製的過程就等於細胞核每天的「標準作業程序」。

而病毒本身沒有自行複製遺傳基因的機制，充其量病毒就是個用蛋白質外殼包著一串遺傳

（細胞核中基因複製編輯過程）

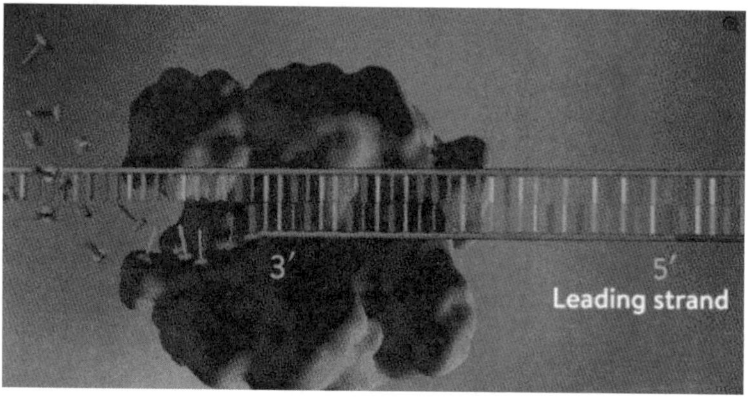

圖片引用自網路

物質的基因包裹罷了。所以病毒由於無法自行複製基因。它的傳宗接代手法，就是靠著入侵我們身體的細胞，然後干擾細胞中複製與編輯的作業，將自己的遺傳基因與資訊導入上頁圖中人體負責編輯和複製ＤＮＡ的作業工廠，使得細胞的作業工廠不按照本來我們自身的遺傳資訊來生產ＤＮＡ，反而把病毒的基因藍圖當成作業依據，進而拼命為病毒大量生產它的基因，而病毒就靠著我們細胞內的作業工廠，不費吹灰之力的複製出千千萬萬個自己，等到一個細胞被這群病毒榨乾後，成千上萬的病毒就會毀滅細胞然後散佈在人體中繼續找其他細胞下手，延續傳宗接代的任務。

而因為病毒的手段，便是使細胞內部的「基因作業程序」錯誤失能，而「作業程序」正屬廉貞的範圍，並且廉貞化氣曰「囚」，而細胞核正是一個被細胞膜所囚禁的主管單位，被病毒入侵以致失能也一樣符合廉貞忌的狀況，綜合以上兩點，便可證明病毒相關問題皆可歸類於「廉貞化忌」的範疇。

同樣的，癌症會屬廉貞忌所管的範圍也是相同的道理，因為人體細胞的分裂數量、以及細胞壽命，這些其實細胞內部都有調控的作業機制稱做「細胞週期檢查點」，在這套機制的把關之下，細胞就不會毫無限制的無限複製。然而在細胞分裂上億上兆次的過程中總會發生錯誤，產生少許瑕疵品，這些瑕疵品細胞由於內部有關細胞分裂調控的基因出錯，故而開始無限量增生，這些細胞正是所謂的「癌細胞」，隨著癌細胞不斷增生與分裂，接著就會變成肉眼可見的癌細胞腫瘤，若不及時切除，下一步癌細胞便會向身體發出指令，命令身體長出血管供應其營養，使得癌細胞越長越大，最後癌細胞甚至藉由這些血管進一步擴散整個全身，讓人體走向滅亡。

而癌細胞的問題，一樣出自於細胞自己本身複製分裂的這項「行政作業程序」疏失，以致於生產出具有缺陷的不良品細胞，以及癌細胞本身有關分裂調控的「作業程序」失能才導致嚴重的癌症問題，而廉貞正屬作業程序，故癌細胞這種由人體運作之「作業程序」疏失，自然也就歸屬於廉貞化忌的範圍之中。以上便是廉貞化忌主病毒與癌症真正的科學根據。

△廉貞亦主身心精神與心臟之疾病

在上一集時，老師曾提到身心精神方面的疾病一樣可屬廉貞的範圍，原因在於一般身心精神疾病的起因，都是因為當事人對於某些事情的執著與放不開，受因於某些想法之中，因此導致身心精神的問題，而這些執著和想法正如同一個框架囚禁著當事人的思想，所以化氣曰囚的廉貞正是因此成了身心精神問題的相關主星。

正因如此，廉貞化忌時還容易心悸、胸悶、恐慌、胸痛、心痛等問題，以西醫的角度分析，由於長期身心精神不佳，容易導致恐慌症，而恐慌症進而會影響神經系統，導致出現心悸、心痛、胸悶、心律不整等問題。而以中醫的角度而言，心氣與膽氣不足則人容易心神易驚及出現心臟相關問題，而廉貞屬木又屬火，正好對應屬木的膽與屬火的心，所以不論從中醫或是西醫的角度進行分析，都足以證明身心精神問題與心臟相關問題都歸屬於廉貞所管轄的範圍之中。

▲廉貞與太陽的心臟問題有何區別？

分析至此，心思較為縝密且有舉一反三天份的讀者一定會想問我：「冠元大師，太陽與廉貞都屬火，也都與心臟疾病相關，那兩者在心臟疾病方面有何區別」？有關這問題，老師認為破解的關鍵在於，廉貞屬陰火、太陽屬陽火，以及廉貞屬性駁雜、太陽屬性單純，故太陽由於屬陽火且屬性單一，所以有關太陽的心臟疾病大多是直接了當的明症，也就是病因清楚且與心臟的關係直接了當，例如高血壓、心肌梗塞、尖瓣脫垂這種明顯與心血管直接相關、治療方式很明顯的疾病。反觀廉貞屬陰火又同時夾雜木和土的屬性，使得廉貞相關的心臟問題，由於屬性為陰多為病因不明顯的暗症，又因駁雜，往往問題牽涉甚廣，問題決不會單單只與心臟有關？就拿因恐慌症所引起的心悸為例，很明顯這樣的心臟疾病絕非僅是簡單的心臟構造問題，其中還牽涉了病人的心理問題，而得知方向為心理問題後，醫師還要慢慢的抽絲剝繭找出造成病人恐慌的原因、事件以及壓力來源，有時甚至導致恐慌症的事件不單單只有一件，而是生活中來自各方大大小小的壓力源加總而來例如工作壓力、育兒、經濟、同事關係、自我要求等等。絕非三言兩語能輕鬆解決，且與直接的心血管病症無直接關聯，像這類暗症、駁雜之症就屬於廉貞的管轄範圍。

▲論命應明瞭「一症數脈」與「一脈數症」的分別

一症數脈指的是一個症狀背後的原因可能是好幾個脈絡或器官出問題所導致，而一脈數症則表示身體出現很多症狀，其原因則是因為某個臟器出問題，就好像前一段太陽與廉貞對比的例子，廉貞性質的心臟病就屬一症數脈，一個心臟病背後的成因除了心臟本身還牽扯到神經系統、進而又牽扯到心理思想與壓力問題。而太陽就屬一脈數症，一個心血管相關的高血壓問題，可能就會讓人引發腎衰竭、進而嘔吐、下肢水腫、夜尿、頭暈目眩、血管破裂等。

觸類旁通到斗數論命上也是，有時導致命主財運極差的原因是由數個宮位和主星共同造成，有時也可能一顆主星或一個命理條件就能引起一堆惡運，論命時要能區分仔細方能論命神準。

▲廉貞的星曜組合

廉貞只有在寅申獨坐，其餘在子午與天相同宮、丑未與七殺同宮、巳亥與貪狼同宮、辰戌與天府同宮、卯酉與破軍同宮，當廉貞獨坐時對宮必為貪狼，前段論及廉貞為紫微之替代星，此時對宮貪狼欲望的加持，將使得廉貞成為有野心之君主，頗有一方之雄的架勢故此，廉貞在寅申又稱作「**雄宿朝垣格**」。

星盤架構上，武曲永在廉貞的官祿宮，故而具備執行力與實務能力，這時廉貞的三方四正如再遇文昌或文曲，則文武雙全，形成另一上等格局「**廉貞文武格**」，並由於廉貞文武格的人能文能武屬雄才格局，放眼現代相當適合在商場上開疆闢土創造一番事業。當然一切的前提永遠是不被忌星所破，否則如一場空。

▲廉貞天相的組合

廉貞天相可謂天作之合，因天相的莊重、

廉貞 貪狼 (巳)	廉貞 天相 (午)	廉貞 七殺 (未)	廉貞 (申)
廉貞 天府 (辰)			廉貞 破軍 (酉)
廉貞 破軍 (卯)			廉貞 天府 (戌)
廉貞 (寅)	廉貞 七殺 (丑)	廉貞 天相 (子)	廉貞 貪狼 (亥)

正氣可收斂廉貞喜遊走灰色地帶的性格，也能將廉貞有時錯誤的固執加以引導走向正軌。同時天相的陽水可生廉貞的陰木，使得廉貞有知性且正面的成長與正能量的想法，陽水更可和廉貞的陰火陰陽相濟，成就水火既濟之功，天相正向的秉性更能讓廉貞免於刑訟之災，故廉貞天相在命者，既有廉貞之聰明才華，又有天相之光明秉性。

▲廉貞七殺的組合

廉貞與七殺五行屬性最多的便是火，所以廉貞七殺之人如沒遇祿科改善，多半有一定程度的爆脾氣或是發起脾氣來火氣不小，此外七殺屬陰金，廉貞又化氣為囚，金之堅毅加上化氣曰囚的固執，故廉殺之人可說異常固執、脾氣也硬，所以廉殺之人如遇權忌則多因性格過於有稜角，人生中常遭遇許多波折。

▲廉貞破軍的組合

廉貞本就喜歡運用其頭腦遊走規定邊緣，而破軍的性格更是喜歡新奇不喜拘束，兩者一加則性格容易放蕩不羈，遇到忌星更容易自行其是完全不甩社會規範，進而引發各種負面事件，也容易產生反社會思維。而遇祿權科時，則要將這兩顆星的磁場用於突破性創作，或突破傳統式的創新，則可將星性擺對位置發揮奇效。

▲廉貞天府的組合

廉貞為化氣為囚是為框架，天府又為府庫，兩者都是囚禁事物的空間，相乘之下，府廉的儲存堆積能力便極強，在命宮不受忌星破壞，則命主記憶力極強腦袋儲存知識能力極強猶如電腦，但善於儲存記憶並不表示善於靈活運用知識，記憶力同樣不等於理解力，有知識也不代表有智慧，故府廉之人，若強化理解與應用能力，結合其本身記憶力的優勢，方能所向披靡。

而府廉的儲存特質，如展現在田宅宮，則命主可能家中很喜歡囤積物品，在財帛宮則是存錢高手，如在官祿宮則工作準則與執行都能記到分毫不差，行政過程有條理能做到完美作業程序，當然這些優點的前提是不被忌星所破。另一方面，即便不受忌，府廉之人一樣害怕遇到擎羊，一遇擎羊就有如一把利刃捅破府庫與儲藏室，導致資本外洩，在財帛或田宅尤其傷害力極強。

▲廉貞貪狼的組合

廉貞、貪狼為兩大桃花星，兩者合一則貪狼的花枝招展加上廉貞的才智，相加之下，除了容易成為情場高手之外，極佳的交際能力，也能讓廉貪之人快速與人混熟，如要招募金牌業務，找廉貪就對了。同時廉貪之人亦善於觀察人們細微的心思與情感，故能擄獲他人的心。不過廉貪如遇化忌則容易將其桃花性質引導為負面，變得說話尺度大開，甚至黃色笑話黃色幽默朗朗上口，有時講話的尺度甚至會讓人尷尬而不知該如何接話。

另由於貪狼慾望大甚至容易貪心，廉貞則與法律官非有關，故最怕再遇到天刑、擎羊等凶星，這樣的狀況如有祿科相助還不至於釀成大禍，但如遇化忌，則容易因貪念鋌而走險捲入官非刑訟之中，更甚血光難免。不可不慎。

▲廉貞失運的徵兆

廉貞座命或為大限主星時，運氣低迷的徵兆為胸悶憂鬱、日常作業程序持續出錯、捲入紛爭與官非之中。而由於廉貞為業力之星，故以佛家的角度來看，廉貞化忌時應多念與解冤結相關的經咒以削弱因業力所帶來之不順。

☆《成為傑出命理大師及研究者應具備之條件》

從本系列書籍第一集至今，相信讓不少讀者見識到非常多從古到今命理界都從未見過的經典內容，那麼如果你也想成為像老師一樣的命理大師，應具備哪些條件方能在命理這門學問臻於至善境界呢？基本上，要成為傑出命理大師需有以下特質：

(1)能深入淺出的表達能力

相信不少讀者在學生時代經常會遇到那種在台上講了一長串，卻語焉不詳詞不達意，令人不知道他在說什麼的老師，以致於常常學生在放學之後還要上補習班補課，因此會不會教最大的關鍵在於是否能清楚明白用鮮明易懂的例子和言語讓學生一聽就懂，更進一步如果能搭配幽默舉出讓人印象深刻的範例，更對於教學有強大的加分效果，正如業界非常看重能夠清楚將企劃表達一清二楚的能力。也正如老師的書與教學定力求邏輯清晰讓人一看就懂，甚至能以武俠小說、動漫為例讓人印象深刻，許多學者最大的弊端就在於將簡單事情複雜化，喜歡用一堆符號、數學公式把明明可以用一兩句話就能輕鬆解答的概念弄得眾人一頭霧水。因此邁向各領域大師的一大必經之路就是「**研究應力求深入，但教學應力求深入之理論需以淺出之表達施教**」。

(2)觸類旁通的能力

由於命理這門學問包羅人生各方面之萬象，如要能成為命理大師，或像老師一樣研究出前無古人的突破性新命理創見，那就必須具備觸類旁通的能力，因為任何學問達到極高境界許多道理都能相通。

正如老師破解五行與易經八卦，許多見解是來自地球科學，研究斗數對於世界局勢的影響，見解是來自於歷史學，老師自創的企管五行理論，靈感則結合管理學、中醫以及陰陽五行，在命理的基礎—「八卦與洛書」方面，破解的角度更是源自於物理及數學，自創的「冠元派反洛書」其靈感也是來源於數學的對數概念。更有許多林林總總的斗數星曜破解觀點是以醫學為根據。

若想成為一個成功的命理研究者，就需能將各方面領域的知識加以融會貫通，方能超越古人的境界，使得命理這門學問能與時俱進、日新又新。所以，如果你想成為傑出的命理研究者，老師建議，第一個自我要求便是，先試著「將命理與你的專業所學結合」，以此為出發點，將有利於訓練自己觸類旁通，發展新創建的能力。

▲華人落後西方文明的關鍵在於「治學精神」

大家一定很好奇，為何華人的智商平均高於歐美，許多發明與科學理論的開端也都來自於中國，例如牛頓的三大運動第一項「動者恆動、靜者恆靜定律」在戰國時墨家便有學者提出，近代數學才有的「負數」觀念，在九章算術中也早有記載，那為何華人的文明會遠遠落後西方，甚至即便是工業化的近一百多年，世界的重大創新發明也幾乎沒有一項是出自華人之手？其實根本的關鍵在於「治學精神」。

歐美的學風主張探索、思考、懷疑、批判與創新，而華人則只注重考試與死讀書或僵化論文，以致於歷史科目，我們的考試考的經常是某某戰爭賠款多少錢，而歐美則是考「如果某某戰爭的結果是反敗為勝，對於世界局勢有何影響」？顯然歐美的教育更能培養真正懂思考與研究的人才。

正如老師前幾章舉的例子——「二進位的發明者，大數學家『萊布尼茲』」，歐美的國家學術單位可以接受萊布尼茲研究中國易經的成果，進而成為發明電腦的基礎，而華人世界至今卻反而仍將自己的文化瑰寶「易經命理」視為迷信與旁門左道，這豈不諷刺到極點？甚至老師當年讀碩士班時，想研究有關命理相關的企管論文，一樣被打回票，老師當時就感嘆，三百年前歐美能夠接受萊布尼茲對於中國易經進行研究，想不到即便到了二十一世紀的台灣，我們學術自由的風氣竟不如三百年前的歐美，當然老師並不怨自己的指導教授，因為華人的治學風氣就是如此，即便是台灣的最高學府台大，十之八九也沒幾個教授會讓學生寫如此突破傳統的論文。

再來，華人教育體制的另一大弊端就在於「本末倒置」，台灣的教育體制非常重視英文，然而語言只不過是「工具」，真正的核心重點在於邏輯與思維能力，打個比方，如果將學術研究比喻成武功，在射鵰英雄傳裡，九陰真經的總綱是由梵文所撰寫，但學武功最終的目標是要培養出武學高手，因此我們的教育制度要培養的對象，應該是有武學天份的練武奇才，而非看得懂梵文但武術天分卻零分的梵文作家。同理，台灣的商管學院極重視英文，但真正適合商管的天才以及能夠成為大老闆的人，往往關鍵不在於英文和複雜數學，而在於人文相關邏輯的領悟，台灣教育真正要做的是像射鵰英雄傳裡翻譯九陰真經梵文的情節一樣，由精通語言的人翻譯語言，再用以培養像華山五絕、楊過這種武學奇才，同理商管學術重點也應是由精通英文的人翻譯相關書籍，然後大學教育真正要培養的則是有天份的商學奇才。像以前指考時代，老師曾看過中山大學企管系招生只採計英文一科，老師就很想問，這樣的篩選標準，請問是否一個毫無商管天份但從小在美國長大的人也能錄取中山大學的企管系?這也就難怪台灣的商管學院會失去吳寶春這樣在商場實務上真正有成就的人才。

反而在老師眼裡，商管學院最重要的科目反而是「歷史」與人文之邏輯思考能力，當然老師這裡所指的歷史，絕非台灣錯誤的死背歷史教育，而是對於歷史的分析與人文邏輯之思考能力。最大的關鍵原因在於企業管理不管英文文獻再多，所需要的數學再複雜，最終要直接面對及管理的始終是「人」，因此人文方面的領悟才是根本的關鍵，也正例如為何讀者們看老師破解管理學與紫微斗數的切入點，許多都是由歷史的角度破解分析。在實務中，老師也經常在工作職場中，看到老闆的所作所為完全符合某個歷史事件，例如過去老師便看過和明英宗做一樣用人唯親導致血本無歸的愚蠢老闆，也看過像慈禧一樣不知痛定思痛最終迎來衰敗的領導。故有關人文的研究不管數學英文的成份再多最終都要回歸於人的角度，否則就只會創造出背書頭頭是道，但一到實務業界就能力平庸的學生。

▲破解不是英文就不能做學問的迷思

老師在第一集出書後，曾到各大學拜訪希望能開一門結合易經與斗數和人文管理思考的通識課程，但卻沒有一所大學有伯樂之眼，甚至台北市某國立大學回覆老師說，學習人文思考故然好，但現階段希望以發展外語為主要競爭力重點。使老師嘆氣，資工系所學的電腦二進位理論正是來自於「易經」，國內的大學可以接受資工成為正統學術教程卻無法接受資工系的源頭「易經」？豈不讓人大呼可惜。

那麼難道中文就不能做研究？為了破解這迷思，老師的書從第一集至今，每個有關大學及研究所經濟學、管理學的相關解說都一律使用中文解說，事實證明即便不用英文，也能讓各位讀者領悟商管與人文邏輯的真髓。

甚至很多西方管理學理論，在中國歷史上都早有相關的思維概念，例如老師小學六年級時就喜歡閱讀孫子兵法，而商場如戰場，故企業管理許多理論都與兵法不謀而合，例如孫子兵法提到用兵要如常山之蛇「率然」，如攻蛇頭則蛇尾襲擊，如攻蛇尾則蛇頭襲擊，如攻蛇之中身，則首尾合攻襲擊之人，行軍打仗之作戰亦要能做到如此首尾相顧，方能毫無破綻。而老師大二學到「供應鏈管理」時，就體悟到供應鏈管理不就正與常山之蛇道理相通嗎？如果一家企業在供應鏈的上中下游都能取得優勢，則如果遇到在上游貨源佔有優勢的競爭者，我便可利用有如蛇尾的「下游通路」牽制對手，使得對手的產品沒有通路可以販售，或是加收上架費讓對手的商品價格變貴失去競爭力，而若遇到下游通路具有優勢的競爭對手，則我就可控制有如蛇頭的上游貨源，讓別的通路商拿到比較高價的貨源，使得對手的利潤大幅降低，失去競爭力。換言之，如果遇到中游製造加工強於我的對手，則我從上游控制原料貨源，又加強控制下游販賣通路，讓對手原料成本大增同時銷售通路又少於我，首尾夾擊，便可大獲全勝。

就例如近年崛起的「蝦皮購物」，為何蝦皮能打敗在台灣深耕十幾年的老牌電商平台雅虎拍賣及露天拍賣，甚至連淘寶也懼它三分，正是因為蝦皮在供應鏈上都掌握優勢，在上游貨源方面，蝦皮除了台灣本地的商家外，還吸收大陸商家創建大陸直送物流使得貨源比起雅虎、露天更多元，與大陸淘寶相比也少去了報關與轉運的複雜流程，在通路方面比起其他兩家拍賣，更推出蝦皮店到店服務，使得消費者因多了免運費的下游通路選擇而投向蝦皮的懷抱，蝦皮才能夠在短時間以上下游供應鏈蛇頭蛇尾的優勢擊敗台灣在地的兩大電商平台。甚至與下游廠商相比，原本小七跟全家是超商取貨的最大龍頭，但蝦皮與他們競爭仍大獲全勝，因為蝦皮推出店到店後，利用其平台的優勢給予自家蝦皮店到店更優惠的免運條件，使得超商被蝦皮的攻勢打得落花流水。這一切優勢便是源自蝦皮充分掌握上中下游每個供應鏈環節的相對優勢。

另外，老師在高中時便很喜歡閱讀「戰國策」，而當大一管理學課堂上教到「效能與效率」的概念時，老師馬上觸類旁通聯想到效能與效率的概念不正是戰國策裡提到之「南轅北轍」的概念嗎？管理學的理論中，效率指的是如何以最小的投入達到最大的成果，效能則是指事情的目標是否正確，也就是有效率卻沒效能，指的即是非常迅速地完成了一堆與目標無關的蠢事，有效能但沒效率，則是指做事的目標雖然正確，但卻投入極多時間或成本才達到目標。

而「南轅北轍」現代的意思為兩者差距非常大，但實際上「南轅北轍」在戰國策的出處本意並非如此，「南轅北轍」原本的故事大意為，季梁對魏王提到他在大道上看見一個人，馬車正對著北面，卻說自己想去楚國。然而季梁卻說楚國在南邊，不應往北走。而那人卻不斷強調「他有最好的馬、有富有的路費、還有技術最好的車伕」但季梁認為這些條件即便再好，但方向錯誤此人只會離楚國越來越遠。季梁以此意喻如果領導者治國的方向錯誤，就會有如南轅北轍，有再好的國家資源也都只會使治國行軍得不到任何績效。那麼如果把「到達楚國這件事」當作「經營管理目標」，故事中季梁所說的往楚國之正確方向不就正是「效能」的概念？而最好的馬車、路費、車伕不就正是「效率」的概念？季梁想表達的理念不也就是如果企業的效能目標錯誤，再有效率的作為都是白忙一場，離目標越來越遠？

因此，誰說中文就不能做研究做學問？事實上許多碩士班等級的管理學老師都完全能用歷史個案就能洞若觀火分析透徹，而上述這些都是老師大一大二時的人文體悟，試問台灣的教育體制下，又有幾個名校企管碩士或博士有如此境界的管理人文邏輯體悟？所以如果老師是國內知名大學的商管科系負責人，比起只會英文數學「作題考試」的學生，我寧可招收培養在人文及邏輯思考能達到如此融會貫通境界的奇才型學生。如此一來，華人的學術研究領域也才有未來可言。

《紫微星系章節思考題》

1.老師在講解斗數四化與歷史朝代興衰時，曾講解丙天干時(天同化祿、廉貞化忌)，代表朝代發展到一個階段時，由於天同主享樂、享受、享福，所以容易出現國家領導人或執政黨因只重視自身享樂與享福，造成施政無方、國家行政成效衰敗。同時也以阿扁與現在的執政黨為例。然而，綜觀馬總統執政時期，馬總統本身並未貪圖享樂也沒貪圖享福。那麼馬總統執政時期究竟那些特點符合(天同化祿)的條件？

2.在講解斗數四化與歷史朝代興衰時，老師教到王天干時，提到王天干時已接近十天干之尾聲，又為武曲化忌，表示到了朝代的末期，終究會因金錢財政與武力問題而亡國。然而王天干終究不是最後一個天干，癸天干才是，那麼癸天干的意義究竟是什麼? 為何朝代滅亡後還剩一個天干?

3.如果說歷朝歷代都亡於王天干的武曲忌，那麼癸天干的破軍祿與貪狼忌指的又是什麼?

冠元科研協會成立資訊

感謝各位讀者對於本書的支持與愛護，在此和各位讀者分享一個好消息~老師將成立『冠元科研協會』~!!

老師創立學會最重要的核心宗旨，在於提供對命理有研究熱情的有識之士一起開創命理更高境界的學問與創新~也讓命理學問更加推廣與蓬勃發展、發揚光大~!!

紫微斗數與易經命理，正如一個強大的核心能力，發揮在各種不同的領域都能大放光彩，張三豐運用它可創出太極拳絕學、楊五郎運用它可創出五郎八卦棍、諸葛孔明運用它可成就八陣圖、萊布尼茲運用它甚至發明電腦。

所以老師撰寫這一系列(紫微斗數科學)一大用意就是為了能以老師在科學的領悟，讓更多學術領域的專家獲得啟發，進而使得未來世界之文明，能誕生例如紫微斗數醫學、紫微斗數生命科學、紫微斗數經濟學等眾多各領域的知識突破。

如果老師擁有至少三百歲的壽命，也許還有時間可一一研究各科學領域的學問，再進而結合斗數與命理成就各科學領域的突破性創新學說，然而人之壽命終究有其極限。

所以老師成立學會，最大的願景就是凝聚各領域對於斗數與命理有興趣之傑出專家，例如醫生、化學專家、遺傳工程專家一同齊聚一堂將自身所學融合斗數命理，創造出更輝煌的學術成就，使得各領域的科學都能取得劃時代的新成就。

同時，老師也將在未來繼續寫「紫微斗數科學」系列叢書的續集，以讓讀者對於紫微斗數有更清晰的認識。

然而~命理研究者的無奈與辛酸在於，命理學術不如正統學術單位有單純的研究環境以及經費資源，寫書往往就意味著需辭去工作半年以上，有著過窮書生生活的心理準備~!!

所以~~不論是後續『寫書』或『成立學會』，都需籌備資金。如果你希望新書早日出版，也有志於將紫微斗數與命理發揚於各大專業領域，更認同我們成立學會的理念~!!

歡迎各位共襄盛舉~懇請捐款至以下《募款帳號》:

銀行代號: 808　　　帳號: 0325-966-204-225

P.S: (國外讀者歡迎使用 Paypal 及 微信 捐款)

老師的 PayPal : imemperorgkc@yahoo.com.tw

老師的微信 : imemperorgkc

(金額隨喜~捐款後也希望能來信或 FB 告知您的大名，以便記錄與感謝)

六、紫微斗數十四主星之精髓《二》

講解完紫微星系之星曜，想當然爾接下來也必須對於天府星系的主星進行深入剖析，方才面面俱到，紫微星系屬陰、天府星系屬陽，兩者陰陽互補剛柔並濟。而根據老師的研究心得，紫微星系與天府星系的雙星組合存在「磁場相吸」現象，亦即陽剛性質的殺破狼類型主星才會彼此相吸，例如紫微星系的紫微、武曲、廉貞這種較偏將帥性質的主星只會與天府星系同樣類型的七殺、破軍、貪狼、天相、天府同宮。換言之，紫微星系中天機、太陽、天同這種智庫文人性質的主星，也一樣只會與天府星系中磁場偏陰柔、文質的主星互相吸引，例如太陰、巨門、天梁這類柔性主星。決不會出現武曲與太陰同宮，或者紫微與巨門同宮這類狀況。

再來由於道家尚陰，故斗數以紫微星系為主，天府星系為輔，這也是為何天府星系的主星經常沒有參與任何四化的原因，話雖如此，天府星系的主星卻比紫微星系來得多，表示天府星系的影響力同樣不容小覷，正所謂孤陰不生、孤陽不長，唯有陰陽互補萬物方得生長。故本章將進一步深入剖析與破解天府星系主星所隱藏的奧秘。

☆《天府星之星性分析》

天府星，化氣曰「賢」，故天府之人天生各方面的能力普遍比多數人好，故天府之人先天也會比較有主見，較固執的天府則會較自以為是，然天府的罩門也正在此處，天府雖各方面能力通常可贏百分之七十的人，但相對也意味能達到真正頂尖的強項少之又少，故天府之人一生的課題就是要精益求精，追求頂尖與卓越，使自己達到前百分之一甚至更高水準，否則就容易樣樣七十分，五技而窮成就有限，作事也要達到公認「眾皆稱是」的水平，才不致流於自以為是。

老師第一集時有提到，三國中天府作命的代表人物正是孫權，從孫權身上就能將天府的特性一覽無遺，孫權雖然社交能力好，也知人善任，東吳在他手中一度成為能與魏蜀相爭的強國，然而孫權的個人缺點也正如典型的天府，各方面都不錯，然而沒有一項能力達到頂尖，如此一來的窘況就是，論單挑武力值七十被關張趙秒殺，智力值八十，孔明和司馬懿放個全螢幕大招就陣亡、論魅力值，也依然低於劉備，使得東吳一直以來都是三國中存在感敬陪末座戲份最少的邊緣國家，也是三國中擴張版圖事業積極度最低的一國，故天府座命之人定要謹記這些要點方能提高格局。

天府五行為陽土，所以天府之人有較為明顯的貴氣或是氣質，但前提是不被忌星所破，優質的天府，女性端莊或體面，男人斯文，不過一旦被忌星所破，就會莊重與貴氣全失，甚至俗味、草根性都有可能發生。而由於天府先天主貴，故天府之人一般情況下，擁有用較低價購入高級品的能耐，或是先天內建實惠高級品雷達，總是比別人還能掌握哪裡可以買到低於行情價高級品的資訊。

同時屬陽土的天府，天生比紫微來得主動健談，但也因此有時候天府會比較碎碎念或者喜歡說教，加上天府賢能的磁場，使得天府看到親朋好友的缺失，有時便會以自身賢能的見解指出問題或是品評缺失。但被天府指正的親友或多或少會覺得有失面子，也因此許多天府會不得親友喜愛。

其次，天府的對宮永為七殺，表示天府之人雖然表面上看起來莊重大度，但由於遷移宮主內性，因此在賢貴外表之下，隱藏的是性急的心。因此，和天府之人聊天，很容易發生，你話才剛講到一半，天府之人便以自身的賢能，自認你想說的話之脈絡他都完全懂，進而接

巨門 (田宅)	天相 (官祿)	天梁 (交友)	七殺 (遷移)
貪狼 (福德)			
太陰 (父母)			
天府 (命宮)		破軍 (夫妻)	

你的話把話說完，或者是想中途打斷你的話節省時間，這些都是內心性急的天府展現其七殺內性的特徵。然而當運氣好時，確實天府知上句就能推出下三句。但有時別人心中所想卻與天府的預判明顯有出入時，此時性急的天府如仍自認一切不出自己所料，而不讓對方把話說完，反而容易造成雙方溝通上的摩擦。

在天府的星盤架構中，天府的父母永為太陰、福德為貪狼、巨門為田宅、天相則永在官祿、天梁永在交友、破軍永在夫妻。父母方面，天府陽土剋太陰水，為有情之剋，表示天府對於其父母具有情份，也真心為父母好，但因關係為相剋，就容易演變成天府「以真心為父母好」為出發點，對父母說教或管束、碎碎念，而太陰為母星，故父母中又以母親受天府的有情之剋最多。然而雖然天府的出發點是為父母好，但正常情況下，通常是父母對兒女說教或管束，天府以其賢能及帝王星磁場反過來「關心」父母，有時反而會因此造成親子矛盾，畢竟終究父母大天府一輩，被天府說教他還當什麼父母？同時廣義的父母又可泛指長輩、長官、老闆。故而有時當天府的長官或老闆甚至會自我懷疑究竟自己是老闆，還是天府是老闆？

但這也表示天府之人先天適合自己當老闆或擔任主管，天生也自帶領導能力，適合領導別人而不適合被領導，這情況尤以天府在命與官祿時最為明顯，天府在命官兩宮者於職場上相當重視權令，如當無實權的光桿司令，天府寧可掛冠求去。

同時在福德方面，天府的福德永為貪狼所管，貪狼有個貪字故胃口與心性也較大，所以天府的內心一般野心和胃口都比較大，這樣的情況尤以天府在巳亥兩宮時最為明顯，因為天府在巳亥兩宮時，福德與財帛正為武貪，武貪雙重合力之下，天府對於金錢的潛在野心更得到雙重加乘，因而天府在巳亥之人對於賺錢不但有野望有理想，同時因為心大，所以對於小錢擺出一副根本不屑賺、要賺就賺大錢的氣魄及態度。然而這樣的心態有好有壞，當化祿權科時，當然順風順水大筆金錢滾滾而來，但當遭遇忌星時，也就賺錢理想落空、事與願違，甚至沒賺錢之外，還倒欠一屁股債，這樣的命例老師在網路影片上講解豬哥亮的命盤時，便深入將這點精闢分析。有興趣的讀者可上網搜尋。

在田宅方面，受到巨門影響，天府之人的家庭氣氛很容易有代溝、爭吵、辯論、口舌，屋宅的採光也可能較暗，或者房間的配色佈置容易為暗色系，這樣的情況尤以巨門受到忌星時特別嚴重，如此狀況要遇化祿、祿存、太陽方能有較可觀的改善。同時對於天府而言，好的家庭氣氛之營造一樣極其重要，因為巨門在田宅，直接正對的就是子女宮，表示天府在家庭經營上如經常多有爭吵、爭辯間接也會使子女的身心與人格成長受到負面的影響，也容易養成子女喜歡爭辯難管教的性格。

於官祿，天相永座天府之官，而天府與天相的結構關係，則形成所謂的「府相朝垣格」，古云此格食祿千鍾位至三公，但實際上在現代也就是衣食無憂而已，真要到出將入相還需其他命格條件配合，而天相如協調各方勢力的宰相，故與紫微相比，天府的領導相對更善於協調，而天府與天相都重面子，因此天府做事經常都力求面子理子兼顧，要求事情要做得漂亮。同時也表示天府之人在工作上，也非常渴望經常受到讚美，讚美與讚嘆及推崇是讓天府渾身是勁的強力電流。所以如果你有天府座命的部屬，那麼給足足夠的頭銜、面子及公開表揚讚美是讓他戰鬥力翻倍的最佳策略。

交友方面，受到天梁的影響，天府很容易結交和自己年齡相差較大的朋友，同時也表示天府的交友圈年齡上下通包，來者不拒，其中也不乏對天府相當照顧的朋友，就拿天府座命的孫權為例，與孫權有所來往的人也一樣橫跨各年齡層，例如亦敵亦友的劉備與曹操，其輩份應該算跟孫權的父親孫堅同輩，但孫權卻與他們同等來往，甚至劉備還成為自己的妹夫，同樣的魯肅、周瑜等與他先從朋友關係開始的部屬，也都年紀與他相差一大截，而這些老一輩的孫策舊部屬對於孫權也都相當照顧，而到孫權中晚年也一樣與周泰等後起之秀真心來往，這一切狀況正是由於天梁的磁場所影響。

然天府之人最需注意的便是夫妻宮，天府的夫妻永為破軍，破軍乃破耗之星，表示天府的婚姻感情經常容易遭遇波折與動盪，但婚姻與感情最重要之處在於穩定，一波三折永遠不是婚姻與家庭所樂見的，天府之人唯有破軍在子午兩宮達到「英星入廟格」時，婚姻關係才尚可較為鬆一口氣。

▲天府的雙星組合

天府的雙星組合相當少，只有在寅申時與紫微同宮、辰戌時與廉貞同宮、子午時與武曲同宮，其餘皆是天府單星獨坐，那麼同樣是天府單星獨坐，不同宮位的天府究竟有何區別？格局又孰高孰低？相信這問題是很多讀者心中的疑惑，又由於雙星組合在紫微星系時已講解大略，故本節主要就天府獨坐於不同宮位之命格差異一解其中之奧秘。

天府獨坐的命格，在其他條件不變且不受忌星破壞的前題之下，巳亥的天府格局高於丑未的天府，而丑未之天府與卯酉之天府則各有優缺點不相上下，如此排序的立論依據為，巳亥的天府對宮必為紫微七殺，有紫微在遷移的拉抬，可提高天府本身的氣場，加上紫微與天府都屬土，彼此有比旺的加乘作用，而七殺屬金又屬火，可與屬土的紫微與天府形成火生土

天府 (巳)	天府 武曲 (午)	天府 (未)	紫微 天府 (申)
天府 廉貞 (辰)			天府 (酉)
天府 (卯)			天府 廉貞 (戌)
紫微 天府 (寅)	天府 (丑)	天府 武曲 (子)	天府 (亥)

土生金環環相生的強大能量，故單就命遷線的強度而言，巳亥的天府自然領先於其他獨坐宮位，另外一大重點在於，天府在巳亥，其財帛宮必然為武貪從福德借過入駐，而武貪主大，其賺錢能量在不受忌的情況下，自然也遠勝其他天府獨坐時的狀況。加之天府在巳亥，子田線為太陽巨門之巨日組合，如此一來亦同時發揮太陽的驅暗之功，使得巨門較為負面的特性都能獲得改善，所以天府在巳亥于各方面大體上皆為面面俱到，彼此互補相互輝映。

而丑未的天府比起卯酉的天府優勢在於丑未屬土，與天府之五行比旺，而卯酉兩宮卯屬木剋天府、酉屬金洩天府，所以單就天府的氣場而言，丑未的天府氣場要強於卯酉。然而在命盤架構方面，丑未天府卻存在致命的缺陷，理由在於丑未天府的財福線必為紫貪、而廉貞七殺在遷移、武破在夫妻、天機太陰在父疾

天相 (官祿)	天梁 (交友)	七殺 廉貞 (遷移)	(疾厄)
巨門 (田宅)			(財帛)
貪狼 紫微 (福德)			天同 (子女)
太陰 天機 (父母)	天府 (命)	太陽 (兄弟)	破軍 武曲 (夫妻)

線，如此一來將造成丑未天府幾乎沒有任何一年的命盤能獲得四化的能量加持，如果要讓借到財帛宮的紫微及貪狼化祿權科，則選項有乙年紫微化科、戊年貪狼化祿、己年貪狼化權、壬年紫微化權，但這些選項每個都帶有毀滅性的缺點，首先由於此時父疾線主星為機陰，所以不論選擇貪狼化祿或者紫微化科，都要付出化忌沖破疾厄宮的慘痛代價，要知道身體為一切之本，本命三方四正格局再強，但疾厄宮被忌星沖破，也不過就是華而不實、中看不重用，試想就算錢賺再多但沒命花也沒用，就有如坐擁百億身家，但卻半死不活毫無意識躺在病床上要靠插管續命的道理相同，完全得不償失。

然後選擇貪狼化權或紫微化權也都會遇到另一個致命缺陷，就是此時武破必在夫妻宮正對官祿，而選擇己年貪狼化權則必然要承受文曲化忌，而破軍隨文曲影響一起化忌，壬年紫微權也一樣要承受夫妻宮武曲化忌的傷害，如此一來不論選己年還是壬年，獲得財帛宮好處的同時都必須付出化忌沖破官祿的慘痛代價。唯一還能撿到殘羹剩飯的選項就只剩甲年讓廉貞化祿在遷移照命宮，然而終究只是照命宮而已，其能量比起直接在命宮差了遠遠一大截。綜合以上因素，天府在丑未于四化方面可謂最為吃虧，這也是丑未天府比起卯酉天府來說較弱的部份。

而卯酉的天府雖然在宮位五行上略輸一籌，但在命盤架構之四化格局上就反較為吃香，卯酉天府的命盤結構如下頁圖所示，武曲七殺在遷移、財福線為廉貪、太陽太陰分座父疾線，如此架構也表示卯酉的天府許多情況之下亦會面臨丑未天府的困境，比如選擇甲年讓廉貞化祿，則就要承受疾厄宮太陽化忌的缺點，造成雖然有財但體弱多病的弊端，而選擇己年讓遷移武曲化祿照命，則也會引發破軍隨文曲忌沖官祿的致命傷。

但是，卯酉的天府相較丑未之優勢就在於，還有其他優秀格局可選，例如戊年的四化就能讓貪狼化祿落在最適合祿星的財帛宮，同時戊年的天機忌則坐落在子女宮為他宮，對於整體命盤的殺傷力相對弱非常多，又~即便同樣是化忌影響疾厄宮的情況，甲年的太陽忌對於卯酉天府而言僅僅是化忌入疾厄宮，但丑未天府由於父疾線為雙星組合，故一旦受忌一定是化忌沖疾厄宮，忌沖的傷害相較於忌入來說更為嚴重。最後丑未的天府必為太陽太陰所夾，這也就表示不論天府在丑未哪一宮，太陽及太陰必有一顆星失輝，無法兩全其美，但卯酉的

(財帛)	天機 (子女)	紫微 破軍 (夫妻)	(兄弟)
太陽 (疾厄)			天府 (命宮)
武曲 七殺 (遷移)			太陰 (父母)
天同 天梁 (交友)	天相 (官祿)	巨門 (田宅)	廉貞 貪狼 (福德)

架構下只要天府在酉就可太陽太陰皆得位。

▲天府的身材與富貴

天府與紫微都為屬土的星曜，屬土的星曜通常到中年都會身材偏中廣化，其中又以屬陽土的天府更為明顯，紫微和天府身材變為中廣相對財富能量也會隨之增加，反之如到中年身材仍然偏瘦，那麼財富力道自然也跟著偏弱。但如此一來就會形成身材與錢財魚與熊掌不可兼得。如要破解這難題，男人可以從練重訓與健身著手，讓自己的肌肉發達，因肌肉多而身形中廣總比因脂肪多身形中廣來得強。而女人只要不到肥胖，大體也還略可接受。

▲天府失運時的徵兆

而天府在失運時，有一些徵兆須謹慎留意，方能逢凶化吉，首先是自以為是，然後貴氣漸失、說教碎碎念，最後眾人皆不認同己見，因此在行運較弱之時，更要虛心多聽取他人建議，並自我要求舉止與形象力求貴氣及落落大方。

☆《太陰之星性分析》

太陰即夜空中的月亮，有盈虧圓缺，相較於太陽的光芒四射與熱情，太陰則柔而恬靜，因此屬性上太陽主男人、太陰主女人。太陰的五行屬性屬陰水、陰土又為清潔主、田宅主，理由很直觀，任何環境的清潔都需靠水來洗清，屬水的太陰更是明淨之水，自然與清潔最為相關，此外屬土的特質更是與土地田宅直接相關，加上一般家庭處理家務與持家的多為女人，自然也就使太陰成為主內的田宅主。

太陽熱力四射,故不論性格與運勢都容易大起大落,但太陰就如月光一樣淡淡靜靜，所以太陰之人的性格大多比較靜、步調也比較溫緩不激，同時月亮的要累積到滿月，必須從新月起慢慢累積十五天才臻達滿月，並且同時也要經過十五天方才從滿月慢慢消退完結，也因月亮的此種特性，造成太陰雖為田宅主也為財星，但太陰所在之宮位所主的事物，要有所成就，都是一點一滴涓滴而成，而絕不是爆發性成長。故太陰在財帛宮，命主的錢財為涓滴而成的累積之財，絕大多數到了中年，存摺中的才有漂亮的數字，在田宅也多半是房產一點一滴增加，幾乎不可能是一蹴可及、一夜暴富。換言之，太陰在損財的時候，也就像滿月慢慢消退一般，一點一滴涓滴而損。然而涓滴而損有時反而更為可怕，因為一般人通常對於小損失常常不放在心上，使得在無形中累積成可觀的鉅額損失卻還仍不自知。

在性格方面，太陰比較柔，故太陰的女人只要太陰不失輝，外型大多有女人味或是外表給人溫柔感十足，也容易給人小女人的感覺。男人則外表斯文而不陽剛，這樣的情形尤以遇到祿科更為明顯。太陰之人平常話也比較少，個性柔而和緩，但有時也因為和緩，讓人覺得做事有欠積極與衝刺奮鬥。

太陰之人不失輝、不遇煞星、忌星時，內心清明且心有方略，古書對得位且遇化吉之太陰，評價為「清直忠諫之臣」，也就是格局高的太陰，雖然平時話不多也較為內斂，但內心就像明月般清明潔白，如果擔任顧問、言官、司法人員，一樣能秉持公正指出缺失與錯誤之處，明辨是非直諫敢言。該出聲說話捍衛是非時也絕不馬虎。

反之太陰較怕失輝又與煞星同宮，此時的太陰心性便容易清明受損，陰柔的性質反容易轉為陰沉或較為自私的陰謀，甚至會扮豬吃老虎或佯裝受害者博取好處，如再遇忌星則災禍更甚，因此太陰是顆很怕遇到凶星的星曜，遇到凶星猶如銀月沾瑕、烏雲蔽月，此時唯有遇祿科方能轉壞為好。

由於太陰代表女人，故又稱作母妻之宿，在男人的命盤上亦可代表母親與妻子，甚至是其他異性，所以如果男人的命盤裡太陰較太陽得位且受祿科加持，則對命主而言異性的幫助較同性大。又因太陰為妻星，故最怕化忌入男人之夫妻宮，如此一來便會造成「妻星不明」，不但姻緣難成，即便成就姻緣，雙方的生活也就像有婚姻如同沒婚姻一般。同樣的如果失輝或化忌的太陰在交友宮，則男命主很容易暗地裡結交到女性朋友，但卻容易為對方付出卻得不到什麼具體回報。

另外，由於太陰為女性之宿，故太陰座命的男人，便與生俱來擁有強大的女性技能天份，除了生孩子外什麼事都辦得到，廚藝、打掃、家事可謂樣樣能上手。但相對太陰座命的男人在面對與外人衝突時，因太陰柔和的性格使然，通常偏向息事寧人或溫吞處理，而很少威風凜凜挺身而出捍衛保護自己與家人的權益，使得男命太陰的妻子怨懟得不到保護感與安全感。這也是為何有時可見古書某些部份主張太陰不利男命的原因。

再來，太陽是光芒耀眼熱力四射的博愛之星，為散佈眾人的大愛。而月亮則是反射太陽的柔靜月光，所以相較太陽，太陰之愛為獨善與自己相關的小愛，因而太陰之人通常顧家，太陰座命的女人在出嫁後也依然會專心於照顧夫家與娘家，但對家以外的人事物則付出一般，甚至自身條件與經濟變差需要取捨時，太陽的女人會選擇燃燒自我兼顧娘家與夫家，但太陰的女人則最多兩者之擇一，先力求與自己相關的人無後顧之憂。

而在人際互動方面，太陽化忌展現的是衝突、血光、紛爭這類明顯的矛盾，然太陰由於屬性陰柔，因而太陰化忌反應在人際互動上多為彼此不對盤、不投機、不合拍或是冷戰，在團體與組織中，則容易發展為茶壺內的風暴，或是表面上成員間彼此關係風平浪靜，實則台面下暗濤洶湧。

▲太陰屬水又屬土的根據

過去，命理界中對於太陰的五行曾有過質疑與爭議，爭議點在於太陰既然等於月亮，可是月亮上並沒有任何水，何以太陰屬水？並且太陰屬土又有何根據？有關這方面的問題，老師認為破解的關鍵就在於先後天八卦，在後天八卦裡，太極極陽處為離卦為火，與之對應太極的極陰之處為坎卦為水，而極陽火性與熱力最強之星當然就是太陽，所以與之相對應極陰的坎卦之處便是月亮，而坎卦屬水，以此推之太陰亦屬水，舉一反三，先天八卦在同樣極陽跟極陰的位置，為乾卦及坤卦，乾為天、坤為地，因此太陰如其名位居極陰之處，所以同樣擁有坤卦的成份，屬大地自然也就屬土。

同時，老師認為太陰屬水的原因也在於，月亮出現的時間為一天中氣溫最涼、光量最少的黑夜，性質也比較柔靜，這點便與水的特性完全一致。同時月亮上既沒有火也沒有木，擁有最多的就是一望無際的岩石，所以就現實面而言太陰屬土也完全合情合理。

此外，講解太陽時老師有提到，太陽可代表玻璃，而太陰由於月亮之光來自於反射太陽之光，其反射性質表示在實物中，太陰代表鏡子。同時老師也提到凡是外強中乾者皆屬太陽的範圍，同理可證外柔內剛的事物一樣可推論為太陰所管轄之範圍。引申到太陰所代表的女人上也道理相通，這也是為何女人雖然比男人柔弱，但很多時候女人發火發飆卻比男人還恐怖。

▲從太陽、月亮、地球的科學角度證明「陰陽合則萬物生」

中國的陰陽學說講究「孤陰不生、孤陽不長，陰陽合則萬物生」，這個道理一樣反應在太陽、月亮及地球的關係上，在太陽系的行星之中，火星的條件跟地球最為接近，但為何地球可以孕育生命，但火星不能？最大關鍵就在於地球有大氣層，且能留得住水分，而讓地球擁有大氣層的最大功臣就是「月球」。因為在正常情況下，較小行星的大氣層會被太陽的太陽風所吹散，但月球本身的引力會與太陽風及太陽磁場相抗衡，使得地球大氣層因月亮的制衡引力得以倖存，在太陽與太陰平衡的情況下，才造就地球得此陰陽合之得天獨厚條件，進而萬物生、欣欣向榮。

但火星就沒這麼幸運了，火星由於沒有衛星與太陽相抗衡，因此大氣層也隨著太陽風煙消雲散，以致於一片死寂。

太陽、地球與月亮的引力牽制

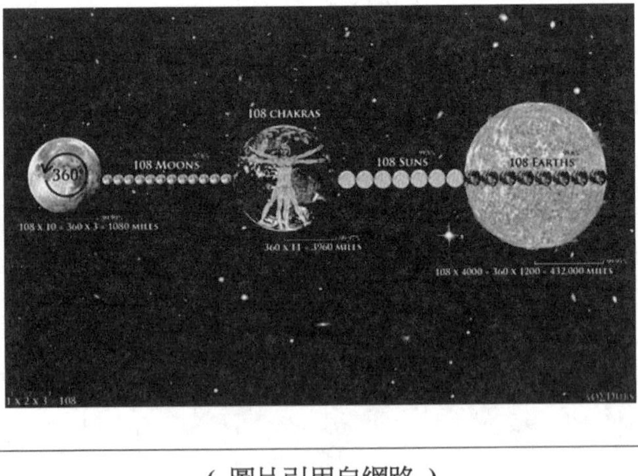

（圖片引用自網路）

▲太陰的星盤架構

太陰的星盤架構中，貪狼永管父母宮、巨門永在福德、天相永於田宅、天梁永在官祿、七殺永在交友、天府永在兄弟、而破軍永管子女宮。而首先太陰為清潔主為田宅主，進而表示女命太陰乃至女人個人清潔對于運勢的影響非常大，一旦不愛乾淨、髒亂，則運氣就會變差，反之愛乾淨愛整齊的太陰及女人，運氣相對會得到提升。

天府為陽土剋太陰之陰水，所以太陰容易有因對自己好而來管自己的兄弟姊妹，偏偏天府為帝王星，氣場強於太陰，這樣的互動關係而言，代表太陰適合當弟妹而不適合當兄長或姊姊，因為天府的帝王氣場外加相剋屬性，如當兄姊，則長兄若父、長姐如母，縱使會管來東太陰，也還不致於太過不搭調，但如果太陰自己就是兄姊，卻還要被弟弟妹妹管束說教，

巨門 (福德)	天相 (田宅)	天梁 (官祿)	七殺 (交友)
貪狼 (父母)			
太陰 (命宮)			
天府 (兄弟)		破軍 (子女)	

久而久之就容易產生不愉快及摩擦。

父母宮方面，太陰水生貪狼之陽木又與貪狼之水比旺，表示太陰之人只要跟父母宮沒有忌星的互動，則太陰對父母多半不錯也夠顧家孝順，太陰之女即便出嫁，都對於娘家頗有照顧，不過太陰之人不論男女都需留意與母親的互動關係，除非母親生年的四化剛好與命主互動良好，不然多半太陰之人與母親的緣份和互動比父親差。

福德方面，太陰的福德永為巨門，福德又為夫妻之官祿，意即氣數位，這便表示女人是否有福份、婚姻是否美滿關鍵在於口德，如果經常口出惡言、嫌東嫌西、對配偶與子女經常批評，即便美若天仙，久而久之自然也婚姻不順。反之為何許多婚姻美滿的女人雖然長相一般但老公卻疼愛至極，正是因為老公在生活中經常能得到老婆的肯定、稱讚與打氣，使老公每天都得到無可替代的情緒價值。

在田宅方面，太陰為清潔主、天相亦主體面莊重，加上兩者皆屬水，表示在不受忌的情況下，太陰之人對於田宅之裝潢、擺設或整齊清潔有一定的把關，而不會放任其亂如狗窩，同時天相又主印鑑，因而太陰之人居家環境附近很容易有印章店、公家機關、銀行機構等環境。

官祿方面，天梁永在太陰之官，表示太陰之人在工作方面，適合做需要幫助他人的行業，同時天梁又為風紀之星，故糾察及司法的工作也適合，此外天梁又為醫藥之星，如太陰之人有幸從醫，則醫藥類工作亦是太陰之上佳選擇。

再來，太陰之交友永為七殺，七殺屬陰金、陰火，與太陰生剋皆無情，造成太陰的朋友可能類型各式各樣都有，然而不論這些朋友是否在人生中幫助過自己，一生中與朋友的互動大多缺少情份，互動也不會太熱烈。

最後，太陰的子女永為破軍，表示太陰的子女大多比較不會是乖乖牌，比較有自我意識，個性通常也鮮明，如若沒有這樣的狀況，則容易子女緣較薄，或是為了子女而破耗較多。

在命盤結構上，太陰與武曲永在六合之位，兩者亦能創造一加一大於二的效果，原因在於，武曲與太陰皆為財星，在賺錢上有志一同，對於在商場上衝鋒陷陣開疆闢土的武曲而言，持家存財的太陰是上好的賢內助，可以讓武曲無後顧之憂在賺錢與事業方面與人廝殺，只要不被忌星破壞，兩者一主外、一主內，動靜相輔可謂合作無間，且武曲剛硬之性格也適合搭配較為柔性小女人的配偶，才不會有過多摩擦，但唯一美中不足之處在於，武曲為陰金、太陰為陰水與陰土，與武曲雖互為相生彼此有幫助，然而兩者皆陰，也形成武曲與太陰雖彼此有所幫助，卻缺少情份，互動也少了幾分真情，更談不上熱烈的愛戀，如果沒有祿星的互動參與，兩人最多相敬如賓，比起情侶夫妻更像是婚姻與生活的合夥人。

▲太陰的雙星組合

太陰在子午與天同同宮、丑未與太陽同宮、寅申與天機同宮，而在其餘宮位皆為單星獨坐，有關於太陰能量的強弱，除前幾節談到的命盤宮位的位置是否失輝之外，命主出生的時間同樣會影響太陰強度，例如在季節方面夏季時晝長夜短，夏季的太陰能量自然就不及冬季，同樣的夜晚出生的人命盤中太陰之能量也強過白天出生的人，此外在月圓之夜出生的人太陰能量也強於初一新月之夜的人。且如要更深入探究，連命主出生當天晚上的天氣同樣也會影響太陰之能量。假如，命主出生在雷雨交加的夜晚，此時由於烏雲密佈、月黑風高，即便當天為農曆十五月圓之夜，卻同樣會因為月光被雲雨阻擋而能量大大減分。

由此舉一反三，太陽在命盤的強度也會受季節、天氣、時間等因素所影響。

太陰 (巳)	天同 太陰 (午)	太陰 太陽 (未)	天機 太陰 (申)
太陰 (辰)			太陰 (酉)
太陰 (卯)			太陰 (戌)
天機 太陰 (寅)	太陰 太陽 (丑)	天同 太陰 (子)	太陰 (亥)

▲太陰在巳亥

太陰在巳亥對宮必為天機，且太陰在亥宮最為得位，稱之「月朗天門格」，為何稱作月朗天門，原因在於亥宮在後天八卦的卦位正好位於「乾卦」的位置，而乾為天，故稱作天門。此時的太陰由於座落氣場最強的宮位，故而太陰的優點都能一一增幅，太陰的清直、溫柔斯文、理性睿智都發揮得淋漓盡致，加上對宮天機相照，更是聰慧機敏腦力過人。尤其月朗天門格之人一大優勢在於，太陰在亥，其官祿宮必為「日照雷門格」，造就了亥宮太陰事業與工作上的傑出與一帆風順。如官祿宮三方再遇文昌、化祿或祿存，則就構成大名鼎鼎的「陽梁昌祿格」，在事業官祿上足以成為人中之傑。當然這一切的前題條件永遠是不能被忌星所破。

我們的前總統「馬英九」就是月朗天門格之人，由於太陰座命，因而雖然馬總統身形高大，但卻少了幾分男人的粗曠與勇猛感，取而代之的是學者文人風格。同時又因馬總統受到官祿宮陽梁昌祿的加持，造就學生時代起，學業就一帆風順，都畢業於第一志願學府及科系，進入官場後更是仕途順遂，一路從總統秘書到台北市長，最後問鼎總統大位。同時也因為太陰清直的特性，才使得馬英九對於自身的形象與清廉相當有要求，因而才能憑此亮點，彌補政績之弱勢贏得選舉。

然而太陰在巳亥兩宮雖然星盤結構相同，但結果可謂天堂與地獄，巳宮的太陰由於日月反背，並且太陰水星居於巳宮火宮，一開局就輸在起跑點，天生體質不良的結果，導致太陰在巳之人得到的優點可能連一半都不到，人生歷程也較多辛苦與磨難，除非命宮及三方有祿權科相助，或是行運極好，否則即便非常努力奮鬥，也最多略有小成罷了。

▲太陰在辰戌

太陰在辰戌是相當尷尬的太陰格局，優點與缺點幾乎同時並存，此時的太陰對宮遷移必為太陽，故如果太陰在辰宮，則日月皆失輝反背，開局就不利，故選擇命盤時直接不考慮，太陰在戌時雖然得位，但是太陰在辰戌最大的缺點在於財帛宮必為天機、福德必為巨門，同時官祿宮必為天同天梁，這樣的組合將使命盤處處受到掣肘，關鍵原因在於，如此結構，我如果要得到丁年太陰化祿的好處，則巨門忌便在福德衝破財帛宮。接著我如果想要財帛宮得到乙年天機化祿的財富加持，則太陰化忌就直接在命宮搞破壞。再來，如果想讓命宮與遷移宮同時得到庚年化祿加化科的雙重加持，則又勢必要忍受天同化忌沖破官祿宮與夫妻宮。即便是退而求其次，只求得到一個戊年太陰化權的好處，卻仍要吃下天機化忌在財帛宮的嚴重殺傷力。

分析至此，對太陰有利的四化選項，就只剩癸年還可撈個化科在命宮撿點好處，只可惜癸年的貪狼忌就在父母宮直接沖破疾厄宮，一個人就是再有科名，身體健康差不過外強中乾罷了。因而老師會對於辰戌太陰評價不高，正是因為它的命盤架構不論怎麼選擇對命主有利的四化都一定有嚴重後遺症。

但天生我材必有用，太陰在辰戌一樣有鹹魚翻身豬羊變色的時候，這樣的命盤結構，最有利的狀況就是在甲年時，由於太陽化忌，加上戌宮的天干又為甲，此時甲戌的天干就會射出化忌的飛星到對宮，然後再被對宮的太陽生年忌給擋回，形成所謂的「**逆水忌**」，而當形成逆水忌時，發射忌星的宮反而可從被擋回的忌星中獲益，化凶為吉。更難得的是太陽生年忌在辰宮同時又達到另一個絕佳的亮眼條件「**入庫忌**」，這兩種化忌格局可說是化忌唯二兩個不為凶反為大吉的條件格局。而辰戌的太陰非常難得，在甲年一次包辦兩個絕妙好忌。

可是即便如此，仍要注意，甲年太陰在戌的逆水與入庫忌條件，老師認為僅適用於財帛

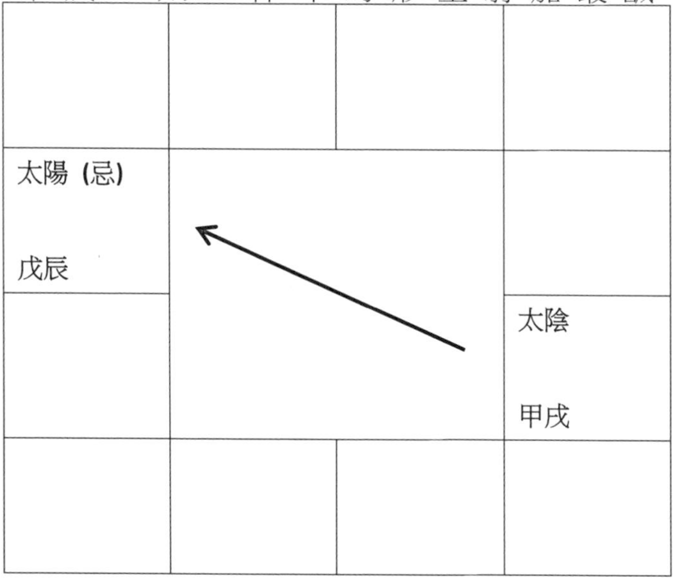

宮、田宅宮，以及太陰在疾厄宮的情況，其餘老師就不太建議。其背後原因在於，忌星終究仍有傷害，而入庫忌主發財，所以太陽化忌形成的入庫忌在財帛與田宅都能發光發熱，而太陰如果在疾厄宮，則可形成「**健康忌**」使命主健康。

換言之如果這些好條件是發生在其他宮位，則好處都在他人，自己一分也享受不到，還仍要承受忌星帶來的部份損失。而即便是在與自身相關的宮位，如命宮及遷移宮或是官祿宮，則容易形成致命的「**絕命忌**」條件，即使可以為命主帶來事業的爆發與財富，然命只有一條，命永遠比錢重要，這就是為何老師認為如此好的條件只適合用在財帛、田宅及疾厄宮的原因。

至於逆水忌、健康忌、入庫忌以及絕命忌的定義與深入分析，因本次第二集的重點在於星曜之屬性解析，故有關各種四化的詳盡內容，老師留待第三本或第四本書專門探討四化與飛星的「**四化大破解**」中再進而分解。

▲太陰在卯酉

太陰在卯酉基本和辰戌的架構缺點差不多，也多是接受祿權科的同時要承受化忌在重要宮位搗亂，但若真要深入評價，老師仍會將卯酉太陰評的比辰戌太陰還高，理由在於卯酉兩宮的天干必定為「乙、丁、己、辛、癸」，宮干為丁可使太陰自化祿、天同則可自化權、癸干則可使太陰自化科，所以在宮干四化的條件上，太陰在卯酉即便不得生年化祿的好處，也有機會獲得宮干自化祿的優勢，但辰戌兩宮的宮干永遠為「丙、戊、庚、壬、甲」這五個天干，使得太陰永遠不可能拿到自化祿帶來的紅利，使得命盤與化祿的好處無緣，所以考慮宮干自化的優勢，老師認為太陰在卯酉較在辰戌來得有利。

至於其他的雙星組合，講解紫微星系時皆已提及，老師便不再重覆論述。最後太陰座命的人要謹記幾個失運時的徵兆，首先太陰運氣下滑時會先感到周圍氣氛事事不對盤，然後身邊環境開始變得髒亂，接著身邊的財物逐漸一點一滴的損失。如果發現有以上情況則需趕緊立馬改善並靜下心來，方能化險為夷。

☆《貪狼星之星性分析》

貪狼為斗數之欲望之星也是最大桃花之星，五行特性為甲木與癸水。而正面的欲望也可稱為理想，故貪狼又主理想與美感，加上水的五行有平準的內涵，貪狼又可延伸為標準，貪狼兩字中既然有個「貪」字，在各方面事物上就會喜歡「多」，也正因為這樣，貪狼之人大多多才多藝或者懂很多，但同時也因為貪多而容易嚼不爛，變成各項知識或才藝容易博而不精、五技而窮，使得許多人在和貪狼談天來往時，初時都會感覺貪狼上知天文下知地理，無所不通，但長期來往後，往往反過來覺得貪狼只是樣樣通樣樣鬆的皮毛博士。也因為這樣，老師特別建議貪狼之人一定要自我要求至少兩項專業或才藝是得以堪稱達人或專家的水準，方能在與人競爭時拿出競爭力十足的專業技能。

同時貪狼的水與木造就貪狼智力與天份比一般人高，但由於殺破狼格之人天生並不喜歡念書考試，因此貪狼之人的聰明體現的範圍相當廣泛，而並不特別著重於念書考試與理論研究。此外，貪狼喜多的性格除造就貪狼通常多才多藝之外，也展現出貪狼長袖善舞與社交之能力與手腕，畢竟桃花星又喜歡多方嘗試與社交，這樣的人通常也就比較花枝招展或是長袖善舞。

又因貪狼為欲望之星，也多才多藝，因此貪狼也善於了解人的心中欲望，兩者加成之下，口才好的貪狼有能力將一件事物講得讓人當下心動萬分，內心彭湃不已。例如口才好的貪狼，就有能力將兩顆平平無奇的保麗龍球，講成女媧補天時所用吸收日月精華，經歷軒轅大戰千年一遇之「七彩補天石」，只要錯過就要再經歷三生三世的等待。讓圍觀的群眾明知那是保麗龍球，卻心中充滿強烈的購買衝動，彷彿錯過就後悔一輩子一般。但往往等到回家冷靜一下心情平復之後，卻反過來覺得花上千元買兩顆保麗龍球，自己現在才叫「後悔一輩子」。進而對貪狼恨的牙癢癢的。也因為這樣，許多金牌業務幾乎都是貪狼座命，尤其又以廉貪遇到三吉拱扶時最為厲害。

歷史上最好的例子就是中國共產黨的「毛澤東」，毛澤東就是貪狼座命，而毛也將貪狼掌握欲望的特性結合口才，將自己的影響力發揮得淋漓盡致，然而再好的能力，用在錯誤的地方，同樣也會帶來浩劫，毛將貪狼卓越的推銷口才，用於煽動舉國上下年輕人發動「文化大革命」，運用貪狼激盪人心的口才，讓全國的青年陷入狂熱，但這股狂熱用在文革上，卻直接造成了中國文化、古蹟、社會風氣與人才的毀滅性破壞，甚至連對岸自己都承認文革帶來的負面影響為「十年浩劫」。因此口才好的貪狼需謹記將自己的天賦用在正確之路，方能利己利他造福社會。

最後，貪狼又主理想與美感，遇到三吉時經常可以實現理想，或對該宮的事物很有理想，但如遇化忌，就容易理想流於空泛或不切實際，或是理想與現實事與願違，同時也表示貪狼在命之人經常會有濃厚的個人理想及美感。

△武貪主大之探討（老師的個人見解）

對斗數有一定了解的人都知道武貪主大，因而武貪如在財，行運好時就容易聚集海量的財富，那為何武貪主大？其背後的原理和邏輯根據為何？秉持科學精神，老師對這的觀點進行研究分析後得出一個論點。

老師認為破解武貪為何主大，這個問題的關鍵就在於，武曲對應八卦為「乾卦」，乾為天為父為君，先天八卦中乾卦更是太極中的至陽之處，而坤卦為地為母，在先天八卦中對應太極至陰之處。故由於武曲跟貪狼一者為天、一者為地，一個為至陽、一個為至陰，對應的能量都是太極陰陽中能量最強最大之處。所以得以證明武貪主大。武貪主大的情況又以武貪同宮或對座能量最強，這也是為何武貪同時在財帛宮時可以賺得盆滿缽滿的原因。

那麼為何武貪同宮時爆發出的能量會強於武曲或貪狼與其他星曜同宮的雙星組合？答案就在於武曲為乾卦、貪狼為坤卦，兩者結合即是易經六十四卦中的「地天泰卦」，此卦為易經六十四卦中能量最強最吉之卦。這就是為何武貪在財帛宮足以獲得鉅量財富的原因。

當然思維敏捷的讀者一定會反問我：「大師，易經中確

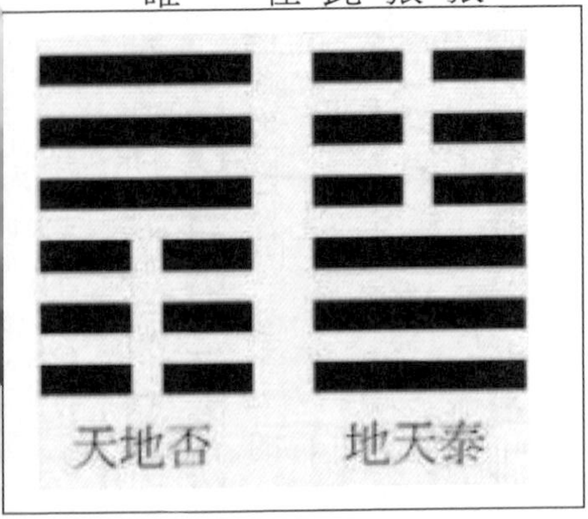

實有地天泰這一吉卦，但同時也存在天地否這個最凶的凶卦，那憑什麼論定武貪同宮就一定是地天泰這個吉卦呢」？

如果你有思考到這點，十分難得，表示俱備獨立思考能力，不會老師說什麼就完全照單全收。確實，易經中同時存在與地天泰相反的天地否之大凶卦。其原理跟水火既濟卦與火水未濟卦道理相通。地天泰之所以為大吉之卦，正是因為陽氣有上升之特性，陰氣則有下降之特性，故地天泰卦的組合中，在上方的坤卦能將自己全陰的陰氣向下滋潤給在下面的乾卦，而在下面的乾卦則能將本身的陽氣向上補給給坤卦，形成陰陽相交互補剛柔並濟的強大能量。反過來說，否卦之所以為大凶，正是因為在上方三條陽爻的乾卦與下方三條陰爻的坤卦各自為政，乾卦的陽氣自顧自往上竄、坤卦的陰氣則自顧自往下流動，兩者方向相反毫無交集，導致孤陰不生孤陽不長，一片死寂。

故所謂的武貪主大，除了是大賺的條件，也可以是大虧的條件，那麼如何判斷武貪同宮時究竟是泰卦大吉還是否卦大凶呢?答案的關鍵就在於「四化」，當你的武貪遇到的是祿權科三吉，則為泰卦大吉，反之遇到忌星破壞就是否卦大凶。因而武貪之人最怕遇到壬年出生的命盤，因為壬年生的人，先天必帶武曲忌，並且命盤中又同時有兩組人干和癸干，連續摧殘武貪的行運長達四十年，不可不慎！

▲貪狼文昌粉身碎骨之探討

斗數在古書中提到貪狼，經常必定提到一個凶格「昌貪格」以及「曲貪格」，古書有云：「貪狼文昌，粉身碎骨」。然初學斗數的人心中肯定會納悶，文昌與文曲按理說是吉星，對於絕大多數的主星也都有加分的效果，為何與貪狼在一起，不為吉反為凶呢？

對於這問題，古書對於粉身碎骨的解釋為，貪狼加上昌曲容易因行事政令顛倒，才導致粉身碎骨。何謂政令顛倒？講白話，就是該作的重點工作沒做，不該做的事務卻做一堆，導致整體政局全盤皆輸。

舉例來說，就如同南宋的宋徽宗，在面臨金國強大的武力威脅之下，第一時間想的不是充實軍備、積極備戰，反而是整天研究書法，甚至獨創自成一家的「瘦金體」，並且整天只注重打馬球跟收集奇珍異寶，這些事情如果是在皇帝治國正業都經營出色的情況下，的確有額外錦上添花加分的效果，但如果本末倒置，治國正業一事無成，那麼這些旁枝末節的事物，佔去皇帝的時間越多就越加速國家毀滅。最終致命的後果就是，金國打進北宋首都，造成歷史有名的靖康之難，北宋自此滅亡。

也就如同，烏克蘭之所以能與俄羅斯在今年的戰爭中互相對峙以弱勝強，就是因為總統澤倫斯基傾盡全力，舉國上下萬眾一心，否則如果澤倫斯基在俄烏戰爭的節骨眼，把精力與資源都用在當下毫無迫切性的奧運選手培養、電競比賽等等，烏克蘭則必亡。

回歸學術面，為何貪狼加昌曲，會造成政令顛倒的狀況？老師認為關鍵在於，貪狼的星性本就主「多」，加上貪狼本身的星性又具備「許多理想」，而昌曲兩星的星姓屬於幫助主星「錦上添花」，加上昌曲兩星也都有修飾與美化的效果。這樣的效果作用在本來星性就主「多」也愛美的貪狼身上，就會能量太過，從原本的錦上添花變成修飾太過、過度美化。如此一來就會導致貪狼在額外次要的加分項目上進行過多修飾、耗費大量的精力，在本業上反而無所建樹。如同一支軍隊，古道熱腸服務民眾、又樂善好施、造橋鋪路，深受百姓愛戴，但卻忘了軍人的本業是戰鬥與殺敵，導致雖然受到百姓熱烈愛戴，但面對敵人卻毫無戰鬥力，結果就是一遇敵軍就瞬間被殲滅。要知軍隊受百姓愛戴、服務百姓雖是好事，然而對於軍隊而言卻只是加分項目，戰鬥能力才是軍隊的基本面，唯有在自己本業經營出色的情況下，方有加分效果，若本末倒置，則必因本身基本面不足而導致全面潰敗。

◎貪狼加昌曲遇到祿權科的情況

然而有些讀者可能會想問我：「可是大師，我看有些命盤或大限有昌貪或曲貪條件的人，並沒有發生慘烈的狀況，反而有些人還意外成功，為什麼會這樣呢」？

老師認為，解析昌貪或曲貪是吉還是凶，關鍵就在於「四化」，如果一個人雖然遇到昌貪或曲貪的行運，但是他的昌貪或曲貪遇到的四化屬於三吉「祿權科」，那麼過程上雖然是政令顛倒，但結果上卻會以成功收尾，反映在命主身上的實際狀況就會是，即便政令顛倒，雖然該做的事情通通沒做，不該做的事情做一堆，可是歪打正著，反而意外獲得重大成功。

打個比方，就好像一個古人整天不務正業也不好好念書，整天在家學道士煉丹，但忽然有天因緣巧合之下，在煉丹的過程中無意間調配出會爆炸的火藥，從此造就了中國四大發明，更形成後期的武器革命。從此這人也歪打正著身價水漲船高。

又或者像一個人整天遊手好閒，成天只會學公雞叫以及學習偷盜的本領，但陰錯陽差，投身到孟嘗君的麾下，又恰巧孟嘗君後期被圍困，遭遇災劫大難臨頭，給了會雞鳴與狗盜本領的兩門客大顯身手之機會，這時靠著門客雞鳴狗盜的本領偷取符印並騙過守城士兵，最終孟嘗君逃過一劫。雞鳴與狗盜也因這次歪打正著受到孟嘗君的豐厚禮遇。

但切記，人生不會總是一帆風順，如果昌貪及曲貪格沒有遇到祿權科，甚至遇到忌星，那真就只能粉身碎骨了。要知煉丹煉到四大發明、以及剛好遇到孟嘗君遇困，這些都是可遇而不可求，在一般正常情況下，沉迷煉丹、學雞鳴狗盜，通常也是沒有好的前途，因此老師認為即便是遇到祿權科的昌貪及曲貪，由於行運上仍有遇到忌星的可能，故而平時的基本面與基本功仍要力求紮實，方能走向成功之道。

▲貪狼遇空劫反能習正之探討

與昌貪及曲貪遙相呼應的格局便是「貪狼遇空劫」的格局，昌貪與曲貪令斗數學習者納悶的癥結點在於昌曲為吉星，遇到貪狼卻反而成凶。同樣的，貪狼除了遇到羊陀為凶之外，遇火鈴卻為吉，更令人不解的是連遇空劫也為吉，經常讓人難以置信。甚至斗數的主流說法，還認為貪狼遇地空及地劫反能習正，不但匪夷所思，更讓人不解。

其中的學理關鍵在於，貪狼遇到空劫之所以能習正，重點就在，貪狼本性多帶有貪性，也喜歡貪多，然貪字貧字殼，過多的貪慾貪念正是各種災難之源，而空劫的星性能將主星的能量空掉、消除掉，因而空劫有助於將貪狼過多的貪慾消除，使得貪狼屏除不必要的貪慾及慾望而走向正途，同理可證，這也是為何廉貞遇到空劫同樣有習正之效的原因。

此外，貪狼雖是慾望之星，但卻也是宗教之星，而空劫剛好最能引出貪狼宗教之星的能量，因為以宗教的角度來說，要能修行有成，首要之事就是戒除貪嗔痴三毒，其中又以貪慾排行三毒之首，並且佛家修行以「空」為最高境界、以萬法皆空為出脫的體悟，與地空地劫的特性完全相合，因此貪狼遇空劫是上好的宗教格局，也是提高修行的最佳星曜組合。

△以貪狼的角度破解「空劫夾忌」凶格

空劫夾忌是斗數中一大致命凶格，大限若遭遇如此凶格，足以讓人十年破盪、一事無成，甚至破敗如山倒。尤其如果遇到空劫夾貪狼忌，則切記在此行運，千萬不可創業、屯貨、投資、賭博、拓展生意，否則定事與願違兵敗如山倒。越想有所積極作為卻越是一場空。

那麼如果遭遇空劫夾貪狼忌的行運，該如何趨吉避凶？老師認為此時就要利用空劫可使貪狼習正的星性，在遭遇空劫夾貪狼忌的行運，最應做的就是停止一切積極性的事業與投資拓展，然後保守以對，穩穩的賺穩穩的存，最好從事像公務員一樣穩紮穩打的保守工作。同時這段時間最好花時間修行、進修佛法，甚至成為居士或出家同時多行佈施，如此一來就能將空劫夾忌讓人孑然一身的凶性，轉化為了悟性空的修行之果，從而化凶為吉，反過來讓空劫夾忌的敗局轉變為心靈豐足、福來運到的正能量行運。

但是修行這解法，僅限於空劫夾忌的主星是宗教星方能見效，如果是其他星曜，則最基本的化凶原則為「保守、穩扎穩打」不做積極開拓，如此一來就能一定程度將殺傷力降到最低。

▲貪狼的星盤架構

貪狼之人巨門必在父母，意即貪狼之人以巨門為與父母及上司長輩互動的基礎，而巨門主口舌、觀念隔閡、黑暗隱蔽，所以貪狼之人多半容易與父母、老師、上司有觀念上的隔閡與代溝，有些師長也容易認為貪狼較叛逆不服管。又因父母宮可主說話方式及言語，因而也容易遇到不會說話的父母及長輩。如遇忌星更容易因說話心直口快但句句尖酸傷人、或是說話之語氣情緒表達失當而導致禍從口出、人際關係惡劣，不可不慎。

對於人來說，說話可說是一個人的最大風水，話說的好則人生自然容易順風順水，因此貪狼之人除非父母宮俱備生年或自化祿權科，否則說話技巧、溝通技巧絕對是貪狼一生必修之課題。

兄弟方面，太陰水生貪狼木，為有情之生，

巨門 (父母)	天相 (福德)	天梁 (田宅)	七殺 (官祿)
貪狼 (命宮)			
太陰 (兄弟)			
天府 (夫妻)		破軍 (財帛)	

因而貪狼一輩子都容易受到兄弟姊妹與同學同事的幫助，然而太陰的幫助為點滴而成的助力，所以很容易發生貪狼雖然經常受到兄弟的幫助，但貪狼本身對於幫助的力道很無感，甚至覺得兄弟對自己的幫助微乎其微而不知足，不過客觀的旁觀者卻往往完全明白貪狼的兄弟為了貪狼付出相當多。而這樣的星盤結構同時也表示，在沒有忌星破壞及飛星互動的情況下，通常貪狼與母親的關係會勝於父親。

夫妻方面，貪狼的夫妻永為天府，天府土剋貪狼水為有情之剋，因此貪狼一生容易遇到一個會管束會說教會嘮叨的配偶，然而這些管束、嘮叨、說教卻大多數都是帶有情份發自正面心態的互動。也就是天府的嘮叨說教都是起因於真心為了貪狼好，故如果貪狼的配偶賢明有能，那麼反能有助於貪狼的人生成長。然而同時貪狼木也剋天府土，但卻是無情之剋，表示貪狼同樣會去管束及和天府說教甚至吵架，但與天府不同的是，貪狼對於天府的互動較缺乏情份，故而貪狼和天府的爭執多是以自身利益為出發點，很少考量到對方，這樣不對等的互動久而久之自然容易造成夫妻關係的矛盾，變成冤家一對，因此貪狼的夫妻關係若沒遇到祿科的緩和，很容易造成夫妻經常吵架及關係緊張。

尤其天府在沒被忌星衝破的情況下，帝王星的氣場自然大於貪狼，天府不強勢何以為帝王？因而天府怎能容忍貪狼以自身利益為出發點的管束與嘮叨？長此以往，夫妻間就容易有怨懟漸行漸遠，所以對貪狼而言，夫妻方面的人生課題就在於換位思考、將心比心，與配偶互動的出發點須以對配偶有實質幫助為前題，方能讓夫妻關係得到優化。

財帛方面，很不巧貪狼的財帛宮必為斗數第一破耗星「破軍」，因而貪狼受其本身慾望影響，對於自己喜歡的東西，會相當大手大腳很豪放地砸大錢來買，非常願意為了心中之所愛而破耗錢財，所以貪狼之人對於花錢一定要盡可能養成節儉的良好習慣，並對於每月開銷需進行總額控管，方能理財有成。

官祿方面，貪狼的官祿為號稱大殺將的七殺，七殺本身衝勁十足，形成貪狼的執行力出色，在工作與事業上一但下定決心，則鬥志十足進展迅速，然七殺也有三分鐘熱度的問題，也容易形成貪狼做事虎頭蛇尾的狀況。在此同時，由於七殺快速變動的磁場，容易造成貪狼在一份工作上待不久的狀況，因此要能留住貪狼座命的人才，則必須在工作內容及崗位上經常進行變換，讓貪狼十八般武藝樣樣精通，就能讓貪狼留的較久。

田宅方面，天梁永在貪狼之田宅，貪狼為理想美感之星、天梁為老大之星，兩相結合，便形成貪狼之人喜歡以個人的美感好惡來管理家務。同時受到天梁的影響也表示貪狼之人一生的居住環境附近很容易有老人機構、宮廟、宗教場所、醫院及藥局。

最後在福德方面，天相在貪狼之福德，表示貪狼在內心潛意識定會有一股屬於自己的正義信念，同時天相為衣食之星，因而表示在不受忌的情況下，貪狼對於出外的衣著與飲食多半講究，很少含糊，但卻也容易造成貪狼重視外表的包裝，而忽略事物之內在。

▲貪狼的雙星組合

貪狼在星曜組合的分佈相當平均，恰為一半的宮位是單星組合、一半的宮位為雙星組合，雙星組合的部份在紫微星系的章節已做講解，本節老師就僅對於不同貪狼獨坐的宮位進行深入剖析。

◎貪狼在子午

貪狼在子午獨坐對宮必為紫微，受到紫微的拉抬，貪狼在子午的氣場將得到提升，而深入比較兩者，貪狼在子宮的格局強於在午宮，緣由在於，紫微為帝王星，在午宮洽為至陽，為先天之乾卦，為天為君主，故紫微在午宮洽得其位，同時午宮屬火，可讓紫微土得到能量的生發，進而龍騰九空，而貪狼屬水又納坤卦，子宮的位置洽為先天八卦至陰的坤卦之處，使貪狼洽得其位，而子宮五行之水更能生發貪狼

貪狼 廉貞 (巳)	貪狼 (午)	貪狼 武曲 (未)	貪狼 (申)
貪狼 (辰)			貪狼 紫微 (酉)
貪狼 紫微 (卯)			貪狼 (戌)
貪狼 (寅)	貪狼 武曲 (丑)	貪狼 (子)	貪狼 廉貞 (亥)

的甲木，同時與貪狼的癸水比旺，形成強大的相生比旺優勢。

反過來說，如果紫微在子，則紫微土需剋子宮之水，反而消耗自身能量，貪狼在午宮同樣面臨本身木生午宮之火，以及自身水需剋午宮火的消耗，導致能量內耗格局優勢大幅下降，更需留心之處在於，貪狼在子則日月得位，在午則日月反背，相較之下明顯貪狼在子宮行運上較為順利，也是貪狼座命的命盤選項中的上佳之選。

◎貪狼在寅申

貪狼在寅申，對宮必為廉貞，廉貞在寅申則構成「**雄宿朝垣格**」，為出色的戰場及商場人物，而貪狼在寅申兩宮皆為優缺點各半不分軒輊，原因在於貪狼在寅宮有寅木比旺，然而即便貪狼在申宮，亦有申金來生貪狼水，至於太陽太陰不論貪狼在哪一宮都處於陰陽交界的宮位，並沒有明顯的優劣勢。貪狼在寅申如真要細分，最多只能說貪狼在申稍具一點優勢，理由在於貪狼在申的時候，巨門與太陽的位置為明暗得位，貪狼在寅宮則明暗反背，巨門的缺點將被放大。但貪狼在寅仍有反超申宮的機會，其得天獨厚的優勢在於寅宮與子宮的天干皆為同一組，表示如果寅宮的天干對於貪狼或廉貞以及命宮其他輔星有四化加成的效果，則貪狼在寅的人可以多得一宮的助力，拉抬本身命宮的能量，也有機會多走一個直接對命宮有利的行運。

◎貪狼在辰戌

貪狼在辰戌對宮必為武曲，除了貪狼長袖善舞的性格外，亦有武曲的剛直與堅持，然進入天羅地網的貪狼早年勢必須經歷拚搏方能大器晚成，深入探討，戌宮之貪狼在同樣條件下，格局優於辰宮的貪狼，原因在於戌宮之貪狼日月皆為得位，辰宮的貪狼日月反背，遭遇之阻力與逆境較多，此外貪狼在戌表示巨門必在亥、太陽必在巳，兩者皆明暗得位，且在巳宮亮位之太陽擁有足夠能量得以驅除巨門之暗，達到陰陽互濟之效，反之辰宮的貪狼明暗反背是非糾紛較多。

▲貪狼運勢下滑的徵兆

貪狼主理想、慾望、美感，貪狼失運時往往有幾種徵兆，徵兆越明顯則運勢越差，貪狼失運時，最典型的狀況便是「事與願違」，接著進一步為「理想落空」，最嚴重的情況則過去理想全盤付諸東流。而遭遇以上狀況，在遇到行運低迷的大限及流年時，最好的應對方式就是保守以對、以守業為主，避免冒險、冒進或大動作開拓事業、投資與創業。因為此時進取必輸，守成反能有所作為。

☆《巨門星之星性分析》

巨門五行屬癸水、己土、又屬辛金，五行可說相當駁雜，故而化氣為暗，又隱又雜。巨門主口，因而巨門之人的外型通常嘴型及口型都會較具特色，會讓人得以明顯辨認。同時巨門因其化氣為暗的屬性，造成巨門經常疑神疑鬼、想法有容易偏於負面及擔憂，也正因巨門疑神疑鬼的特質，造成巨門經常能將一件事進行全方位的深入思考，這樣的特質是優點也是缺點，優點在於巨門的懷疑精神用於學術可得重大突破，因為學術研究就是需要有思考、懷疑及批判的精神，將巨門的鑽牛角尖思考用於學術研究，完全適才適所，但如果鑽牛角尖用於與人互動上，則會因疑神疑鬼而搞得人人不敢靠近巨門，更別說與他打交道。老師就曾看過一個巨門自化科忌的命例，該命造本人不論妻子是否外出，整天疑神疑鬼懷疑妻子在外有男人，並三天兩頭自己在腦中無中生有想像許多妻子可能對自己不忠的各種模擬狀況，使得妻子每每回家就有如歷經一番調查局審問，久而久之兩人的生活也就充斥各種懷疑、爭吵甚至謾罵，原本和樂寧靜的家庭氣氛也因此越來越差。

再來，巨門因化氣為暗，如沒有遇到祿星、祿存或者因同宮星曜化科的加持，通常看待事物負面居多，因此巨門之人對於他人經常是只見缺點之樹而不見優點之林，如果你的父母、老師、上司中有巨門座命之人，而他們的巨門偏偏又沒有祿科強化，那麼十之八九你就要忍受他們經常拿一些小缺失來將你貶得一文不值或一無是處。又或者另外一種情況是，跟你相處永遠只提缺點、只在挑毛病、只有責備與批評，幾乎看不到優點也很少對於你的優點給予肯定及讚美，並且開口也很少有好話。這也是為何巨門在紫微斗數主星的光譜中是屬於較不討喜的一大原因。

另外，由於巨門主口，與說話、口才、口福三者息息相關，說話技巧更是決定一個人成敗的重大關鍵，禍從口出與舌燦蓮花妙語如珠往往只有一線之隔，受到祿權科三吉影響的巨門往往能靠說話成就勝利人生，遇化祿的巨門為說話技巧的導師以嘴收服人心、遇化權的巨門能說會道、辯才無礙，受化科影響的巨門分析入理，句句依理有據說服力十足。但如遇忌星或是沒有太陽跟祿存驅暗的巨門，則容易說話刻薄、心直口快但言語如刀，刀刀傷人，更嚴重甚至侮辱、批評、口出惡言，因而造成人際關係上的巨大障礙，也容易製造許多無謂的是非。此外，巨門的化氣為暗，也容易使得巨門先天孤獨感較重，自信心也較缺乏，這樣的狀況唯有遇到三吉加強，以及遇到太陽與祿存來驅暗方能有所改善。

▲巨門在哪是非就在哪

巨門因屬性駁雜又化氣為暗又主口舌，故巨門在哪一宮是非就在哪一宮，同時巨門又主觀念不合、代溝，因此巨門所在的人事宮位，皆表示容易與該宮之人有代溝、觀念不合、容易有爭端，在受到忌星影響的情況下尤為明顯，比如若巨門化忌在父母宮，則容易與父母、上司有代溝、觀念不合，甚至雙方還很容易有衝突與爭吵。

換言之如果巨門在事物相關的宮位，沒有祿權科及太陽跟祿存的幫助，相關事物就容易成為你的是非之源，例如巨門化忌如果在官祿宮，則人生的是非多來自於事業、生活中的爭吵也多是因工作而起，工作及事業也容易帶給命主龐大壓力。而如果巨門在財帛，也同理一生中的是非、壓力、口舌皆容易因金錢而起。

▲巨門又為法律星

巨門既為口舌星又主是非，自然也離不開官非刑訟，因此巨門又主法律與官司，也正因如此，許多律師命宮都是巨門座命，例如前總統陳水扁就是巨門座命，過去的職業就是律師。當然這也表示如果你的大限行運之父母宮裡有巨門星，由於父母宮為文書宮，如若遭遇巨門且又為化忌時，就表示在這個大限的十年行運中，很容易牽扯到官司與刑訟。

△從醫學的科學角度破解巨門之病症

大多數的書籍對於巨門在醫學上所主的病症，所提及的不外乎是腎臟、口、消化道的疾病。背後的學理根據在於，巨門同時屬水、屬土，又主口。因此疾厄宮有巨門很容易得到關於腎、口腔、食道與消化道的疾病。

但更多人不知道的是，由於巨門化氣為暗，屬性又駁雜，因此巨門很容易牽扯到難醫難診、現代醫學找不出確切病因、以及無法根治的疾病。經由過去台灣斗數界先進前輩的研究，論證出像紅斑性狼瘡、僵直性脊椎炎、克隆氏症等現在醫學無法根治、難找出具體病因的疾病都屬巨門的範圍。

然而，斗數界過去的先進前輩雖整理出相關病症的結果，卻未能交代出理論架構與科學原理。而後老師以醫學的角度研究，終

腸漏症之原理

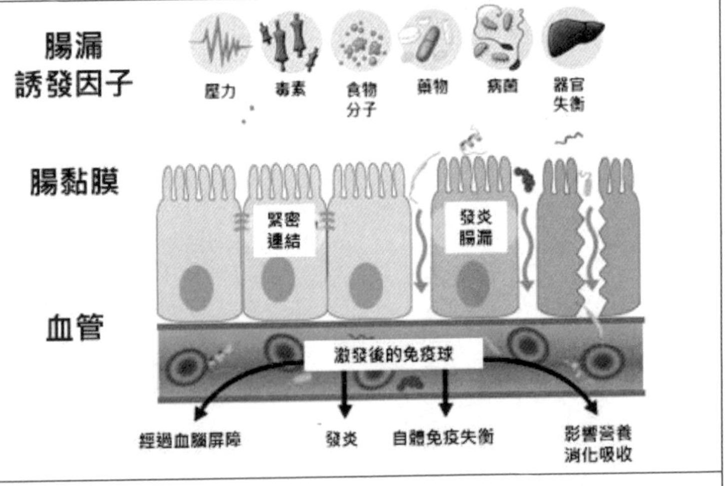

(圖片引用自網路)

於破解其中的關鍵，這也是老師的個人醫學創見，以醫學的角度來概括分析，總結巨門的病症現象，可得一個重要結論——「**只要是自體免疫疾病**」皆屬巨門的範疇。並且經過深入歸納，老師更得出只要與壓力、焦慮有關的疾病都與巨門有關。那麼如何以醫學的角度證明並破解這項論點？老師認為破解其中的邏輯，首先須從人體對於壓力及免疫的機轉論起。關於自體免疫疾病的機轉，簡而言之就是身體自身的免疫系統失調，原本應對抗病菌的免疫系統發生失控，反過來攻擊自己的身體組織，造成身體各器官的傷害，並且依據醫學領域研究自體免疫疾病專家的實證，發現只要有自體免疫疾病的人幾乎都有腸漏症的問題，除此之外學者也發現，罹患自體免疫疾病的人幾乎在生活中都承受巨大的壓力及精神焦慮，也因此自體免疫疾病在古代本來是罕見疾病，但隨著文明越發進步，自體免疫疾病的發病率卻快速增加。

那麼腸漏症的成因為何？關鍵就如同上頁圖片所示，由於腸道內的細菌大量增生，以致於攻破腸壁細胞的免疫防線，使得病菌的影響滲透到血液之中，進而引發身體一系列的發炎反應。但這僅僅是腸漏症的發病過程，真要深入討論，造成腸漏症的根本原因就在於現代人碳水化合物與麩質攝取過多，然而過多的碳水化合物與麩質就是腸道細菌的最佳養料，如此一來將使得腸道細菌大量增生，導致腸道細胞的免疫防線被攻破引起大量有害物質入侵，更進一步引發身體大規模發炎反應。

那麼為何腸漏症會引發自體免疫的疾病？關鍵就在於當身體處於大量發炎反應時，腎臟將扮演免疫協調的角色，分泌大量腎上腺素皮質醇，也就是類固醇，來消除身體過度的發炎反應，但如果身體經常處於腸漏症的狀態，那麼腎臟就會因大量分泌皮質醇而過勞，再也無法分泌足以消炎的皮質醇，這時身體過激的免疫反應就如脫韁的野馬，失控暴走，到處傷害身體的器官組織，這便是自體免疫疾病的發生始末，同時也是為何自體免疫疾病的病患要經常服用類固醇，來補充體內不足的皮質醇，以進行消炎並抑制失控的免疫反應。

各位讀者可能會問：「那麼這與巨門有何關聯」？據老師的分析，邏輯就在於，腸漏症的根本原因在於吃下過多的碳水化合物，而「吃」這件事便與納兌卦「主口」的巨門直接相關，而巨門五行屬水，對應的身體器官為腎臟，而在中醫理論中，甜味屬土，土剋水的對應關係，也正好詮釋了屬土的甜味之碳水化合物，會剋屬水的腎臟，造成腎臟負擔導致免疫失調。接著最大的重點在於，所有自體免疫疾病的救星都是「腎上腺素皮質醇」，也就是類固醇，但是當巨門所屬的腎臟過勞無法發揮調節免疫的作用分泌足夠類固醇時，就是自體免疫疾病瘋狂傷害人體災難的開始。因此，綜觀自體免疫疾病構成的所有要素「飲食、消化道、腎臟」，斗數中唯一貫串這所有屬性的星曜也就非巨門莫屬了，這就是為何只要是自體免疫疾病皆屬巨門之範疇的科學原因。

△壓力與壓力型肥胖的斗數科學見解（老師的獨家創見）

對於斗數小有程度的讀者，大概都會學習到巨門可以代表壓力。這論點背後的邏輯根據，老師認為在於巨門化氣為暗，而壓力基本上正是屬於不明朗的無形負面黑暗情緒，完全符合巨門化氣為暗的特性。

但更多斗數界的人不知道巨門與「肥胖」有關聯，至今更無人能拿出符合科學根據的論證。這部份也是老師深入研究後所領悟到的新創見。要破解這項論點，需從生物學的角度進行分析。首先人體在面對壓力時，會產生暴飲暴食的應對機制。背後的理由在於，當人類還處於遠古時代時，最大的壓力就是來自於找不到食物的生存壓力。所以當人們感受到壓力時，身體就會開啟暴飲暴食的機轉，讓人體抓緊機會盡可能多攝取食物來保存能量以度過食物不足的挨餓危機。然而人類在短短千年間文明快速進步，已不再需要為了尋找食物而困擾、甚至能輕鬆取得食物，但生物的進化過程往往是緩慢的，我們的人體仍然保有了數萬年前原始狩獵的本能，仍將食物取得問題當作所有壓力的最大來源並深深刻劃在基因裡，如此一來便弄巧成拙，使得現代人遇到壓力，就受到本能的驅使暴飲暴食，進而形成了壓力型肥胖。

令人更不堪的是，面臨壓力時，腎臟的對應方式一樣是大量分泌「腎上腺素皮質醇」來應對壓力，因為腎上腺素皮質醇有緩解壓力穩定情緒的效果，同時腎上腺素皮質醇由於要解決人類尋求食物的生存壓力，皮質醇的作用會使得身體的四肢肌肉量變少，以節約身體的能量消耗，好讓人體能安然度過食物短缺的危機，同時還會讓脂肪大量堆積在肚子、肩膀、臉這些地方，以當作能量儲備熬過食物短缺的生存危機，如此一來就會因壓力而造成明顯的肥胖體態，而將脂肪保存在肚子、臉、肩膀的人體機轉，也正是導致長期服用類固醇的病患會形成月亮臉、水牛肩的根本原因。

總結以上人體的壓力機轉，巨門同時貫串了壓力、飲食習慣以及分泌緩解壓力激素的腎臟。由此證明壓力型肥胖的斗數最佳代言人就是「巨門」。並且由此深入分析，為何壓力也是引發前段自體免疫疾病的因素，其醫學根據就在於，如果長期處於巨大壓力的生活下，腎上腺就需長時間分泌大量的腎上腺素皮質醇以應對壓力及平衡情緒，長此以往，腎上腺將會過勞，導致皮質醇分泌不足，這時一旦免疫系統反應過激，腎上腺將再也無法提供足夠的皮質醇來制衡免疫反應，接著就又會發生免疫系統暴走破壞自己身體組織的狀況，這就是為什麼壓力也是自體免疫疾病誘發因素的原因，並且也更加能解釋為何現代人罹患自體免疫疾病的機率遠大於古人的現象，其根本原因就在於現代人的壓力遠大於生活單純且飲食相對單純的古人。

△巨門遇太陽再逢忌星干擾主陰陽失調（老師的個人創見）

巨門為陰為暗，太陽為光明為陽，在五臟中太陽主心、巨門主腎，當太陽與巨門對坐或同宮時，斗數界過去的先進認為會發生心腎不交的狀況，但老師認為太陽與巨門在受忌的情況下，嚴格來說用陰陽失調來做解釋最能完美詮釋，因為心腎不交僅僅只是陰陽失調的其中一種罷了。

廣義來說，心腎兩虛、心火過旺、腎陰不足、陰虛陽亢、陽虛陰亢、精力衰退與早衰都屬陰陽不協調的範疇，也都屬太陽巨門受忌的範圍，同樣的，失眠、作息顛倒一樣屬於太陽與巨門遭遇忌星干擾的狀況，因為作息顛倒就意味著一個人的作息陰陽顛倒，夜深該陰靜時偏偏精神活耀生龍活虎，白天該陽氣蓬勃時卻有氣無力昏昏欲睡。因而當一個人的大限行運走到明暗反背時通常就容易作息錯亂或顛倒，如遭遇忌星更可能該大限要經常靠安眠藥才能入睡。

同理可證，當疾厄宮或命宮遇到太陽跟太陰同宮或者對座，受到忌星破壞時，也一樣容易發生身體陰陽失調的狀況。但與巨門的差異在於，巨門屬性為暗雜與駁雜，因此巨門遇到的情形通常會較為棘手，也與身心壓力較有關聯。

▲巨門的星盤架構

巨門的星盤架構天相永在父母宮，代表天相為巨門與父母長輩的相處方式，巨門的陰水與天相的陽水比旺，加上天相天生樂於助人的性格，形成巨門天生容易遇到願意支持他、幫助他的父母或師長及上司，當然這樣美好的前題永遠是不受忌星的干擾及影響。同時也表示在正常情況下，巨門之人走到父母宮大限時，會明顯感到行運比起小時候有天壤之別，且身邊圍繞的朋友、貴人也遠比小時候還多，生活也相對過得較為順利。

在兄弟宮方面，巨門兄弟宮永為貪狼，巨門土剋貪狼水同時又與貪狼水比旺，同時貪狼的甲木又得巨門水來生，且為有情之生，而貪狼木也同樣剋巨門土，且為有情之剋，如此複雜的關係，造成巨門與兄弟猶如天生冤家，雖帶有情份但總是吵鬧不停，但幸運的是，不論

巨門 (命宮)	天相 (父母)	天梁 (福德)	七殺 (田宅)
貪狼 (兄弟)			
太陰 (夫妻)			
天府 (子女)		破軍 (疾厄)	

是吵鬧或是兄弟合作，皆是帶有情份，因此即便是爭論也多是抱持為兄弟好的心態，因此大體上巨門的兄弟姊妹對於巨門尚可稱為有幫助的助力。

夫妻宮方面，太陰永在巨門之夫妻，太陰與巨門的屬性皆偏陰，五行上也都屬陰土及陰水，在兩者皆陰但又五行相同的情況下，巨門很容易找到和自己特性或觀念相似的配偶，但由於兩者五行皆陰，互動上難免又慢又靜，擦不出火花，甚至雙方互動淡如水，也很難蕩漾出激情，如受忌星影響更可能雙方關係冷如冰，因此巨門的夫妻宮如能受化祿或自化祿的幫助，則可巧妙得昇華夫妻宮的磁場，進而活躍夫妻關係。

再來子女宮方面，天府永在巨門的子女，而天府土與巨門之土比旺，其陽土又剋巨門之陰水，是為有情之剋，有如此之相剋磁場，表示巨門很容易遇到會對他說教或碎碎念的子女，幸運的是由於子女的剋帶有情份，因此子女的說教與嘮叨出發點都是為了巨門好，而不是惡意攻擊或謾罵。並且由於天府為帝王星，磁場高於巨門，所以巨門也容易遇到比自己強勢或者很有主見的子女，然而終究子女為晚輩，巨門為長輩，長久被子女說教碎念，也終究會有無法接受的時候，因此巨門的親子互動，到了兒女長大以後，免不了會經常發生爭論與爭辯。

而在疾厄宮方面，破軍永在巨門的疾厄，破軍本身主動盪、破耗，巨門本身又為病符星，所以巨門之人先天一定要培養好身體的精氣神與骨本等健康資本，否則若健康資本不夠充足，就容易經不起破軍的破耗而百病叢生。

田宅方面，七殺永在巨門之田宅，七殺的變動特性，表示巨門一生容易更換居住地點，或者居住地附近的環境也容易發生滄海桑田的大變化，極有可能發生居住的環境十年前還只是農田，但十年後卻高樓林立的這類狀況，且居住地附近也容易有商場、市場、列車等環境。

最後在福德方面，天梁永在巨門之福德宮，天梁本為蔭星，在福德宮表示巨門之人先天所帶的福報資糧豐足，只要不被忌星所沖破，巨門之人先天運氣通常較普通人好。

▲巨門獨座的格局

由於巨門的雙星組合，先前講解紫微星系時已有介紹，本節就僅講解關於巨門獨坐之格局，巨門連續在辰戌、巳亥、子午三條線皆為獨座，然巨門唯有在子午這條線時成格，巨門在子午兩宮的格局稱之為「**石中隱玉格**」。

那麼何謂石中隱玉格呢？基本上，符合天機和巨門在子午兩宮對座而且沒有煞星來破，就可稱做石中隱玉格！然而很多人雖然知道這樣的條件稱做石中隱玉格，卻知其然而不知其所以然，不知道被稱做石中隱玉格的理由。

而本書最大的特色就是邏輯與學理紮實，而不囫圇吞棗。那麼石中隱玉格稱呼的由來為何？答案就在於，以天機巨門對座而言，巨門為石、天機為玉，石中隱玉，顧名思義就是石中藏玉。巨門唯有經過思維的突破與人生的磨練、充實，才能展現出天機的睿智，也就是玉的一面。所以石中隱玉格的人大多年輕時都需經歷挫折與打拼奮鬥，方能有出頭天的機會。像典型石中隱玉格的代表人物就是阿扁。且不論阿扁個人的功過，單論此人的奮鬥過程，阿扁不正是從三級貧戶一路煎熬奮鬥而終於熬到台大法律系進而到市長與總統？

所以，巨門座命通常需要埋首衝刺，奮鬥磨練加強自我的實力，而如果命宮的巨門又是化忌，那所要經受的磨練又更比同樣格局的人更多。所以如此格局或條件的人最忌半途而廢，或經不起磨練，因為命格如其名「石中隱玉」。表示要得到翠玉的光輝之前，要先接受磨練砥礪，把包覆在翠玉上的石頭磨掉方能翠玉光輝。但如果你磨到一半就放棄，即便只剩０．０１公分的表層石頭沒磨掉，則外觀仍是石頭，依然一文不值！

因此，有石中隱玉格盤相的人，最大的人生課題就是磨練、研究、充實，方能大鳴大放。就像三國司馬懿說的：「我只揮這麼一劍，但我磨劍磨了十幾年」！是同樣的道理。

▲巨門之人運氣下滑的徵兆

巨門主口舌又主是飛，化氣為暗，故巨門在遭逢惡運時的徵兆為口舌是非狀況激化、被人放暗箭或陷害、蒙受不白之冤，捲入各種糾紛與是非中，更甚扯上官非。

▲巨門之人先天當領導或頭臉人物反容易一波三折

巨門化氣為暗，因此天生磁場較偏向幕後人物這類不在前台曝光的角色，如果爭取當領導或是團隊的頭臉人物，則猶如化暗為明，與本身的磁場相衝突而惹得一身麻煩，打個比方就像前總統阿扁，在他還擔任律師及立委時可謂事業順風順水，然而當擔任國家元首這種國家最高領導及頭臉人物時，反而各種是非糾紛與政治風暴鋪天蓋地席捲而來，以致於阿扁到最後晚節不保不得善終，就阿扁的命盤而言如果當年有高人指點，其實當做到台北市長時阿扁如果就急流湧退，也許還能保有美名及善終，人生也尚可劃下一個完美的句點。

同理，當一個人走到巨門的行運大限時，升官反而不是好事，因為升官也等同於化暗為明事業更加彰顯化，這時如果想要在升官的同時又能避免各種是非與破事纏身，那麼此時命主的身段與處事必須極為低調、柔軟、謙卑，方能符合巨門的磁場而化險為夷。

☆《天相星之星性分析》

天相為衣食之星，五行屬壬水，天相顧名思義有如宰相一般貴氣，是斗數中有名的貴星，因其高貴特質，因而天相之人多半注重體面，只要不受忌星沖破，一般穿衣得體，部份天相更是善於透過穿衣修飾自身身材上的不足之處，其中又以紫相更為明顯，理由在於紫微的貴氣將天相的體面更加拉抬。而天相之人多半臉方，並且身材一般不偏瘦，中年起身材更容易心寬體胖。

性格方面，天相之人有如平衡朝中各方勢力的宰相一般，是有名的公道伯與和事佬，因此天相之人也是社會上少數比較有情義的人，有時更會打抱不平、熱心公益，古道熱腸是里長及民代的好人選。總的來說天相的性格相當正能量，也因此，天相在命的人，只要不被忌星破壞，多半小時候受到的物質待遇及物質享受會比自己的兄弟姊妹或家族中的同輩小孩還要來得好。而天相之人由於先天貴氣使然，天生也較懶於動手、不主動做事，如果沒有特別要求，洗碗掃地這些活，千萬別奢望天相會主動去做，主動去做這些活，他還算什麼貴氣之人？因此，天相的小孩小時候就要養成主動做家事的習慣，方能養成生活自理的能力。

除此之外，天相是斗數中的馬屁星，喜歡他人稱讚拍馬屁，被人稱讚心理會莫名喜悅，並且雖然天相與天府一樣都喜歡被他人稱讚，但兩者最大的區別在於，稱讚天府你必須稱讚得有理有據，否則會招來反效果，但天相之人則只要不要太虛假誇張，隨口稱讚都能讓天相心裡笑呵呵。

天相的對宮必為破軍，一者高貴莊重一者隨意不羈，為完全相反的兩極端，故天相之人往往存在私底下不為人知的另一極端面目，比如出外穿衣亮麗有型的天相，可能在家的磁場就是破軍，假如你哪天心血來潮，無預警到他家拜訪，你可能會看到一個身穿汗衫短褲加藍白拖的天相來替你開門，反之在外很邋塌的天相很可能在家穿得比一般人還整齊乾淨。當然相關的應用不僅限於穿衣，工作場所也是，天相之人亦可能發生，家中自己的書桌乾淨整齊，但在外的辦公桌亂七八糟的狀況。

在事物方面，天相為印星，與印章、蓋印密切相關，當天相被忌星所沖或被忌星所累時，都要注意自己的印章是否有損壞與缺角的問題，更切記不能為人作保，各種合約用印時都要更加小心，以免捲入是非糾紛之中。

最後，斗數書籍中經常提到天相能制廉貞之惡，以及天相能制擎羊之惡，然而當天相與廉貞及擎羊三星同宮時，則天相雙拳難敵四手反受兩凶星所累，這樣格局是為有名的凶格「刑囚夾印格」，遇到忌星破壞時更是奇慘無比，行運遇到極易牽扯刑傷官非。

▲天相的星盤架構

天相之人，兄弟宮永為巨門，在不考慮四化作用的前提下，受到巨門是非與暗雜磁場的影響，天相總會因兄弟而發生各種是非或爭吵，所幸巨門的陰水、陰金對於天相皆有比旺與相生的效果，是非之餘終究對天相有所幫助，所以天相與兄弟及同學同事的關係多像歡喜冤家。此現象從天相的星性解析其實也完全不意外，因為天相之人本就常協調他人之事、排解他人之糾紛，公道伯的性質本就容易與兄弟及同事的是非與爭執互相吸引。理所當然天相的是非就來自於兄弟及同事，否則天相怎麼替人排解紛難？但如果遇到的是巨門忌，則天相之人容易公親變事主，也容易反因他人之事而自己受累。

夫妻宮方面，第一大桃花星貪狼就在天相的夫妻宮，故而在多數情況下，天相的桃花異

巨門 (兄弟)	天相 (命宮)	天梁 (父母)	七殺 (福德)
貪狼 (夫妻)			
太陰 (子女)			
天府 (財帛)		破軍 (遷移)	

性緣相當好，如夫妻宮再遇昌曲則桃花氾濫感情多段，此時更要小心遇到化忌或自化忌，需知昌貪、曲貪為粉身碎骨大凶格，遭遇化忌，就容易讓天相沉迷情慾之中倒行逆施，最後引發致命的桃花劫，而即便只是遇到左輔右弼，仍屬桃花與感情過於豐富，其中分寸更要謹慎拿捏，而遇擎羊、陀羅時也要小心桃花劫與桃花纏。

值得慶幸的是，雖然天相桃花滾滾，但只要不要遇到凶星凶格的組合，以及不受到忌星破壞，則天相因其體面及貴氣，多能讓桃花及情慾僅止於腦中想像，而不至於因桃花而身敗名裂。

值得注意的是，天相與配偶貪狼之間夾著巨門，兄弟宮在風水中又可主床位，因而天相之人最好不要與配偶同時上床，否則容易吵架，而巨門為貪狼之父母宮位，在沒遇到三吉或祿存的情況下，天相之人多半會遇到與公婆或岳父母有關的麻煩事，因此處理與配偶父母的關係，也同樣是天相之人的重大課題。

子女方面，太陰永在天相之子女宮，太陰之陰水與天相之陽水比旺，只要不受忌星破壞，天相通常可得能幫到自己或是懂自己心的小孩，然天相與太陰一者陽一者陰，造成天相之人多半熱心外相，而與子女的互動就猶如冷水煮青蛙，溫溫靜靜而不會熱烈激盪，並且很大的機率，天相的子女性格也可能較為靜而不熱情如火。

財帛方面，天相之財帛永為天府，一者貴星一者財庫星，如此格局稱為「府相朝垣格」，古籍對於此格局的評價為「食祿千鐘，位至三公」，生活上豐衣足食，但此格於現代只能說衣食無虞，是否大富大貴仍要整張命盤全面解析，方能下論斷。

此外，在福德方面，七殺永在天相的福德，表示表面莊重的天相，內心潛意識隱藏著不為人知的急躁性格，福氣方面也是大起大落，運氣好時順風順水手氣好到賭場倒閉，但運氣差時，就有如失去特異功能的賭聖，從「賭聖」變「賭剩」。不可不慎。

最後破軍永在天相之遷移，如同老師前一節所述，將使天相之人形成出外與私底下的鮮明反差。至於雙星組合之分析，由於紫微星系章節老師便已分析，故不再重複著墨。

▲天相之人的運氣與服儀息息相關

天相為衣食之星為貴星，因此只要服儀邋塌隨便，運勢就會變差，故天相之人一旦衣服沒紮好、衣領不整齊、領帶歪斜運勢就會下滑，天相有如一國之宰相，試想一個衣服沒紮、衣著不得體、領帶亂繫的宰相運勢會有多好？會受到重用？由此可見保持服儀的整齊清潔就是天相之人提升運氣的最佳法門。

☆《天梁星之星性分析》

天梁為斗數的壽星、蔭星又是老人老大星，五行屬土，帶有屬土高上大的特質故而有老大作風，也有些自認自己高人一等，遇到化權的天梁甚至自視甚高，更加自認高人一等。天梁有如樹蔭一樣庇蔭他人，因此雖然天梁為壽星且有福蔭，但天梁之人不去庇蔭他人，則福蔭難以長久，此外天梁之人由於先天帶福蔭，所以頗受長輩照顧，一生中也多能得到長輩庇蔭，但如果被忌星所破壞，則福蔭蕩然無存。

再次，天梁庇蔭他人的特質就有如懸壺濟世的醫生以所學庇蔭世人，因此天梁又為醫藥之星，而在生活中除了醫生庇蔭眾生之外，宗教一樣是庇蔭眾生的行業，這也是天梁之所以為宗教之星的原因。

深入剖析天梁的性格，由於天梁屬陽土又主老大，因此天梁之人碎念他人的程度不下於天府，加上老大性格又會使天梁好像風紀股長一樣，覺得誰做得不好就要念上個幾句，在遇化權或受到同宮星曜化忌的影響下，更是容易好為人師自以為是，喜歡管別人給他人下指導棋。天梁遇化科時則比較像是教授在說理，但由於是以講道理為其表達方式，所以比起遇到權忌時下指導棋的姿態，相對理性而能讓人接受。而天梁亦是善於講古的星，且聰明而善於分析，多加充實專業能力可成為專業人才或智庫。

另外由於天梁為老大星，因此說話時有時為展現老大架勢，難免說話帶有吹牛成份，故而天梁也是斗數中有名的吹牛星，如遇化權時，三分實力有時會說得讓人以為天梁是達人級強者，實則言過其實，遇化科時則很可能講了自己長篇可歌可泣的豐功偉業，但實際上豐功偉業的主角卻是別人，被忌星所破時更可能吹牛不打草稿或以為自己無敵。例如老師曾遇到一個天梁化權在命的學弟，學生時代號稱是全校貝斯手第一把交椅，但實際上，則是校內吉他社的貝斯手就他一個人而已，還真的是「全校首席貝斯手」啊。

▲天梁在六親相關宮位主與該六親年齡差距大

天梁既然為壽星、老人星，也就意味著天梁只要在六親宮位，都很容易形成命主與該六親年齡差距大，例如天梁在子女就很有可能發生中晚年得子，與子女年齡差距大的狀況，同時也可能發生子女之間年齡差距大的情況，例如家裡老大與老么相差快十歲的情況，而在夫妻宮則就很可能發生老少配的狀況，如果未出現老少配，則天梁的磁場就會使得命主的配偶少年老成，二三十歲講話行事卻好像行走社會幾十年閱歷深厚一樣。

更重要的是，由於天梁為蔭星，在不被忌星破壞的情況下，天梁在哪個人事宮位即表示能庇蔭命主的六親就在哪。在父母宮者，易得父母長輩之助，在兄弟宮者則易得兄弟之庇蔭，但切記受六親之庇蔭，仍要回報庇蔭你的六親，否則福蔭將無法永續循環。

同時由於天梁為蔭星，也表示天梁所在宮位的六親中定有聰明或樂於助人者，也不乏行善之輩，但也有一定的可能，相關六親會有喜下指導棋、碎念、吹噓之人。同樣也有可能相關六親中會出現有老大作風，或少年老成，抑或是像風紀股長般的人物。

▲天梁在疾厄宮反為好

天梁為醫藥之星、壽星，加上本身並不化忌，使得身體健康受到忌星破壞的機率小，也表示身體遇到傷病，也容易轉危為安，健康狀況也相對較好。

▲天梁在事物相關之宮位表示相關事物容易受到庇蔭

天梁福蔭之星的特質，如果進入事物相關的宮位，表示相關事物容易受到庇蔭，例如天梁在財帛，則命主在賺錢方面容易有蔭財，相對較輕鬆，很容易順順利利的就成功賺到錢，如在福德則較有福氣，福德為父母之父母，也表示較有祖德也容易受到祖蔭，因此遇到倒楣事相對也容易逢凶化吉，如在官祿宮，也容易在事業上受到各種幫助，在田宅則容易獲得祖產，居住地附近也容易有植物、藥局或醫院診所。

而天梁在遷移，則代表命主的福蔭要靠多多出外才能獲得，否則就只能等中晚年方能獲得天梁之福蔭。

▲天梁雖為老大星卻不適合當老闆

天梁雖然是老大星，但由於天梁的三方四正為機巨同梁的星曜組合，表示天梁適合當技術型人才或智庫，適合出策劃、提建議，但不適合當老闆，因為老闆之格較適合紫微、天府、武曲以及殺破狼這種開創型格局的人，而不適合機巨同梁這類善動腦但行動力缺乏的格局。天梁天生的領導力不及紫微與天府，統御管理能力亦不像武曲般果決，很難明確帶領下屬朝目標衝鋒陷陣以竟事功，如果當老闆或領導反而自己累得七葷八素而難有所獲。

故天梁如果想當領導想當老大，老師認為適合當精神領袖，或是宗教團體的領導者，因為精神領袖的核心關鍵在於以理念及個人理想做為號召，而不是以具體業績和戰功論英雄，例如我們的國父孫中山先生，就是機巨同梁格局之人，儘管革命的發起者與領導者是孫先生，但實際上，發動關鍵武昌起義的是革命黨的外圍支持團體、真正迫使清帝退位的則是袁世凱，整個辛亥革命的過程，孫先生都在國外，幾乎可說對於整個辛亥革命根本沒有任何實質出力，甚至等到辛亥革命成功後，孫中山回國也只是說：「我帶著滿滿的革命精神回國」。但孫先生之所以能成為革命之領導者，正是因為他推銷的是革命精神與理想，才以機巨同梁的格局成為眾望所歸的革命領導者，但事實上只要跟孫中山直接相關的革命行動都是以失敗告終，因此才會有前十次的革命失敗，以及第十一次由其他人發動陰錯陽差而成功的武昌起義。而孫中山也因為到處宣揚、推銷理想及革命理念，而被他人稱作「孫大砲」，而慷慨激昂推銷願景、靠口才賣理念，也正好符合天梁的講古及吹噓本質，因為精神領袖的任務就是要能將自己的理想及理念講到眾人內心沸騰、打從心底認同，進而得到眾人的支持，而不是像商場及戰場的領導者旨在攻城掠地贏得市場版圖。故天梁之人如果想當領導者，首推精神領袖。

再來，宗教團體的領導者一樣適合天梁之人，原因在於天梁本就是需蔭人的宗教之星，且宗教的領導者，主要任務在於樹立道德標竿以及助人，而非營利搶市場，宗教領導者更是需要講經說法，推銷宗教理念，這點又恰好符合天梁善於講古的特性，因此宗教團體的領導者一樣屬於適合天梁的老大職位。

最後，由於天梁為醫藥之星，因此也適合擔任醫藥單位的領導者，加上天梁為相當好的顧問格局，因此也可擔任智囊團的領袖，專門給與專業建議。

但由於天梁之人平時外表看起來沉默，可是當話匣子打開後則相當會抬槓且嘮叨，這會為天梁之人在擔任領導時惹來不必要的麻煩，且天梁之人容易愛爭辯，對於一件自己不滿的事，即便是自己的錯都要爭辯到贏，遇到權星時更為嚴重，遇到科星時則容易做錯事或事情做得不好時習慣性找理由粉飾太平或規避責任。

▲天梁的星盤架構

天梁的星盤架構之中，七殺永在天梁的父母宮，七殺的陰火陰金，可與天梁之陽土互為相生，且為有情之生，表示天梁受到父母的照顧，等到父母老了，一樣會回過頭來照顧父母，當然先決條件是天梁的經濟能力允許，且沒被忌星及凶星影響，同時也表示天梁小時候多半能受父母長輩之照顧與庇蔭，此外受到七殺的影響，七殺的父母與長輩中也容易出現脾氣情緒起伏大的人。

兄弟宮方面，天梁的兄弟為天相，天梁土剋天相水，因此天梁的兄弟很大機率需要忍受天梁的嘮叨與抬槓，故而兄弟間的情份並不算好。

而天梁的夫妻宮由於必為巨門，因此價值觀相左、口舌、是非在所難免，如再加煞星與忌星，一生因異性、配偶而起的糾紛將波折不

巨門 (夫妻)	天相 (兄弟)	天梁 (命宮)	七殺 (父母)
貪狼 (子女)			
太陰 (財帛)			
天府 (疾厄)		破軍 (交友)	

斷，而天梁的五行對於巨門之陰土、陰金、陰水又是比旺、又是相生、又是相剋，造就天梁一生與配偶可謂歡喜冤家、歡笑與淚水交織，天梁的好辯性格對上以口才著稱的巨門，定然天天上演精采的唇槍舌戰。也就成就了許多感情糾葛、二婚的斗數格局皆與天梁有關。並且由於天梁為壽星為老人星，許多斗數書籍便會建議天梁之人擇偶上選擇老少配為宜，因為老夫少妻遇到價值觀相左與爭吵時，老夫一般較會讓著少妻而不致於劍拔弩張。但老師認為實際狀況未必，因為巨門同時也主代溝，年齡差距大，也代表容易有思想代溝，就更容易發生價值觀不合的摩擦。

子女的部份，天梁的子女宮為貪狼，表示天梁對於自己的子女多抱有期待，對於子女教育的養成也抱持著理想與願景，然而天梁與貪狼之五行互為相剋，天梁對貪狼為有情之剋，表示天梁雖管束管教子女，但出發點是為了子女好。反之，貪狼剋天梁為無情之剋，代表貪狼因自己的個人美感與慾望，視天梁的管束嘮叨為自以為是，因此對於天梁的付出常常並不領情，反過來還可能嫌天梁煩，這樣的情況唯有天梁與子女宮的互動為化祿、化科時方能有具體改善。

財帛宮方面，天梁的財帛永為太陰，表示天梁之財為點滴積累而成的財，而非大發大富之財，這也是天梁之人不適合當老闆的原因之一，因為點滴而成的財富磁場上較接近於領固定薪水慢慢存錢的上班族，開創事業的老闆，多半營收變化大絕不可能按部就班慢慢積累。

在疾厄方面，天府永在天梁的疾厄宮，天梁與天府皆屬土，表示天梁之人要多注意脾胃的相關問題，唯一值得慶幸的是天府不參與四化，不化忌的情況下，也就表示天梁相對遇到身體健康困境的機率相對較低，這也是為何天梁為壽星的一大原因。

最後在交友方面，天梁交友永座破軍，表示天梁的人際交友起伏波動大，很可能一陣子身邊眾星拱月、交遊廣闊，過了一陣子門可羅雀交遊無幾人，同時也表示天梁之人很大機率會因普羅大眾而有所破耗。

▲天梁的單星格局

天梁在子午、丑未、巳亥皆為單星獨坐，在子午時天梁的對宮必為太陽，丑未時對宮必為天機、巳亥則與天同對座，這三種組合中有好格局亦有壞格局，天梁在子午兩宮稱為「壽星入廟格」。與天同在巳亥對座稱為「梁同巳亥格」，在斗數古籍中將前者列為吉格，後者則為凶格。

天梁和天機在辰戌兩宮同宮，稱為「善蔭朝綱格」，善指的是善星天機，蔭則是壽星天梁，機梁之人善談兵善分析，在丑未時雖然分座命遷，但其善談兵的特質卻仍存在，差別只在於表現出來的特質沒有機梁同時在命宮來得平均而已。

△壽星入廟格之探討（老師的個人見解）

斗數中的格局認為天梁在子午兩宮為妙為得位，但為何天梁在子午兩宮得位則古書沒有任何解釋，為此老師深入探究，研究出其中的可能原因，老師認為天梁之所以在子午兩宮得位，其原理在於天梁為老大星、老人星，而命盤中的子午兩個位置對應的正是先天八卦的乾卦與坤卦，是為老父與老母，恰為八卦六親關係中的最年長者，因而天梁在子午兩位是為得位。

另外，天梁在午則天梁土可受午火所生，達到相生之效果，在子宮則雖然天梁土剋子水，但對宮之太陽正座午位「日麗中天格」，午時正中太陽的強大能量將源源不絕照耀子宮的天梁，並且源源不絕將太陽火的能量來生發天梁之土，因而天梁在子午兩位才會被論為壽星入廟。不過在老師看來，同樣是壽星入廟格，天梁在子優於天梁在午，其原因正是因為儘管午宮火可生天梁之土，但相對午宮的天梁得到的是子宮最黯淡的太陽，故而缺乏對宮能量的滋養拱福，在加之日月皆反背，人生定較為勞祿荊棘。

▲梁同巳亥男多浪蕩女多淫？

古書對於梁同二星在巳亥兩宮，評價為男多浪蕩女多淫，然古代較為保守的社會對於較外向的人多不欣賞，因而放眼現代應評價為男多浪漫女多情會較貼近於現實。

但天同天梁的組合被歸類為凶格並不是完全沒有道理，事實上經實務命例之統計，天同天梁的組合不論是在巳亥兩宮對座，還是在寅申同宮，一生都容易有二段以上的婚姻，或是有三角以上之戀情。那麼為什麼同梁之人感情會如此精彩？

經老師研究，老師認為主要的關鍵在於天同本就博愛，但更致命的是，天梁只要和天同扯上關係，夫妻宮的組合就會非常棘手。例如，天梁與天同在巳亥對座，夫妻宮必為天機巨門之組合，巨門製造是非紛擾、天機又助長感情婚姻之變動，遭遇忌星時那更是夫妻雙方整日諜對諜爭吵衝突不斷，聚合了是非與變動磁場的夫妻宮，自然而然只會帶給巳亥天梁一言難盡的感情婚姻。

同理，同梁在寅申同宮，則巨門在夫妻宮同時對宮也正坐天機，同樣為是非及變動的組合，加上同梁在寅申，其宮干必為「丙、戊、庚、壬、甲」，其中戊天干會使天機化忌衝破夫妻宮的巨門，庚干則會直接使天同自化忌連帶拖累同天干夫妻宮的巨門一起受到自化忌的磁場所破。而其餘三個宮干也都各有其重大缺點。

首先如果同梁的宮干為丙，就表示命主的生年為甲年或己年，若命主是甲年出生則太陽忌必在福德宮搞破壞，而福德宮乃夫妻之官祿是為夫妻之氣數位，如此一來就會讓婚姻的行運坎坷，唯有己年因化忌之星為文曲，尚可藉由時辰的選擇而避開災禍。

再來若同梁的宮干為壬干，則表示命主是丁年或壬年出生，如果是丁年則忌星直接就在夫妻宮，感情運要順利也難。但即便是壬年出生，壬年的天梁生年祿碰上壬宮干的自化祿，則雙祿抵銷終歸虛無，不僅如此，還會造成命宮與夫妻宮的兩個壬干，一起化忌入父母衡疾厄宮,形成婚姻與命主無緣,一生中常常經歷曾經擁有但終歸虛無的感情。有的只是一段段難以忘懷的回憶。

最後如果同梁所遇到的宮干為甲，則表示命主是戊年或癸年出生之人，而戊年天機必化忌直接沖破夫妻宮的巨門，而癸年則會使巨門化權，化權為小忌，表示情況雖然比遇到忌星稍好，但權星主變動，仍會使命主遭遇不穩定的感情。

由此可見，天同天梁在寅申兩宮，多半遇到的情況都是對於夫妻宮有重大扣分的命理條件。這也是為何同梁之人感情婚姻通常都有如小說電影般精采的原因。至於其他雙星之格局老師在紫微星系章節已做教學，故不再重複論述。

▲天梁星遭逢惡運時的徵兆

天梁為壽星為蔭星，失運時的表現為嘮叨、與人爭辯惹來是非，以及平時受長輩與貴人的庇蔭，但如今卻孤立無助。

☆《七殺星之星性分析》

七殺，在地為大殺將，五行屬性陰火陰金，性格較急執行力也高，為衝鋒陷陣的將軍，然儘管七殺在決定做一件事時的執行力夠衝鋒性強，卻容易虎頭蛇尾三分鐘熱度，在工作職場上，經常會是全力執行一個項目，開頭時成效進展火紅頗有雷霆萬鈞之勢，但到後期卻後繼無力，以致於無法功德圓滿。

因此七殺適合前期開創，而不適合貫串全局，身為領導者如果要善用七殺之人，則必須交予七殺專案的前期開創事務，等到專案已上軌道，再交由其他部屬營運接手，而七殺之人則要不斷提供新舞台，讓他在不同的專案項目與生意中轉換調度，好讓七殺能發揮其前期開創的能量，不斷為不同專案的前期打下良好開局。否則如果讓七殺從頭到尾完全主導一個完整的專案，很可能會變成留下爛攤子給人收尾。

舉個例子，老師第一集時提到傳聞中關羽為七殺座命，而關羽的狀況正剛好可體現這樣的情況，在孔明收服荊州各郡時，關羽可說所向披靡戰功赫赫，得荊州時，更是水淹七軍威震華夏，然而關羽的輝煌戰功僅維持了三個月，就大意失荊州，留下了一片棘手問題給劉備和孔明。因此，以主星特質來說，關羽適合前期打荊州開疆闢土，後期得荊州時應交給其他將領，如趙雲或是馬良較為適合。

性格方面，七殺之人許多都色厲而無膽，所以在吵架時習慣先發制人，先凶別人或罵別人，甚至先動手打人，以在氣勢上先壓過別人，實則是因為膽子小怕被人凶而佔下風。也因此很多七殺的人平時你以為他很有膽，實際上只是表面上虛張聲勢而已，找他看鬼片，也許觀看過程談笑自如，實則回到家後不敢關燈睡覺，怕得要死。

外觀上，七殺的女人多半眼睛較大，身高則不論男女高低範圍皆大，同樣是七殺有一八幾也有一五幾，主因就在於七殺主變動。而七殺對宮永為天府，兩者皆不參與四化，形成雖然七殺之人先天的能力與才智多半比普通人好，不受忌星破壞的情況下至少也有個中上水平，但同時也意味著容易五技而窮，沒有一項無人能比的頂尖技能，因此七殺之人一生都需多加自我充實，自我要求讓自己最少有一到兩項的技能或專業可以達到千中選一以上的水準。不然格局高的七殺也許有機會能成為獨當一面的大將，但格局低的七殺則就只有山寨頭目的水平。

在七殺的格局方面，寅申巳亥子午六個宮位的七殺格高，格高則刑人，其餘六宮的七殺格低，被戲稱「格低反被人刑」，故此在辰戌丑未卯酉的七殺要比一般的七殺更加努力，方能提高自己的格局，成就一番事業。

▲七殺在寅申巳亥子午為格高之探討

為何七殺在寅申巳亥子午這六個宮位是為格高，其邏輯老師認為是因為這六個宮位的星耀組合對於七殺都有強力的拉抬作用，就拿七殺在寅申巳亥來說，這四個宮位格局高，老師認為關鍵在於「得到紫微星的拉抬」，七殺在寅申時，對宮必為紫微天府，一次受到兩顆帝王星的拉抬，自然使得寅申的七殺帶有極高的氣勢與自信，能力上自然也明顯強於一般人，故七殺在寅宮又稱作「七殺仰斗格」，七殺在申宮又名「七殺朝斗格」，是為七殺中最上等之格局，這樣的格局又同時擁有官祿宮之「英星入廟格」，財帛宮「武貪同行格」，如再加三吉拱福，則出類拔萃明顯為傑出人才。

另外在巳亥兩宮的七殺格局高的原因，也是因為有紫微拉抬氣場，這時紫微與七殺同宮，直接拉抬了七殺的格局與能量使得七殺除了

紫微 七殺 (巳)	天府 武曲 (午)		七殺 (申)
紫微 天府 (寅)		七殺 (子)	天府 (亥)

拚勁之外還有貴氣。此時的七殺財帛宮更得到武貪格的強力坐鎮，兩大財星，若再加火鈴和三吉，既富且貴妙不可言。唯獨官祿宮為廉破組合較不理想，然而這也表示紫殺之人如為甲年出生，則格局可謂天選之格，因為祿權科三吉皆出現在官祿與財帛宮中，達到「三奇加會」的夢幻格局。

而七殺在子午之所以格高，原因則在於七殺在子午對宮必為武曲天府，武曲天府兩者一財一庫，替七殺之人注入一劑財富的強心針，而武曲的特長除了執行力外更在於毅力與堅持，這樣的特質大大補足七殺三分鐘熱度虎頭蛇尾的短處，使得七殺得以成為全方位的幹才。

△其餘宮位之七殺被認為格低的原因（老師的個人見解）

其餘宮位的七殺為何格低，除了因沒有紫微的幫符之外，經老師深入分析研究，終於破解其中之奧祕。以下是老師個人的論證見解。

◎七殺在辰戌的組合

如下頁表格所示，七殺在辰戌兩宮必然獨坐，且對宮必定為天府廉貞，而殺破狼三顆星互為三方，故辰戌的七殺財帛必為貪狼座落於子午，官祿則必為破軍座落於寅申，這樣的格局壞就壞在破軍所在的宮位，如果七殺在戌則破軍必在寅宮，如此便容易形成「文耗寅卯，謂之眾水朝東」的凶格而事業破敗，至於何謂眾水朝東，老師待下一節講解破軍時再行論述，而最重要的是，這樣的格局幾乎無法獲得任何四化上的優勢，因為如果想獲得化祿與化權的加持，則必須選擇甲年的命盤，方能得到遷移宮廉貞祿、官祿宮破軍權的好處，然而甲年的宮干卻同時存在雙面刃，甲年的子宮、寅宮都是丙干，且都化忌破廉貞生年祿直沖命宮，這樣的結果無疑對命主來說是致命傷害。

若退而求其次，我們只求得一祿之好處，假如我們欲得癸年破軍祿在官祿宮的好處，但同時也卻必須忍受貪狼忌在財帛宮大肆破壞的重大傷害。

這時讀者們可能會問：「大師，那選戊年的盤不就萬無一失，一來貪狼祿在財，右弼科

		七殺 廉貞 (未)	
七殺 (辰)			七殺 武曲 (酉)
七殺 武曲 (卯)			七殺 (戌)
	七殺 廉貞 (丑)		

選對月份，也有機會讓命宮得到科星的加持」？

不可否認，這樣的想法確實是七殺在辰戌的組合中看起來比較有優勢的組合，然而戊年的盤對於辰戌的七殺仍存在致命問題，那便是戊年的天機化忌永在其父疾線，忌星在父疾線極容易使命主身體健康與精氣神不佳，殺傷力不亞於忌星在命宮，需知沒有健康的身體，其他條件再好都無濟於事，因此就各種四化條件深入探討，便可知為何辰戌之七殺被評價為為格低的原因。

再來，武殺的組合為何也被認為格低？主要原因在於武曲屬金、七殺屬火，火剋金會使武曲的財氣被剋，因而格低。幸運的是，武殺之組合可以搭配的三吉四化選項較多，甚至甲年生的命盤還可形成「三奇加會格」，因此武殺雖然在普通情況下格低，但四化搭配得宜則絕不輸於其他格高的七殺命盤。

最後，廉貞七殺在丑未同樣被認為格低，主要理由和前面兩種狀況遇到的缺點也很像，廉殺在丑未，天機太陰必在父疾線，紫貪必在財福線，不論是要戊年的貪狼祿或乙年的紫薇科加持財帛宮，都必須承受天機忌或太陰忌對疾厄宮的摧殘。而看起來最完美無缺還能形成三奇加會格的甲年，則仍存在一致命威脅，甲年的巳宮天干必為己，廉殺在丑，官祿宮必為己巳，此時官祿宮組合為武曲破軍，然破軍會隨己干自化忌，如此就形成官祿宮大破敗，一忌便破了官祿宮的化權化科，慘不忍睹。因而此七殺仍屬格低。

☆《破軍星之星性分析》

破軍屬離卦，五行為癸水，有些斗數界的權威認為破軍于北斗七星中排行第七，與對應第七的兌卦亦有關聯，故五行也屬金。在此基礎上，老師同時也認為破軍納離卦，理應五行也屬火。也正因為同時匯聚水、火、金三個彼此相生又相剋的五行，才使得破軍為斗數中極不穩定的一顆星，此外由於破軍的五行兩剋一生，也形成了破軍以破耗、消耗為其磁場。化氣為耗。

也正因如此，破軍在哪就破耗到哪、損失到哪，在不遇三吉的情況下。在財破財、在官破官、在田破房產、在命則無所不破。如果破軍座落於六親宮，則主該宮有關之人事形成破耗或是因該宮之人事而破耗。例如天府座命者夫妻宮必然為破軍，如此就造成天府之人多半感情婚姻波折不斷，不是為情感付出卻一無所獲，就是為感情付出但遇人不淑，再者便是為了感情婚姻犧牲過多代價。

同樣的，如果在子女宮，則容易因為子女而破耗，好一點的情況是投注非常多心血財力在子女身上，差一點則是遇到敗家子弄到負債累累。而如果破軍在疾厄，除了需注意血液方面的疾病之外，還要留意身體的元氣與健康一生都容易破耗，宜多養氣固本培元，方為上策。

在斗數中，破軍是為大海水，海水波濤洶湧、漲潮退潮規模浩大，故雖同樣屬水，破軍之人的性格反而較為動態，而不像太陰、天同為溫溫靜靜的柔水。也正因破軍猶如海水般變化巨大，因而破軍座命的人在情緒及個人好惡的變化上也較為極端，破軍之人當喜歡一個人時，願意付出所有的心思、所有的愛。相對當討厭一個人時看他一眼都嫌多餘，這樣的情況就正如海水漲潮退潮一般，漲潮時海水灌滿整個潮間帶，然退潮時則荒蕪一片。

此外，破軍因其海水漲退潮般的波動變化，也造成破軍天性喜動不喜靜，對於事物的喜好也是喜歡新奇、有趣、有變化的事物，而不喜歡過於理論、鐵板的事物。故而大部份的破軍如沒有文昌文曲或科星加持，基本上不喜歡念書考試，也討厭純理論的相關學術，反而新奇或刺激的才藝比較合破軍的胃口。例如創意街舞、美甲、甚至是賽車這些都比較合破軍的胃口。同時也因破軍主動不主靜，許多破軍比起坐在書桌前念書，他們更喜歡體育這類動態的活動，像老師在實務上就看過很多武術社及練跆拳道的人，命宮中都座有破軍。恰如其份的是，絕大多數的破軍如果沒有受到科星的影響，多半外型及身材都比較壯，或者骨架較粗大，虎背熊腰的也不少，先天力氣也偏大，這些也都是適合發展武術、體育的先天優勢，好好把握則能將自己擺對位置發光發熱。

破軍的喜好新奇，也間接形成破軍不喜拘束傳統的特質，因此命格強勢的破軍多半能成為反對黨領袖，受到煞星影響則可能成為黑社會老大，在古代則容易成為起義軍領袖或是造反勢力。然破軍為將星，如要成一番大事業定需有強而有力的謀士群方能使破軍得以走向成功之道。

在情緒方面，由於破軍有如大海水般的特質，形成破軍的情緒也表現得較為激烈，在生氣時脾氣可以火爆到如核彈爆炸，在傷心難過時也能讓人覺得彷彿孟姜女般哭得肝腸寸斷。因此破軍一生的課題就在於情緒智商的修練，唯有使自己做情緒的主人，方能使破軍的人生得到最大的益處。

而在為人處事方面，破軍對於喜歡的人能付出一切的愛，然而世上真實的情況往往多是為他人付出卻常常得不到對方同等的回報。當發生這樣的情況時，愛恨兩極的破軍便會開始感到空虛與不公，久而久之更會惡化到深入骨髓的怨恨。因而如果你身邊的朋友經常聽他在抱怨自己對孩子如何如何好，但孩子卻不聽他的話，早知道就給她一巴掌如何如何。這時就可以進一步看看此人是否為破軍座命。

最後，破軍是為大海水，因此田宅宮有破軍之人很容易住到附近有江河、海灘這樣環境的房子，例如住海邊、大山溝、河邊、湖邊，又由於破軍主破耗，容易造成髒亂，因此即便是住在內陸地區，也極容易住到周圍比較髒亂的環境，例如旁邊有垃圾場、焚化爐、菜市場等等較為髒亂的環境。

▲破軍在子午謂之「英星入廟格」

雖然破軍主破耗，大部份對其觀點都是負面居多，前面老師亦提到破軍座落哪就破耗到哪。然而破軍的格局中仍有正面且上等的格局，破軍在子午兩宮叫做「**英星入廟格**」，此時的破軍不但少掉了破耗與不安穩的缺點，擁有穩定度的同時，卻保留破軍開創的積極度，因而這樣的格局是為開創型的將星格局，古書對之評價為官資顯赫。

同時也表示破軍在子午兩宮，不管是什麼宮位，都會使該宮位原本的破耗氣場轉為穩定且積極，比如破軍在財帛本會造成金錢財富上的破耗，但如果財帛宮在子午兩宮，此時如遇破軍，反而磁場將轉變為對於賺錢具有積極開創的作為，並且財富狀況也會趨為穩定而非總在破耗。

而知其然更要知其所以然，多數斗數書籍基本都能查到破軍在子午稱之英星入廟格，但為何破軍在子午為得位？則目前為止也沒有任何命理師提出合理的解釋。因此關於這部份的分析，也是老師個人的獨家見解。老師認為破軍在子午之所以得位稱廟，首要原因在於，破軍星在北斗七星中排行第七，而老師在紫微斗數科學第一集的第84頁有教到命盤對應北斗七星的位置以子宮開始屬到第七宮午宮就是破軍星正坐的位置，同樣的如果以午宮為命宮起算北斗七星，則子宮也為第七宮恰巧也是破軍星正坐的位置，因而子午兩個位置在命盤上就是對應北斗七星中破軍星最原原本本實實在在的位置，故此位置的破軍氣場最強，才造就到處破耗的破軍，到了子午兩位反而成為英雄之星。

第二的重點則是，老師認為破軍在子午為英星入廟的關鍵在於「五行」，子宮對應太極中至陰的部份，先天八卦為坎卦為北方水，午宮則對應太極圖中至陽的部份是為離卦火，而破軍的五行如老師一開始所推論屬水又納離卦屬火。屬水的部份破軍又為大海水。因而破軍在子宮，大海水的能量受到坎卦水的比旺加持，當然有如神助。而在午宮的破軍同樣因本身就納離卦又剛好座落在午宮離卦的位置，如虎添翼當然大放光彩。

故因破軍同時有水火兩種五行的特質，才造就破軍在屬水和屬火的子午兩宮都能如魚得水。更重要的是，破軍同時具備水火兩種五行的屬性，不論在子午哪一宮，都能得到「水火既濟」陰陽相乘的強盛能量，如此才成就破軍這顆星的最大亮點。

▲破軍之人容易花錢如流水

破軍既然主破耗，在命及在財時最忌花錢如流水，破軍在命之人財帛必為七殺，破軍之水火與七殺之火金生剋皆無情，因而破軍之人在卯起來花錢時，基本不把錢當錢看，而如果破軍直接在財帛宮，則看到自己喜歡的東西很容易非常有氣魄得把錢花下去，眉頭也不會皺一下。

△「文耗居寅卯，眾水朝東」，何故？（老師的個人創見）

紫微斗數古籍中曾提到「文耗居寅卯，眾水朝東」，過去老師一直不解其意，請教無數斗數界的先進，也查遍書籍一直都沒有前人能提出具體的說法。

秉持自我要求青出於藍的精神，經老師推論分析之後，終於破解這句古文口訣真正的意義。首先文耗二星指的是「文曲」以及化氣為耗的「破軍」，但這句口訣真正的關鍵難題在於⑴「破軍與文曲在寅卯兩宮為何稱作眾水朝東」？⑵「眾水朝東又是什麼意思，會產生什麼樣的狀況」？⑶「為何文耗中的文指的是文曲而非文昌」？

為了破解這一系列問題，老師深入推論後，認為破軍文曲在寅宮和卯宮之所以稱為「眾水朝東」，根據在於破軍屬水、文曲也屬水，文曲又能增加數量，故身為大海水的破軍再加上同屬水星的文曲加強能量後，就形成壯觀的洪濤之水，如此龐大的水量當然可以稱之為「眾水」。而寅卯兩宮在十二地支的方位中剛好屬於東方，因此破軍加文曲位在屬於東方的寅卯兩宮，理所當然可稱為「眾水朝東」。那麼為什麼文耗寅卯中的「文」不指文昌呢？原因在於文昌屬金不屬水，與破軍在一起應該叫金水朝東，而非眾水朝東。

那麼究竟「眾水朝東」這個格局是好是壞？對命盤又有什麼影響？依據老師的推論，老師認為眾水朝東想表達的意思是**『破軍和文曲在寅卯兩宮時，所造成的破耗最為嚴重，**

足以讓你破耗到大量能量付之東流』！為何老師會如此推論，理由在於要破解古文這句話，首先要對於中國地理有些了解，中國的河流不論大小都是由西向東流，百川入海，所以眾水朝東的意思，老師認為指的是破軍文曲在寅卯時，破耗的情況就會像百川眾水付之東流，一去不復返一樣。

那麼如何證明老師的論點？以下老師就以下圖第一種情況文耗在寅宮的命盤作為分析，首先如果命宮本身就化文曲忌那麼毫無爭議，肯定使破軍的破耗加劇。

但問題在於，文耗在寅的狀況，如要爭取祿權科三吉對自己的命財官有幫助時，都會同時招來致命的傷害，例如以命宮而言，如果要得到癸年破軍祿在命的好處，就要接受貪狼化忌直接破壞官祿宮，而武貪主大，貪狼忌所帶來的殺傷力遠大於破軍祿。

太陰 (巳)	貪狼 (午)	天同 巨門 (未)	武曲 天相 (申)
天府 廉貞 (辰)	破軍在寅加文曲		太陽 天梁 (酉)
(卯)			七殺 (戌)
破軍 文曲 (寅)	(丑)	紫微 文昌 (子)	天機 (亥)

第二，如果想要得到辛年文曲化科在命的好處，就同時要接受三個致命缺點，首先文曲在寅文昌一定在子，文昌化忌直接就沖破官祿宮，更慘的是子宮與寅宮天干必為同樣的天干，同干同氣的影響下，也會造成命宮等同化忌的結果。同時七殺還會隨著文昌一起化忌，使得位於財帛宮的七殺也變成化忌的惡運，從結果來看，得到文曲科的代價就是命主的命財官三宮全破，慘不忍睹。

這時有些機敏的讀者可能會說，選甲年不就一切完美了?甲年廉貞祿、破軍權、武曲科，等於命遷線一次囊括化權化科，福德還有廉貞祿照財帛，堪稱絕妙組合。然而令人不堪的致命問題在於，甲年出生的人必然太陽化忌，太陽忌直接沖破疾厄宮，身體不好其他一切都是空談。此外更嚴重的問題在於，甲年命盤的申宮必為壬干，會使申宮的武曲自化忌，武曲為財星地位等同於命盤另一個財帛宮，一旦自化忌，將造成金錢上的大破敗，尤其此時的武曲在遷移宮正對破軍，就會加劇破軍的破財問題，同時武曲還主刀刃傷害，在遷移宮又在四馬地自化忌，也容易給寅宮的破軍帶來車關、血光、外災。所以即便是甲年的盤對於文耗在寅的命盤仍會造成極大的破耗。

論述到此，可能有鍥而不捨的讀者說：「老師那我就只要一個貪狼化祿在官，這樣總可以了吧」?確實戊年貪狼祿的情況是相對比較沒有負面問題的組合，然而總的來說仍是壞處多於好處，邏輯在於戊年命盤午宮也是戊天干，如此將會使貪狼化祿又自化祿，祿自化祿則雙祿抵銷，最終等於沒有實質好處，而在沒有實質好處的情況下，寅宮破軍卻還要接受田宅宮太陰失輝，又被天機忌沖的缺點，田宅宮貝忌沖則容易存不住財，對於本來就容易破耗的破軍更是一大阻力。

◎破軍文曲在卯宮之論斷

接下來討論破軍文曲在卯宮的狀況，破軍在卯宮必定與廉貞同宮，這時除了己年的文曲化忌是最直觀的問題之外，又需多考慮丙年廉貞化忌破壞命宮的問題。

破軍在卯的缺點，大約有六成和破軍在寅相似，一樣如果要癸年破軍祿就要承受貪狼化忌在官祿宮肆虐、一樣要得到戊年貪狼祿就要承受天機化忌入沖疾厄宮、一樣要得到文曲科就要付出文昌忌的代價，而且這時的文昌還是直接出現在財帛宮直接讓命主破財。

除此之外，破軍廉貞及文曲在卯還存在更

天府 (巳)	天同 太陰 (午)	貪狼 武曲 (未)	太陽 巨門 (申)
(辰)	破軍在卯加文曲		天相 (酉)
破軍 廉貞 文曲 (卯)			天機 天梁 (戌)
(寅)	(丑)	(子)	七殺 紫微 文昌 (亥)

多棘手的問題，例如破軍在卯時，官祿宮為武貪，聰明的讀者可能會想既然貪狼祿會帶來負面問題，那我改用武曲祿不就能讓事業富貴兩全？但不堪的事實是，如取用己年的武曲祿就意味文曲忌直接破壞命宮，加大命宮的破壞力度得不償失。

到了這個地步，讀者們可能想，那退而求其次，我只要紫微化科的好處出現在命宮三方的財帛宮，這時太陰化忌也就在子田線而已，總該萬無一失了吧。遺憾的是，就生年四化的角度來看，這樣的命盤盤相確實四平八穩，雖然祿權科的好處只得其一，但也相對中規中矩。但是，在分析生年四化的同時，一樣需考慮宮干自化，每逢乙年時紫微才會化科，然而乙年時命盤卯宮的天干必為「己干」，將直接造成命宮裡的文曲星自化忌，如此便會使破耗的力道更嚴重加劇，慘度甚至超越生年忌在命宮的狀況。

因此，廉破加文曲在卯唯一還算有亮點的條件，只有甲年生的命盤對命主較有益處，甲年時廉貞祿與破軍權在命宮、武曲科在官祿，形成赫赫有名的『三奇嘉會格』！名權利可謂一應俱全。且這時太陽忌又在兄友線，可說是集優點於一身、缺點又無傷大雅的強大格局。

這時讀者可能會反問我：「大師，既然甲年的命盤這麼好，這下何以論眾水朝東？不是應該改成甲年時眾水齊聚嗎」？有關這個問題，老師當時經深入研究後發現，甲年的盤雖然先天格局強，也的確算是文耗寅卯中優點最多的盤，然而甲年命盤的關鍵缺點就在於『行運』！分析一個人的命盤時，不僅要考慮先天本命盤的格局，連後天大限的行運也同樣要考慮其中，否則命好運不好，就猶如頂尖企業卻長年遇到疫情衝擊跟金融海嘯一樣。

回到甲年的命盤，甲年命盤之人，十二宮必有兩組丙天干與丁天干，而丙干會使得命宮的廉貞化忌，意即廉貞破軍文曲在卯的人，如果你的行運是逆行運，首先第二大運你就遇到丙干來破壞你本的本命宮，而這顆大限丙干飛出的忌星還一次打掉你命宮的生年祿跟生年權。何況這時第二大運走的還是太陽忌的大運，並且甲年生人祿存也必在寅宮形成羊陀夾忌的大凶格，自然人生首先面臨少年坎坷的問題。而好不容易熬過第二大運到第三大運時，此時大運命宮的天干為丁丑，此時大限官祿在己巳，飛文曲忌入命破生年祿又沖大限財帛，大限財帛在癸酉又飛貪狼忌沖大限命宮，表示不論財帛與官祿運都劫難重重。

接著歷經九九八十一難好不容易熬過第三大限，到了第四大限以為人生從此由黑白變成彩色了，奈何第四大限宮干為丙子，丙干又再次飛廉貞忌摧毀了命宮的生年祿權加速命宮的破耗。因此，甲年的命盤，雖然擁有先天三奇嘉會的優勢，但卻需承受長達三十年的惡運，而且第二到第四大限這三十年還是人生中最寶貴的黃金歲月。這就是為何老師認為即便是甲年命盤，文耗在卯所說的眾水朝東，依然是指命運劇烈破耗的原因。

這時，思慮敏捷的讀者可能會舉一反三想到：「請問冠元大師，您剛剛列舉的是逆行運的狀況，那我如果是順行運，不就可直接避開兩組丙干在大限命宮的問題，就能只保留強大命格的優點，而沒有行運破敗的缺點」？

如果你已經思考到這點相當難得，然而即便是順行運破軍文曲在卯一樣將面臨一波三四五折的行運。首先，若為順行運則第二大運的宮干為戊辰，此時借對宮的機梁作為大限命宮的主星，戊干則會使天機自化忌，同樣造成第二大運少年坎坷。接下來第三大運為己巳，己天干所飛的文曲忌一樣會直接入本命宮破壞生年祿權，並直接加劇本命宮的破耗與傷害。

接著走到第四大運，以為終於人生出運了。殘酷的是，第四大運的宮干為庚干，庚干則直接造成第四大運之命宮內的天同自化忌，直接導致第四大限的惡運及破敗。而第五大限宮干為辛干，雖然終於擺脫自化忌及忌破命宮的窘境，可是第五大限時走到的宮位為辛未，此時的大限官祿宮同時又重疊本命財帛宮，這時候最要命的關鍵在於宮裡面有文昌這顆星，如此將造成大限的辛宮干飛文昌忌入大限官祿宮，一次忌破大限官祿本命財帛。造成第五大限事業與金錢上的巨大破壞。

剩下的第六及第七大限，大限宮干分別是壬干和癸干就更不用說了，一個造成武曲忌、一個造成貪狼忌，連續二十年大限忌破壞命主的官祿宮與生年科。綜上所述，老師才下結論，即便是甲年的命盤，破軍文曲在卯，不論行運順逆，命主依然仍會面臨眾水朝東的破敗命運。

論述至此，有些讀者可能會爆氣想說：「大師，既然文耗寅卯的命盤要祿權科的好處就會有大破耗，那老娘這次豁出去什麼好處也不要了，什麼祿權科通通不要，就要個四平八穩的普通命盤，這樣總行了吧」！

對於這問題，老師當初也曾思考過，是否什麼祿權科的好處都不要，不求有功但求無過就能擺脫眾水朝東格局的破耗加劇命運？然而，老師發現即便是一般普通的命盤，破軍及文曲在寅卯兩宮仍逃不過眾水朝東加速破耗的宿命。其中破解的邏輯，老師認為關鍵就出在『宮位的五行』！

寅卯兩宮是為東方木五行屬木，而破軍跟文曲皆屬水，五行的關係中水會生木，既然生木，表示破軍與文曲的能量會被屬木的寅卯兩宮給吸收走。本來破軍的星性就已是破耗之星，如今除本身破耗之外，還被宮位吸走能量滋養本身，等於耗上加耗，破敗得更加迅速。所以總結分析以上所有狀況之後，**老師才胸有成竹，對於「文耗居寅卯，眾水朝東」提出個人新創見，認為指的就是『破軍加上文曲在寅卯兩宮，如此的命格人生有如華夏九州之眾水全部朝東般付諸東流，破耗極大」。**

《天府星系章節思考題》

1. 老師教武貪主大時，提到武貪主大的原因在於武貪一者為乾卦、一者為坤卦，兩者相合將可形成六十四卦中最吉與最凶的泰卦與否卦，故而武貪主大！然而，斗數中納乾卦、坤卦的並不只武曲貪狼，太陽也納乾卦、太陰也納坤卦，而且兩者一樣能同宮，那為何太陽加太陰卻不主大？理由為何？

2.本章教到太陰時，提到太陰在亥宮稱作「月朗天門格」，此格是為聰慧清明的上好格局，然而老師幾年前曾經發現一個矛盾點。此矛盾點在於，太陰在亥，則天機必然在其對宮巳宮，古書對於天機巳亥的評價卻是一大凶格，古書稱「天機巳亥格」之人多性狡機詐，問題是~月朗天門格的人其遷移宮必然是惡名遠播的天機巳亥格，而命遷本為一體。同樣的命盤結構，為何古書一下稱為吉格、一下又稱之凶格，相互矛盾，究竟命遷為太陰天機在亥巳對坐應為吉格還凶格？

3.講解武貪主大時，老師提到武貪主大的原因在於武貪為代表天地的乾卦與坤卦，故能爆發六十四卦中最吉與最凶的泰卦與否卦之能量。那麼請試著思考，斗數中其他的雙星組合是否也能對應易經六十四卦中其他卦的特質？

《本章腦力激盪題》

古時候，皇帝殿試考驗狀元、榜首、探花是否有真才實學，往往透過對對聯的方式，考較天子門生的頭腦及反應。從高中及大學乃至現在，老師也挑戰過許多對聯，也破解許多絕妙對子，書本前的你也可腦力激盪挑戰看看，看是否能對出比老師當年更好的下聯。

1.

高中時，老師重看了射鵰英雄傳，其中有個情節是郭靖與黃蓉在闖關漁樵耕讀四大關卡時，其中狀元公朱子柳出了兩個對聯作為挑戰。這兩個對聯分別為

(1)**琴瑟琵琶，八大王一般頭面。**

對於這個對聯，黃藥師的下聯是
魑魅魍魎，四小鬼各自肚腸。

(2)**風擺棕梠，千手佛搖摺疊扇。**

這個對聯，黃藥師的下聯是
霜凋荷葉，獨腳鬼戴逍遙巾。

而老師高中時為挑戰自我極限，看自己是否能與黃藥師比肩

於是思考許久，便想出第一個對聯的下聯，老師的答案是:
雪霰霜雹，四豪雨各異形態。

而第二個對聯就比較難了，因為摺疊與逍遙這兩個詞中的疊與遙都是形容動詞的副詞，要對得上有相當的難度，於是第二個對聯老師大學時想了頗久，終於破解，老師的下聯是:
雨搖柳枝，百足妖舞交叉刀。

但老師目前遇過最難的對聯為武則天時期一個探花所出之對聯，結果探花自己對不出來、當朝狀元也對不出來，整個唐朝直到滅亡也沒人對出來，成了唐朝絕對，武則天還懸賞黃金百兩，求對下聯，無人成功。而這題也確實很難，老師足足燒腦了一個多小時才破解。這個唐朝絕對的上聯是:

進古泉喝十口白水
(這題難在古泉兩個字剛好就是後面的""十口""跟""白水""兩個字的組合，真要對得上，下聯最後 4 個字也必須是前字的拆字)。

於是想了很久，絞盡腦汁老師終於想出來了，老師的下聯是:
發仟鈔付千人少金

靈感來自政府提倡發行大額紙鈔的政策，發行仟元紙鈔，就能攜帶更少數量的金錢支付上千人的大額買賣需求。聰明的讀者可以試著挑戰看看，能否對出比老師更完美的答案!!

七、命理實務論斷

命理學無論斗數、八字或是手面相，都是用以反映現實命運的術數，故任何理論都應能與現實實務相互印證，光背理論而不做個案命例分析，就有如熟記所有招式卻無任何實戰經驗的武者，上陣對打定然敗績連連。

為了讓讀者們除了通透學理之外，還能落實應用到實際命例之論斷上，老師本章將結合斗數、斗數卦占卜、手面相以各種角度進行全方位分析，帶給各位讀者更宏觀的論命視野，甚至還能從不同術數中領悟彼此的共通性，進而做到更精細的論斷。事實上，不單單是手面相，就連行文寫字同樣可看出一個人的性格。

而命理不單能幫助我們趨吉避凶，更重要的是能幫助我們自我強化，看到優秀傑出的命例可供我們共勉之，看到反面案例也能讓我們引以為戒，如此方能在面對不同行運時都應對自如，遇到不同的論命對象也能給予恰到好處的建議。

同時，實務命例分析中最大的價值在於可讓我們得知各種命格、面相的優缺點，只要將自身星曜的優點充分展現、缺點盡最大努力克服，如此一來，改命甚至造命將易如反掌，而不會讓人感嘆萬般皆是命半點不由人。

☆柯文哲之面相分析

本章的開頭，老師就以知名公眾人物為案例，公允客觀的分析他們的命理特質。隨著六都及總統大選越來越近，柯文哲市長自然也成為了媒體的熱門政治明星。而從柯文哲的面相就能帶給我們非常豐富的命理資訊，甚至還能推演分析柯Ｐ政治之路的優點及致命問題。

◎眼相

首先觀柯Ｐ的眼睛，型狀是屬於比較扁比較細長的眼型，通長眼睛比較扁而細長或者是鳳眼的人，大多頭腦聰明，而柯Ｐ就是典型的細長眼，也因此柯Ｐ的IQ高達１５７之高。但基本上相不獨論，細長眼只是判斷人是否聰明的其中一

柯P之面相

（圖片引用自網路）

種依據，所以並不表示沒有細長眼特徵，就頭腦不聰明。故再進一步觀察柯Ｐ的耳朵，很明顯耳的高度高於眼，面相學中亦強調耳高於眼者通常智力高，柯Ｐ同時俱備這兩項特徵，由此可見柯Ｐ頭腦聰明是毫無懸念的事實。

◎有關柯Ｐ的性格

眾所皆知柯Ｐ一旦決心做一件事，其做事魄力與效率都相當高，這些特質又是從哪看出？這問題的關鍵就在於柯Ｐ的眉陵骨，從照片中就能很清楚看出柯Ｐ的眉陵骨往前明顯突出，眉陵骨突出的人通常個性硬也有魄力，所以當他下定決心要做某件事情，除非受到不可抗力因素或人為阻撓，不然定是以高效率解決事情。也因此各位讀者可以觀察許多霸氣總裁或企業家，眉陵骨基本上都是突出居多。然而任何事情有優點必然有缺點，性格硬就很大機率出現剛愎自用的現象，行運好時是眾人眼裡的強人英主，但當行運差時則因剛愎自用而招致敗亡，需知過剛則折，唯有剛柔並濟方能運道昌隆。

此外，從很多照片都可以看出柯Ｐ的法令紋很深，法令紋深的人多半都比較固執，相對的也都有許多內在的剛硬個性存在，所以各位粉絲可以回想看看馬英九、李登輝，這兩位也是法令紋特別深，所以別看馬英九好像一附溫文小生的樣子，懂面相的人都知道此人外柔內剛，內裡剛硬固執得很。

◎口相

眾所皆知柯P的失言問題遠近馳名，這狀況亦可從他的口相窺知其中關鍵，從照片中可知柯P的嘴唇較薄且嘴尖而突出，通常兼具這兩種特徵的人，一者可能心直口快說話直而傷人，二者說話較為尖酸刻薄，當然現實中也不乏兩者同時兼具的案例，而柯P明顯屬於前者「心直口快」型的失言者，也才會常看見柯P對於自己不認同的政策，會毫不掩飾的直言是白痴政策，也曾直言女性超過三十歲單身就像殘障車位，依據柯P的額相和嘴相，別懷疑他心裡就是這麼想的，他只不過是將心裡的想法完完全全忠實說出罷了。然而未經修飾的實話往往是傷人的，也由此可斷定柯P天生的人際關係並不好，不過這樣的性格也並非毫無可取之處，通常這樣性格的人多數作風磊落，不會虛與偽蛇、背後插刀，正人君子居多。

◎下屬緣

相信大家都知道，柯P比較沒有下屬緣，也比較少有下屬拱扶，反而在柯P這位主管的嚴格要求下，承受不了壓力而離職的下屬大有人在。那麼從哪裡可以看出柯P下屬緣比較不理想這一點呢？答案的關鍵就在於下巴，通常下巴比較圓的人對於下屬會比較寬容，相對下屬緣也較好，反之下巴比較偏向三角型，則部屬緣較弱，因此看照片就知道，柯Ｐ的下巴型狀偏尖，完全不是圓而有肉，因此下屬緣比較差。

△柯Ｐ政治之路的必修課題

如果沒意外柯Ｐ未來極可能挑戰總統大位，不過如欲挑戰總統大位，柯Ｐ的面相上仍有個不足之處，便是柯Ｐ的下顎到兩邊臉頰下緣的部位紋路頗少，這意味著柯Ｐ的人氣支持度無法達到眾所擁戴的程度，過去只要是曾經紅極一時的政治明星下巴至臉頰都會有許多明顯的皺紋，如李登輝、馬英九、宋楚瑜、陳水扁，都有很明顯的下巴至臉頰之紋路，但柯Ｐ卻明顯沒有此特徵，因此能做到台北市長基本已是奇蹟，要問鼎總統之位本質上相當有難度，即便成功也會是跛腳總統。

柯Ｐ智商１５７，而老師智商１６２，勉強高出一些些，因此對於柯Ｐ老師也給予一些自己的看法建議，結合前述各項分析老師肯定柯Ｐ是個腦力型人才，可是政治之術其實很大成份是一種均衡與平衡之術，要能成為的國家領導者需能夠平衡與掌控各方勢力，方能順利推動各項政策與管理，否則就容易因各方阻力與反對而造成領導與管理方面的障礙，甚至最後成為光桿司令。

然而，柯Ｐ卻在從政生涯中幾乎把各方勢力都得罪一遍，使得他在各大政黨間的人脈及助力都相當薄弱，如此一來自然很難在全國性的選舉取得優勢，而眉陵骨突出就表示此人堅持自我風格不喜協調、加上說話不算討喜，加之下巴紋路少，自然造成在政治圈中的市場不可能大幅擴張。

因而老師認為柯P目前政治之路的一大敗筆，就在於「自創民眾黨」，以台灣的政治版圖格局而言，要突破藍綠兩大政治版圖格局而成為強力的第三勢力，創黨者必須擁有極高明星級的政治人脈、政治人氣與聲望，台灣政治史上也就一個人做到而已，那就是台灣有史以來施政滿意度最高的政治人物——「宋楚瑜」。

宋楚瑜在創親民黨時的實力背景是超過九十趴的施政滿意度、單獨參選總統在面對一人對抗國民兩黨而且還遭到興票案抹黑陷害的情況下，還能與當選者只差不到百分之二的選票，還遠超國民黨候選人一點五倍以上的票數，並且在立委選舉席次親民黨還能拿到四十幾席的席次。但即便如此，親民黨仍然從大黨變為小黨。原因在於個人魅力型政黨，其發展興衰與創黨者個人政治行情掛勾，然而政治上哪有永遠的政治明星？再怎麼紅極一時的政治明星也終有光環退去的時候。

那麼，綜觀各方面的聲勢與實力，柯P及民眾黨有兩千年時宋楚瑜如日中天的聲望與架勢嗎？顯然沒有。加上沒有贏得各方勢力的擁戴，因此除非柯P能奇蹟般的選上總統，不然民眾黨的未來將比時代力量更加堪慮。

柯P這類面相的人政治之路究竟要如何才能成功呢？依老師所見，柯P與其自行創黨，不如當初直接以親民黨接班人之姿為政治規劃，一來不會流於孤軍奮戰，二來依親民黨的屬性及宋楚瑜過去的人脈，柯P要得到較多方勢力的幫助機會也相對較高，同時宋省長的社交與協調各方勢力的能力恰好正能補足柯P的先天弱點，創造一加一大而二的效果，而不會變成如今民眾黨才剛出道不久卻僅獲得4%的政黨票數。

☆韓國瑜之面相分析

面相方面與柯文哲對比鮮明的公眾人物就屬當年造成韓流旋風的前高雄市長韓國瑜，另由於韓國瑜的個人特色鮮明與眾不同，相信以他為面相教學範例，可令讀者印象深刻。

有關韓國瑜的面相，可以讓我們學到許多面相的重點，首先各位讀者可以從下頁這張韓國瑜的照片中看出，韓國瑜的眼睛一樣屬於細長，因此他的頭腦也算聰明，然跟柯文哲相比，柯P的耳高於眼，韓國瑜則耳眼同高，表示兩者相比，柯P的聰明度勝過韓國瑜，但與柯P相比，韓國瑜仍有許多優勢贏過柯P。

◎頭型

從下頁照片可知，韓國瑜雖然光頭，但頭型頭頂是比較尖的，略有點三角形，這樣的頭型屬火，而頭型尖的人一般都會比較有創意，或能想出一些天馬行空的想法，創新的點子通常也多。相信各位讀者回想一下就不難發現，韓國瑜總是有一堆政策點子，又有迪士尼接著還有賽馬場、挖石油、高屏大機場、愛情摩天輪~一堆五花八門的點子！兩相比較，有火型頭的人只要善用先天的創意天賦，在這創意創新為王的時代，也能憑創意打敗智商比自己高的對手。

◎下巴

老師之所以舉韓國瑜為例，正是因為除了頭型外，韓的下巴面相與柯P正好是對比鮮明的對照組教材。從照片中可知不同於柯P，韓國瑜的下巴之臉頰部位

韓國瑜之面相

（圖片引用自蘋果日報）

左右兩側都有許多明顯的皺紋，下巴臉頰部位皺紋越多越明顯，擁戴圍繞的人就越多，這點造就韓國瑜身邊會圍繞眾多擁戴者與支持者，故而即便在韓國瑜落選總統後，仍有不少死忠韓粉情義相挺，這與勢單力薄的柯文哲便有著決定性的差異。

◎耳相及眉相

只不過人非聖人，有優點必有缺點，韓國瑜面相的缺點就在於，韓國瑜的眉相前粗後散，這樣的眉相容易會有「想的多但落實的少」之特質，所以配合韓國瑜的尖型頭，綜合分析就不難理解，韓國瑜為何經常想了上百個點子，但實際落實卻只有十之一二的狀況。

△韓國瑜當初該怎麼做才能改寫歷史反敗為勝？

本書的一開始，老師教到韓國瑜之所以18年能夠成功，關鍵在於選舉策略剛好切合貪狼化祿的能量，才獲得史無前例的大勝利。而後也教到韓國瑜後來失敗的主因在於一再觸發文曲化忌的負面能量。

許多人說韓國瑜是敗在市長剛上任就落跑選總統，不過依據韓國瑜的面相來看，即便韓好好專心的做高雄市長的工作，也會因想的多落實的少，形成因政見落實度上的巨大落差，招來群眾巨大的失落感，而被人定調為天馬行空眼高手低之流，使得連任難上加難，比起現況頂多是好轉為完整做完一任高雄市長，但難以取得可觀的突破性進展。

那麼如果時間可以重來，韓國瑜該怎麼做才能創造奇蹟甚至真的問鼎總統大位呢？首先最重要的當然是眾所皆知的關鍵—「完整做滿市長任期」，說實話以當時國民黨的狀況，提名其他任何人參選皆沒有獲勝的勝算，如要老師說實話，韓如果要有穩固的政治根基，唯有國民黨其他參選人再輸兩次，然後韓再以救世主之姿問鼎總統大位，方能一舉成功並擁有完整的政治根基。

因為國民黨長期以來都存在一個致命罩門，老師以歷史做為比喻國民黨很像是歷史上的「世族政治」，在國民黨裡要出頭，通常要有背景有家世才有嶄露頭角的機會，因此國民黨的黨職要角及參選人，就算是青壯派大多也都是政治世家子弟，形成現代版的「上品無寒門，下品無士族」！這也是造成國民黨一直以來在年輕族群的支持度遠低於民進黨最重要的原因。因為這樣的傳統，一些想施展抱負卻沒有背景的年輕人，會選擇到綠營尋求發展之路。所以當國民黨近年提黨主席及市長候選人時，老師一看到又是姓連、姓郝、姓蔣這些政治世家的人物時，就心想國民黨如果還是這樣的政治文化就完了。

而韓國瑜的屬性恰好與國民黨的傳統世家大族政治不同，韓國瑜屬於基層草根型的政治人物，而非傳統的國民黨政商世家子弟，也因為這項與國民黨世家政治格格不入的特質，才造成韓國瑜在選高雄市長時，因沒背景沒關係，使得國民黨當年幾乎沒提供韓任何競選奧援與資源，幾乎是放任其自求多福。但也正因韓國瑜身上沒有傳統國民黨世家門閥貴族的特性，主打庶民牌時才收到意外的奇效，也更成功拉近與選民之間的距離取得成功，因而韓國瑜如果要取得政治上的成功，就必須認清國民黨的世族文化對他來說只會是阻力毫無助力，沒認清這點前韓國瑜很難成功。

正因為國民黨有這樣的組織文化，當時其實黨內幾個大咖都想選總統，如果韓國瑜洞若觀火，就應該作壁上觀，說實話當時國民黨不論派誰角逐總統大位幾乎都敗北，而唯有國民黨內的傳統政治人物再次敗選勢力衰微，新的勢力才有崛起並改變國民黨世家大族政治文化的機會。而在歷史上，成功解決世家政治的方法就是當政者培養屬於自己的人才班底。方能跳脫世家大族的束縛。

故當初韓最應該做的除了做滿任期之外，另一個關鍵重點就是在任期之內要廣泛吸收國民黨傳統政治世家以外的人才，或是集結國民黨核心之外的政治勢力，方能累積自己的能量，但由前面韓國瑜的面相教學可知，韓點子多創意多但落實少，這也造成韓國瑜被對手塑造成是只會天馬行空沒有執政落實能力的草包。以致於政治聲望後來一落千丈。這罩門一日沒解決，即便沒有落跑選總統，也會像老師開頭所說，在高雄市長任內因理想與落實相差太大，而頂多做完一任高雄市長罷了。

要解決這罩門，如果老師是韓國瑜我會做的最關鍵一步，就是請『宋楚瑜』來擔任副手兼團隊總執行，理由很簡單，宋楚瑜最讓人印象深刻的就是他過去省長任內的「政績與執行力」，如此一來，第一韓如果有任何突發奇想，都能與宋討論是否實務面可行，以及實際執行上的細節，就能使得新政策點子不會流於空泛唐突。第二以宋過去給大眾的實務能力形象，自然也能消弭大眾對於韓國瑜實務能力不行或草包的疑慮。兩人的特質可說完全互補。三來一旦經宋把關使得韓在高雄市長任內政績卓越，那未來不論是要連任或是問鼎總統大位都不是難事。

並且同時韓還需拉攏王金平，因為宋楚瑜與王金平，一個強於政績執行、一個強於人脈協調，如能成功得宋王兩人的助力，韓國瑜才能成功發展屬於自己的勢力，進而改變國民黨世族政治的組織現況，而在未來成為國民黨的救世主。

☆郭台銘之面相分析

談完政治人物，不免俗的也需分析知名業界老闆，方能讓讀者能有所共鳴，本段我們就以鴻海總裁的曾經位居台灣首富的郭台銘，來當作命例講解。

首先郭台銘此人，在耳相方面可發現他的內耳輪廓是外翻的，耳朵外緣反而沒有內廓突出，這在面相學稱之為「輪飛廓反」，有輪飛廓反耳相的人性格多半比較叛逆或不拘傳統。因此，如果你是郭台銘的員工，你跟他講一堆純理論純分析以及長篇大論，他是比較沒興趣聽下去的，他比較關心實務上怎麼做？搶到訂單的戰略是什麼？

由於耳相又主一個人十五歲以前的命運，以此可知郭台銘小時候基本不愛念書，

郭台銘之面相

（圖片引用自蘋果日報）

致使即便他擁有耳高於眼、額相廣闊這些頭腦聰明的相貌特徵，卻只有中國海專畢業，正是因為有輪飛廓反的耳相，才形成郭董頭腦聰明卻學歷不高的情況。

不過，學歷只不過是一個人邁向成功的其中一個條件，並不是唯一致勝關鍵，輪飛廓反雖不利念書，但卻利於開創、創新，加上郭台銘眉陵骨突出、又有明顯法令紋，典型的霸氣總裁面相，眉陵骨的突出表示其執行力高，法令紋深表示性格執著，一旦在事業上找對方向，搭配其聰明的頭腦，自然能積極拚搏，打出一片江山。

◎郭台銘的顴骨

從上頁圖可知，郭台銘的顴骨突出，「顴骨」又可視為「權骨」，通常顴骨突出的人性格都比較強勢，也較能掌權，但前提條件是顴骨部份不能被破顴紋所破壞，如果被破壞那此人將失去權勢能量或是得不到實權。

同樣的，一般顴骨高的女人大多也都性格硬、比較強勢，然而性格硬強勢的女人容易奪夫志，或是感情上較有稜角，也因此顴骨高的女人一般婚姻感情都會較為不順利，這時通常要找一個佛一般包容度的丈夫，方能較為順遂。

再次，郭台銘的額相高廣，一般意味著郭台銘青年時期奮鬥之時就頗受助力，或者可論此人能力強，同樣的額相出現在女人身上，相對也意味事業強或是女強人，但女人額相過於高廣，在面相學中稱為「照夫鏡」，這樣的面相同樣容易感情婚姻不順，而不順的原因卻未必是女方個性不好或條件差，遭遇波折的原因恰恰是因為有照夫鏡的女人能力或事業強，在婚姻中形成女強男弱的狀況，致使婚姻不順利，所以有照夫鏡面相的女人，如果婚姻要穩定，勢必要找與自己勢均力敵甚至遠近馳名的人物當丈夫，婚姻方能較為順利穩定。

◎郭台銘的眉眼

面相一定有優點也有缺點，郭台銘的面相雖然有相當多優點，卻也同時存在部份缺點，首先細觀郭台銘的眉相可知，郭台銘的眉毛短於眼睛，一般來說眉毛的長度大於等於眼睛為好，眉毛為兄弟之宮，眉短於眼表示如果你是郭台銘的兄弟、堂兄弟、事業合夥對象，那你的運氣基本會比較背，且表示郭台銘對你的幫助較少，回到郭台銘本身，短於眼的眉相也可知對郭台銘真心實意稱得上人生摯友的人並不多，如果撇開利益關係的交流，郭董基本可說是真心朋友無幾人。

令人讚嘆的是，郭台銘的眼下的面相，其優點完全掩蓋眉相的缺點，從圖中可看出郭董眼睛下方的眼袋部份有明顯的橫紋，這種橫紋稱之為「陰騭紋」，一個人要有「陰騭紋」，通常需累積具體的行善、佈施的功德或福報，眼下才會出現「陰騭紋」，那麼為何郭台銘臉上會有「陰騭紋」？答案的關鍵就在於，二零二一年時，台灣面臨新冠疫情肆虐但政府卻疫苗不足的窘況，不但人心惶惶，還發生為搶一劑殘劑疫苗人民徹夜守候，搶疫苗猶如百米賽跑的慘狀。

挽救這一切危難的英雄正是我們的郭董，當時郭董不畏懼政府卡疫苗的政治壓力，振臂一呼，一口氣與輝瑞疫苗廠談妥合約，並捐贈了上千萬劑的疫苗，拯救台灣無數飽受疫情肆虐的蒼生，此舉不僅足以令政府當局汗顏，更挽救成千上萬的百姓，故郭台銘臉上出現「陰騭紋」可說是實至名歸。

細心的讀者可以觀察郭台銘以前和現在的照片進行對比，老師書中的照片是二〇二一年底的照片，如果搜尋郭台銘三四年前甚至更早以前的照片，就能清楚看出，在二〇一九甚至更早，郭台銘的眼下幾乎是沒有「陰騭紋」，但因郭台銘疫情期間行大善，故而眼下出現「陰騭紋」，此紋路你可以直接理解為「陰德紋」，陰德越深厚就越明顯，福報也相對越好，運氣自然也會變得順利。

◎從郭台銘的鼻相看財富

財富相信是很多讀者關心的議題，在面相中對財富影響最大的部位就是鼻相，鼻頭在面相中稱之為鼻準，鼻頭越大或型越好的人通常財富能量也越高，因此各位讀者明顯可看出郭台銘的鼻準既大且圓實，而鼻準小通常不主財，不過有財會賺錢是一回事，守不守得住財又是另外一回事，面相中論斷是否守得住財關鍵就在於「鼻孔」，通常鼻孔越大以及越往上翻，就越不容易留住財。一個人即使鼻準之相再漂亮，但鼻孔鼻翼的相不好，就容易經常大賺錢卻也漏財如流水。

例如藝人澎恰恰就是一個經典案例，澎恰恰早年在各大節目、廣告、影片上可說賺得盆滿缽滿，年收入動輒百萬千萬，然而晚年卻負債累累，以面相學的角度來看，正是因為其鼻孔上翻，致使無法留財，才演變成收入亮眼卻晚年債台高築的狀況。

◎從郭台銘的眼神看事業

通常在商場上免不了需要進行談判，而取決於談判與當年事業能否成功，很大的因素在於眼神，眼睛越有力越炯炯有神，則談判的氣運越強，越容易談成功，相對也表示此人當年度的行運或事業名聲的運勢較強。

故從郭台銘的眼睛就可發現其眼睛炯炯有神，表示此人這時事業或名聲的能量強大，與人談判多半也較能成功，因此讀者可以比較前幾段柯P和韓國瑜的照片，就可知這兩位的眼神相較郭台銘明顯都較為無神，故而可知三人之中以郭台銘的事業及談判能力最強。

☆毀譽參半個案(1)——一個即將中年，工作感情卻都一事無成的命例

有些命例之所以能成為範例，關鍵在於命例本身能看出許多與眾不同且具指標意義的特質或事件，而本節的命例，恰好個人風格獨具，優缺點也都非常鮮明，非常值得作為研究題材。

下面這張命盤為一個鄭姓國標舞者的命盤，此人曾經在社區大學教跳舞、也在「統一健身俱樂部」及「菲舞」當跳舞老師。而這位鄭姓舞者還學過占星以及油畫，雖然不是學霸但也是科技大學的研究所畢業。

那麼從他的命盤的那些蛛絲馬跡足以看出他會許多才藝，

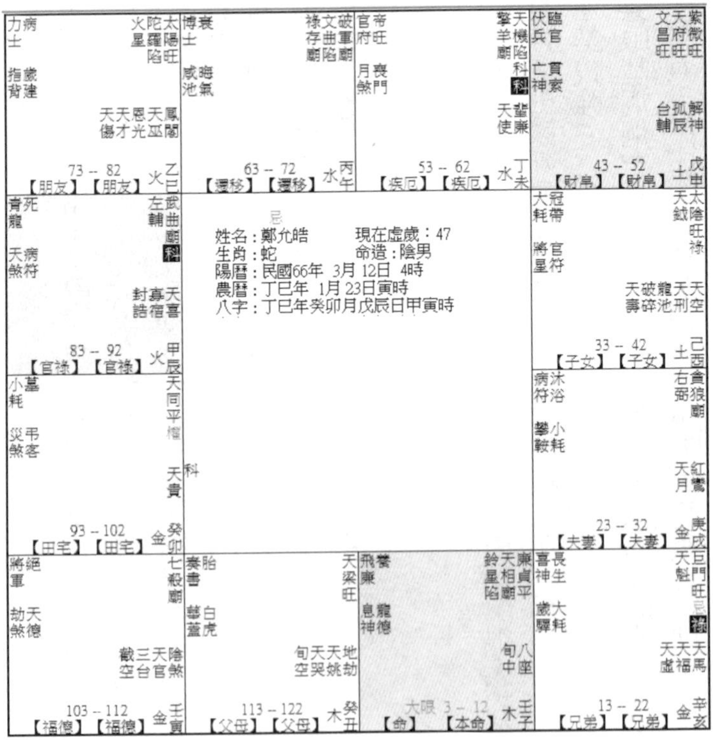

但升學成績並不頂尖？答案就在於，鄭允皓本身的命格為殺破狼格，殺破狼加上命遷線的廉貞破軍組合，造成他本身並不喜歡也不擅長念書考試，反而喜歡才藝類的事物，所幸命宮三方遇到文昌文曲，以致於念書還不致於吊車尾，但由於遷移宮化忌自沖，加上第二大限遭遇巨門忌，所以雖然沒到吊車尾，但唸書成果也就非常普通高不成低不就。但因為有文曲星在命遷加上廉貞屬才華才藝之星，因此雖然念書成果普通，卻造就跳舞方面的才華成就。這是命盤上的優點。

▲為何即將中年沒有舞伴一事無成、也沒女友？

照理說又會跳舞又會畫畫，應該才華橫溢前途無量，但鄭允皓卻曾在即將中年時於網路上詢問命理老師說，自己踏入國標舞行業連舞伴都沒找到，也沒女友，不知道未來的運程如何？

就事論事就盤論盤，那麼從他的命盤中，造成他事業感情一事無成的癥結點又是什麼？答案就在於，他走到第三大限時，此時的大限官祿宮為壬寅、大限福德為壬子，通通化武曲忌沖大限命宮，大官沖命當然事業一事無成，同時因為大官同時重疊福德宮，福德為福份也是夫妻宮之氣數位，兩個氣數位沖大命，婚姻感情當然也就毫無氣數可言。自然也就事業與感情通通一事無成。

▲爭議事件①——誆稱研發出融合西式占星與斗數的新論命法，結果被證實不懂斗數

由於老師對於斗數的新創見、新發明都抱持肯定欣賞的態度。而鄭允皓過去曾在網路上大鳴大放號稱他研發出融合西式占星以及紫微斗數的新斗數論命法。就事論事，假如這是個貨真價實的新發明，那肯定是轟動命理界的大事件，但如果是作假，換言之也將成為命理界的一大騙局。所以老師秉持實事求是的精神，不敢有任何懈怠，對於鄭允皓提出的言論進行合理的了解與質疑。

然而事實的真相讓老師非常失望，沒想到這位號稱研發出「融合西式占星以及紫微斗數的新論命法」的占星師最後竟被拆穿根本不懂斗數，連最基本的全台灣共盤命例問題都不懂。這樣的情況下竟然臉不紅氣不喘聲稱自己發明融合占星與斗數的新論命法，簡直荒唐至極。

◎那麼命盤中那裡可以看出鄭允皓大鳴大放的誆人性格？

評論命盤、學術分析就必須公允客觀，就盤論盤就學理條件論學理條件，有優點應公允評論，看到缺點也需據實客觀分析。那麼究竟鄭允皓的哪個命盤條件，造成他大鳴大放的誆人性格？答案的關鍵就在於他命宮中的廉貞星，廉貞星在展現優點時，是個多才多藝、見解高明的傑出人才，奈何他的遷移宮化忌入命宮引動廉貞，並且他公開框人

的流年又是丙申年，丙天干使得廉貞跟著化忌，如此一來就反變成廉貞的缺點展露無遺。而對於廉貞受忌時的表現，占驗派的程老師曾如此評論：「惡運及受忌時的廉貞將從高明的英才淪為語無倫次的狂妄者」。正因如此，大家才有幸在丙申年看到有號稱學貫占星與斗數的強者，卻被踢爆不懂斗數的奇觀。

無獨有偶，鄭允皓同時也在丙申年時，在網路上大肆宣揚「不是國家領導人及領導人委託，都無法占卜國事」，並且奉為真理非常堅持，還堅持連中國的占卜技術也同樣如他所學的塔羅一樣，沒有國家領導人委託就無法占卜。

然而事實的真相是，相信老師的讀者及粉絲都曾在老師的粉絲團看過老師準確預測台灣疫情、俄烏戰爭、全球新冠疫情。並且不論是聯合國主席、俄烏兩國的總統都沒有委託老師進行占卜。連跟老師合作拍影片的另一位牌卡占卜師也用牌卡占卜出韓國瑜及郭台銘的選情，足見不是國家領導人委託就無法占卜國事是錯到無以復加的論點，會一直堅持這個見解只證明自己的所學所見過於淺薄。但鄭允皓此人卻對此深信不疑、情緒高亢、誓死堅持，甚至不斷批評其他正常命理師的看法，而會形成這樣荒誕不經的奇景，正是由於命宮的廉貞受到忌星破壞、流年又正值丙年，才會盡現廉貞化忌的缺點。

▲爭議事件②——謾罵及性騷擾爭議

能一次讓人學到多項命理特質的命例一個抵過十個普通命盤，而鄭允皓先生過去的爭議事件還包括在網路上對於其他命理師左一句神棍、右一句騙子甚至連用畜生罵人都朗朗上口。那麼又是什麼命理條件造就這人經常出口成髒問候別人呢？

關鍵就在於，此人的遷移宮之「文曲星」，文曲主說話，是為口才之星，文曲展露優點時可以妙語如珠、詞情並重，活脫脫是一位語言藝術家，但奈何鄭允皓的文曲化忌沖破命宮的廉貞，使得文曲與廉貞被化忌所連結，如此一來文曲的妙語如珠就變成了謾罵攻擊，加上廉貞被忌星引動後便轉為性惡，使得口才之星變成了謾罵抹黑之星。出口成章也變成了出口成髒。

同時也由於廉貞與破軍在被忌星引動時都容易變成酒色之星，也因此造成了鄭允皓後來甚至被人檢舉性騷擾，這一切的肇因都是源自於廉貞、破軍、文曲被忌星所引動而導致。而由於國標舞是屬於需要與女性肢體接觸的活動，至於此人在跳舞教學上是否也有性騷擾相關爭議，老師不得而知，所以不便評論。不過由於涉及公眾利益及社會安全，老師在主動分享命例給社會大眾的同時，也建議想深入研究命盤，進而做命例事實印證的朋友，老師建議可以自己私下深入研究求證來印證這樣的命盤及八字，是否在其他廉貞或文曲化忌的流年也容易爆出與跳舞有關的兩性爭議事件。

☆毀譽參半個案(2)——一個自稱「喜歡當小人」的奇葩命例

世界之大無奇不有，一樣米養百樣人，命理界亦然，有些老師外表看起來好像有點名氣，然而畫虎畫皮難畫骨，知人知面不知心。為了避免許多想學習命理的朋友誤入歧途或是在學習命理的過程中被心術不正之徒或有心人士所利用，因此老師勇於揭弊，公開命理界一些不為人知的可怕真相，也讓讀者們在學習命理的道路上也能一路安全。

本節要分享的案例，是一位自稱自己喜歡當小人並得志的一個奇葩命理師。而這位命理老師讓人印象深刻的種種事蹟，絕對可堪稱經典命例。因此，老師接下來先交代此人的種種奇葩事蹟，然後再進一步教授大家從哪些特徵可看出此人為何能做出這些令人瞠目結舌的事情。

▲爭議事蹟①——做任何行業幾乎做什麼失敗什麼

本次命例的主角為網路上的一位自稱「麥可大叔」的命理老師，依據此人在網路上留下的資料，此人名叫「楊陸瑋」，在過去，他曾經開設與動漫有關的愛尼曼公司，然而大張旗鼓開公司沒多久，作品就腰斬的腰斬、停擺的停擺，幾乎是做漫畫漫畫失敗、做動畫動畫失敗、做遊戲遊戲失敗。而另外開的科技公司也是停業收場，甚至過去跨足冷凍食品也慘遭滑鐵盧，可說是做什麼失敗什麼，一事無成。

一連串失敗之後，這位楊陸瑋只好重操舊業，在網路上當起命理老師，以「麥可大叔」的名號進軍 Youtube 教學，並自稱二十年功力、經驗高強。然而如果要老師平心而論，麥可大叔的影片，門派家數屬於「北派斗數」，北派斗數也算是大家，但說實話，麥可大叔的教學影片中雖然的確基本概念中有講解正確的地方，但許多影片中存在太多錯誤的論法及內容，可說是錯誤百出，所以為了避免許多斗數初學者誤入歧途，老師必須據實評論，以免許多斗數學習者接受大量錯誤觀念而不自知。因此事實的真相是，麥可大叔當初在網路論壇上的替人論命的成績都非常平庸了，甚至被幾位比他年輕二十歲以上的命理老師超越，試問連只是在一個小網路論壇都表現平庸，這樣的實力又怎可能換一個平台就展現出大師級的實力？因此在網路上你就可看見有關麥可大叔的介紹幾乎都是浮誇的宣傳文宣以及虛浮嚇人的頭銜，但不堪的事實是命理界往往浮誇的宣傳不等於實力。因此各位讀者不管在學習任何命理五術學問時，都要記得「實」比「名」更加重要。

▲爭議事蹟②──公開自稱自己「喜歡當小人」

一般價值觀正常的人，即便是歹徒在做壞事時，因為還知道廉恥，尚且偷偷摸摸作惡，不敢讓人知道，也不願意主動承認自己是惡人。而經典命例之所以經典就在於他與眾不同，這位麥可大叔「楊陸瑋」，別看他在影片中好像正經岸然，但實際面目卻是在網路論壇中公開自稱自己喜歡當小人，喜歡小人得志的感覺。並且過去也曾因背信棄義，被網友指證後卻惱羞成怒鬧上法院而鬧笑話。

▲爭議事蹟③——『黑道大哥身份爭議』與『黑道恐嚇爭議』！

然而更讓人不寒而慄的還在後頭，後來在網路上，這位麥可大叔「楊陸瑋」，先是亮出自己過去黑道大哥的身份背景，並在網路上揚言要以『玩黑的』滿足各位網友，以致於網友因心生恐懼，憤而檢舉『黑道恐嚇』。大幅顛覆了我們對於命理師救人於茫然及危難的正面形象。

▲究竟哪些命理特徵可讓你一眼看出這些不為人知的真相？

學習命理，能帶給我們一大重要價值就在於，能從命理特徵中快速了解一個人，以免人心隔肚皮，拜師學藝卻錯把黑道當師父，錯把小人當神人。畢竟自古以來大偽似真、大奸似忠，因此本節的最後，老師就帶給大家如何從此人的面相判斷出小人及黑道的經典特徵。興許以後能幫助各位讀者救下自己的寶貴性命。

◎一事無成的關鍵─散眉

各位讀者掃描本頁左下角的ＱＲ碼後仔細觀察就可發現麥可大叔照片右上角的眉毛斷斷續續，眉頭是散的、眉中稍微濃密一些，但接著眉尾又是散的。這樣的眉相在相學中稱為『散眉』，知名相學大家「李相士」認為散眉之人，主野心太大但能力不足，因此常面臨失敗而情緒焦慮，此外他認為散眉之人好虛浮自誇，刻意抬舉自己，智小而謀大、為人好作虛假因此一生少成多敗、波折不斷。所以有著斷續散眉的麥可大叔，會幾乎作什麼都失敗，連命理也錯誤百出，且宣傳浮誇，正是因為散眉的面相所致。

◎造成喜歡當小人與黑道背景的關鍵─口相與鼻相

從麥可大叔「楊陸瑋」的面相可清楚發現，此人的鼻子明顯歪一邊，嘴巴也是歪斜向左上。相學大家「蘇相士」曾提到一個重要觀念─**『邪正看眼鼻、真假看嘴唇』**。也就是若要辨人之正邪，眼鼻為關鍵，鼻正則心正、鼻歪則心歪，所以僅就學

(麥可大叔 楊陸瑋 之面相)

(縱火燒親案兇手 翁仁賢)

理就事論事，鼻歪者相學中認為其人心術不正或是生性偏激。而下句真假看嘴唇，其真意在於，看一個人是否虛假，就需觀其嘴相，如嘴歪則生性多虛假偽詐，說話也多無信無實。所以從麥可大叔明顯歪斜的鼻相和嘴相，就不會意外為何此人喜歡當小人的感覺，而有黑道背景並引起黑道恐嚇爭議也就顯得再合理不過了。

為了增加論證的可信度，各位讀者可以對比上一頁右邊，縱火燒親案兇手翁仁賢的照片就可知，翁仁賢的鼻子也是歪的，嘴相一樣是歪的，足見『**邪正看眼鼻、真假看嘴唇**』實證上千真萬確。而翁仁賢也是對於自己的行為引以為榮，甚至還自稱自己比鄭捷更有膽量。其大膽程度完全不遜於自稱喜歡當小人的言論。

而學習命理最大的價值就是能幫助我們趨吉避凶，加上現代社會人心險惡，化妝也許能遮掩氣色，但無法掩飾最根本的鼻相及口相，因此如果各位讀者未來看到鼻相與嘴相歪斜之人(註：即便本身嘴相不歪斜，但經常展現歪斜嘴角的表情也算)，那麼就要提高警覺以免交友不慎、遇人不淑，而引來惡耗甚至殺身之禍。

更重要的是，命理界長期以來在社會上被人看輕，一大原因就在於命理師的個人品德良莠不齊，使得社會上很多犯罪事件來自於宗教及命理。如此一來命理界將永遠被汙名化，故此老師除了發揚命理之外，為了社會公理，更希望能使命理界的風氣充滿正能量，所以老師才不懼勇於揭弊，誓讓命理界從藏汙納垢變成一門人人推崇的正統學術。

☆毀譽參半個案(3)——一個涉及縱容騙色、縱容黑道恐嚇及關說的命理老師命例

台灣命理界也如同台灣啟示錄一樣，充滿許多意想不到的秘辛及事件，其中也不乏外界看起來似乎德高望重，然而真面目與實際行為卻令人不寒而慄的人物。接下來老師要分享的案例除了能讓大眾省思之外，也能讓眾多想學習命理五術的朋友能避免因命理老師的名氣而所遇非人的狀況，同時也讓社會大眾能避開社會上不為人知的陷阱。老師也相信『正義也許會遲到，但絕不缺席』。

本節剖析的案例是在文化大學推廣部小有名氣的一位塔羅占星命理師「子玄老師」，依據網路資料顯示，子玄老師又稱『曾子玄』，本名為『曾鼎元』，不但在『中國文化大學推廣部』擔任全人教育部部長，也在『中華易經天書三式協會』擔任理事長。照理說頭銜這麼光鮮亮麗的台前人物，應該是德高望重，個人品德令人稱道。然而，事實的真相，卻有如命理界的台灣啟示錄般充滿令人細思極恐的轉折，其中更隱含許多可怕真相，而以下我們就來揭開這位看起來好像道貌岸然的子玄老師曾經引發的爭議事件。而後老師再透過反推論証法，進一步教各位讀者如何運用命理推斷出此人的爭議問題。

▲爭議事蹟①——利用職權縱容包庇殘害女網友的騙色之徒

過去曾鼎元曾任ＰＴＴ論壇的命理小組組長，當時在命理小組曾經出現一位台中

某鍾姓命理師，曾利用網路論壇涉及恐嚇、劈腿、侮辱、性騷擾，並因騙色及張貼拒而分手女網友的個資於色情聊天室上，同時更盜用女網友個資，被當時的紫微斗數板主及所有板眾公投永久不得在斗數板上活動，永久禁言。這為民除害之舉，讓斗數板好不容易迎來一片清明的氣象。然而如此罪大惡極的騙色之徒，卻在曾鼎元上任小組長後在其任內利用職權，恢復其權限，使得這樣罪大惡極的人物繼續興風作浪逍遙法外。

▲爭議事蹟②——賄絡關說與利用職權徇私枉法，而被ＰＴＴ站方永不任用

再來，子玄老師曾鼎元，過去還曾被路見不平的網友痛批徇私枉法，其因在於曾鼎元在擔任命理小組長的任內，利用職權將自己犯嚴重過錯而被免職的朋友，不經任何程序、選舉與公告偷偷私相贈與版主之位，還被譏為批踢踢奇觀。相信明事理懂是非的人都知道，除非是自己家開的公司，否則任何職位都必須通過相關的規定與程序，甚至是選舉，而像這種把官位公器私用，當成利益酬庸自己朋友的作法，著實荒天下之大唐。也令人不齒。

然後，曾子玄身為命理五術老師，理當明白學術倫理，過去批踢踢論壇上有規定，學術類討論版的版主必須具有相關專業，然而當時斗數板所新增的版主，卻是兩個不懂斗數的門外漢，但關鍵是這兩個門外漢卻是這位子玄老師的朋友及支持者，而曾鼎元當時卻以其中一位門外漢略通「窮通寶鑑」而辯稱他懂紫微斗數，進而護航自己人擔任斗數板主。而懂命理的讀者們都知道，窮通寶鑑是八字的著作書籍，與紫微斗數何干？看過窮通寶鑑卻連斗數基礎都不懂的人多如牛毛。但如此明瞭無比的事實，身為命理師，曾子玄卻毫無應有的學術倫理，為了護航自己的支持者，公然欺騙社會大眾說懂窮通寶鑑足以證明具備紫微斗數之專業。此舉當然引起眾多網友不滿，最後引發眾怒，在複決投票，投票網友以高達一四五票比四十九壓倒性的票數，否決了曾鼎元所護航的人選。

最令老師不齒的是，這位「子玄老師曾鼎元」，最後更變本加厲，用紫微斗數版主之位，賄絡老師企圖關說，但老師完全不為所動，反而回信訓斥他說：「正如君子愛財取之有道，版主之位理應按照程序讓板友投票決定，豈可私相收授」。大丈夫有所為，有所不為，老師更不屑與他同流合汙，嚴正拒絕了他的賄絡關說。最後，曾鼎元也因為賄絡關說而被ＰＴＴ站方永不任用。

▲爭議事蹟③——利用職權縱容包庇黑道背景人士

更令人髮指的是，過去在紫微斗數板上，也有黑道背景的命理老師，因嚴重違規而被永久停權，而曾子玄在上任小組長後，也故技重施，立刻恢復黑道背景人士的權限，使得斗數板變成了牛鬼蛇神混雜之地，更讓重見光明的命理論壇又壟罩在騙色與黑道勢力的陰霾之中。

◎本次事件的啟示

老師之所以不懼壓力勇於揭發這些命理界的弊端與歪風，一來是避免命理初學者誤入社會之黑暗陷阱，另一方面也是因為防患於未然，試想曾鼎元此人過去有這麼多駭人聽聞的作為事件，但令人細思極恐的是，此人卻長期在「中國文化大學推廣部」擔任命理與身心靈課程的負責人，同時也是『中華易經天書三式協會』理事長，如果此人在網路論壇擔任管理者時，可以賄絡關說、可以利用職權圖利自己人，甚至可以縱容騙色及黑道背景的人士在論壇中為所欲為。

那老師真正害怕的是,根據這些事件以此類推,是否極大可能此人也可能利用職權，用文化大學推廣部的開課資源當利益，安插沒什麼專業能力的自身朋友來開課賺錢？或者是以開課資源來賄絡他人？而如果僅是如此也就罷了，更讓老師恐懼的是，萬一因為曾鼎元個人的私慾，使得『文化大學推廣部』以及『中華易經天書三式協會』走上網路論壇的老路,從此被黑社會以及騙色作奸犯科之徒滲透,成了人人自危的藏汙納垢之地，那將對於國內命理界的形象無疑是毀滅性的打擊。

而「中國文化大學推廣部」也是國內推廣教育首屈一指的單位，因此老師呼籲為了文化大學推廣部自己的口碑與信譽，文化大學推廣部應主動調查旗下所有命理課程中的聘任老師與曾鼎元先生之間是否過去過去就存在私交以避免師資靠關係走後門的弊端，並且進一步徹查命理與身心靈相關課程老師的背景以及請相關領域專家進行專業鑑定，更要仔細調查相關聘任人員的背景與爭議事件，並仔細考慮與曾子玄未來的合作，以讓文化大學推廣部長期積累的口碑能夠永續長存。

▲如何從命理及相理看出曾鼎元的爭議人格

正常情況下，我們很難得到別人的命盤資料，如果只會斗數排盤，那將很難在遇到爭議人物時第一時間防患於未然，所以老師不同於前一節的命例，本次老師將從面相同時結合斗數卦占卜，教讀者如何在沒對方出生資料的情況下也能清楚看出一個人的品格與隱藏在面具下的性格。

◎充滿問題的掃帚眉、散眉與『獐眼』

從下面QR碼中的照片右上角可看出，此人的眉毛前端還算清晰但後端就整個散掉，後端的部份與上一位命例麥可大叔相同，都屬散眉，因此也都具備散眉的缺點，

曾子玄　之面相

但曾子玄的眉相存在比麥可大叔更加嚴重的問題，其中的關鍵在於，他的眉毛因為過於發散，使得遠觀就好像掃把的形狀一樣，在面相中這種眉相稱為『掃帚眉』，而知名相學大家李相士認為—有掃帚眉的人通常做事一意孤行，且嫉妒心強心胸狹隘，多具負面性格與情緒，一生是非不絕。

而眉眼的搭配更能反映人之內心與品格，曾鼎元如果只是眉相較差但眼神堅定充滿正氣，則頂多就是七分正中帶有三分邪，大體上仍可成為才德兼備的命理老師，然而糟就糟在曾鼎元此人的眼相也並非吉相，從照片的右上角仔細觀察就可看出，曾鼎元的眼睛輪廓從眼頭上升一個角度後就往下降，好像翅膀的折角，這樣的眼型在相學裡稱為『獐眼』，相學大家「李相士」認為—客觀來說獐眼之人優點在於對於自己的目標清晰，行動迅速不拖延，但缺點在於陰險奸詐、口蜜腹劍，說話欠缺真誠，善於以嘻皮笑臉假相蒙騙他人，故古代相書有云:「獐眼之人，貴而不仁」，意思是其人縱使富貴，也是為貴不仁之徒。故雖然行動力強，但過於重視個人利益而不顧他人感受，因此容易與人交惡。

也因此獐眼之人李相士認為是老無所依、孤苦伶仃相，不容易有婚姻及子女，「相理衡真」一書更是形容獐眼之人容易成為「大詐媚君王之徒」。因此綜合曾子玄的眉相及眼相也就不難理解，為何此人會涉及利用職權賄絡關說、包庇騙色、縱容黑社會人士等一連串爭議，故各位讀者未來如果見到眉相眼相同時都差的人，老師建議要先有防人之心，以確保生命財產的安全。

◎從斗數卦看曾子玄的人格

雖然手面相可以不用經由命盤看出人之命運及性格，可是並不是每個人都精通手面相，甚至因為化妝技術普及，你所看到的長相都未必是真正的面相，那麼是否有方法可以在不懂面相，又不知道對方出生資料的情況下了解對方的性格？如此一來即便不懂手面相也能避免可能的災難及危險。

這問題的答案就是運用「斗數卦」，紫微斗數加以運用，一樣可用於問事占卜，以斗數卦來預測未知事物的吉凶，例如老師的粉絲都知

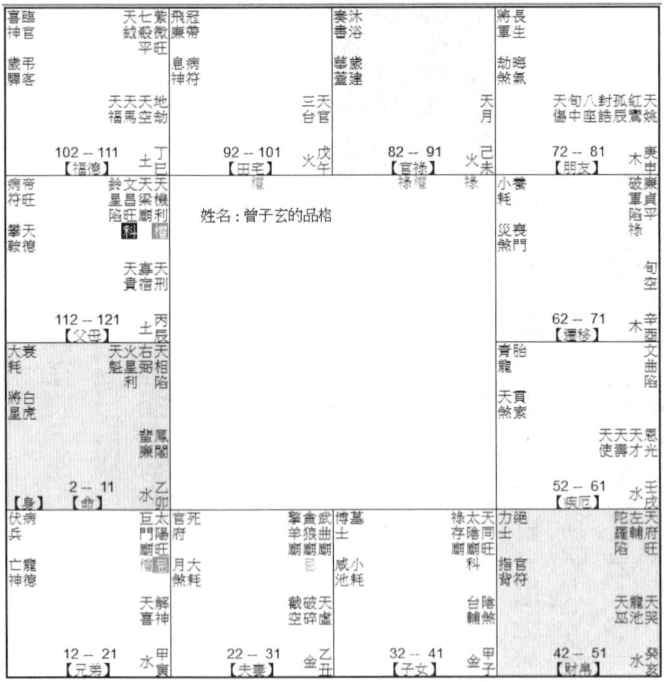

道，老師過去在粉絲團就曾經運用斗數卦準確預測台灣的新冠疫情變化以及世界新冠疫情走勢，甚至連俄烏戰爭的戰況老師也完全預測神準。那麼既然連世界局勢都能預測，用來預測占卜個人的人格及人品當然也完全沒有難度。

上一頁的紫微斗數命盤，就是老師占卜「曾子玄的品格」所出現的斗數卦盤相，從斗數卦盤中清楚可見，命宮為天相，遷移為廉貞破軍生年祿，生年祿在遷移表示曾子玄此人在外給人第一眼的形象還算正派正能量，但丑宮為貪狼忌，丑卯兩宮皆為乙干，同干則同氣相互影響，故可視為命宮的天相隨之化忌，天相主公道、正氣、形象正面，受到忌星影響後，所有特質就反成負面，公道與正氣就會被反向染黑，被負面所取代，天相的正義也會變為只剩披著正義的皮，骨子裡卻令人搖頭不忍直視，而命宮與遷移宮祿與忌的反差，就會形成曾子玄在外表面上容易讓人錯以為形象良好人格正派，然骨子裡的命宮化忌卻終究會透過一件件讓人不堪入目的爭議事件，顯現出來。

更嚴重的是，這斗數卦的命盤中出現一個致命條件—「官祿宮化文曲忌沖疾厄宮」，斗數十二宮中，官祿宮可指一人的所作所為，疾厄可指人之內心與良心，這張盤的官祿宮本無主星，借對宮的武貪過來，本來就已有著貪狼化忌的不利條件，但這個貪狼忌又化忌沖疾厄，殺傷力加倍，但真正嚴重之處在於官祿宮化忌沖疾厄，就代表此人做事容易因一己之慾或一己好惡，罔顧疾厄宮的內心與良知，故做起事來容易為達目的不擇手段。

加上破軍隨文曲化忌，也就表示官祿宮的飛星也可直接視為官祿宮化忌沖命宮，且沖破生年祿，如此一來更是凶上加凶，因為破軍與廉貞在斗數星曜的光譜中本來就存在許多負面特質，廉貞化氣為「囚」，負面特質更是與官非、犯罪直接相關，一旦被化忌引動，就表示此人容易因其所作所為而引發諸多道德與法理所不齒的事件。因此各位讀者如果未來看到官祿宮化忌沖疾厄的命盤時，務必提高警覺小心為上。如果此人的父母宮有自化祿科，那也許還能有所改善或緩解，但如果沒有祿科的緩和，加上官祿宮本身就化忌還忌上加忌飛化忌來破壞父疾線，那就要非常注意小心，以免因誤交損友而粉身碎骨。以上命例除提供各位讀者防範個人安全之外，更大的意義在於替命理界揭發弊端，在世風日下的現代維護社會正義，讓日漸沉淪的社會風氣得到正面的提升，更使社會大眾免於未來可能的災禍。

☆毀譽參半個案(4)——一個利用職權縱容強姦犯及騙色犯逍遙法外的台大助教

社會上許多案件有些時候案件主角往往未必是窮凶極惡、黑道草莽之徒，正所謂知人知面不知心，反而有時候社會案件的主角卻是看起來道貌岸然的斯文之輩、高知識份子，甚至有時案件的主角在案發之前給社會的印象經常是正人君子、甚至是高尚的神職人員這類高風亮節形象的正面人物。

可也正驗證一句歷史名言—「周公恐懼流言日，王莽謙恭下士時」。有時偏偏就是那些看起來謙恭高尚形象極佳之人，其真面目卻越是不堪入目，令人不寒而慄，讓人有大偽似真大奸似忠的感嘆。

這一節，老師就以一位曾任台大資工助教、又是教會家庭及教會幹部的爭議案例，讓各位讀者從中學習如何以斗數卦占測陌生人的人品，以免各位讀者所遇非人以致於萬劫不復。本次事件的主角名叫林仲祥，而林仲祥此人的人設乍看之下也相當光鮮亮麗，曾任台大資工系助教，又曾任批踢踢論壇的站長，並且依據網路上的資料，其父名叫林壽陽，是教會中的長老，林仲祥此人現在也在「台北城東基督教會」擔任教會的牧師執事，照理說如此正面形象的人設，給人的感覺應該是正直正派、是非分明，然而事實的真相卻顛覆了大眾認知，更將人心之險惡展現得淋漓盡致，而老師秉持捍衛社會公義之精神揭弊本次事件，讓社會正義得以伸張，以下就是林仲祥牧師過去的相關爭議事件。

▲爭議事蹟①－縱容強姦犯逍遙法外

林仲祥先生過去曾任ＰＴＴ網路論壇站長，而站長的職責理應保護論壇的女性使用者免於受到犯罪份子的侵害，然而林仲祥在擔任站長的任內，當時有網友公開舉報有強姦犯在ＰＴＴ上可能意圖從事不法活動，但林仲祥即便面對網友的公開舉報，卻選擇裝聾作啞，無視全體版眾安全，利用職權放縱罪犯毫無作為，進而縱容強姦犯肆虐批踢踢，甚至使得網友痛陳嚴聲斥責批踢踢成為了窩藏犯罪的溫床。但林仲祥卻一副死豬不怕滾水燙的態度繼續視而不見。

▲爭議事蹟②－縱容騙色之徒殘害命理群組

過去在命理小組曾經出現一位台中某鍾姓命理師，現在化名為「子晴」，在網路上開設『子晴的命理園地』，此人曾利用網路論壇涉及恐嚇、劈腿、侮辱、性騷擾，並因騙色及張貼拒而分手女網友的個資於色情聊天室上，同時更盜用女網友個資，被當時的紫微斗數板主及所有板眾公投永久不得在斗數板上活動，永久禁言。

然而這樣惡貫滿盈之徒，卻被人偷偷放出繼續肆虐命理群組，如此不公不義之事當然引發路見不平網友的怒吼，當時林仲祥先生時任命理小組代理組長，接到網友的公開舉報，卻選擇瀆職毫無作為，繼續放任騙色之徒猖狂肆虐。

▲爭議事蹟③ — 利用職權官官相護，護航不法

在林仲祥的管理之下，批踢踢論壇之正面風氣蕩然無存，更甚遇到網友舉報涉及違規不法的版主及管理層，即便證據確鑿，林仲祥卻往往選擇睜眼說瞎話，將有證據硬說成沒證據，遇到許多不肖版主的違法事蹟，在鐵證如山的情況下，最後直接當作沒看見，乾脆不處理，諸多護航不法之下，最後引爆民怨沸騰，招來上百網友投票抵制，才停止了一場醜陋的鬧劇。

◎本次事件的啟示

由本次事件可知，哪怕是台大助教、哪怕是教會家庭，都無法確保一個人品德之正派與否，古往今來的社會案件也不乏揭弊許多披著袈裟的惡魔或是披著牧師袍的魔鬼，就連司法人員中也不乏有收受賄絡及性招待無恥無德的法官，甚至有時名校、宗教人士這些光鮮亮麗的外衣，反而成為有心人士最好的偽裝，因此學習命理另一個可貴價值就是能幫助我們迅速識別生活中所接觸的陌生人之真實面孔，以免像笑傲江湖裡的林平之，錯把岳不群當再生父母，差點誤入恐怖深淵。而老師之所以見義勇為站出來揭弊，就是因為此人又是站長、又在教會擔任要職、又在台大資工當助教，老師就是害怕，萬一如果未來此人利用手中職權作奸犯科繼續興風作浪，那對社會將造成極其可怕的傷害，

如果人人都畏懼壓力、都害怕得罪像林仲祥這樣的權貴精英份子而不敢站出來揭弊，試問又會有多少人成為受害者？又有多少不公不義的事得不到伸張。

◎從斗數卦看林仲祥的品德

簡介完林仲祥先生過去的事蹟後，本節將畫龍點睛，以斗數卦之卦例讓讀者學習如何以斗數卦判斷人之正邪與品德之善惡，當然本來老師想連同林仲祥的面相善惡重點一併教給讀者，但林仲祥的照片在網路上已刪除，故本節只就斗數卦的部份進行教學，有關林仲祥面相的部份，有興趣的讀者，老師將在面相的相關命理課程做為教材讓各位讀者收穫滿滿。

以下這張命盤是老師以「林仲

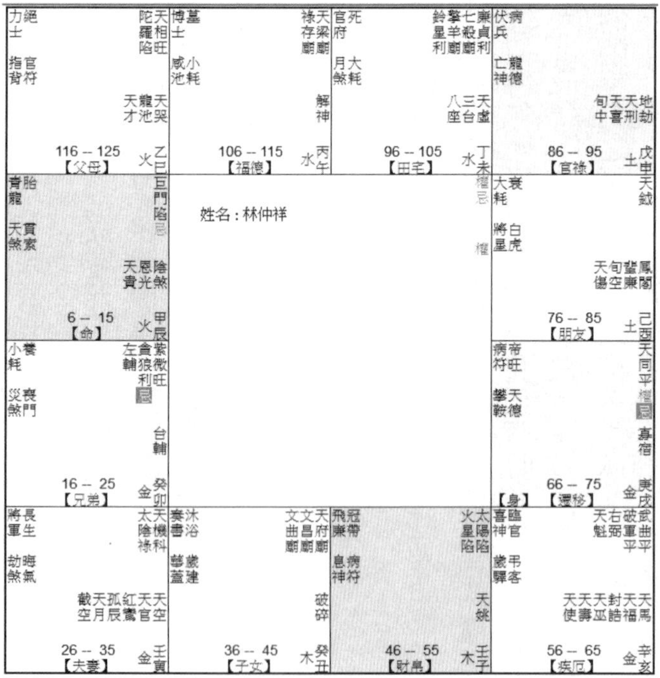

祥之品德」為占卜題目所得出的斗數卦命盤。而這張斗數卦命盤也完全揭露了林仲祥先生的性格，相信從盤相，也不難理解為什麼林仲祥會作出這麼多見不得人的勾當了。

首先，第一眼看去，斗數卦的命宮中赫然出現巨門化忌又有陰煞，巨門化氣為暗，受到化忌影響，就表示此人雖然聰明，但卻容易將心思用在負面及黑暗的事物上，加上陰煞的影響，陰煞主妖魔邪祟、鬼怪及陰謀，故而雪上加霜，使得此人的性格黑上加黑暗上加暗，如此一來此人就更容易心術不正而工於心計，並且心中常懷陰謀詭計及邪惡計畫用以陷害他人。

再來，命盤的遷移宮偏偏又有天同權加上自化忌，權自化忌的組合將會使人不但想法歪邪黑暗，更會讓人剛硬霸道，如果沒掌握權力也就罷了，一旦有了權力，將使本來黑暗奸惡的巨門忌跟陰煞的組合與剛硬霸道的權忌組合如虎添翼，就像歷史上的紂王，如果沒有實權也就是一介匹夫，但一旦有了實權，其邪惡陰謀就直接造成炮烙酷刑、挖心蛇盆、酒池肉林、殺人如麻之惡行，形成恐怖之浩劫。因此這斗數盤壞就壞在，如果命遷線只有化忌也就罷了，但加上遷移的化權那便成了助惡之最大幫兇。

接著，這張卦例命盤的官祿宮為空宮，所以借對宮的太陰祿、天機科為主星，官祿宮為一個人的行為舉止，太陰化祿為乾淨、正面，天機科為聰明斯文及理性，所以林仲祥的外在行為舉止多給人形象正面、斯文有禮且聰明的印象，這也是為何他能擔任台大資工助教、教會牧師的原因，但壞就壞在，這張盤的官祿宮自化權忌，受到自化權忌的影響，就會使得此人雖然表面上給人印象正面、乾淨斯文講道理，但實際上骨子裡卻受到化忌的影響而內藏不為人知的負面能量，受到自化忌的影響，就會使得官祿宮的行事作風，從乾淨清明的太陰化祿變成黑暗不堪的心思與台面下小動作，而天機的聰明睿智也變成了一連串機詐的陰謀詭計，加上官祿宮有代表刑事官非的天刑，更加彰顯此人行事作為的凶性，加上這張命盤又是明暗反背，將使巨門的暗黑心思更加肆無忌憚，加上命宮的三方多是火星、地劫、陰煞這類凶星，表示此人身邊圍繞不少牛鬼蛇神及無恥小人。如此一來也就不難理解此人會一再利用職權縱容不法人士逍遙法外。

因此，未來如果讀者看到類似的盤相組合務必提高警覺，小心為上，以斗數卦占卜陌生人的品德，如果占卜到相似的命盤組合也千萬要提高警覺，以免自身的生命財產及安全受到威脅。

本章的最後，我們一次看了三個知名人物以及三個爭議人物的命例，相信各位讀者對於命理與相理都有近一步的突破，但光是六件命例仍不足以豐富各位讀者的實戰論命分析能力，而下一集老師將為大家帶來更精采的名人案例分析，以及更深一步揭弊批踢踢爭議站長「饒佑嘉」令人不寒而慄的真面目，以及上過新聞的紅人前高層Zuyi、與站務總監的內幕，以讓各位讀者學到更多運用命理達到識人之明的實務分析應用。

☆玩遊戲學斗數—仙劍奇俠傳『李逍遙』命盤

仙劍奇俠傳是我們七年級生小時候共同的回憶更是永恆的經典，仙劍一的劇情更是扣人心弦耐人尋味。隨著本書進入尾聲，在一連串學理的分析之後，不免俗老師以寓教於樂的角度，讓各位讀者從遊戲中學習斗數。讓各位讀者印象更加深刻。

本節，老師就以仙劍奇俠傳一代的男主角「李逍遙」的命盤為命例，讓各位讀者一窺李逍遙的命盤究竟隱藏什麼秘密。而之所以選擇李逍遙當命例，最主要的原因是因為李逍遙跟老師的特質非常相近。第一、從下圖可知李逍遙為乙丑年出生，換算現代也就是七十五年次出生，年齡方面與老師相仿。第二、李逍遙一樣是奇才且同樣二十幾歲就能成為一派宗師。第三、李逍遙與老師一樣，都是能力頂尖的同

時，顏值也同樣頂尖，與老師都是集出道年輕、顏值與實力三者於一身的少年英雄。

言歸正傳，李逍遙在遊戲中透露自己的生辰八字為乙丑年農曆十二月十九日辰時出生，換算成現代的命盤如下圖，就是國曆七十五年一月二十八日辰時出生。那麼從李逍遙的命盤能讓我們得到哪些關鍵資訊呢？

首先，李逍遙的命宮內的主星為天機巨門祿自化祿，再借遷移宮中的左輔及祿存到命宮，則本來巨門陰暗、負面鑽牛角尖的缺點，直接被化祿及祿存吉化，而轉為正面的樂觀與聰明過人，同時也形成斗

（李逍遙的命盤）

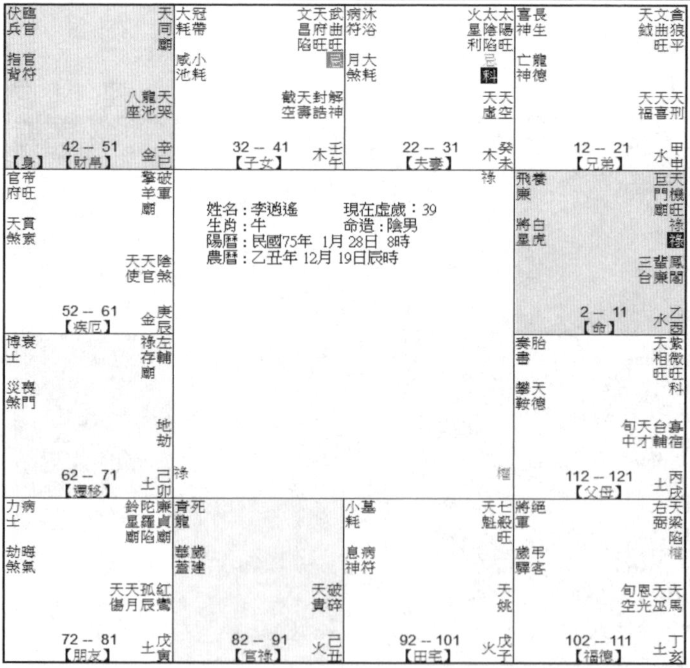

數中的一大吉格「雙祿交流」。

也正因為雙祿交流激發了天機與巨門善於分析與聰明過人的優點，故李逍遙頭腦相當聰明，閒閒沒事就能在客棧自主發明機關密道，甚至在學武方面也展現出卓越的天賦，聰明絕頂到只用一個晚上就將蜀山仙劍派的御劍術融會貫通，而後又學會醉仙望月步，甚至是毀天滅地的酒神咒，將天機巨門的聰明才智發揮得淋漓盡致。加上左輔借到命宮，表示李逍遙人生中身邊的助力不少，先後有南武林盟主的岳父、以及京城尚書、白苗聖姑等貴人相助，而不會是孤軍奮戰無人伸出援手。

然而李逍遙命宮的缺點在於，其命宮又有自化祿，有生年祿本身的確極具優勢，但生年祿加上自化祿，就容易能量過頭，而造成吉運抵消，許多初學者以為化祿的能量越多越好，然而任何事物過與不及都會帶來缺點，故生年祿加上自化祿，由於化祿的能量過頭，就會使人有祿而不知珍惜、有賺錢機會不知珍惜，以至於最後一場空，猶如根本沒有祿，又~化祿在性格上主樂觀開朗，祿自化祿就會造成命主性格過度樂觀、過度樂天開朗，所造成的缺點就是容易使命主性格過於拉丁化缺乏積極度，生活風格趨於散仙化，或是對於危機的評估過於樂觀。故我們反觀李逍遙的性格，就讓人感覺相當閒散樂天，在做事上也缺乏野心及鬥志企圖，故事一開始更成天只知道睡覺以及做武俠夢，甚至到後期仙劍五代時更過著閒雲野鶴今朝有酒今朝醉的生活。假如李逍遙的命宮不是祿自化祿而是祿自化權的話，也許蜀山仙劍派能統一天下，也就沒仙劍五代四大家族什麼事了。

▲從父母宮看李逍遙的家世與師承

而李逍遙的父母宮更是將李逍遙的家世與人生所遇的長輩特質展現得刻畫入微。李逍遙的父母宮主星為紫微化科加上天相，紫微星為帝王星是為王者，加上主名聲的化科，表示李逍遙的父母輩、所遇的長輩多是赫赫有名的人物或是在一個領域的傑出魁首，例如李逍遙的父親為赫赫有名的南盜俠、嬸嬸李大娘更是傳說中的穿雲手「鐵掌飛鳳」，就連鄰居長輩都是傳說中的鐵壁神鷹皇甫鷹，可說李逍遙光是父母及長輩就幾乎都是江湖上各領域的頂尖人物。就連岳父岳母，都一次囊括南武林盟主、白苗族大祭司、黑苗族國王。同時廣義的父母宮也包含老師、老闆、上司，因此李逍遙的師父輩受到紫微化科的影響，也都是龍頭級的人物，例如武林第一人「獨孤劍聖」以及「酒劍仙」。

不過，由於紫微天相加破軍的組合容易產生不拘傳統或是叛逆的磁場，因此李逍遙的長輩及師父中定會出現幾個比較放蕩不羈或是不拘禮數不喜受傳統規範、率性而為的人物。說到此，相信各位讀者心中的答案已經呼之欲出。沒錯，答案就是李逍遙的師父「酒劍仙」，受到紫微化科的影響，酒劍仙是功力頂尖赫赫有名的蜀山劍仙，但受到破軍的影響使得這位名震四方的劍仙行為舉止放蕩不羈，終日與酒為伍遊戲人間，故雖然為蜀山響噹噹的人物，生活上卻為了喝酒而賴在消遙家客棧門口，更因喝酒付不出錢被老闆趁酒醉扔進護城河中。而有這一系列事蹟正是因為逍遙的父母宮為紫破相之組合。

▲從夫妻宮看李逍遙波折不斷的情感與婚姻

太陰為女宿，對於任何男人都主妻女，而化忌則表示無緣、欠債、不順，而太陰既為妻星，卻又化忌在李逍遙的夫妻宮，就表示李逍遙一生婚姻坎坷，太陰化忌又表示妻星不明，何謂妻星不明？意即有老婆卻好像跟沒老婆一樣，因為化忌會使人無緣、使人欠債、遭遇磨難。

事實上，李逍遙的婚姻狀況也的確如此，李逍遙的第一個妻子趙靈兒，故事前期就被萬惡的石長老擄走，隨後又被獨孤劍聖關進鎖妖塔，即便短暫與李逍遙相聚，又因待產而無法加入劇情主線，直到故事最後，才終於和逍遙一起出發討伐拜月教主，但最終卻為了封印合體水魔獸壯烈犧牲，等於整個遊戲劇情有一半以上的時間趙靈兒都是無法陪在李逍遙身邊，使得李逍遙有老婆卻看起來好像沒老婆一樣，而引發這一切現象正是由於太陰化忌導致李逍遙妻星不明之故，也因為化忌欠債於夫妻宮，註定李逍遙一生要為妻子的事奔波勞心，此外之所以李逍遙會和趙靈兒不斷分離又團聚像在洗三溫暖一樣，另一個重要因素在於夫妻宮有自化科，在以後的續集老師會教到，當遇到化科加化忌的組合就會產生纏繞、打繞、熱熱冷冷反反覆覆的糾纏狀況，也因為這樣的磁場，造成逍遙與靈兒之間的分離與團聚反反覆覆分分合合。不過由於夫妻宮中有地空(註：排盤軟體寫成天空)，最終李逍遙的婚姻勢必會有一部份期望成空，這一切就體現在靈兒的封印犧牲，使得李逍遙本來難得的夫妻團聚終歸天人永隔留下遺憾。

同時，我們看李逍遙的另一位妻子林月如也是同樣的狀況，林月如在遊戲中陪伴逍遙一路從破鬼王、擒飛賊，然後一直到和逍遙一起攻入鎖妖塔營救被困的趙靈兒，可說是遊戲中陪伴李逍遙最久的女主角，但仙劍老玩家都知道，仙劍奇俠傳最虐心的一幕莫過於鎖妖塔崩塌時，月如為救逍遙和靈兒被飛石砸中香消玉殞壯烈犧牲。即便到了仙劍一代的最後，林月如也只是靠著聖姑的仙術已三十六隻魁儡蟲維持活死人狀態而已，直到一代結束後的八年仙劍二代，才運用魔尊的九轉回魂珠真正復活了林月如，而這八年的歲月裡，李逍遙則為了收集維持妻子林月如肉身不壞的藥材兒四處奔波，而在復活之前，林月如也就如活死人般一直躺在病床上。這一切也拜李逍遙夫妻宮的太陰化忌所賜，由於太陰忌的妻星不明，導致李逍遙的妻子重病在床無法出戶，有老婆好似沒老婆一樣，如果他自己沒說，你可能還以為他是單身漢，又因忌星欠債在夫妻，致使逍遙要為了老婆到處奔波收集藥材。

然而，李逍遙的夫妻宮卻隱藏一線生機，此生機就在於李逍遙的夫妻宮是生年忌自化科，生年四化主先天緣，自化則指後天緣，有自化科就表示如果命主透過積極改善與奮鬥，則最終有辦法化險為夷，由險境進入佳境，反應在李逍遙身上就是經歷八年的努力，在失去趙靈兒的傷痛之後，拚盡全力終於讓林月如復活，得到一個讓玩家雖然不滿意但勉強還能接受的結局。

可是，如果今天李逍遙的夫妻宮四化組合是生年化科自化忌，抑或是生年忌又自化科忌，那情況就不妙了，假如是上述兩種狀況，就會變成李逍遙傾盡各種努力，卻最終無力回天，所有努力皆化為泡影，故事的結局很可能就是不但靈兒和月如一個也救不回，甚至還可能連阿奴也一起搭上去，使得結局悲催唏噓，迴盪無限遺憾。

當然，有關於四化與自化這部份分析，如果讀者還不了解，可以暫時先擱置一旁，因為四化與自化**老師預計在下一集紫微斗數科學(三)才會進行全面性的大破解，還請各位讀者拭目以待！**

▲從子女宮看李逍遙倒楣的晚輩運

子女不單指狹義的兒女，廣義的子女還泛指下屬、部屬，而李逍遙命盤中最倒楣的其實不是夫妻宮而是子女宮，因為他的子女宮內有武曲自化忌，自化忌的殺傷力原則上遠遠勝於夫妻宮的太陰生年忌，加上又無自化科來緩解，可謂更加凶險萬分，而武曲主財又主傷害、天府又為庫星尊嚴星，表示李逍遙一生容易因兒女或徒弟而遭受大破財、大傷害以及顏面掃地，加上文昌星增加數量的加乘影響，由兒女及徒弟輩帶來的災難自然就不會只是略有一二，而是接二連三。

事實也證明，李逍遙的女兒李憶如，因與魔尊之子韓仲熙私奔，弄得逍遙疲於奔命，之後女兒生了重病，更是傾盡財力物力也依然無法救回女兒性命。仙劍五代時，更倒了八輩子霉，收了仙五主角江雲凡當徒弟，此舉直接替蜀山帶來毀滅性的災難，蜀山之上更是上演機器人大戰以及各種鋼彈爆破秀，差點直接將蜀山夷為平地成為一片廢墟。自然也使得李逍遙幾乎顏面掃地，而武貪主大，所以由武曲忌引發的財損及傷害自然也是毀天滅地，故經歷仙劍五的災劫後，蜀山仙劍派估計短時間內就算花光所有積蓄也無法完全重建。

▲從生年太歲入卦看李逍遙與趙靈兒及林月如的關係

斗數中有一種依據不同對象生年代入命主命盤，來看命主與其互動關係的技術稱之為—「**太歲入卦**」。以李逍遙為例，李逍遙的第一個老婆趙靈兒設定上比他小三歲，可推定趙靈兒的生年為戊辰年，大約為七十七年次尾到七十八年次初，進一步將趙靈兒生年天干戊干代入李逍遙的命盤可知，戊干所形成的天機化忌剛好就在李逍遙的命宮，而天機主煩惱，也就造成靈兒與逍遙的互動磁場容易變成，只要與靈兒相關的事情，便會造成逍遙的麻煩、困擾與煩心。事實也確實如此，在仙劍一遊戲中逍遙所遇到的波折、任務與麻煩幾乎都與靈兒相關，例如為了靈兒首次被石長老打到瀕死，為營救靈兒踏上九死一生的鎖妖塔之路、後期更為了尋求靈兒的安胎藥以及時光倒流解救十年前小時候的靈兒經歷一次又一次的磨難與考驗。

不過，有忌也必然有祿，任何事情定是優點與缺點並存，雖然靈兒的生年天干戊干會使天機化忌，但卻也使太陰化權，李逍遙的官祿宮為空宮，剛好可借夫妻宮的太陰到官祿宮，有化權進入官祿宮即表示，事業方面將得到開創與提升，也就是趙靈兒同時也對於李逍遙的事業有相當大的加分。回顧遊戲劇情，李逍遙也確實因為老婆是女媧後人的這一層關係而得到不少勢力的幫助，例如白苗族、聖姑、火麒麟都是因趙靈兒女媧後人的身份而對李逍遙格外關照。

接著，論及林月如與李逍遙的命盤關係，遊戲設定上林月如比李逍遙小一歲，為丙寅年出生，換算國曆約為民國七十五年二月下半月到七十六年一月尚未過年左右，以月如的生年天干代入李逍遙的命盤可得知，月如丙天干所形成的天機化權剛好就在李逍遙的命宮之中，化權可以是會去管束對方或是給予對方一定的自主權，基於這樣的磁場，就容易發生林月如時而會去管束逍遙的一些想法或做法，時而又給逍遙彼此互動上的自主權，就例如李逍遙在揚州城受到女飛賊勾引或是在尚書府口不擇言時都會被月如怒懟而有所收斂，同樣的情況若換成靈兒，大概就像溫柔文靜小媳婦一樣看著李逍遙各種自我放飛。與此同時，月如的化權可說恰到好處，在管束李逍遙一些比較超過的做法時，卻不會像控制狂一樣讓人喘不過氣，不論是對於李逍遙閒雲野鶴的生活追求，以及各種重大決定例如進鎖妖塔營救靈兒，她都能給予支持，並在行動上給予逍遙幫助，帶給李逍遙對於人生重大抉擇的自主權與幫助，這也是化權入命帶給李逍遙許多決策自主權上的一大體現。

最後，月如丙天干的右弼化科座落於李逍遙的子女宮，化科主教化、主照顧、主關心，座落於子女宮，表示林月如會關心、照顧或是教化李逍遙的子女或徒弟，這樣的磁場也造就雖然李憶如不是林月如親生，而是李逍遙和趙靈兒的女兒，但林月如卻視如己出，將她撫養長大，並關心照顧無微不至。對於李逍遙而言更是得妻如此夫復何求。

八、紫微斗數科學（二）之內容勘誤與補充

俗話說「神仙打鼓有時錯」，雖然上一集紫微斗數科學（一）被各方公認為經典之作，但是其中仍有些美中不足之處，首先上一集的內容中錯別字不少，這部份由於錯字繁多，老師將在二刷再版時將錯字一一修正，原則上老師是個相當討厭錯字的人，奈何老師智商162卻用著智商只有62的新注音輸入法，才造成不少錯別字，很多時候老師非常納悶新注音為何會自動選出如此奇怪的字貫串前後文。加上老師當時沒有足夠時間及人力做多次校稿，才留下錯別字的這個問題。

不過，撇開錯別字不談，上一集的內容中，仍有一些老師因寫太快而造成的筆誤，以及表達講解不夠清楚的部份，為避免誤人子弟，本章老師將針對上一集的筆誤之處，及講解表達不夠完整的部份進行勘誤及補充，以讓讀者能接受到正確的資訊。雖然這些錯誤多數過於零碎瑕不掩瑜，但為求治學之嚴謹老師仍有責任一一修正。

▲勘誤一—第146頁的分析表格錯字

上一集第146頁老師談到ＳＷＯＴ分析時，列出了理論分析表格，但分析中的威脅，英文字母應該對應Ｔ，但老師卻筆誤寫成W。

▲勘誤二—第81頁有關北斗七星的講解部份

上一集第81頁，老師提到北極星與北斗七星的關係時，老師寫成「天樞、天權」之間的間距延長五倍即能找到北極星，這部份老師寫太快筆誤，應訂正為『天樞、**天璇**』之間的間距延長五倍，**正確應為天璇而非天權**。

▲勘誤三—第117頁關於陽男陽女、陰男陰女的講解

上一集第117頁在講解十年大限時，同樣有筆誤，那一段老師寫奇數陽天干年出生的命主為「陽男陰女」、偶數陰天干年出生的命主為「陰男陽女」，這段是筆誤，正確的學理概念是奇數陽天干年出生的人，不論男女皆為『**陽男陽女**』，偶數陰天干年出生的命主不論男女皆為『**陰男陰女**』。只不過老師當時腦中正在思考的資訊是「陽男陰女順行、陰男陽女逆行」這件事，因而順手打出造成筆誤，事後老師重新閱讀發現如此筆誤，一直耿耿於懷，也因此這次第二集老師各方面校稿都做得更加謹慎，前事不忘後事之師。

▲勘誤四—第124頁之立春與立秋

上一集第124頁內文提到立春與立秋時白天黑夜達到陰陽平衡，本頁之立春與立秋應改為春分與秋分。

▲勘誤五—第349頁天相能制擎羊之惡的筆誤

在這一節的第一段末，老師寫到「同樣屬水的太陰、天同、貪狼，理應也都俱備制服貪狼的能耐」，此處最後的貪狼為筆誤，應改成擎羊，正確的內容應為「同樣屬水的太陰、天同、貪狼，理應也都俱備制服擎羊的能耐」。

▲勘誤六—第450頁溫瑞凡命盤主星之筆誤

老師在上一集第450頁將溫瑞凡命宮主星之推測一時筆誤寫成天府，正確應該是天相，並且事後老師發現，當時講解時應該附上簡易命盤圖，才不致於表達不清，更不致於因筆誤而傳達錯誤資訊，其實老師要表達的教學資訊為下面這張命盤，首先如果溫瑞凡的命宮設定必須在丑未兩宮，並且要滿足夫妻宮有風流彩杖條件，那麼主星只能是天相，這樣夫妻宮才會有貪狼，並且老師上集已推測出溫瑞凡是甲年出生的命盤，甲年之人擎羊必在卯宮，老師要表達的邏輯是，即便把風流彩杖的條件放寬

			天府
擎羊 (第三大限)			
	天相 (命宮)		貪狼 廉貞 (夫妻)

到只要三方中有會到貪狼跟擎羊兩顆星就成立，那麼依據溫瑞凡的命盤，也應該是在第三大限時遭遇嚴重桃花劫，而不會像偶像劇中的詹惟中所說到第四大限才中箭落馬。

另外補充第237頁最後一行，雖稱不上筆誤，但也並不通順，這一頁最後一句寫到「卻會落得個協商的結局？」，這句話應改成「卻會落得個協商**破裂**的結局？」。

△第168頁學理觀念補述

在上一集168頁，老師講到紫微斗數究竟是不是科學時提到一個經濟學的例子，但所舉例子老師認為講解不清楚，甚至略有筆誤，為了怕每年成千上萬考管理研究所的後進，看了老師所寫的內容產生誤解，進而名落孫山。同時也怕有考生落榜之後拿老師的照片當靶射飛鏢洩恨。為求嚴謹治學精神，老師必須將相關學理說明清楚。

在該段落，老師提到經濟學理論中試圖以「無異曲線」來分析兩種物品間不同的兌換效用，並且提到如果一個人心中披薩的效用為二、蘋

正常無異曲線

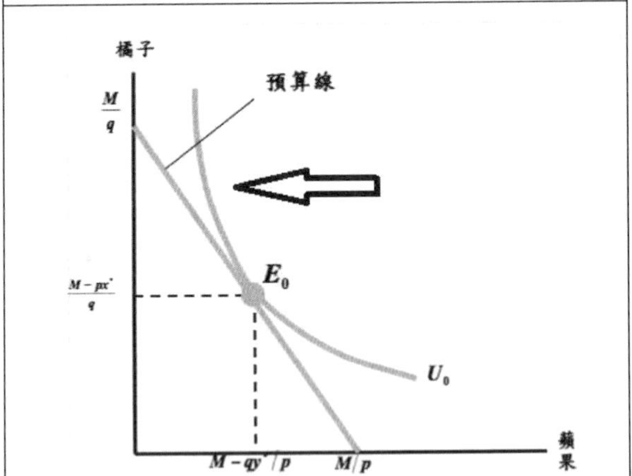

果的效用為一，那麼如果蘋果為Y軸，披薩為X軸此人心目中無異曲線的**預算線**就是就是一個斜率為負二的斜線。

但老師上一集的敘述有些瑕疵，首先無異曲線是效用線而非預算線，所以老師上一集寫預算線為筆誤，**上一段文粗體字的預算線應該改為效用線**。更重要的是，有經濟學基礎的讀者都知道，正常的無異曲線長相應該像上一頁的圖是弧形曲線，怎麼會是直線？因此，老師真正所要表達的是無異曲線中的『**完全替代無異曲線**』。也只有完全替代無異曲線是直線又同時是負斜率。以下圖為例，下面這張圖的假設為在一個人的心目中蘋果汁和柳橙汁的效用完全一樣，完全可以相互替代那麼從下面的圖就可得知，以最外側這條線當例子，當蘋果汁為4杯時，X軸的柳橙汁數量就為0，反之當X軸的柳橙汁為4杯時，Y軸的蘋果汁數量就為0，背後所要表達的邏輯就是四杯的柳橙汁完全可以替代四杯蘋果汁所帶來的效用。

完全替代無異曲線'

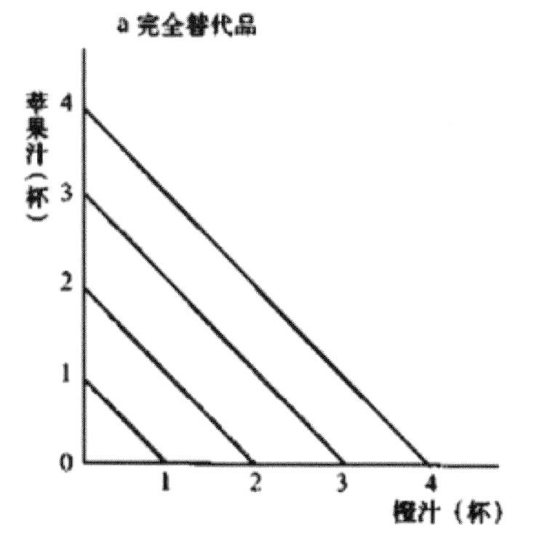

冠元大師命理實績

一、冠元大師世界時事之神準預測

① 神準預測新冠疫情與P3實驗室女事件

老師從二零二一年開始，就經常在粉絲團上公開預測國內的新冠疫情與世界的時事，之所以這麼做，主要鑒於過去一般的預言最讓人詬病的第一大原因就在於預言時並沒有事前公開公証，導致經常被人批放馬後炮。

另外一個令人詬病的地方在於，現況下大多數預言家的預言都講得非常模糊，有如巴南效應，不夠精確，導致世界時事只要稍微沾上一點邊，都被拿來作文章號稱準確。

例如阿南德的預言就經常有這樣語焉不詳的問題，就像他經常說要注

紫微斗數最年輕大師 冠元大師
2021年12月10日 ·

11月新冠疫情預測見證預言

各位粉絲，又到了見證預言的時刻了，老師10月的時候在粉絲團發文預測11月的時候疫情會變差，而且變差的關鍵"""#與女人和交通密切相關"""。

交通的部分已經從境外移入個案數得到驗證。如今女人的部份現在也真相大白。就在11月27日，中研院爆發實驗室DELDA變種病毒外洩感染之本土病例。 而導致這次重大事件的主角正是 ("""女性研究員""")。再次證明老師的預測和預言"""""""完全準確"""""""~!!...... 顯示更多

P3實驗室女染Delta！專家揭「2關鍵」：疏忽了

發佈時間：2021/12/10 07:58
最後更新時間：2021/12/10 07:58

小 中 大

意某月世界將發生大事、注意世界將發生災難，但都沒交代『具體發生什麼事件』或是至少說明會發生與『哪些事物及因素』有關的問題。然而全世界每個月一定都會有災難事件或大事件發生，隨便拿一個都能對上，根本過於空泛，但是我們的媒體卻往往大肆捕風捉影以此號稱神準，以致於命理五術一直被大眾視為迷信胡扯。

因此，老師在粉絲團預言新冠疫情與俄烏戰爭時，一定會交代疫情的嚴重度變化、發展狀況以及跟哪些因素直接相關，而不會給一個空泛的形容詞。而在二零二一年時，如上一頁老師的粉專截圖所示，老師當時在預言台灣十一月的疫情時，明確指出當年十一月的疫情多與『交通及女人有關』，推測疫情多會集中於境外移入或因交通流動而造成，同時也必定會因女人而造成疫情事件，結果事後果然證明當年十一月台灣的確診病例都是境外移入，符合老師原先的推測。同時當月更發生中研院P3實驗室女因疏忽，而使得研究所中的新冠變種病毒外洩造成一波棘手的傳染鏈。

同時在那之前的六月、七月一直到八月的疫情預測，也都如老師所公開預言的內容完全一致，使得當時不少網友大為驚嘆。

② 老師神準預言新冠疫情的變化時間

老師在二〇二一剛過完年時，就在粉絲團對於新冠疫情的未來發展走勢，當時老師預言二〇二一辛丑年會是一開始人類科技發展出疫苗取得領先，但之後卻被病毒變種反超車，接著到隔年二〇二二壬寅年，一樣會發生人類科技在疫苗上再度取得領先，但是之後的下半場病毒又透過變異反過來超前人類科技，使得辛丑、壬寅這兩年疫情始終都在不斷變化，沒完沒了，從來沒有過一刻的停歇。現在二〇二三回顧過去兩年發生的狀況，事實證明完全準確。老師也因預測準度超越阿南德，因而效法籃球大帝喬丹改名為冠元大帝。

這次可能是老師有史以來，第一次希望自己的預測占卜是錯的，2月時老師以斗數的角度看疫情，判斷出今明兩年在對抗疫情的醫藥上會有重大的突破和轉折。

📌(今年辛丑年的疫情狀況)
但為求謹慎起見，老師用斗數卦對於新冠疫情再次做了驗算占卜。老師卻笑不出來。因為依據左邊這張斗數卦盤，老師所占的是今年辛丑年的疫情演變，結果如盤上所示，巨門祿在命宮又逢祿存，表示如老師年初的想法一樣，今年在新冠病毒的藥物方面一定有重大進展和突破，然而麻煩在後頭，命宮自化科忌，而且還是巨門忌，再來機巨借到對宮，自化祿把巨門祿帶掉，又受到丑宮文昌忌影響。今年的狀況就會演變成，今年的前半段人類醫藥科技取得領先，但先好後壞，又~天機主變動，所以很可能會發生疫情本來看似好像控制住，卻在今年後半段急轉直下。又或者天機的變動可能反映在病毒的變異性，變成科技在辛丑年上半年取得領先，但下半場卻被病毒變異超車，使得疫情優勢開高走低。

📌明年壬寅年的狀況
但本來老師認為壬年天梁化祿，照理說壬年應該可以不用擔心，於是又占卜了2022壬寅年的疫情狀況，結果如右邊的命盤，天梁自化祿在命宮，表示確實也如老師前面2月的解說所說，在醫藥上2022又會有所突破，然而依據斗數卦的盤相，遷移宮天機自化忌，表示很有可能又是道高一尺魔高一丈，又會發生醫療科技取得了看起來非常成功的勝利，但遷移宮顯示的是2022的下半場，表示後來疫情還是會轉壞，或者病毒可能又如同天機化忌一樣，又繼續變異反超車醫療科技。加上壬寅年斗數卦的疾厄宮是文昌忌，忌在疾厄表示疫情根本無法回復到病毒沒爆發前的正常狀態。

③超越阿南德的神準預言—疫情究竟何時會結束？

在老師二０二一公開發表的預言最後，老師畫龍點睛地做出預測，新冠疫情直到二０二三仍會呈現反覆糾纏拖泥帶水的狀況，而不會輕易結束，事實證明直到老師寫到現在這一節的此時此刻，二０二三年已經要過去一半了，即便疫苗已經研發好幾代、即便致死率已不再像當初那麼高，但新冠病毒卻仍在不斷變異糾纏，沒完沒了。也驗證老師當初的預言完全神準。

至於新冠疫情何時結束？老師預言要到二０二四年新冠病毒才會完全消失。這點也是老師唯一與阿南德的預測有分歧的地方，阿南德是預測二０二三下半年結束，然而時至老師現在書籍完成的當下二０二三年十二月，新冠病毒仍未消失仍在肆虐，事實證明老師的預測神準，更勝阿南德一籌！

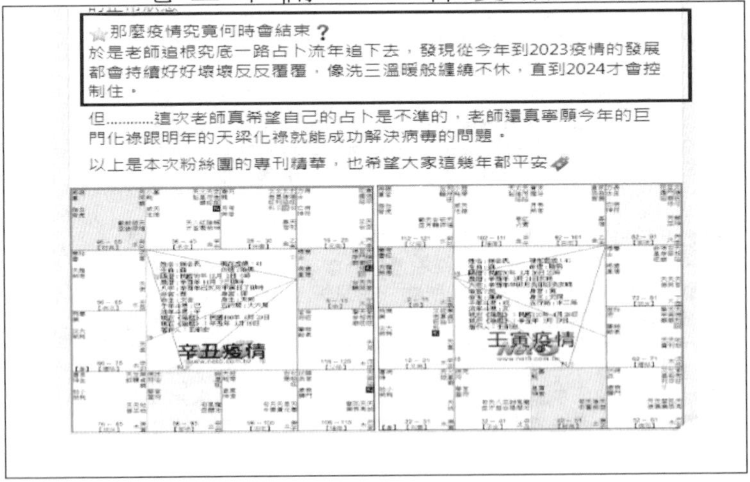
那麼疫情究竟何時會結束？
於是老師追根究底一路占卜流年追下去，發現從今年到2023疫情的發展都會持續好好壞壞反反覆覆，像洗三溫暖般纏繞不休，直到2024才會控制住。
但..........這次老師真希望自己的占卜是不準的，老師還真寧願今年的巨門化祿跟明年的天梁化祿就能成功解決病毒的問題。
以上是本次粉絲團的專刊精華，也希望大家這幾年都平安

二、冠元大師橫跨兩岸的卓越命理口碑

①兩岸知名命理網站超過三千人指名論命榮獲『第一名人氣名師殊榮』

在台灣老師出神入化的論命功力早已名聞遐邇，體驗過的人更不在少數，而大陸地區一般對於台灣人通常都比較有距離感，但老師憑藉著令人嘆為觀止的論命功力，還是讓對岸網友驚嘆連連。所以除了台灣網友的口碑，我們就來看看大陸網友對於老師的評價。

首先，老師在二0一七年時，跨足大陸相當知名的命理平台，憑著卓越頂尖的實力成為整個命理平台兩百多位命理老師中唯一的台灣老師。而此命理平台要入駐還需要通過現場實戰替網友論命，論準了才能入駐平台成為駐站老師，而在老師溫酒過關之後，大陸的命理平

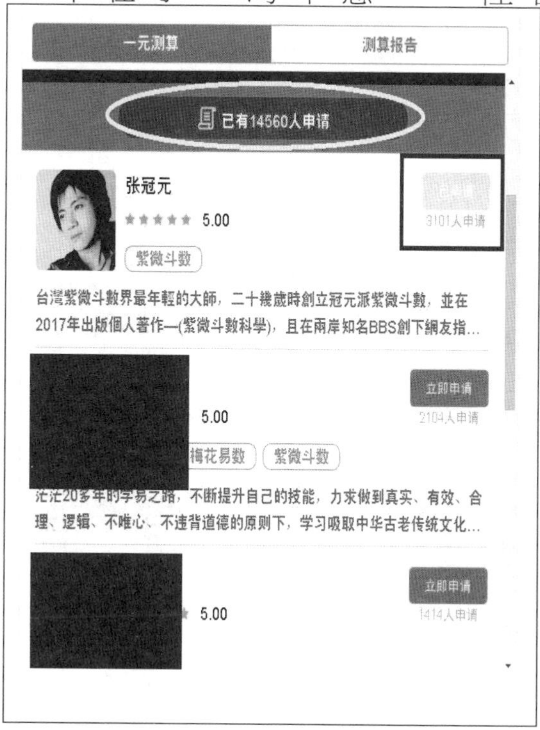

台舉辦人氣老師指名問命投票活動，如上頁圖所示，共有一萬四千多人投票，老師以超過三千票的超高票數，遙遙領先其他兩百多位命理老師，獲得超過三千網友指名論命的最高人氣命理師殊榮。足以見得即便是大陸網友依然認為老師的實力在大陸同樣神準無比令人嘆服。

②大陸網友對老師論命神準的評價

台灣在地人稱讚老師的論命不稀奇，來看看大陸網友的評價更顯客觀，以下是大陸網友對於老師論命功力的評價：

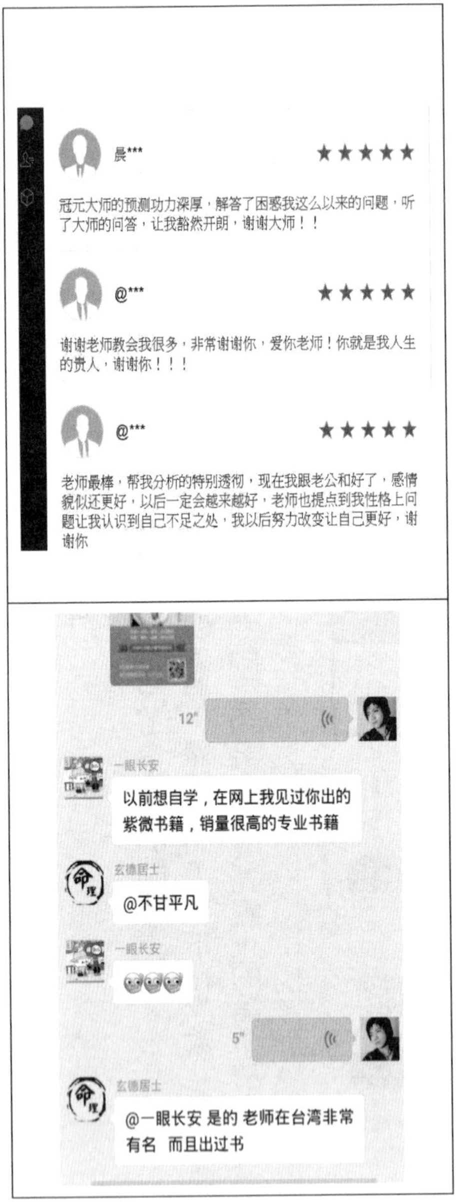
晨***
★★★★★
冠元大师的预测功力深厚，解答了困惑我这么以来的问题，听了大师的问答，让我豁然开朗，谢谢大师！！
@***
★★★★★
谢谢老师教会我很多，非常谢谢你，爱你老师！你就是我人生的贵人，谢谢你！！！
@***
★★★★★
老师最棒，帮我分析的特别透彻，现在我跟老公和好了，感情貌似还更好，以后一定会越来越好，老师也提点到我性格上问题让我认识到自己不足之处，我以后努力改变让自己更好，谢谢你
12"
一眼长安
以前想自学，在网上我见过你出的紫微书籍，销量很高的专业书籍
玄德居士
@不甘平凡
一眼长安
5"
玄德居士
@一眼长安 是的 老师在台湾非常有名 而且出过书

←　查看全部评论

180*****480　　已购买：事业财富
2018-05-27 14:58
专业过硬　细致耐心　一流服务
很有帮助

冠元大师果然名不虚传，之前听过大师的命理课，今天特来请教，受益匪浅，知命改运，厉害！

138*****995　　已购买：交友婚恋
2018-05-27 11:29
专业过硬　良师益友　细致耐心
一流服务　很有帮助　准确度高

找到老師是緣分，我也是台灣人，老師排盤非常仔細～一開始怕我的命盤受到時差影響，先做了幾個測試，還好證明沒有受時差影響到，合盤準確度很高！！針對我的問題給了很衷心的建議，千叮嚀萬囑咐，設身處地為我著想，很有耐心也幽默哈哈，是不可多得的好老師，很推薦！！

139*****661　　已购买：事业财富
2018-05-25 21:48
老师很棒，有颜值又有实力，你这样不成为大师都很难！

15:23　86%

←　查看全部评论

137*****183　　已购买：事业财富
2017-09-04 11:56
专业过硬　良师益友　细致耐心
一流服务　很有帮助

一直没来评价，就是看后事准不准，冠元老师说我今年会有灵异事件发生，我一开始不相信，昨天开车在大马路上碰到两个人做局，想偷我的手机，辛好反应快，手机没被偷。一个字准。冠元老师真准。请问下老师还有什么需要注意的吗？怎么化解呢？

张冠元老师回复:化解的話，因為評價不適合寫長篇大論，就講你最容易能馬上做到的化解方法，首先依據你的盤來說，要避免靈異事件，最基本的就是要保持睡眠充足神清氣足，然後今年盡量少出門~!!

同時也謝協你的讚美~以後有任何問題也都歡迎再來詢問喔~^0^

133*****985　　已购买：生辰校对
2019-07-05 10:30
专业过硬　良师益友　细致耐心
一流服务　很有帮助　准确度高

这已经是第四次来请老师指点了，准不准好不好已经可以不言而喻了吧。因为自己对紫微斗数很有兴趣早先拜读过一些专业著作，对这项法门也是略知皮毛。在很早的时候就听过老师大名，在台湾图书馆也藏有老师著作，所以开盘几句就知老师功力之深，系出名门。最为难得的是老师才德兼备，能急人所急，无论多晚都耐心解答，不摆架子不故弄玄虚，非常坦诚实在，看到症结直指问题，并且给出调整和破解之法，因为隐私不方便透露具体事件，但经由老师指点后调整行为心性，果然事情云开月明。老师中气十足吐字清晰文化底蕴深厚，处处透露出名家的风度。以上有感而发第一次长篇评论。强烈推荐。

←　查看全部评论

188*****076　　已购买：婚恋感情
2020-04-25 22:55
专业过硬　良师益友　细致耐心

老师，谢谢你啦！很中肯，有耐心

186*****185　　已购买：人生规划
2020-04-22 18:20
老师你算的好准，刚刚接到上班的通知了

张冠元老师回复:太恭喜妳了！！　看要不也給老師打賞一下，沾沾你的喜氣？

186*****185　　已购买：人生规划
2020-04-20 18:02
老师预测的很准，今天验证了。

15:17

查看全部评论

一流服务　很有帮助　准确度高

忘记来评价了，老师水平特别高，很厉害，人也很好，断的特别特别准

135*****270　已购买：婚恋感情
2020-02-18 12:36

事态分析的准确，提供的建议也不错，谢谢！

155*****269　已购买：事业财富
2020-01-26 13:53

专业过硬　良师益友　细致耐心　一流服务　很有帮助　准确度高

专业度无话可说，很厉害，说的也很详细，偶像大师

158*****776　已购买：交友婚恋
2019-12-24 21:11

专业过硬　良师益友　细致耐心　一流服务　很有帮助　准确度高

老师超级棒！！！推荐！！！

137*****727　已购买：交友婚恋
2019-12-19 16:24

非常非常好的一个老师，大半夜帮我预测，而且说的也非常详细，老师的算法和原来算过的都不太一样，但是很准，并且会告诉我如何去解决，感谢老师

15:22　86%

查看全部评论

173*****843　已购买：婚恋感情
2017-09-30 22:56

专业过硬　细致耐心　一流服务　准确度高

老师真的好厉害的准！！！！特别有帮助呢！！！！！！谢谢老师！！下次有事一定找老师解答！老师别嫌弃我烦啊！哈哈哈

张冠元老师回复:當然不會嫌棄~下次如果還有問題歡迎再度來詢問喔~~~!!

查看全部评论

135*****332　已购买：婚恋感情
2020-02-28 11:10

专业过硬　良师益友　细致耐心　一流服务　很有帮助　准确度高

时隔近一年来评价：冠元老师懂紫微和八字（也许还有风水？），准确度较高，答复耐心细致（几乎有问必答）。非常看好冠元老师，若日益精进，一定会成为一代大师。我还会再来找您看：）对了，Google了您的书只找到博客来这个销售平台诶，如果您看到这条评价的话，可否回复我一个您其他便于内地读者的购买方式呢？比如您认识的台湾代购？不过两三年过去了，您的技艺应该更精湛了，若有新书，望告知我们广大读者。话说，请问冠元老师，若我修身养性，尾年4的男生会否比5更适合我呢？这个大运我会否怀孕或流产呀？多谢！

张冠元老师回复:那個~風水也是老師的服務項目，然後4和5的話最終決定的關鍵還是在命盤，到寶後來八字合婚就見真章，然後我的書(淘寶)上面就有賣了，購買非常方便，最後感謝你的支持，祝你週末愉快~加油!!

三、冠元大師紫微斗數瘦身大發明

任何學問都需要發明即不斷創新，才能夠突破及進步，紫微斗數亦然，因此老師除了論命之外，也不斷在突破創新將紫微斗數研發於各種實務用途。

同時老師對於自己的自我要求相當高，過去老師自從研究所畢業起，就一直為了回復到高中時的完美體態而煩惱了十年，不管怎麼健身就是瘦不下來，而在老師寫第一集時，又因為趕稿的關係，胖到史上最高紀錄，也就是下面右圖的照片，後來在二０一八年底測量時一度胖到74公斤讓老師差點崩潰。

這時，老師就思考，是否有辦法從命盤中找出對於自己命盤最適合的瘦身方式，於

2019 年底	2018 年底
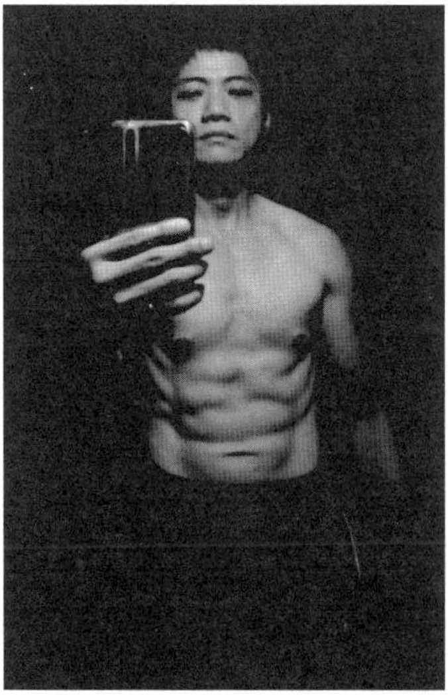	

是在老師深入研究之下，終於研發出對於自己命盤最有效的瘦身方式，於是經過老師這次對症下藥的瘦身發明後，老師只用了一年的時間，就達到了上頁左圖的瘦身效果，而且身材及肌肉比例比高中時更加完美，達到六十公斤的完美身材，而不是像許多失敗的瘦身消掉的都是自己的肌肉，也就是老師只用了一年的時間就完美攻克了身上十二公斤左右的體脂肪，身體年齡更達到了25歲的完美體態。既瘦了體脂肪，又增加了肌肉量。

而每張命盤都有適合自己瘦身的方式以及行運時間點，只要掌握好正確的時間點及相對應的瘦身方式，對症下藥就可高效率的減少身上的脂肪。也因此不同於傳統命理大師，自此老師的論命諮詢多新創了一個業務，那便是紫微斗數瘦身諮詢服務。

因此如果你或你的朋友也想解決長年以來用盡各種方法都瘦不下來的問題，或是不管怎麼努力都容易復胖的難關，那麼歡迎和老師相約紫微斗數瘦身美體諮詢服務。

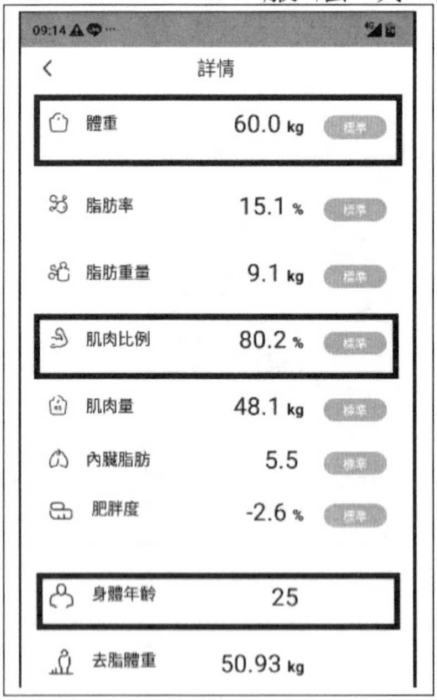

《後記》

睽違六年，歷經波折老師的紫微斗數科學(二)終於迎來完成的喜悅，這幾年中對於紫微斗數及命理，除了傳統的命盤論斷之外，老師更將研究範圍拓展到預測時事、預言未來，以及將斗數的理論應用於解決各種實務問題，也才有疫情預測以及紫微斗數瘦身發明的問世及誕生。如此命理這門學問才不會流於故步自封，甚至與時代脫節。

同時老師也期許各方面領域的專家在閱讀老師的書籍後也能結合自己的專業發激盪發明出更多的創新火花。並且任何一門學問基礎研究都極為重要，沒有任何一個偉大學者或科技大國是不重視基礎研究的，老師認為華人社會之所以近代幾乎沒有革命性的新發明，弊端就在於華人社會的文化過於急功近利，也過於短視，只熱衷於研究可以快速得到金錢獲利的相關知識，而不重視各門學問的基礎研究深耕，然而任何一門學問或事物的發明與創新，往往都是從各門學問的基礎研究之深入實驗與發想而萌芽，最後才逐漸演變出劃時代的新發明及新理論。

因而老師對於自己的期許為希望自己不是成為一般坊間論命的命理師，而是成為『命理科學家』，需知**『科學的盡頭就是玄學』**，所謂的玄學，一言以蔽之就是現代科學無法解釋、目前還未有科學證據的學問皆屬玄學，因此即便在現代，宗教也仍屬玄學的範圍，但從古至今我們可發現，需多歷史上被視為玄學的觀點，隨著科學的進步現代都一一被納入科學的範疇。例如伏打電池當初發明的過程中，科學家發現兩種不同的金屬放在青蛙身上竟然會發生通電反應，當時的科學家還解釋為是上帝的奇蹟，但隨著深入研究後才發現是伏打電池的通電原理。無獨有偶愛因斯坦當初對於量子科學現象認為其中的現象具有幽靈參數，到上世紀末也被科學家進一步破解。

因此老師更進一步期許，命理界能從老師這的一位命理科學家起，未來能有更多千千萬萬的命理愛好者，成為第二位第三位甚至更多的命理科學家，讓命理學問得以科學化並更加進步。而不會永遠被視為迷信及旁門左道。

最後也感謝長期以來對於老師不論是論命或是紫微斗數科學這一系列書籍給予支持與肯定的讀者。未來老師也將推出更讓人嘆為觀止的命理創新，敬請大家拭目以待。

冠元科研協會研究經費募集

感謝各位讀者對於本書的支持與愛護，在此和各位讀者分享一個好消息~老師將成立『冠元科研協會』~!!旨在提供對命理有研究熱情的有識之士一起開創命理更高境界的學問與創新~也讓命理學問更加推廣與蓬勃發展、發揚光大~!!同時，老師也將在未來繼續寫「紫微斗數科學」系列叢書的續集，以讓讀者對於紫微斗數有更清晰的認識。

然而~命理研究者的無奈與辛酸在於，不如正統學術單位有單純的研究環境以及經費資源，辛酸無奈但這就是現實~!!

所以~~不論是後續『寫書』或『成立學會』，都需籌備資金。
如果你希望新書早日出版，也認同我們成立學會的理念~!!
希望能贊助我們一些研究經費，以創新命理研究。

歡迎各位共襄盛舉~懇請捐款至以下《募款帳號》：

銀行代號: 808　　　帳號: 0325-966-204-225

P.S: (國外讀者歡迎使用 Paypal 捐款)

老師的 PayPal 與支付寶：imemperorgkc@yahoo.com.tw

(金額隨喜~捐款後也希望能來信或 FB 告知您的大名，以便記錄與感謝)

紫微斗數開課資訊&命理服務資訊

	課程大綱	課程時間
冠元派斗數教學班	1. 斗數架構與理論邏輯 2. 排盤方法與星盤架構 3. 星曜特性介紹 4. 雙星組合論斷 5. 四化基礎 6. 格局分析 7. 四化飛星與各種忌 8. 桃花與學業論法 9. 外災與身心問題討論 10. 健康疾病專論 11. 工作與財運解析 12. 趨吉避凶之方法 13. 特殊命盤討論 14. 運用斗數論財與催財秘訣 15. 運用斗數催事業與桃花 結合風水催發姻緣與考運	1 年半~2 年 (每堂 3 小時)
冠元派斗數實戰論盤班	以冠元大師，在 PTT 紫微斗數版的精彩論斷中，挑出 50 張精彩案例命盤，當作實戰教學，提升學員實戰解盤功力。	25 堂課/每堂課 3 小時
報名專線: 0966-349-265		

☆冠元大師個人命理工作室服務資訊

歡迎來電或來信相約：

★紫微斗數論命服務

★紫微斗數個人瘦身諮詢服務《新服務》

★陽宅風水勘宅服務(需自備平面圖)

★斗數卦問事、擇日

★企管理顧問

並歡迎相約指導老師與演講相關事宜！

歡迎來電老師的手機相約個人服務 0966-349-265

老師個人命理工作室網站: **冠元大師個人命理工作室**

FB 命理教學粉絲團: (**紫微斗數最年輕大師 冠元大師**)

(P.S:粉絲團將於創立 10 年後改名為~『紫微斗數界科學之神冠元大帝』)

(冠元大師個人命理工作室 QR 碼)

(FB 粉絲團 QR 碼)

下集預告~!!

★即使知道各星的特質，但四化不同又該怎麼解釋？
★各種不同的四化同時出現又該如何解讀？
★不同的盤狀況都不同~五花八門讓人頭昏，有看沒有懂？
★不同的格局中又隱含什麼秘密？

你知道為何古代命理的方位完全和現代相反嗎？？

你知道各種四化組合的邏輯和原理嗎？？

你經常會排盤但看盤卻一頭霧水嗎？？

不懂四化、自化、格局，想學好斗數就猶如『竹籃打水』~!!
紫微斗數科學下一集 冠元 大師 將對於四化特性及自化與格局進行深入剖析。讓大家一探斗數靈魂『四化』的秘密~!!

紫微斗數科學(二)
之
星曜賦性九陽真經

國家圖書館出版品預行編目(CIP)資料

紫微斗數科學(二)/冠元大帝編著

新北市:冠元科研協會出版 2024.2 冊:公分

ISBN: 978-626-98119-1-5

1.CST: 紫微斗數

293.11 112021435

作者: 冠元大帝

出版者: 冠元科研協會

新北市三重區重陽路一段 **60** 巷 **58** 號 **7** 樓

出版與老師的電話: 0966-349-265 (本書問題要自己找答案，不要打來問喔)

老師 E-mail : imemperorgkc@yahoo.com.tw

老師 **FB** 粉絲團**: (**紫微斗數界科學之神 冠元大帝**)**

(原紫微斗數最年輕大師冠元大師，因預言準度超越阿南德改名冠元大帝)

總經銷:

代理經銷／白象文化事業有限公司

401 台中市東區和平街228 巷44 號

電話：(04)2220-8589 傳真：(04)2220-8505

出版日期:初版一刷 民國 113 年 2 月

定　　價: 525 元

(冠元大師個人命理工作室 QR 碼)

(FB 粉絲團 QR 碼)